Zu diesem Buch

«Sie brauchen Hilfe. Dafür bin ich da. Die meisten Bewährungshelfer haben achtzig bis neunzig Fälle. Ich habe nur dreizehn – Spezialfälle.»

«Ich bin ein Spezialfall... Ich wurde doch nur wegen Fälschung verurteilt.»

«Fälschung stimmt. Aber Ihre Akte reicht viele Jahre zurück, und es findet sich ein Hang zur Gewalttätigkeit. Deswegen sind Sie ein Spezialfall.»

Mein Name ist Dembo. Maxwell Dembo. Alle nennen mich Max. Wenn es Freunde sind. Aber im Gefängnis hat man kaum Freunde. Ein, zwei, wenn's hochkommt. Einer ist Aaron. Dazu noch ein Schwarzer. Aber wir haben uns kennengelernt, als der Rassenhaß noch nicht so vehement und gewalttätig war wie jetzt.

Na ja, heute bin ich entlassen worden. Nach acht Jahren. Wegen – Scheckfälschung. Und auf Bewährung. Aber ins Wohnheim gehe ich nicht. Hoffe nur, daß ich 'n Job krieg. Auf meine Bewerbungen hat niemand reagiert. Also muß ich mich an meine Freunde von früher wenden. «Draußen» habe ich ein paar Freunde. Oder zumindest Kumpel, auf die ich mich verlassen kann. Wie L&L Red oder Willy. Joe sitzt wieder.

Ich merke, wie ich doch in die alten Gleise rutsche. Die Denkschienen liegen einfach fest. Alte Kumpel. Alte Connections. Ein Bruch, um ans erste Geld zu kommen. Die Arbeitsvermittlung probier ich nebenher. Vielleicht klappt beides... Denn ohne Geld bist du ein Nichts. Und ein Ex-Knacki ohne Geld ist ein dreckiges Nichts. Das ist drinnen wie draußen so. Aber um ans Geld zu kommen, brauchst du eine Waffe. Und dazu brauchst du Freunde, die dir eine auf Pump besorgen. Freunde wie L&L Red und Jerry. Oder Willy.

Jerry Shue besaß eine gut ausgestattete Werkstatt. Er spannte das Schrotgewehr in den Schraubstock und sägte Lauf und Schaft ab, glättete ersteren mit einer Feile und letzteren mit Schmirgelpapier. Die Schrotflinte ähnelte nun einer Handfeuerwaffe aus dem 18. Jahrhundert. Jerry umwickelte die Mitte des Laufs mit Isolierband, um sie halten zu können, während man schoß. Er befestigte eine lange Schnur am Griff, damit man sie unter einem Mantel von der Schulter hängen lassen konnte.

Wir ließen die Gewehre dort und fuhren los, um uns den Supermarkt anzuschauen. Es war genau so, wie Willy es beschrieben hatte.

Edward Bunker

WILDER ALS EIN TIER

Deutsch von
Ulrich Wünsch

rororo

Rowohlt

rororo thriller
american crime scene
herausgegeben von Bernd Jost

Deutsche Erstausgabe
Veröffentlicht im Rowohlt Taschenbuch Verlag GmbH,
Reinbek bei Hamburg, April 1995

Die Originalausgabe erschien 1993 unter dem Titel
«No Beast So Fierce» bei No Exit Press, Harpenden, Herts, AL5 1EQ, GB

Das Vorwort von James Ellroy übersetzte Jutta Schwarz
Redaktion Jutta Schwarz
Umschlagfoto Bildagentur Schuster / Liaison
Umschlagtypographie Peter Wippermann / Susanne Müller
Satz Aldus (Linotronic 500)
Gesamtherstellung Clausen & Bosse, Leck
Printed in Germany
1290-ISBN 3 499 43152 1

Für Louise Fazenda Wallis –

die einem achtzehnjährigen Häftling
eine Schreibmaschine und ihre
Freundschaft gab.

Edward Bunker, geboren in Hollywood, wuchs in einer von Alkoholismus und Armut gekennzeichneten Familie auf, ehe er seinen Weg durch diverse Heime, Besserungsanstalten und Gefängnisse antrat. In einer kurzen Periode seiner Freiheit freundete er sich mit der Frau des Produzenten Hal Wallis (*Casablanca*) – Louise Fazenda Wallis – an, die ihm ein Zeitungsabonnement und eine Schreibmaschine schenkte, als er wieder im Gefängnis saß. Er las vier bis fünf Bücher pro Woche und begann zu schreiben. Geschichten, Artikel, Romane. Ein Artikel über den Rassenhaß im Gefängnis erschien in *Harper's Magazine*. 1973 erschien der vorliegende Roman. Beides verhalf ihm 1975 zu einer Entlassung auf Bewährung. *Wilder als ein Tier* wurde unter dem Titel *Stunde der Bewährung* mit Dustin Hoffman in der Hauptrolle verfilmt.

Edward Bunker lebt heute als Drehbuchautor mit seiner Frau in Los Angeles. (Eine ausführliche Biographie finden Sie im Nachwort von William Styron.)

Die Hauptpersonen

Maxwell ‹Max› Dembo	hat acht Jahre Haft hinter sich und die Freiheit vor sich.
L & L Red	hat die besten Zeiten hinter sich.
Willy Darin	ist rauschgiftsüchtig und Familienvater. Kein leichtes Los.
Selma Darin	tut alles, um ihre Familie zu retten.
Gerald ‹Jerry› F. Shue	will ein anständiges Leben führen.
Carol Shue	kriegt ein Todesurteil.
Aaron Billings	will als Zahnarzt nach Südamerika.
Joe Gambesi	hat sich erwischen lassen.
Mary Gambesi	hält viel von Max.
Abe Meyers	handelt mit Diebesgut und Kautionen.
Allen McArthur	ist mehr als ein Winkeladvokat.
Joseph Rosenthal	hat ein Auge auf ‹Spezialfälle›.
Allison	erlebt die aufregendste Zeit ihres Lebens.

Vorwort

Frage: Gibt es *den* Roman aus der Unterwelt von L. A.?

Antwort: Ja, und zwar «Wilder als ein Tier» von Edward Bunker. Wenn man unbedingt will, kann man natürlich darüber diskutieren. Aber aufgrund seiner präzisen, rücksichtslosen Gradlinigkeit im Detail ist es das beste Buch, das je über das Thema «bewaffneter Raubüberfall» geschrieben wurde. Eine kriminelle Handlung mit einem trügerischen, überschätzten Image, aus dem die meisten Romane ihre Substanz ziehen. Die Analyse jedoch, die uns die kriminelle Pathologie anbietet, stellt den Roman in eine Reihe mit «Zwang», «Kaltblütig» und «Gnadenlos: Das Lied vom Henker».

Max Dembo wird aus dem Gefängnis entlassen – unter bestimmten Auflagen – und versucht (ohne große Überzeugung), ein ehrbarer Bürger zu werden. Aber das Leben eines Kriminellen fordert seine eigenen Rechte. Nach ein paar selbstzerstörerischen Unternehmungen entschließt sich Max endgültig für den bewaffneten Raubüberfall: Er taucht ein in den Sumpf von L. A., wo sich die Verbrecher aus dem schlimmsten Milieu herumtreiben. Es folgen Gewaltausbrüche, die sich jeglicher Kontrolle entziehen.

Edward Bunker gibt im Verlauf des Romans ein verblüffendes, eindringliches Bild über die geheimen Gedanken von Max Dembo: die scharfsinnige Beobachtung des sozialen Umfeldes, die unerbittliche Analyse des Verhaltens der Personen, bedingungslos und ohne Rechtfertigung, ein gnadenloses Urteil über das Gesetz des Milieus und letztlich seinen Spott, seine Verachtung. Dazu Details in Hülle und Fülle. Edward Bunker (Ex-Einbrecher und Ex-Insasse von San Quentin) stellt eine Unmenge an ebenso dramatischen wie psychologischen Beobachtungen an.

L & L Red haust in einer Bruchbude, deren Wände mit Pornobildern tapeziert sind.

Max Dembo pfeift auf seine Bewährungsauflage – ein verblüffender Beginn, der eine Serie von infernalischen Ereignissen zur Folge hat.

Max Dembo schenkt einem Verräter den passenden Grabspruch – eine symbolische Geste, die in hervorragender Weise illustriert, daß in diesem Buch nichts und niemandem etwas erspart wird.

Dieser Roman ist absolut originell – ein Meisterwerk des Roman noir, das übersehen wurde. Ein guter Rat zum Schluß: Passen Sie auf! Nach einer Begegnung mit Max Dembo sind Sie nicht mehr der/die gleiche wie zuvor.

James Ellroy

TEIL EINS

Im der Menschheit ewigem Schrei
In des Kindes furchterfülltem Ruf
In jeder Stimme, jedem Bann, hör
Ich Ketten, die der Verstand erschuf.

William Blake

Kapitel eins

Ich saß auf der deckellosen Toilette im hinteren Teil der Zelle und polierte die grauenhaften, ausgelatschten Schuhe, die denen überreicht wurden, die man entließ. In meinem Kopf dröhnte ein Jubelgesang: «Morgen bin ich ein freier Mann.» Aber trotz meines Triumphgefühls war die Freude, nach acht langen Jahren das Gefängnis zu verlassen, nicht ungetrübt. Ich wollte die häßlichen Schuhe durch das Polieren eigentlich nicht verschönern, sondern nur meine innere Spannung abbauen. Ich war jetzt, da ich auf Bewährung entlassen wurde, viel nervöser als bei meiner Einlieferung vor so langer Zeit. Das Wissen, daß dieser Zustand ganz üblich war, half mir etwas. Doch wurde gerade das oft von Männern abgestritten, für die die Welt draußen im Laufe der Jahre immer irrealer geworden war. Ein paar Jahre Gefängnis, und man war genauso schlecht gewappnet, den Anforderungen der Freiheit zu begegnen, wie ein Trappistenmönch, den man in das aberwitzige Chaos von New York City ausgesetzt hat. Wenigstens hätte der Mönch seinen Glauben, der ihm half. Der ehemalige Häftling hatte nur die Erinnerung an sein früheres Versagen, an das Gefängnis – und das peinigende Bewußtsein, ein «Ex-Sträfling», ein sozialer Außenseiter zu sein.

Ich war mit den Schuhen fertig, stellte sie unter die Koje und stand auf. Die Zelle war schmal, keine zwei Schritte breit. Die Koje nahm so viel Platz ein, daß meine Schulter an der Wand entlangschrammte, als ich mich an der Koje vorbei nach vorne bewegte. Wie viele Stunden hatte ich wohl in dieser Zelle verbracht? Von vier Uhr am Nachmittag bis sieben Uhr am Morgen, während acht langer Jahre. Ich mochte es nicht ausrechnen. Heute war die Zelle besonders kahl. Ich hatte meine Bücher verschenkt, auch den geknüpften Teppich, die Seife, die Rasiercreme und Zahnpaste – alles. «Ach, scheiß drauf», murmelte ich vor mich hin, ohne an etwas Bestimmtes zu denken. Ich schaute durch die Gitterstäbe nach draußen – es waren dreizehn Stück, die so nahe beieinander standen, daß die Hand nur bis zum Gelenk hindurchpaßte. Um diese eine Zelle herum lagen fünfhundert weitere Zellen; in den meisten befanden sich zwei Gefangene (nach fünf Jahren hatte ich eine Einzelzelle bekommen), die über Nacht eingeschlossen wurden. In der Nähe klapperte eine Schreibmaschine: ein Brief nach Hause, oder eine Eingabe, um wieder dem Untersuchungsrichter vorgeführt zu werden. Heißer Wasserdampf zischte und brodelte in einer Rohrleitung. Aber den größten Lärm verursachten einige Häftlinge, die sich spielerisch mit gegenseitigen Beschimpfungen die Zeit vertrieben. Sie hatten bereits vor einer halben Stunde damit angefangen, doch ich bemerkte erst jetzt ihr Gejohle.

«Sag mal, Saftsack!» schrie einer.

«Was willst du, Arschloch?»

«Von deiner Mama ist heute 'n Foto im *Chronicle*.»

«Ich wußte ja gar nicht, daß du die Gesellschaftsseite liest.»

«Stand auf der Sportseite. Sie hatte Boxhandschuhe an und trug einen Kopfschutz; sie wird mit Liston um den Titel boxen. Sie hat auch ein Gedicht geschrieben. Willstes mal hören?»

«Fick dich selber, du Wichser!»

«Mann, spuck schon das Gedicht aus», schrie ein anderer.

«Los geht's», sagte der Dichter. «‹Schöne Dame Hoffnung heiß ich überall / Meine Möse ist echt lang, als Springseil nehm ich sie allemal / Ich werd den Gespenster-Mann bewußtlos schlagen / Hab Dynamit in den Fäusten und Muskeln in meiner Scheiße, laßt's euch sagen / Ich werd diesen Affen mordsmäßig anblaffen / Wenn ich mit ihm fertig bin, muß er sich 'n neues Gesicht anschaffen / Schöne Dame Hoffnung werd ich überall genannt / Ich bin so schlecht, zum Scheißen nehm ich 'n Bild vom Papst in die Hand.› Na wie war das, Mann?» Der Dichter hatte unter Gelächter sein Gedicht beendet.

«Paß auf, du arschgesichtiger Schwanzlutscher. Laß meine Mama in Ruhe, oder ich werd deinen Stammbaum mal vorstellen.»

«Ich bin dein Vater, du Wichser.»

«Scheiß drauf. Du bist doch nichts weiter als das Resultat von 'n paar Tropfen Syphilis von 'nem Bulldoggenschwanz, der dei'm Transvestitenvater in den Arsch gerammt wurde. Du bist aus Scheiße gemacht, und du wirst Scheiße bleiben.»

Die ärgerliche Stimme eines Schwarzen unterbrach sie. «Ihr Bleichärsche hört lieber auf mit dem Gespenster-Mann und so.»

Ich hatte diese Antwort erwartet, und mein Magen krampfte sich zusammen, obwohl ich nicht beteiligt war und am Morgen entlassen würde.

«Fick dich selber, Nigger!» schrie jemand.

«Morgen früh wirste das sicher nich noch mal sagen.»

«Heh, du verpennter Bleicharsch Schwanzlutscher», schrie ein anderer Schwarzer. «Welche Nummer hat deine Zelle?»

Im Zellentrakt wurde es still. Es war schon aus geringfügigerem Anlaß jemand ermordet worden.

«Das ist mein *Zimmer*, damit ihr's wißt. Und wenn ihr nach meiner Adresse fragt, meine Mutter hat mich immer gewarnt, mich mit dem Abschaum aus 'm Ghetto einzulassen.»

Diese Antwort, die für ein Gefängnis so ungewöhnlich war, brachte viele zum Lachen – aber danach war es sofort wieder still; nur die Schreibmaschine war zu vernehmen. Der gedankenlose, vulgäre Schlagabtausch hätte einen weiteren Rassenkonflikt hier im Gefängnis anzetteln können. Während meines Aufenthalts im Knast hatte es mehrere Rassenkriege gegeben; jeder hatte zu mehreren Toten und Dutzenden Verwundeten geführt. Und es gab keine unbeteiligten Sträflinge. Die nicht mitmachen wollten, wurden noch am ehesten aus dem Hinterhalt abgemurkst – sie gaben die besten Ziele ab, denn sie waren unvorbereitet. Es wäre doch zu blöd, dachte ich trocken, wenn mir 'n dummer Nigger am Morgen, wo ich hier abhaue, sein Messer reinsteckt.

Ich blickte aufmerksam durch die Gitterstäbe meines Fensters nach draußen. Dort fiel das Gefängnisgelände zur San Francisco Bay hin ab. Die grellen Scheinwerfer erleuchteten jeden Winkel, nur nicht die schwarze Wasserfläche. Die massiven, aus Beton und Stahl erbauten Gebäude glitzerten, ebenso die Wachtürme, die man im flachen Wasser auf Stelzen erbaut hatte. Zwei Meilen entfernt, jenseits des schwarzen Teiches, erhoben sich sanfte Hügel. Einzig der Schein ihrer Lichter, wie eine Handvoll Juwelen auf schwarzem Samt hingeworfen, verriet ihre Anwesenheit. Eine Straße lief am Fuß der Hügel entlang. Weiße Autoscheinwerfer und rote Heckleuchten flossen in endlosem Strom vorbei. Dahinter sah man rotes, silbriges, grünes, blaues Neonlicht an der Straße. Ich wußte nicht, für welche Produkte diese Neonreklamen werben sollten, denn ich hatte sie immer nur aus dieser Entfernung gesehen. Als ich diese Zelle bezogen hatte, war die Straße kaum befahren gewesen, und die Hügel waren dunkel und leer. Die Landschaft hatte sich verändert. Die Frage aber lautete: Hatte sich die Welt zu sehr für mich geändert? Waren die mentalen und emotionalen Fähigkeiten, die man für ein Leben draußen brauchte, andere als die, die man für ein Leben im Knast benötigte, und waren sie vielleicht in den letzten acht Jahren eingerostet? Wieder war ich bei meinen Befürchtungen und Ängsten angelangt. Das chaotische Durcheinander meiner Gedanken ließ mich die Gitterstäbe packen und daran mit all meiner Kraft rütteln. Sie gaben keinen Millimeter nach.

Leroy Robinson erschien vor der Zellentür auf dem Gang. Er trug einen Wassereimer mit einem langen Schlauch, der durch die Gitter reichte. In der Zelle gab es nur kaltes Wasser. Aus dem Eimer dampfte es. Er sah, wie ich an den unnachgiebigen Gitterstäben rüttelte. «Sag mal, du Pfeife, was soll das? Fitnesstraining?»

«Ich breche aus, Blödmann. Siehst du das denn nicht?» Leroy brachte mich zum Lächeln. Er schaffte es immer, zum einen, weil wir befreundet waren, und zum anderen, weil er seinem Gegenüber – vielleicht durch Osmose – seine von absurdem Humor geprägte Lebenseinstellung vermittelte. Leroy würde noch auf dem Weg in die Gaskammer Witze reißen. Er benutzte den Witz, um der Konfrontation mit dem eigenen Versagen zu entgehen (er war bereits viermal geschnappt worden) und um sich mit der Welt abzufinden.

«Ich weiß doch, was los ist», sagte er. «Du stehst so unter Strom wie 'ne Weihnachtsgans in der zweiten Dezemberwoche. Ich hab dir was für deine Nerven mitgebracht.» Er stellte den Wassereimer ab und steckte seine Hand durch die Gitter. Er hatte darin zwei gelbe Nembutalkapseln verborgen, die in Zellophanpapier einer Zigarettenpackung eingewickelt waren. Sie waren beide eine Stange Zigaretten wert; eine beachtliche Summe, wenn man wußte, daß schon für zehn Stangen ein Mensch angestochen wurde; und für zwanzig Stangen konnte man jemanden ermorden lassen.

Ich wickelte die Kapseln aus und legte sie in die Koje, während er heißes Wasser in einen Becher goß und ich meinen letzten Rest Instantkaffee dazugab. Mit dem Kaffee spülte ich die Kapseln herunter.

«Vergiß nicht, meine Schwester anzurufen und ihr zu sagen, daß es mir gutgeht.»

«Mann, du solltest ihr selbst schreiben. Sie will direkt von dir was hören.»

«Sieh mal, sie ist verheiratet. Sie haben Kinder und wohnen in so 'nem Vorort. Sie leben in einer anderen Welt.»

Ich schüttelte meinen Kopf. Leroy verschanzte sich wieder hinter seinen Mauern.

«Ich hatte immer totalen Schiß», sagte er. «Jedenfalls dann, wenn ich mit so 'ner beschissenen, blöden Einstellung rausging, mich draußen anständig zu benehmen.»

«Tja, so hab ich's mir vorgestellt. Ich hab die Scheiße hier satt.» Ich zögerte, meine Befürchtungen auszusprechen. Es wäre eine Schande jetzt zu klagen, da er doch alles geben würde, um mit mir zu tauschen. Und er würde sich vielleicht über meine Sorgen lustig machen. Dennoch, nachdem ich kurz gezögert hatte, platzte es aus mir heraus – meine ganzen Ängste, die außer der Befürchtung, keine Stelle zu finden, recht unbestimmt waren: «Ich habe zweihundert Bewerbungen geschrieben, und keiner hat geantwortet», sagte ich.

«Verdammt, Arschloch, du glaubst doch nicht, daß irgendwer unbesehen einen Ex-Sträfling anheuert, oder?»

«Nein, aber irgendwer hätte mir zumindest einen Vorstellungstermin geben können.»

«Das Problem habe ich nicht. Wenn ich raus bin, fang ich sofort wieder an zu klauen.»

«Genau das will ich nicht machen. Mann, ich kann jederzeit in der Ladenkasse von irgend'nem Dummkopf rumwühlen – aber ich will's an den Nagel hängen. Acht Jahre in diesem Scheißloch sind verdammt genug.»

«Hör mal, Max», sagte er, «ich habe dieselbe Scheiße durchgemacht, die du in Gedanken gerade durchmachst – bis ich entschieden habe, das Schicksal nicht mehr zu bekämpfen. Denn mein Schicksal ist es, ein Gangster zu sein und drei Viertel meines Lebens im Knast zu verbringen. Vielleicht ist dein Schicksal ja anders. Aber eines Tages, vielleicht morgen schon, vielleicht in zwanzig Jahren, wenn du fünfzig bist, dann wird dir klarwerden, daß, egal, was du bist und was du auch getan hast, es nie hätte wesentlich anders sein können. Du wirst sehen, daß du genau *das* in deiner Lebenszeit tun mußtest, und wenn du am Ende angekommen bist und alles zusammengerechnet wird, dann bist du eben genau *das* gewesen, was es auch ist. Du hast noch Hoffnung – aber eines Tages wirst du sie hinter dir haben. Deswegen hat man ja auch Kinder, damit jemand da ist, auf den man seine Hoffnung setzen kann. Ich habe keine Kinder, deswegen fühle ich mich auch dir so nahe.»

Das war das Ernsthafteste, was ich bis dato von Leroy gehört hatte. Ich hätte seine Vorhersagen anzweifeln können, doch ich zog es vor, diesen Moment der Nähe zu wahren. «Tja», sagte ich, «ich hoffe nur, daß ich es länger draußen aushalte als du. Ich hoffe, daß ich es draußen schaffe.»

«Scheiße, man hat mich nicht eingelocht, weil ich es draußen nicht geschafft habe. Es passierte einfach nur so, ohne Grund. Außerdem bin ich noch lieber in dieser Beton-Möse als da draußen, ohne was zu haben. Ich bin wie der Blödmann beim Poker, der alles außer ein paar Cent verloren hat. Kann da nicht mehr raus. Vielleicht gewinn ich beim nächsten Mal, hab vier oder fünf Jahre in Freiheit. Danach können sie mich begraben. Scheiß drauf.»

«Ich will nicht mehr zurückkommen, weder im nächsten Jahr noch in zwanzig Jahren. Ich will so leben wie jeder andere.»

«Wenn's dir was bringt – wenn's wirklich was für dich ist. Mir bringt das nichts, und ich hab das akzeptiert.»

«Ich bin ausgebrannt.»

«Wenn du die Kleinbürgeridylle ertragen kannst...»

«Ich werd's probieren. Ich habe Angst, trotzdem. Ich werd ihr Spiel mal versuchen. Ist mal was Neues. Außerdem weiß ich gar nicht, ob ich mich noch daran erinnere, wie man eine Braut flachlegt. Ich hab so lange keine mehr gehabt, daß ich vielleicht 'nen Knabenarsch will.»

«Sag einfach einer von den Huren, sie soll sich 'ne Karotte vor den Bauch binden, bis du dich wieder dran gewöhnt hast.»

Wir standen noch ein paar Minuten zusammen. Unser Gespräch stockte, und wir schwiegen. Meine Entlassung brachte unsere Beziehung ganz durcheinander. Unsere Freundschaft blieb bestehen, aber unsere Wege trennten sich, und zwischen uns würden die Gefängnismauern stehen – und auf jeder Seite der Mauer existierte ein völlig unterschiedliches Universum.

Es klingelte, das Echo hallte von den Wänden zurück. Aus dem Lautsprecher plärrte eine Stimme: «Letzter Aufruf zur Zählung. Letzter Aufruf.»

«Bis später, Bruder», sagte Leroy und steckte seine Hand durchs Gitter, um meine zum Abschied zu schütteln.

Bis Mitternacht hörte ich Musik aus dem Walkman. Die Nembutal entspannten mich, aber ich konnte trotzdem nicht schlafen. Meine Gedanken wirbelten durcheinander – manchmal im Takt der Musik oder zum Quietschen der Schritte, wenn eine Wache ihren Rundgang machte, zu dem hohlen Geräusch einer Toilettenspülung oder zu dem gemurmelten Fluch aus einem Alptraum. Hauptsächlich dachte ich an die Freiheit, daran, wie müde ich war, im ewigen Kreislauf von Verbrechen und Bestrafung gefangen zu sein. Das zu ändern erforderte, mich zu ändern. War das möglich? Ich konnte mich gut ausdrücken, war einigermaßen intelligent, ziemlich belesen (nach acht Jahren wäre selbst ein Dummkopf belesen), aber was sollte ich machen? Bisher hatte ich ein einziges Mal gebrauchte Autos in New Orleans verkauft, und die Stelle hatte ich nur angenommen, um die Polizei bei ihrer Suche nach mir abzulenken. Ich war dreißig Jahre alt und hatte noch keine Steuererklärung ausgefüllt oder meinen Sozialversicherungsausweis benutzt.

Eine Stelle war wichtig. Sie würde der Anker sein, der mich stabilisierte, bis ich die Umstellung auf ein neues Leben geschafft hatte. Das Fehlen auch nur einer einzigen Antwort auf meine Bewerbungen bereitete mir Sorgen. War das eine Prophezeiung? Würde es anders werden, sobald ich draußen war? Würde ich mein früheres Leben verbergen können?

In meinen Bewerbungsschreiben hatte ich, obwohl ich wahrheitsgemäß berichtete, nicht die ganze Wahrheit erzählt. Das Blut wäre aus den Gesichtern gewichen, wenn ich alles ungeschminkt mitgeteilt hätte: «Sehr geehrte Damen und Herren, haben Sie eine Stelle für einen gelernten Einbrecher, Hochstapler, Fälscher und Autodieb; mit Erfahrungen im bewaffneten Überfall, als Zuhälter, Kartenbetrüger und auf weiteren Gebieten. Ich habe bereits mit zwölf Jahren Marihuana geraucht (in den Vierzigern) und habe mit sechzehn Heroin gespritzt. Mit LSD und Methedrin habe ich keine Erfahrungen. Sie sind erst während meines Gefängnisaufenthalts in Mode gekommen. Ich habe hübsche Jungens gevögelt und weiblich wirkende Homosexuelle (aber nur, wenn ich weit weg von Frauen eingesperrt war). Im Jargon der Gefängnisse und der Gosse (es gibt durchaus einige elegante Gossen) bin ich ein Arschloch! Nicht im wörtlichen Sinn. In meiner Welt ist dieses Wort, wenn es so gebraucht wird, wie ich es benutzt habe, eine Prahlerei: man ist die Hölle in Person, vollkommen unberechenbar, ein Virtuose des Verbrechens. Natürlich bin ich dadurch, daß ich in dieser Welt ein Arschloch bin, ein Stück Scheiße in der Ihren. Haben Sie eine Stelle für mich?»

Der Brief, den ich in Gedanken entwarf, enthielt zu viele häßliche Wahrheiten, um noch ironisch zu sein – nicht die ganze Wahrheit, aber die, die für jene andere Welt wichtig war, um mich zu beurteilen. Ich konnte ihnen nicht die Wahrheit erzählen; vielleicht kann niemand der Welt die Wahrheit erzählen. Vielleicht ist die Wahrheit etwas Surreales – etwas mit verlaufenden Formen, voller Krimskrams, mit gähnenden Löchern und einem Hintergrund aus Nichts vor einer Fläche geschmolzener und in Stücke zersplitterter Zeit. Vielleicht konnte ich ihnen von meiner Erinnerung berichten, wie ich einmal in eine stockdunkle Zelle geworfen wurde, nackt, ohne Matratze, nur ich und der Beton und die Dunkelheit – ich war damals neun Jahre alt. Oder wie man mich in einer Erziehungsanstalt mit Handschellen an einen Heizkörper gefesselt hatte, und wie mich dann ein Erwachsener in die Rippen trat – ich war elf Jahre alt. (Aber um dem Mann Gerechtigkeit widerfahren zu lassen: ich hatte ihn angespuckt.)

Was auch immer die Wahrheit sein mochte, ich suchte Frieden. Morgen würde ich einen neuen Anfang machen, morgen würde sich der Phoenix aus der Asche erheben.

Schließlich schlief ich ein.

Morgengrauen. Die Spatzen, die in den Ecken hoch oben am Zellentrakt nisteten, machten einen unglaublichen Lärm. Der Schließer schloß die Schlösser der Zellentür auf; aber sie öffneten sich nicht, bevor die Sicherungsstange auf jeder Etage weggezogen wurde. Während sich der Schließer vorarbeitete, erklang in ununterbrochenem Rhythmus das Geräusch von Stahl auf Stahl – klack, klack, klack. Es war laut, wenn er sich über einem befand oder unter einem, und wurde leiser, wenn er sich dem Ende des Gangs näherte. Ich war schon angezogen und rasiert, lange bevor er meine Zelle erreichte.

Endlich draußen, ging ich, ohne mir ein Tablett zu nehmen, durch den Eßsaal und trat in den Haupthof. Er war voller Männer aus anderen Zellentrakten. In wenigen Minuten würde sich die Hoftür öffnen, und die Insassen würden sich über das restliche Gefängnisareal verteilen. Der asphaltierte Hof, der ein ungleichmäßiges Rechteck bildete, war eine Betonschlucht, umgeben von gigantischen Zellenblöcken. Ihre schäbigen Wände und die verrosteten Gitterstäbe verdeckten die Morgensonne und verstärkten die schreckliche Kahlheit. Wachposten mit Gewehren patrouillierten auf Laufstegen über uns, bereit, jede Streiterei mit Schüssen zu unterbinden.

Ich hatte mich während meiner Entlassungsrunden in den letzten beiden Tagen von den meisten Kameraden verabschiedet. Ein halbes Dutzend meiner engsten Freunde wartete kurz hinter der Tür zum Eßsaal. Die meisten kannte ich bereits seit der Besserungsanstalt, einige waren Partner bei verschiedenen Straftaten gewesen. Sie wollten mir die Hand schütteln und mir Glück wünschen. Es gab sonst nichts zu sagen. Ich ging, und sie mußten bleiben.

Ich wollte unbedingt Aaron Billings treffen, doch der tauchte nicht auf. Er war ein Schwarzer und würde die Weißen wenn möglich meiden, genauso wie ich eine Gruppe Schwarzer meiden würde. Die Rassen hatten sich während der letzten Jahre total auseinandergelebt. Deswegen sprach ich weniger und weniger mit Aaron, aber wir blieben Freunde. Er hatte mich gestern beim Zahnarzt erwischt (er arbeitete dort) und hatte erwähnt, daß man ihn vielleicht ins Arbeitslager umlegen würde. Ich sollte ihm beim Ausbruch helfen. Wir hatten keine Zeit gehabt, uns zu unterhalten, und er wollte mich heute morgen noch einmal sprechen.

Ich verabschiedete mich von meinen Freunden, für die sich das Leben im Gefängnis durch meine Entlassung nicht groß ändern würde, und suchte in der Menge nach Aaron. Meine Umgebung war mir deutlicher bewußt als in all den Jahren zuvor. Zweitausend Stimmen auf einmal verursachten ein Geräusch, das so kräftig wie der Meeressturm war. Das Gebrüll schallte die Wände der Zellblöcke hoch und stieg in den Himmel auf, schaffte es nicht ganz und fiel wieder in die

Grube zurück. Wenn man den Hof zum erstenmal sah, erinnerte er an einen lebhaften Ameisenhaufen – ein Mann sah genauso aus wie der nächste.

Eine Stimme durchschnitt den Lärm: «Macht den Weg frei! Toter Mann kommt!»

Innerhalb von Sekunden entstand ein drei Schritt breiter Pfad. Moses hätte das Rote Meer nicht besser teilen können. Zuerst kam die Wache, die mit lauter Stimme rief. Hinter ihr kam der Verurteilte, ein großer, junger Schwarzer. Ihm folgte eine zweite Wache. Sie wurden von einer Wache mit Gewehr über uns gedeckt.

Es war eigentlich noch sehr früh für diese Prozession zum Todestrakt. Die Gruppe schien sich zum Verwaltungsgebäude zu begeben. Der verurteilte Mann trug stets neuen Drillich und weiche Schuhe ohne Schnürsenkel. Die Schuhe dieses Mannes sahen noch neu aus und zeigten, daß er gerade erst angekommen war. Man führte ihn wahrscheinlich dorthin, um ihm die Fingerabdrücke abzunehmen und ein Foto für die Verbrecherkartei zu machen. Er befand sich ein paar Dutzend Fuß entfernt, und ich studierte sein Gesicht, suchte (wie es jeder tat) eine Antwort auf das große Geheimnis; als wüßte ein Mensch, dem bewußt war, er würde durch Zyanidgas sterben, mehr als andere – oder wäre dem Schicksal näher. Das schwarze Gesicht verriet nichts. Ich wußte nicht, wer er war oder warum er zum Tode verurteilt war. Achtzig Männer warteten hier im Trakt mit den Todeszellen. Nur wenige waren in die Schlagzeilen gekommen; die anderen blieben anonym. Einige kannte ich persönlich. Manchmal war ein Verurteilter vorher schon im Gefängnis gewesen und winkte seinen Freunden zu, während man ihn vorbeiführte. Dieser Schwarze nicht. Seine Augen waren geradeaus gerichtet, nur ab und zu blickte er in den Himmel. Er war noch dünn. Dieser Umstand zeigte, daß er gerade erst angekommen war. Nach ein paar Monaten im Todestrakt wurde jeder von den Sonderrationen fett. Jedesmal, wenn ich einen von ihnen mit der geschwollenen Wampe erblickte, mußte ich an Schweine denken, die für das Schlachten gemästet wurden.

Die Prozession verschwand. Die Menge schloß sich wieder hinter ihr. Der Pfiff, der den Arbeitsbeginn anzeigte, schrillte durch die Luft. Das Tor glitt auf, und innerhalb von wenigen Minuten befanden sich nur noch wenige Häftlinge auf dem Hof.

Aaron stand nahe an der Wand des östlichen Zellenblocks; er war wie gewöhnlich allein. Sein brauner Kopf, rasiert und eingeölt, glitzerte in einem der seltenen Sonnenstrahlen. Unter seinen Arm hatte er drei Bücher geklemmt, alle über höhere Mathematik. Als er mich sah, lächelte er kaum erkennbar, doch das war sein Äquivalent eines Gefühlsausbruchs. Er wollte dem Leben unbedingt mit präziser, wissenschaftlicher Distanziertheit begegnen, mit so wenig Emotion wie möglich. Die einzige Dekoration in seiner Zelle war eine Kohlezeichnung von Albert Einstein.

Wir gaben uns die Hand. Im Gefängnis bedeutete diese Geste mehr als nur ein leeres Ritual. Sie war das Unterpfand der Freundschaft.

«Wie fühlst du dich?» fragte er.

«Nervös.»

«Bist du bereit?»

«Ich bin wie geschaffen für die Freiheit. Wie ich mit meinem Bewährungshelfer klarkomme, ist die andere Frage.»

«Nach acht Jahren bist du so bereit für die Freiheit, wie du nur sein kannst.»

«Ja, und wenn ich es jetzt nicht schaffe, dann werde ich es nie schaffen. Ich hoffe, es klappt.»

«Laß uns was rumgehen. Ich hab dem Doktor gesagt, ich würde etwas später zur Arbeit kommen.»

Wir gingen auf dem jetzt leeren Hof auf und ab. Obwohl wir gleich groß waren – beide gut einsachtzig –, war er dreißig Pfund schwerer als ich, und das ganze Gewicht war auf seine Schultern, seine Arme und seinen Brustkorb verteilt. Vor Jahren, bevor das veränderte Klima unter den Rassen uns viele böse Blicke von Weißen wie auch von Schwarzen eingetragen hatte, spazierten wir mindestens einmal die Woche ein oder zwei Stunden lang im Hof auf und ab. Wir hatten diese Gewohnheit angenommen, weil sich unsere Freunde in unsere Unterhaltung eingemischt hätten, wenn wir auf einer Stelle stehengeblieben wären. Unsere gelegentlichen ernsthaften Gespräche über Bücher hatten eine heilsame Wirkung auf mich ausgeübt. Die Gespräche im Gefängnis drehen sich gewöhnlich um Mord, schwere Schlägereien, Homosexualität, Glücksspiele, Drogen, Informanten, Bullen und die Flucht. Das Allzweckwort ist ‹Arschloch›, das als Nomen, Verb, Adverb und Adjektiv dient – seine Bedeutung hängt ganz vom Kontext und der Intonation ab. Würde man dieses Wort aus dem Wortschatz der Insassen entfernen, dann würde es still werden im Gefängnis. Weder das Vulgäre noch die Themen der Gespräche beleidigten mich; ich kannte das meiste zu gut aus eigener Erfahrung. Doch hungerte ich gerade wegen des unablässigen, sehr begrenzten Geredes nach etwas anderem. Aarons Intelligenz stimulierte mich. In den elf Jahren, die er bereits im Gefängnis war, hatte er Spanisch gelernt, dann Französisch und Portugiesisch, hatte das Programmieren von Computern erlernt sowie Elektrotechnik, zudem war er Zahnarzthelfer geworden. Er las weniger eklektische Bücher als ich, aber sein Verstand besaß eine einzigartige Präzision.

Dies war unser erster gemeinsamer Spaziergang seit sechs Monaten. Ich hatte ihn gemieden. Er verstand mich und hatte nichts weiter gesagt. Wir wären niemals Freunde geworden, wenn wir uns nicht schon vor Ausbruch der Rassenkonflikte kennengelernt hätten. Inzwischen hatten sich die Konflikte zu Kriegen gesteigert, und die Gewehre verhinderten, daß die Spannungen in einem gewaltigen Massaker explodierten, aber es gab mörderische Zusammenstöße. Wenn ein Schwarzer von einem Weißen mit einem Messer angestochen wurde, egal warum, dann wurde Vergeltung geübt: Mehrere Schwarze würden plötzlich einen Gang runterrennen und den ersten Weißen, der ihnen in die Quere kam, abstechen. Die Weißen würden warten und sich dann revanchieren. Aaron hielt beide Seiten für gleichermaßen ignorant. Und zwar nicht, weil er seine Herkunft ablehnte oder keinen Stolz besaß – doch er weigerte sich, sich seiner Herkunft zu schämen oder sie als Grund für blanken Haß zu benutzen. Er war ganz einfach der Meinung, daß sich die Rassisten beider Seiten ungehörig benahmen und daß ihnen die wissenschaftliche Grundlage fehlte. Die weißen Häftlinge waren nicht das Problem, denn man konnte davon ausgehen, daß die Schwarzen die Welt gewaltsam ändern wollten. Die Schwarzen mochten ihn ebenfalls nicht, denn er verachtete ihre Dummheit. Sollten sie versuchen, ihn gewaltsam zu bekehren, konnte er sich ohne Probleme verteidigen, denn seine Ruhe gründete weder in Furcht noch in Passivität. Er konnte durchaus gefährlich werden. Er begegnete jedem Menschen als Individuum, und keine wie auch immer geartete Ignoranz konnte seine Haltung ändern. Das schaffte eine ungewöhnliche Situation. Viele militante weiße Rassisten behandelten ihn als Menschen; daß er ein Schwarzer war, stand für sie erst an zweiter Stelle. Mit anderen Worten: sie behandelten ihn, wie er sich behandelte.

Als ich ins Gefängnis kam, hatte ich wenig Vorurteile, obwohl ich einige rassenbedingte Bandenkämpfe in den Besserungsanstalten mitgemacht hatte.

Jetzt hasse ich die meisten Schwarzen – wegen ihrer Paranoia. Ihr Mißtrauen mag gerechtfertigt sein, aber ihre Paranoia ist krankhaft.

Wenn sie mich als Weißen hassen, dann hasse ich sie, weil sie schwarz sind. Sie hassen den weißen Mann; sie wollen Rache, keine Gleichheit. Sie meinen, weiße Gesetze und weiße Moral würden für sie nicht gelten. Sie stellen eine unmittelbare Bedrohung für mich dar, und um der zu begegnen, begann ich sie zu hassen – und wenn ich jetzt in ihre haßerfüllten, braunen Augen schaue, dann glühen meine blauen Augen ebenfalls vor lauter Haß.

Ich schämte mich wegen dieser Einstellung, soweit sie Aaron betraf, aber die Rassenkonflikte im Gefängnis besprachen wir nur selten, denn wir waren uns einig, daß es für dieses Problem keine allgemeingültigen Antworten gab. Doch hatte diese Situation uns auseinandergetrieben – nicht unsere Freundschaft –, und deswegen sprachen wir nicht mehr regelmäßig miteinander. Und dies würde das letzte Mal sein.

«Ich habe nur ein paar Minuten», sagte ich. «Willst du, daß ich dir helfe, aus dem Lager zu entkommen – falls du ins Lager kommst.»

«So sieht meine Lage jetzt aus. Ich habe inzwischen elf Jahre gesessen, und seit vier Jahren hätte man mich auf Bewährung entlassen können. Ich stehe im nächsten Monat wieder mal vor der Kommission. Gestern traf ich meinen Anwalt, und wenn mich die Kommission wieder ablehnt, dann wird er vorschlagen, daß ich ins Arbeitslager komme. Du hast ja schon die Adresse meiner Mutter, und ich hoffe, daß du mit ihr Verbindung aufnimmst. Ich werde dir dorthin schreiben und dir sagen, was du tun sollst. Ich will nur, daß du mich im Auto abholst.»

«*Wenn* die Kommission die Bewährung ablehnt und *wenn* du ins Lager kommst und *wenn* du mich rufst, dann werde ich da sein. Aber ich will, daß du eins weißt, du belastest unsere Freundschaft. Es wäre mir scheißegal, wenn ich draußen wieder wie früher weitermachen wollte, aber ich will klarkommen. Noch bevor ich rauskomme, werde ich vor die Wahl gestellt, das Gesetz zu brechen oder eine Freundschaft zu verraten. Ich will ein dreckiges Arschloch sein, wenn das keine Scheißsituation ist, zu versprechen, ein Verbrechen zu begehen, noch bevor ich rausgekommen bin.»

Aaron grinste und legte seine Hand auf meine Schulter. «Ich hab's mir schon vor langer Zeit überlegt, bevor ich dich gefragt habe. Wenn es um etwas Geringeres als die Freiheit ginge, hätte ich nicht gefragt. Und du gehst kein Risiko ein. Das weißt du. Fahr in die Sierras rauf, lad mich ein und fahr zurück.»

«Ich hoffe, daß du auf Bewährung rauskommst. Du hast sie gottverdammt noch mal verdient.»

«Was man verdient hat und was man bekommt, ist oft ganz verschieden.»

«Nächstes Jahr bist du todsicher dran.»

«Ich könnte bis zum St. Nimmerleinstag auf ‹nächstes Jahr› hoffen. Ich bin kein Esel, der hinter einer Karotte herrennt.»

Ich verstand ihn – und gab ihm recht. Wir drehten schweigend noch eine Runde. Ich wollte gehen. Je eher ich das Tor erreichte, desto eher würde ich draußen sein. Er verstand, was in mir vorging. Als wir am Ende des Hofs angelangt waren, blieb er stehen und streckte mir seine braune Hand entgegen. «Bis später dann, Bruder. Viel Glück.»

«Geht klar.» Ich grinste zurück. «Wir sehen uns.»

Es wurde Zeit, daß ich mich am Tor zur Entlassung meldete.

Kapitel zwei

Ich verließ das Gefängnisgelände mit fünfundsechzig Dollar in der Tasche, einem billigen Anzug (schon zehn Jahre aus der Mode), einer weiteren Hose, Unterwäsche zum Wechseln in einem braunen Päckchen sowie einer Busfahrkarte nach Los Angeles. Eine uniformierte Wache fuhr mich zum Busbahnhof und wartete, bis ich eingestiegen war.

Ich beeilte mich, in den Bus zu kommen, denn ich war froh, den Blicken der Bürger im Busbahnhof zu entkommen; Blicke, die mir wegen der Wache zugeworfen wurden. Durch die getönten Fenster beobachtete ich, wie die Wache fortfuhr. Es traf mich etwas wie ein elektrischer Schlag. Ich war frei. Frei!

Weitere Passagiere stiegen nach und nach in den Bus, hievten Pakete in die Gepäckablage. Der laufende Motor ließ das Fahrzeug erzittern. Ein Gefühl von Irrealität, so intensiv, daß es mich benommen machte, wuchs in mir. Alles war merkwürdig. Der helle Klang der Frauenstimmen, den ich acht Jahre lang nicht mehr vernommen hatte, hörte sich für meine Ohren so fremd an wie chinesisch. Die modische Vielfalt und die Farben der Kleider – die Rottöne und die Gelbtöne der Sommermode – ließen meine sensiblen Wahrnehmungsorgane fast erblinden. Ich saß da wie in Trance.

Der Fahrer kam den Gang entlang, ein stämmiger Mann. Sein Bauch quoll über den Gürtel; seinen Hut hatte er abgesetzt, und sein Haar war verschwitzt. Er scherzte mit jedem Passagier, während er die Tickets kontrollierte. Als er mich erreichte, verschwand sein Lächeln. Er grunzte und wollte mir nicht in die Augen schauen. Vor Scham und Ärger wollte ich kotzen – aber dann fragte ich mich, ob ich es mir nur einbildete. Doch der Fahrer nahm seine Scherze beim nächsten Passagier wieder auf. «Scheiß drauf», murmelte ich. In ein paar Stunden würde ich in der Masse untertauchen, und niemand würde etwas wissen.

Er löste die Bremsen, und der Dieselmotor lief schneller. Meine Reise in die Freiheit hatte begonnen. Alle anderen Gefühle waren von der Erregung, die Welt jenseits der Mauern zu sehen, bestimmt. Während wir uns durch enge Nebenstraßen aus der Stadt zwängten, saugte ich die Bilder in mich auf. Autowerkstätten jeder Art, Kneipen und baufällige Lebensmittelläden zeichneten sich in erbarmungswürdiger Häßlichkeit im unerbittlichen Sonnenlicht ab – doch für mich waren sie wunderschön.

Schon bald befand sich der Bus außerhalb der Stadt. Das schwarze Asphaltband schnitt Meile um Meile durch Alfalfafelder – das Grün wurde vom Wasser aus kreisenden Sprinkleranlagen poliert. Ich betrachtete die Felder mit der Faszination eines Kindes, das sein erstes Kaleidoskop bekommen hat.

Die Gegend zog am Fenster vorbei, und die Stunden vergingen. Der Bus fuhr durch eine sanft gewellte Steppenlandschaft – sie war herrlich – und kleine Ortschaften mit geschäftigen Tankstellen und Farmarbeitern mit Stetson-Hüten, die herumlungerten, und Kindern, die auf der Straße spielten. Wir fuhren durch Felder, auf denen das Getreide sich im Lufthauch wiegte. Ich fühlte mich, als könnte ich unendlich lang mit dem Bus fahren und wäre dabei überglücklich.

Zwei Teenager stiegen in einer kleinen Stadt nahe einem Luftwaffenstützpunkt aus. Ich beobachtete sie beim Fortgehen. Sie trugen enge Stretchhosen, die ganz deutlich Schenkel und Po nachzeichneten. Ich starrte ihnen hungrig nach; meine Phantasien steigerten rasch ihre Intensität. Jahrelang ohne Frau zu sein schärft die Vorstellungskraft des Gefangenen – man braucht zudem eine gut entwickelte Vorstellungskraft, um eine stoppelbärtige Schwuchtel mit gezupften Augenbrauen zu benutzen. Schließ deine Augen, und stell dir jemand anderen vor – vielleicht die exotische Filmschauspielerin, die du im Film am Wochenende gesehen hast. Phantasie ist wichtig, wenn eine mit Pomade schlüpfrig gemachte Hand als Frau herhalten soll. Pomade, geschlossene Augen und Phantasie. Als die beiden Mädchen verschwunden waren, lief meine Vorstellungskraft gerade auf Hochtouren.

Eine Stunde mühte sich der Bus einen langen Anstieg in einem Canyon zwischen Felswänden hinauf, die spärlich mit Gebüsch bewachsen waren. Es gab weiter nichts zu sehen. Ich nutzte die Pause, um den Umschlag mit Papieren zu begutachten, den man mir am Gefängnistor überreicht hatte. Drei Formulare für den Bewährungsbericht. Eines sollte ich innerhalb der ersten Woche des Monats ausfüllen und zurückschicken. Name und Gefängnisnummer, Adresse, Arbeitsplatz, Einkommen, Ersparnisse, Beschreibung und Kennzeichen des Autos. Dazu eine Kopie der Bewährungsbestimmungen, die ich unterzeichnet hatte. Es waren die üblichen – passende Arbeit zu haben (was heißt ‹passend›?), nicht umzuziehen und nicht ohne schriftliche Genehmigung Auto zu fahren, nicht zu trinken, niemanden zu kontaktieren, kein Geld zu leihen, Ex-Sträflinge sowie andere Personen mit schlechtem Ruf zu meiden und den Anweisungen und Ratschlägen des Bewährungshelfers zu folgen. Sollte man auch nur eine Regel übertreten, war das Grund genug, ohne Anhörung oder Vorwarnung wieder ins Gefängnis gesteckt zu werden.

In einem Formbrief wurde mir mitgeteilt, daß mein Bewährungshelfer Joseph Rosenthal hieß. Sobald ich ankam, sollte ich mich bei ihm melden. Mir gefiel es, daß ein Jude für mich verantwortlich war: die Juden hatten soviel gelitten, daß er ein wenig Mitgefühl mit mir haben sollte.

Der Bus hielt zwanzig Minuten in Santa Barbara. Ich sauste zum Bürgersteig, wollte einfach nur umhergehen, bis ich weiterfahren mußte. Das Durcheinander aus Bewegung und Farben verwirrte mich. Alles war mir fremd, war eine andere Welt, als ich sie gewohnt war. Spontan betrat ich einen Laden und erstand eine 25-Cent-Zigarre und eine kleine Flasche Wodka. Ich wollte mich eigentlich nicht betrinken (ich war ja schon trunken vor Freiheit), sondern etwas auswählen, etwas kaufen können.

Aber ich war betrunken, als der Bus am Meer entlang zum letzten Abschnitt der Reise ansetzte. Ich betrachtete die Brandung bei ihrem Bemühen, zarte Muster in den Sand zu zeichnen, und das Meer, wie es in den ineinander verlaufenden Farbschattierungen der Sommerdämmerung glitzerte. Ich vergaß, daß wir uns in der Nähe von Los Angeles befanden, bis der Bus in die Ausfahrt nach Santa Monica bog. Urplötzlich begriff ich, daß ich wieder zu Hause war. Ich konnte es kaum glauben. Eifrig wie ein Kind preßte ich meine Nase gegen die getönte Scheibe und starrte hinaus. Jeder Straßenblock kam mir bekannt vor, und doch war jeder einzelne wieder eine erneute Überraschung.

In West Hollywood wechselten wir auf einen anderen Boulevard. Zur Linken befand sich nun der Sunset Strip, und ich konnte die mit weißen Appartements übersäten grünen Hügel sehen. Mit großer Wucht drängten sich mir Erinnerungen auf. Hier hatte sich in dem Jahr vor der Verhaftung mein Terrain befunden – meinem einzigen guten Jahr, soweit ich mich erinnern konnte. Sicher nicht im moralischen Sinn gut, ganz im Gegenteil, aber ich hatte leicht verdientes Geld, und das verbrauchte ich mit flottem Leben, einem teuren Appartement, einem Sportwagen, Seidenanzügen, Alkohol und gutem Essen. Wie sinnlos und wenig erfüllend auch immer dieses Leben gewesen sein mag, es war ein konstanter Rausch. Bei soviel Hedonismus hat man keine Zeit, über den «Sinn» nachzudenken. Dieses eine Jahr hatte mich einen acht Jahre währenden Alptraum gekostet; ein unfairer Handel.

Der Bus erreichte Hollywood. Ich erinnerte mich an rosafarbene und gelbe, einförmige Stuckbungalows, die nach ihrer besten Zeit in den dreißiger Jahren bereits wieder verfielen. Jetzt standen dort Appartementblocks und Hochhäuser. Plötzlich bog der Bus in einen Busbahnhof. Mein Ticket ging bis Downtown Los Angeles. Ich hatte in Hollywood nicht aussteigen wollen. Doch jetzt schnappte ich mein Bündel und hastete mit einem Kloß im Magen davon.

Der Busbahnhof war klein und fast leer. Es war zwanzig nach fünf. Die Büros der Bewährungshelfer waren bestimmt nicht mehr besetzt. Ich rief trotzdem an.

Eine Frau ging ans Telefon. Ihr ‹bitte› und ‹Sir› klangen fremd. Ich war eher an ‹Arschloch› gewöhnt, oder an ‹Schwanzlutscher›. Rosenthal war noch in seinem Büro.

«Hallo, Max», sagte er. «Ich bin überrascht, daß Sie anrufen. Ihr Bus sollte nicht vor sechs Uhr ankommen, und bis dann wäre ich schon fort gewesen.»

«Ich bin in Hollywood ausgestiegen.»

«Und dort sind Sie auch im Augenblick?»

«Man sagte mir, ich sollte Sie direkt bei meiner Ankunft anrufen. Das mache ich gerade.»

«Gut. Gut. Wie fühlen Sie sich?»

Ich sagte ihm, daß ich ein wenig betrunken wäre. Obwohl die Bemerkung naiv war, und das blieb sie auch, war sie doch auch ein Test. Wenn er mich beschuldigt hätte, ich hätte etwas falsch gemacht, dann wußte ich, er wäre ein Arsch, und konnte mich entsprechend benehmen und ihn belügen. Wenn er mit Humor und Verständnis darüber hinwegging, dann wußte ich, daß ich ihn manipulieren konnte. Aber er machte weder das eine noch das andere. Er sagte nur: «Oh», und ich wurde rot und verfluchte mich selbst als Dummkopf – weil ich nicht gelernt hatte, vor Autoritäten den Mund zu halten. Er fragte, wo der Busbahnhof sei. Und ich wußte es merkwürdigerweise noch nicht einmal. Ich war in Hollywood geboren worden, aber ich erinnerte mich an keinen Busbahnhof. Ich ließ den Hörer baumeln und ging nach draußen.

Auf einem Straßenschild stand Vine Street; auf dem anderen DeLonpre Avenue. Ich mußte Hunderte von Malen an dem Busbahnhof vorbeigefahren sein, ohne ihn zu bemerken.

Gebannt blieb ich stehen und schaute mich voller Erstaunen und

Verwunderung um. Links von mir sah ich die Skyline von Hollywood, die ich seit meiner Kindheit kannte – heute gleichzeitig vertraut und neu wie am ersten Tag. Dahinter lagen die niedrigen Hügel im leichten Dunst mit dem riesigen Schild ‹Hollywood› darauf. Rechts, einen Block entfernt, befand sich der Ranch Market. Er war alt und groß, und sein offenes Marktgebäude stammte aus einer anderen Epoche. Sein Anblick brachte eine Flut von Erinnerungen zurück. In den Stunden nach Mitternacht versorgte der Markt – die Imbißbude und der Zeitungskiosk – die schrägen Vögel und die Perversen, die Freaks und die angesäuselten Huren und ihre Zuhälter. Man mußte am Imbiß vorbei, um zum Parkplatz zu kommen, und hier versammelten sich nach Einbruch der Dunkelheit die merkwürdigsten Leute und beobachteten mit Raubtierblick diejenigen, die um halb vier morgens einkaufen gingen: Cocktailbar-Kellnerinnen und Musiker mit geröteten Augen von den verrauchten Kneipen und von Marihuana, Pillen, Schnaps und zu wenig Schlaf. Als ich noch zu jung war, um in Bars zu gehen, und ohne einen Platz, wo ich hingehen konnte, kam ich auf der Suche nach einem Betrunkenen oder einer Schwuchtel oft zum Ranch Market, um sie dann irgendwohin zu locken und ihnen eins auf die Rübe zu geben – für fünfzehn oder zwanzig Dollar.

Tagsüber war es hier wahrscheinlich genauso wie auf jedem anderen Markt. Ich hatte ihn allerdings nur nachts gesehen.

Ich erinnerte mich wieder an Rosenthal und rannte zurück, sagte ihm, wo ich war, und versprach, an der Ecke zu warten. Er würde mich auf seinem Heimweg abholen.

Bevor ich nach draußen ging, kaufte ich mir einige Postkarten und schrieb an Freunde, die noch hinter Gittern saßen. Ich hatte diese Geste in der Vergangenheit sehr geschätzt, und ich war mir sicher, daß es meinen Freunden genauso ging.

Die Schatten wurden länger, und ein leichter Wind kam auf. Es war das erste Mal seit Jahren, daß ich die Dämmerung wieder hereinbrechen sah, denn im Gefängnis wurde man um vier Uhr nachmittags eingeschlossen. Leroy, Aaron, all die numerierten Gefangenen, waren nun allein mit ihren Kopfhörern, Büchern und Gedanken.

Rosenthal kam in einem gewöhnlichen Mittelklassewagen, parkte in der zweiten Reihe und winkte mich heran. Ich stieg schnell ein, und er bog um die Ecke und parkte in einer Wohnstraße mit kleinen Bungalows. Mein erster Eindruck war der eines fetten, fröhlichen, kleinen Schweinchens mit Drahtgestellbrille. Dichte Bartstoppeln verstärkten noch den Eindruck, auch sein Anzug, der viel zu knapp saß und den massigen Körper umspannte. Dieser Eindruck wurde noch durch ein Mondgesicht gesteigert, das aus einem zu engen Kragen herausquoll. Auf seinem Kopf thronte ein alberner, flacher Hut mit grüner Feder. Sein Aussehen war eher absurd als furchteinflößend.

Der Vorteil, den ich dadurch hatte, ihn bei der Fahrt einschätzen zu können, wurde durch seine dicke Akte über mich mehr als aufgewogen. Als wir uns die Hände schüttelten, schaute er mich direkt und neugierig an.

«Ich nehme an, Sie fühlen sich ziemlich gut», sagte er. «Sie haben eine lange Zeit hinter Gittern verbracht.»

«Ja. Ich bin ganz durcheinander, trunken vor Freiheit.» Ich versuchte ihm wegen meiner Auskunft am Telefon eine Spur Zweifel einzupflanzen. Seine Augen verengten sich; er hatte die Bemerkungen in Zusammenhang gebracht. Er sagte nichts dazu.

«Sie sehen gar nicht wie ein harter Kerl aus», meinte er, lächelte freundlich und spielte auf das an, was er aus der Akte wußte. Ich grinste ihn mit einer Offenheit an, die ich nicht empfand. Ich konnte nicht vergessen, daß unsere Beziehung stets von einer latenten Bedrohung seinerseits geprägt werden würde. Er konnte mich ins Gefängnis zurückschicken, wann immer ihm danach war. Ich spürte, seine Freundlichkeit hing davon ab, daß ich ihm zustimmte.

«Glauben Sie, Sie werden es schaffen?» fragte er.

«Warum nicht. Man muß doch nur wie Millionen andere Menschen leben. Ich habe Probleme, aber die sind in mir drin, und ich sollte doch in der Lage sein, mit meinem Innenleben zurechtzukommen.»

«Gut, eine positive Einstellung. Aber manchmal scheint es für Männer, die im Gefängnis waren, doch viel schwerer zu sein, als es zunächst aussieht. Sie brauchen Hilfe. Dafür bin ich da. Ich habe sowohl Gutes als auch Schlechtes in ihren Papieren gefunden. Die meisten Bewährungshelfer haben achtzig oder neunzig Fälle. Ich habe nur dreizehn – Spezialfälle.»

«Ich bin ein Spezialfall... Ich wurde doch nur wegen Fälschung verurteilt.»

«Fälschung, stimmt. Aber Ihre Akte reicht viele Jahre zurück, und es findet sich ein Hang zur Gewalttätigkeit. Deswegen sind Sie ein Spezialfall.»

«Ich soll also weiterhin unter Beobachtung stehen», antwortete ich bitter.

«Der Überzeugung ist man, und das ist meine Aufgabe.» Er machte eine Pause und fuhr dann fort: «Sie haben keinen Job, also mußte ich meinem Vorgesetztem, damit er Ihrer rechtzeitigen Entlassung zustimmt, etwas vorweisen. Ich habe Ihnen was in einem Wohnheim an der vierundzwanzigsten Straße und der Vermont besorgt.»

«Ein Wohnheim!» Die Vorstellung, daß ich in einem Resozialisierungsheim für ehemalige Straftäter wohnen sollte, denn nichts anderes sind jene Wohnheime, machte mich krank. Und die Adresse lag vor acht Jahren genau auf der Grenze zum Ghetto; jetzt war die Gegend bestimmt zu fünfundneunzig Prozent schwarz, das wußte ich.

Er sah mir meine Gefühle an und erklärte, daß Wohnheime gerade für solche Leute wie mich geschaffen worden waren, für Menschen ohne Zuhause oder Familie oder Geld. «Es ist nur für den Übergang, bis Sie sich eingelebt haben.»

Vielleicht hatte er recht, aber es kam mir wie Sozialhilfe vor, und ich stand weiterhin unter Beobachtung. Ich wollte Freiheit, keine weitere Zelle. Er fühlte, was ich dachte, und wechselte das Thema: «Wie steht's mit 'nem Job? Irgendwas Spezielles?»

«Autoverkäufer für gebrauchte Autos werden immer gebraucht. Ich kann ganz gut reden und hab's schon mal gemacht.»

«Das muß ich leider ablehnen. Die Versuchung, jemanden zu betrügen, ist zu groß.»

«Tja, haben Sie irgendwelche Ideen?»

«Darüber reden wir morgen. Das Abendessen wartet, und meine Frau wird mich ausschimpfen. Was ist mit dem Wohnheim? Versuchen Sie's für eine Nacht oder zwei.»

«Lassen Sie mich das auch morgen entscheiden.»

«Wo wollen Sie heute nacht schlafen?» Ich sah ihm sein Mißtrauen an: Würde ich untertauchen und die Bewährung Bewährung sein lassen?

«Ich bin morgen früh in Ihrem Büro. Behalten Sie meine Sachen in Ihrem Auto. Ich habe dreißig Dollar Entlassungsgeld. Ich werde nicht türmen und alles zurücklassen.»

«Ist mir egal, wenn Sie abhauen. Das kratzt mich nicht.» Er startete den Wagen. «Ich fahre über den Hollywood Boulevard. Wollen Sie mitkommen?»

«Gern.»

Der Hollywood Boulevard schien mir so gut wie jeder andere Ort, denn ich hatte mir keine Gedanken gemacht, was ich nach meinem Treffen mit Rosenthal machen würde.

Als ich auf dem Bürgersteig stand und Rosenthal wegfuhr, stürzte das Gefühl von Freiheit mit aller Heftigkeit auf mich ein. Bis zu diesem Augenblick hatte mich der Gedanke angetrieben, die Stadt zu erreichen, dann die Notwendigkeit, Rosenthal zu treffen. Jetzt war meine Freiheit absolut, von einer Art, die nur wenige Menschen erfahren. Ob ich nun nach Norden oder Süden, nach Westen oder Osten, oder den Bürgersteig hinauf oder hinunter ging, das machte überhaupt keinen Unterschied. Es war eine Freiheit bis zu dem Punkt, daß man in einer Leere schwebte.

Eine gesichtslose Menge eilte an mir vorbei. Diese Menschen hatten ihre Ziele gewählt, und sie waren durch ältere Entscheidungen begründet. Jeder hatte ein Ziel, und sie waren in ihren unsichtbaren Fesseln glücklicher, als wenn man sie mit der Freiheit konfrontiert hätte. Ich war benommen und überwältigt, und ich fürchtete mich auch ein wenig.

Ein Wald aus Neonlichtern wurde lebendig. Ihr gleißender Lichtschein vertrieb das Dunkel der Nacht. Farbige Lichter blitzten auf und verloschen, erschufen Bilder, wirbelten umeinander und explodierten, wurden von den polierten Metalloberflächen der Automobile reflektiert. Ich ging nach Westen, einfach weil dort die helleren Lichter leuchteten. Ich mußte doch eine Wahl treffen, mußte mich in Bewegung setzen.

Und was, verdammt noch mal, soll ich jetzt machen? Diese Frage hätte absurd sein sollen, denn ich war weniger als zwei Meilen von hier entfernt geboren worden, hatte mein ganzes Leben (als freier Mann) hier in Los Angeles verbracht. Dennoch fiel mir unter den

Millionen Einwohnern der Stadt keiner ein, den ich anrufen konnte. Unter diesen vielen waren Hunderte Verbrecher und Ex-Sträflinge, die ich kannte, die mehr oder weniger meine Freunde waren. Sie würden jetzt in den Cocktail Lounges auf dem Sunset Strip sitzen oder in schummerigen Bars in Downtown oder Eckkneipen oder Cantinas auf der East Side. Sie lebten im Verborgenen, und es war schwer, sie zu finden. Bei einer Tour durch die Stammkneipen hätte ich sicher ein paar getroffen. Durch sie würde ich andere finden können. In ein paar Tagen hätte ich vollständig in das Unterweltmilieu zurückkehren können. Es wäre einfach – und es war genau das, was ich vermeiden wollte. Plötzlich blendete das Neon meine Augen; es war wie die Empfindung im Bus, nur intensiver. Die Menge, die vorüberströmte, hätte genausogut aus Insekten bestehen können, so fremd fühlte ich mich unter ihnen. Ich kämpfte um mein geistiges und seelisches Gleichgewicht.

Ein undefinierter Essensgeruch und mein Hungergefühl brachten mich in die Wirklichkeit zurück. Der fettige Hamburger in einem überfüllten Coffee Shop schmeckte delikat nach so vielen Jahren an einem Ort, wo gummiartiger Schmierkäse als Delikatesse galt. Ich trank meinen Kaffee aus und beobachtete die Leute (die Männer trugen jetzt ihr Haar länger), als mir plötzlich einfiel, wen ich anrufen konnte. Willy Darin, den Drogenfreak. Er war angeblich seit zwei Monaten auf Bewährung aus dem Rehabilitationszentrum entlassen. Die Nummer seines Schwiegervaters stand im Telefonbuch, und jemand dort würde sicher wissen, wo man Willy finden konnte.

Meine Hand war schweißnaß, als sie den Hörer berührte. Ich kannte die ganze Familie und dachte mir, ich würde denjenigen, der ans Telefon gehen würde, sicher kennen; aber die Männerstimme am anderen Ende der Leitung kannte ich nicht.

«Wohnen dort die Pavans?» fragte ich.

«Ja. Wen wollen Sie?»

«Wer spricht da?»

«Mann, Sie haben hier angerufen.»

Das Spiel gegenseitiger Ausforschung war lächerlich. «Ich heiße Max Dembo», sagte ich, «und...»

«Du willst mich verarschen.»

«Ich erzähl keinen Scheiß.»

«Gottverdammt, Mann! Hier spricht Willy. Wann hat man dich rausgelassen?»

«Heute morgen. Verdammt, Bruder, ich hab deine Stimme nicht erkannt. Sag mal, ich bin hier draußen in Hollywood gestrandet. Hast du 'ne Karre?»

«Ja, irgendwie schon. Die schafft's vielleicht bis da. Aber das dauert 'ne Weile, sagen wir mal 'ne Stunde. Du hast Glück, daß du mich hier erwischt hast. Ich hab gerade auf meinem Weg von der Arbeit hier vorbeigeschaut. Ich muß erst nach Hause und duschen.»

«Wie geht's Selma?»

«Immer noch das alte Elend. Wir reden drüber, wenn ich bei dir bin. Wir ziehen uns einen rein.»

«Nicht mit Junk.»

«Gras oder so was.»

«Laß mich nicht hängen. Du weißt selber, wie verdammt unzuverlässig du bist.»

«Mach halblang. Wo bist du?»

«Hollywood und Vine. Wo sonst, Arschloch?»

«Ich bin in einer Stunde da.»

Als ich nach draußen ging, um eine Stunde mit Spazierengehen totzuschlagen, waren die Unsicherheit und die Zweifel verflogen. Der Schmerz des Alleinseins war ebenfalls verschwunden. Das Gefängnis läßt viele emotionale Bedürfnisse einfach verschwinden, aber es verstärkt andere, unter anderem das Bedürfnis nach menschlicher Gesellschaft. Das tagtägliche ununterbrochene Zusammensein mit vielen anderen Menschen zerrt an den Nerven, aber heimtückischerweise macht es auch süchtig.

Ich ging den Boulevard entlang, betrachtete die Schaufenster – und erkannte, daß mein guter Anzug – Hose mit Bügelfalte und Aufschlag – vollkommen veraltet war. Ich liebte Klamotten – vielleicht aus einer gewissen Unsicherheit heraus –, verdrängte aber den wachsenden Wunsch durch den Gedanken daran, daß sie sich mit Arbeit und Geduld schon einstellen würden. Die Leute, die jene Sachen besaßen, hatten sich dafür abgemüht, während ich im Gefängnis dahinvegetierte. Nur ein Verbrechen würde mir erlauben, über Nacht den Anschluß zu finden, und das kam nicht in Frage. In vielen Dingen würde ich niemals mehr den Anschluß finden. Ich akzeptierte diese Tatsache.

Kapitel drei

Ein Wagen parkte in der zweiten Reihe und hupte. Er wurde von mehreren Fußgängern mißbilligend angestarrt, aber ich mußte grinsen. Willy hatte sich nicht geändert. Er kaufte Schrottautos für fünfzig Dollar, bastelte daran herum, bis sie fuhren, und wenn sie stehenblieben, ließ er sie einfach zurück. An diesem fehlte ein Scheinwerfer, der Motor röchelte asthmatisch, und der Auspuff war kaputt.

Willys Frau und seine beiden Söhne saßen ebenfalls im Auto. Ich kannte Selma, seit sie elf Jahre alt war und ich vierzehn. Ich hatte Willy bei ihr zu Hause kennengelernt, ihre Schwester war meine erste Freundin. Die Jungen waren noch Babies gewesen, als ich sie zum letzten Mal gesehen hatte. Es war merkwürdig, daß Willy die ganze Familie mitbrachte; als sollten sie einen Schutzschild darstellen. Er hatte keinen Grund, mich zu fürchten, aber in der Welt der Kriminellen (Willy war allerdings eher ein Drogenabhängiger als ein Krimineller) existieren jede Menge Schuld und Furcht. Konstantes Mißtrauen ist gut für das Überleben. Willy mußte einen Grund haben – aber ich konnte mir höchstens vorstellen, daß sein Bruder vor drei Jahren zum Informanten geworden war. Er fürchtete vielleicht, es könnte ihn jemand als Vorwand für seine Rache benutzen.

«Ich konnte kaum glauben, daß du am Apparat warst», sagte er, als ich mich neben Selma setzte. Sie trug ein Baby in den Armen. Wenn man bedachte, daß Willy zwei Jahre lang im Gefängnis gewesen war, dann war das Baby entweder nicht von Selma, oder sie war dumm gewesen.

«Wie geht es Joe und Mary?» fragte ich.

«Er sitzt wieder in Folsom, weil er seine Bewährungsauflagen verletzt hat.»

«Seit wann?»

«Seit zwei, drei Monaten.»

«Mary und er haben sich sowieso getrennt», sagte Selma.

Joe war ein Jahr lang draußen gewesen. Die Nachricht hätte eigentlich aus Folsom durchsickern müssen, doch sie hatte mich offensichtlich nicht erreicht. Willy erzählte, daß es Joe ‹ordentlich› gehabt hätte, was die schönfärberische Umschreibung der Kriminellen dafür war, daß jemand auf illegale Weise gutes Geld verdient hatte. «Wegen Drogenbesitzes eingelocht», fuhr Willy fort, «und dabei war's nicht mal sein Zeug. Ein Typ war bei ihm im Auto, und die Bullen hielten sie an. Der andere Typ warf einen Beutel aus dem Fenster. Im Zeugenstand hat er Joe entlastet, doch die Scheißbullen nahmen es ihm nicht ab. Sie wollten ihn einfach reinreißen.»

«Joe hatte ein neues Auto und alles andere», sagte Selma. «Mary hätte es behalten können, aber sie konnte die Raten nicht zahlen.»

Joes Pech war auch für mich schlecht. Ich erinnerte mich nun an das Gerücht, daß er eine Menge Geld verdiente. Er hätte mir sicher geholfen, wieder auf die Beine zu kommen. Als Teenager waren wir Partner gewesen, hatten Marihuana geraucht, Wein getrunken, waren in gestohlenen Autos rumgekurvt und hatten dabei aus dem Autoradio mit voller Lautstärke Rhythm and Blues gehört. Wir hatten zusammen Einbrüche begangen, schweren bewaffneten Raubüberfall, und wir hatten zusammen Handtaschen geklaut. Im Verlauf der Jahre war er dann eingebuchtet worden, während ich draußen war, und umgekehrt. Unser Stil hatte sich ebenfalls auseinanderentwickelt. Ich war ein aktiver Dieb geworden – Einbrecher, Räuber, Fälscher –, und er hatte sich auf den Drogenhandel und manchmal auf Zuhälterei verlegt. Dennoch hätte er mir geholfen, so wie ich ihm auch geholfen hätte.

Willy bog auf den Freeway, kroch aber auf der rechten Fahrspur langsam voran. Bei fünfzig Meilen pro Stunde vibrierte der Wagen fürchterlich.

In den rasch vorbeiziehenden Lichtquellen betrachtete ich das Paar neben mir. Willy wirkte wie gewöhnlich schäbig; der beste Anzug wurde verknittert und unansehnlich, sobald er ihn anzog. In dem merkwürdigen Licht war es schwer, Selma deutlich zu erkennen, doch ich stellte Ausgezehrtheit und Härte bei ihr fest. Sie war niemals schön gewesen, aber in ihrer Jugend hatte sie etwas sehr Sinnliches ausgestrahlt. Das war während ihres freudlosen Daseins verkümmert.

Jenseits von Downtown fuhr Willy vom Freeway ab, folgte verschiedenen Boulevards und Seitenstraßen nach Osten durch das düstere Zentrum der Stadt. Er hatte ein paar Nächte vorher auf dem Freeway einen Strafzettel bekommen, weil ein Scheinwerfer defekt war, und wollte es vermeiden, demselben Polizisten wieder in die Hände zu fallen.

Einer der Jungen auf dem Hintersitz beklagte sich bei Selma, er sei hungrig. Ich hatte sie ganz vergessen. Jetzt schämte ich mich wegen meines Geschwätzes über Verbrechen und Gefängnis.

«Wir sind bald zu Hause», sagte Selma.

«Wo wohnt ihr?»

«El Monte.»

«Bei deinen Eltern?»

«Gott, nein!» sagte sie. «Mom ist sowieso nie da... und das Haus ist so schlecht wie das an der Court Avenue.»

«Großmutter ist im Irrenhaus», piepste einer der Jungen von hinten, weswegen Willy sich umdrehte und ihn ermahnte, so was nicht zu sagen. «Das hast *du* doch gesagt, Dad», erwiderte der Junge verletzt.

«Wo ist Mary?» fragte ich.

«Sie wohnt ein paar Meilen von uns entfernt.»

«Ich vermute, dein Vater kämpft immer noch mit Salat und Möhren.»

«Klar... und er hortet sein Geld.»

Als ich sie kennenlernte, hatte die Familie auf der Court Avenue in Lincoln Heights gewohnt, in einem großen, grauen Holzhaus. Ich war aus der nahen Erziehungsanstalt mit dem älteren Bruder Gino fortgelaufen. Sogar das Haus war heruntergekommen. Zehn Jahre später stank es dermaßen darin, daß einem übel wurde. Die Wände waren mit Schimmel bedeckt und mit Ruß. Abfälle verrotteten wochenlang in der Küche, Müll bedeckte den Fußboden. Ein Kammerjäger kam und vertrieb eine Unmenge Kakerlaken. Der Verfall hatte eingesetzt, nachdem die Kinder ausgezogen waren – die Mädchen in ihre unglücklichen Ehen, Gino in den Kreislauf aus Drogen und Knast.

Tragisch daran war, daß der Vater wohlhabend war. Als ungebildeter, schwerfälliger Einwanderer hatte er 1932 von der Versicherung zweitausend Dollar für den Verlust eines Daumens und zweier Finger bekommen. Er kaufte ein Slum-Haus mit vier Wohnungen und arbeitete am Gemüsestand auf dem Markt. Die Preise für Grundbesitz stiegen, er belieh sein Grundstück und kaufte weitere Häuser im Slum und arbeitete weiter. Nach der Wohnungsnot während des Krieges und dem Nachkriegsboom auf dem Wohnungssektor in Süd-Kalifornien gehörten ihm drei Dutzend Gebäude im Slum. Zweifamilienhäuser, Dreifamilienhäuser und Geschäftshäuser.

Wie er ohne eigenes Zutun in Geldsachen Glück gehabt hatte (es sei denn Geiz und beharrliche, stumpfsinnige Plackerei müßten belohnt werden), hatte er ohne eigenes Verschulden kein Glück mit seiner Familie. Seine Frau Jessica war früher schön gewesen, doch schon verblichen, als ich sie kennenlernte. Ihr Mann weigerte sich, ihr irgend etwas zu kaufen – und sie wußte, daß er es sich leisten konnte. Also fing sie an, Barbiturate zu nehmen, dann Alkohol zu trinken: sie wurde zur kreischenden, schlampigen Xanthippe und zog sich manchmal in die private Welt der Schizophrenie zurück.

Gino, der älteste Sohn, war wirklich attraktiv. Er hatte eine starke Ausstrahlung und lockiges Haar, das ihm in die Stirn fiel. Er wurde zum Junkie, der heimlich Familie und Freunde beklaute. Einmal wurde er verurteilt, weil er Schecks auf den Namen seines Vaters ausgestellt hatte. Man hatte dem alten Mann die Wahl gelassen, seinen Sohn ins Gefängnis zu stecken oder den finanziellen Verlust zu verschmerzen. Er ließ ihn ins Gefängnis stecken.

Mary war die nächste... meine erste Freundin und mir die liebste der Familie – obwohl mein Frauengeschmack sich seit meiner Jugend gewandelt hat. Sie hatte eine ruhige, liebenswürdige Art, die wunderbarerweise von dem heruntergekommenen Milieu nicht berührt wurde. Drogen und Verbrechen beeinflußten zwar ihr Leben, änderten aber nichts an ihrer grundlegenden Liebenswürdigkeit. Ihre Naivität war auch ihr Fluch, denn ihr fehlte die Zähigkeit, um sich aus dem Morast zu befreien. ‹Anständige Jungens› waren nie in die Gegend gekommen, die von gewalttätigen Gaunern wie ihrem Bruder, Joe Gambesi und mir bevölkert war – und unseren Freunden. Sie heiratete Joe mit siebzehn. Damals wollte Joe noch etwas anderes vom Leben, als ein Gangster sein – aber er wurde schnell zu dem, was ihm sein Schicksal vorbestimmt hatte: ein Drogendealer. Es war der einzige Weg, wie er den materiellen Status erreichen konnte, nach dem er verlangte. Sein familiärer Hintergrund war trostlos. Er wurde von einer fanatisch religiösen Mutter mit den paar Cents Sozialhilfe großgezogen. Sie hatten in einem einzigen fensterlosen Zimmer gewohnt. Manchmal sausten die Ratten quer über den Boden. Das Zimmer roch ranzig nach Kerzen, die unablässig auf dem Privataltar der Mutter brannten. Joe flüchtete auf die Straße und besuchte keine Schule mehr; er sah nicht ein, warum. Wir begegneten uns mit fünfzehn, als ich aus der Besserungsanstalt abgehauen war.

Selma war von Willy geschwängert worden, heiratete ihn und kam vom Regen in die Traufe. Willy wurde zum Junkie, so wie sein Bruder und Gino und Joe Gambesi und ich selbst eine Zeitlang.

Georgie, ein weiteres Kind der Pavans, blieb ein Schatten im Hintergrund. Er lebte immer noch zu Hause. Georgie war geistig behindert, und niemand wußte, was in seinem Kopf vorging. Er war einmal verhaftet worden – weil er gespannt hatte.

Ein Jahr bevor ich ins Gefängnis kam, hatte der alte Mann ein modernes, farmartiges Haus auf einem großen Grundstück mit einer kleinen Orangenplantage in El Monte gekauft. Mittlerweile befand es sich nach Selmas Angaben im gleichen Zustand wie das Haus an der Court Avenue. Ich fragte mich, was die Nachbarn wohl dachten.

Und dieses Haus an der Court Avenue war das einzige gewesen, das mir eingefallen war, als ich jemanden anrufen wollte. Ich fragte mich, ob das nicht einiges über mich verriet.

«Willst du bei Mary vorbeifahren?» fragte Willy mich, als wir nach El Monte kamen.

«Bring uns zuerst nach Hause», sagte Selma. «Die Jungen haben noch nichts gegessen, und ich habe Kopfschmerzen.»

Ich stimmte insgeheim zu. Ich wollte mit Willy allein sprechen, mich betrinken und möglicherweise auch eine Frau finden.

Das Haus der Darins war ein winziger, billiger Bungalow mit einer nicht asphaltierten Auffahrt. Er stand an einer Art Landstraße inmitten von Industrieansiedlungen. Die wenigen verlotterten Häuser waren durch Rollsplittgruben und Baustofflager voneinander getrennt.

Wir warteten im Wagen, bis Selma und die Kinder im Haus waren.

«Mary?» fragte Willy, als er zurücksetzte.

«Ich würde lieber Pot rauchen und mir 'ne Möse aufreißen.»

«Pot ist ein Kinderspiel, und ich kenne ein paar Bräute, die anschaffen, die können wir anrufen. Aber das wird alles Knete kosten.»

«Mein Bankkonto ist zu leer, um 'ne Pussy zu bezahlen. Geben die Kredit?»

Willy lachte. «Mann, du weißt doch, wie drogenabhängige Huren sind... hundertprozentig nur Geschäft.»

«Scheiß drauf. Wie steht's mit dir. Nimmst du Zeug?»

«Ich fixe einmal die Woche, am Tag nach dem Drogentest. Die dürfen dich nicht an zwei Tagen hintereinander testen.»

«Du arbeitest ja. Hätte nicht gedacht, das jemals zu sehen.»

«Ist absolute Scheiße, Aluminiumwände von Trailern zusammennieten, acht verdammte Stunden am Tag.» Die Monotonie zehrte schwer an Willys Substanz, doch er konnte keine Fähigkeiten nachweisen, die ihm einen anderen Job verschafft hätten.

«Kannst du mir da 'nen Job besorgen?»

«Du spinnst, Mann, ich kenn dich doch. Du wirst die ganze Stadt ausplündern.»

«Nein, ich mach Schluß. Ich besorg mir 'nen Job und setz mich zur Ruhe.» Ich wollte es ihm noch besser erklären – doch dann fiel mir auf, wie absurd die Situation war: ein Mann, der erklärte, warum er kein Krimineller mehr sein wollte. Willys Respekt vor mir beruhte jedoch auf meinem Status als Krimineller, auf meiner Fähigkeit, Geld zu stehlen, von dem einiges zu ihm durchsickerte. Er respektierte mich, wie der Schakal den Löwen respektiert, und profitierte auf dieselbe Weise.

In East Los Angeles parkte er vor einer Cantina in einer dunklen Straße mit Holzhäusern und Reparaturwerkstätten. Der Song einer Mariachi-Band ertönte aus einer Musiktruhe. Er sagte mir, ich solle im Wagen warten, und war nur knapp fünf Minuten verschwunden, dann kam er mit einer Streichholzschachtel voll Marihuana zurück und warf sie mir in den Schoß. «Ist umsonst», sagte er. «Der Typ will, daß ich für ihn Heroin verdeale. Es gibt 'ne Menge Drogenabhängige in El Monte.»

«Ja, du verkaufst was für zehn Dollar und kriegst dafür zehn Jahre aufgebrummt.»

«Ja, die verdammten Schwanzlutscher verpassen dir mehr für 'ne Dosis Heroin als für 'nen Mord.»

Wir hielten, um zwei Dosen Bier und eine Packung Zigarettenpapier zu kaufen. Dann parkten wir unter einer Straßenlaterne und drehten die dunkelgrünen Krümel zu einem halben Dutzend dünner Zigaretten. Wir teilten uns eine, inhalierten den Rauch tief und tranken ab und zu einen Schluck Bier. Seit meinem zehnten Lebensjahr hatte ich Marihuana geraucht – lange Jahre jeden Tag –, aber im Gefängnis kam man so unregelmäßig an das Zeug, daß es jetzt wie das erste Mal wirkte – und ich kam sowieso besser drauf als die meisten Leute. Es war immer, als würde ein teilweise durchsichtiger Schleier –

der der Alltagsrealität – angehoben, so daß ich die Welt klarer erkennen konnte: dieselbe Welt, jedoch wie sie wirklich war. Die Farben waren besonders intensiv, als wäre ein dreckiges Fenster saubergewischt worden. Das Neonlicht hatte mich schon in Trance versetzt, nun starrte ich es an, als würde es übernatürlich leuchten. Willy stellte das Autoradio an, und die Musik, komplizierter Piano-Jazz, schien mir so einfach, daß ich jede Note aus der Luft pflücken konnte – und sie fast sah. Grundlos begann ich zu kichern. Die Welt war kristallklar.

«Mann, du bist stoned», sagte Willy.

«Verdammt, das bin ich...», und ich lachte weiter. «Ist schon lange her. Das ist wie das erste Mal.»

«Das haut mich um. Wir haben im Ghetto schon ewig Pot geraucht, und es war immer ein schlimmes Verbrechen. Wenn man selber geschnappt wurde, hat man bei der Verhandlung nie mildernde Umstände bekommen. Und jetzt, wo sämtliche Söhne und Töchter von Senatoren und so'n Scheiß Gras rauchen und geschnappt werden, ändern sie die Gesetze. Man hat sich 'nen Scheißdreck darum gekümmert, als es nur wir armen Ärsche waren.»

«Da sagst du was Wahres – aber wir waren unserer Zeit eben weit voraus.»

Willy startete den Wagen, und wir fuhren ziellos umher, erinnerten uns an frühere Zeiten. Bald sprachen wir über seinen Bruder, und Willy verfluchte ihn als ‹Scheißinformantenarschloch – nicht mein Bruder›. Ich bezweifelte, daß Willys Abneigung auch nur im entferntesten so stark war wie seine Worte (er war ihm vielleicht etwas unangenehm), aber er kannte meine Einstellung zu Informanten und wollte sich von seinem Bruder distanzieren.

Auf einer beleuchteten Uhr im Fenster einer Reinigung konnte ich die Zeit erkennen: es war zwanzig vor zwölf. Schlafen kam mir überhaupt nicht in den Sinn (scheiß auf den Schlaf in der ersten Nacht in Freiheit), jedoch mußte ich mich morgen bei Rosenthal melden, eine Unterkunft finden und Arbeit suchen. Ich brauchte einen chemischen Ersatz für den Schlaf.

«Wo bekommen wir ein paar Bennies her?» fragte ich.

«L&L Red ist der einzige, den ich kenne, der mit den Pillen rummacht, aber der ist bestimmt noch nicht an seinem Platz.»

«Gibt es den alten Freak noch?»

«Schlimmer als jemals.»

«Laß uns zu den Schwulenbars in Downtown fahren. Die pfeifen sich die Aufputschmittel rein, wie Hühner Körner picken.»

Willy protestierte, wir würden doch vielleicht von der Polizei angehalten, fügte sich meinem Wunsch aber schließlich – und ich wußte, es war wegen meiner ersten Nacht. Ich erinnerte mich daran, daß er früher nur auf die Chance gewartet hatte, mich hinzufahren, wohin ich wollte – als ich noch die Taschen voller Geld hatte und die Rechnungen zahlte.

Main Street war ebenso hell erleuchtet wie der Hollywood Boulevard. Willy fuhr langsam, und ich betrachtete die übervollen Bürgersteige. Nur die Läden im Erdgeschoß waren noch geöffnet: Pfandleihhäuser, Hot-dog-Stände, Spielarkaden, Kinos, die ununterbrochen Pornofilme zeigten. Hauptsächlich waren es Kneipen – Westernstil, mexikanische, Rock and Roll, jede mit weit geöffneter Eingangstür und laut herausdröhnender Musik. Ich erinnerte mich plötzlich daran, wie sehr diese dauernd geöffneten Kneipen nach Pisse rochen.

Das Laster gehörte hier zur Grundausstattung und trug keine Maske. Eine Hure konnte durchaus einem Freier in die Hose langen und ihn an seinem Gerät in ein versyphtes Hotel zerren. Gruppen von zwielichtigen Schwarzen spazierten über den Bürgersteig. Sie sahen sich selber als Hochstapler und Zuhälter; aber mit ihren Pelzhüten, den spitzen Schuhen und ihren Zirkonringen sahen sie so hip aus, daß sie allen außer den blödesten Freiern Angst einjagten, und das waren junge Soldaten.

Hier war Homosexualität das vorherrschende Laster. Junge Stricher waren weit zahlreicher als Huren, die so maskulin taten, als ob sie die anderen parodieren wollten. Und die femininen Tunten waren überall, schritten mondän auf und ab, allein oder in Gruppen, traten im Umkreis bestimmter Schwulenbars gehäuft auf, posierten und gurrten, jede flatterhafte Geste mit der Hand oder mit der Schulter eine Karikatur der Weiblichkeit. Ihr schrilles Schwulsein wirkte trotzig, wenn nicht hysterisch.

Uniformierte Polizisten mit Schlagstöcken patrouillierten zu zweit jeden Block, suchten nach Abschaum – den Besoffenen, den Schlägern oder denen, die auf andere Art die Ruhe störten. Ein vergitterter Bus fuhr unablässig zwischen Main Street und dem Stadtgefängnis hin und her. Beamte in Zivil stromerten ebenfalls herum und schnappten sich, was auch immer die Dummheit der anderen ihnen einbringen mochte: einen entflohenen Sträfling, einen Drogenabhängigen mit heißer Ware, einen fahnenflüchtigen Soldaten.

Alles kam mir bekannt vor. Sogar der Gestank nach brodelndem Fett und Zwiebeln aus den Hot-dog-Buden erinnerte mich an die Zeit, als ich hungrig durch die Straßen gelaufen war. Nachdem ich aus der Besserungsanstalt abgehauen war, lebte ich acht Monate von Gelegenheitsdelikten auf der Straße. Gambesi war mein Partner gewesen. Viele Nächte verbrachten wir in den durchgehend geöffneten Kinos. Der eine schlief, während der andere nach der Polizei Ausschau hielt. Einer ging rein, kaufte eine Eintrittskarte und öffnete die hintere Tür für den anderen. Einmal wartete Joe darauf, daß ich ihm die Tür öffnete, wurde ungeduldig und klopfte. Statt meiner (denn darum hatte ich nicht geöffnet) trat ein Polizist heraus und spaltete Joes Schädel mit seinem Schlagstock. Weil Joe noch so jung war, fürchtete sich der Bulle davor, ihn festzunehmen. Wir verbrachten die Nächte in den Lobbies billiger Absteigen oder in einem LKW, der hinter einer Bäkkerei geparkt war. Manchmal ließ uns Mary Pavan ins Haus, nachdem ihr Vater zu Bett gegangen war. Wir schliefen auf dem Boden in ihrem Zimmer und krochen im Morgengrauen, bevor ihr Vater aufstand, um zur Arbeit zu gehen, wieder in die Stadt hinaus. Joe ging ab und zu nach Hause, um seine Mutter zu besuchen und um uns saubere Wäsche zu besorgen. Hauptsächlich lebten wir davon, daß wir Tunten ausraubten. Einer von uns lockte einen Homosexuellen an einen einsamen Ort oder ging mit ihm nach Hause, und der andere kam plötzlich hinzu. Wir verprügelten die Opfer und beraubten sie. Das sprach sich herum, und wir konnten keine neuen Opfer mehr finden. Das Zwischenspiel endete nach einer Verfolgungsjagd mit einem Auto. Ich krachte hinten in einen geparkten Laster. Joe konnte trotz einer Gewehrsalve fliehen, aber auf meiner Seite klemmte die Tür, und ich wurde verhaftet. Seit dieser Zeit habe ich nie wieder auf der Main Street Geschäfte gemacht; aber ab und zu, wie jetzt, ging ich hin, um Amphetamine zu kaufen. Hier konnte man sie am leichtesten bekommen; die Tunten konsumierten sie ständig, denn ihr Gebrauch stimulierte das Lustempfinden.

Ich zweifelte nicht daran, daß ich Bekannte treffen würde – einen Ex-Sträfling, einen Junkie, eine Tunte. Aber wir sahen niemanden auf dem Bürgersteig, den wir kannten. Wir parkten auf einem dunklen Parkplatz, warfen die Streichholzschachtel mit dem Marihuana neben einen Reifen, wo wir sie uns wiederholen konnten, und gingen die Main Street entlang, betraten verschiedene Bars und sahen uns die Leute an. Wir trugen beide Anzüge, und die Eingeborenen beäugten uns mißtrauisch und voller Furcht, denn sie meinten, wir wären Polizisten.

Eine Bar befand sich in einem Keller, und sie war rappelvoll. Bunte Scheinwerfer rotierten an der Decke und warfen groteske Schatten. Die Stimmen waren noch lauter als das Kreischen und Jaulen der Elektrogitarren aus der Jukebox. Meine Sinne waren durch das Marihuana geschärft, und jetzt befand ich mich mitten im nackten Kern des Sinneschaos. Die Musik drang in mich, ertränkte mich. Früher hätte mich diese gesteigerte Sinnlichkeit erregt. Das Leben hatte aus Sensationen bestanden, auf dem *Jetzt*, ohne Mäßigung oder Bedeutung. Aber nach den Jahren im staatlichen Kloster war es zuviel. Ich kämpfte dagegen an, mich nicht in dem Strudel zu verlieren.

Jemand tauchte zu meiner Rechten aus der Menge auf. Es war eine Tunte, die ich im Gefängnis gesehen hatte, aber ich kannte seinen Namen nicht. Dort hatte er hautenge Hosen getragen und sich die Augenbrauen gezupft. Hier gab er sich konservativ, obwohl die Bar nur so von auffälligen Schwuchteln wimmelte. Er hörte sich an, was wir wollten, nahm zwei Dollar und kam zehn Minuten später mit zwei in Aluminiumfolie gewickelten Rollen Pillen zurück.

Willy wollte etwas trinken, er beäugte eine junge blonde Tunte, die gekonnt mit einem anderen Jungen rummachte.

«Laß uns abhauen», sagte ich. «Ich habe nichts dagegen, einen Jungen zu vögeln, aber ich wäre ein dreckiges Arschloch, wenn das der erste Sex wäre, den ich nach acht Jahren voller Tunten und Wichsern habe.»

Wir fuhren nach Chinatown rüber und tranken dort einen Kaffee, um die Pillen runterzuspülen und ihre Wirkung zu beschleunigen. Das Stimulanz berauschte mich und radierte meine Depression aus. Es war absolut phantastisch, einfach so in diesem Schrotthaufen durch leere Straßen zu fahren. Ich war frei.

«Komm, wir schauen mal, was L&L Red macht», sagte Willy. «Er müßte jetzt an seinem Platz sein. Es ist nicht weit.»

«Also ist er schließlich doch von seinen Leuten weggezogen?»

«Sind vor drei Jahren gestorben, innerhalb von zwei Monaten. Er verkaufte die Bude und war nach zwei Monaten pleite. Pferde, Huren und Drogen. Er hat nur noch einen M. G. Roadster, der auseinanderfällt. Du hättest den alten Esel mal mit zwanzig Riesen in der Tasche sehen sollen», fuhr Willy fort. «Jede Nacht hatte er 'ne Hure oder zwei im Arm und stolzierte wie 'n Boxer rum. Ich sag nur eines, er hatte seinen Spaß, solange es dauerte. Es hätte ihn in ein paar Monaten umgebracht, wenn ihm die Kohle nicht ausgegangen wäre.»

«Was macht er jetzt, um zu Geld zu kommen?»

«Noch immer dasselbe. Arbeitet, bis er wieder Arbeitslosengeld kriegen kann, dann haut er ab. Er raucht immer noch Pot, schmeißt Pillen und trinkt Tokaier, und sein Verstand sitzt immer noch hauptsächlich in seinem Schwanz.» Willy redete weiter über Reds Vergnügungstour, die eigentlich nur eine Erweiterung der Tour war, die er schon ein Dutzend Jahre draufhatte, seit ich ihn kannte, und sicher ein Dutzend Jahre davor. Er schien von Selbstmißbrauch zu leben. Früher war er attraktiv gewesen, heute noch war er groß und kräftig. Er fürchtete sich zu sehr vor dem Gefängnis, um zu stehlen; deswegen brachten ihm seine ständigen billigen Bacchanale in Kontakt mit vielen Leuten, die den Weg in die Unterwelt säumten – Schrotthändler, Barkeeper, Kneipiers. Er kannte auch viele Diebe. Diese Grenzgänger kauften günstige Gelegenheitsangebote, auch wenn sie gestohlen waren. Red war kein echter Hehler, aber er fungierte als Mittelsmann, wenn sich eine Gelegenheit ergab. Ich hatte einmal einen Fleischtransporter mit einem Fahrer ausbaldowert, der ihn immer unbewacht ließ, wenn er Kaffeepause machte. Ich wußte, wo ich Zigaretten, Schnaps, Fernseher und Stereoanlagen, Computer, Kameras, Pelze, Schmuck in kleinen Mengen, Kleider und sogar Zündkerzen loswerden konnte. Drei Tonnen rohes Fleisch aber waren etwas anderes. Red kannte einen Mann, dem drei Restaurants gehörten und dem der Preis gefiel, den wir haben wollten. Ich stahl den Laster, bevor der Fahrer seine Milch in den Kaffee gerührt hatte.

Red diente auch als Führer für Diebe, die nach einem erfolgreichen

Beutezug feiern wollten. Einige Diebe hatten so oft gesessen, daß sie nicht mehr wußten, wo sie hingehen konnten oder was sie tun sollten, sogar wenn sie die Taschen voller Geld hatten. Red wußte es und freute sich, es anderen zeigen zu können.

Während ich an Red dachte, war Willy durch die Straßen einer heruntergekommenen, hügeligen Gegend gefahren. Sie lag am Rand von Downtown. Er bog in eine enge Straße, die dann zu einem Feldweg wurde, der den Hügel hinaufführte. Das Auto hoppelte voran, und seine Scheinwerfer beleuchteten Erde und trockenes Gras. Dieser Teil der Stadt war gebaut worden, als es in der Ebene noch billig war, und die Bauherren hatten die Hügel links liegengelassen, um sich Baukosten zu sparen. Die Gebäude am Fuß der Hügel zerfielen nun, und die Hügel selbst waren noch immer kahl, während mit Bulldozern etwa fünzig Meilen entfernt Land für Orangenplantagen gerodet wurde.

Auf der Kuppe sah ich Licht aus einer Holzhütte durch die Ritzen der Jalousie dringen. Ich erinnerte mich an eine weitere von Reds Marotten: er ging nie richtig schlafen. Er schlief auf Sofas, Stühlen, auf dem Boden, was es gerade gab, und es schien ihm am besten zu gefallen, wenn er vollständig angezogen blieb. Er zog sich nur aus und krabbelte unter ein Laken, wenn es um Sex ging. Der Schlaf bedeutete eine Verschwendung von wertvoller Lebenszeit, so meinte er.

L&L Red hörte den Wagen und kam heraus. Er stand im Türrahmen mit einem Weinkrug in der Hand, der neben seiner Hüfte baumelte.

«Hey, Big Red, was geht ab, Baby?» sagte Willy.

«Nichts los. Wer ist da bei dir?»

«Komm und sieh selbst.»

Red steckte seinen großen Kopf durch das Fenster an der Fahrerseite und linste herein. «Das mich doch gleich der –! Max Dembo!»

«Was geht ab?»

«Wann bist du rausgekommen?»

«Heute morgen.»

«Freut mich, dich zu sehen. Sind nicht mehr viele von deiner Sorte übrig.» Ich konnte Reds Gesicht nicht erkennen, aber in der nächtlichen Hitze konnte ich es am säuerlichen Geruch älterer Menschen erschnuppern.

«Kommt rein», sagte er.

Auf dem Weg nach drinnen schüttelte er uns die Hände und begann sofort mit seinen letzten Eroberungen anzugeben. «Immer dieselbe Scheiße. Ihr kennt mich doch ... hinter 'ner Pussy her, high bleiben, sich 'ne gute Zeit machen.»

«Das sieht echt ganz nach dir aus», sagte Willy.

Die Hütte bestand aus drei Räumen, die durch türlose Bögen verbunden waren. Nur das kleine Bad hatte eine Tür. Das rohe Holz schimmerte durch den abgetretenen Linoleumbelag. Die Möbel waren vom Müll, außer einem tragbaren Farbfernseher auf einem Stuhl. In der Ecke befand sich ein Müllcontainer, trotzdem standen überall leere Weinflaschen und ähnliches herum. Eine Wand war halb mit Fotos von nackten Frauen mit weit gespreizten Beinen vollgepinnt. Es war zugleich traurig und grotesk.

«Red ist fertig», sagte Willy, nahm den Weinkrug aus Reds Hand und ließ sich aufs Sofa fallen. «Er kann sich nicht mal mehr 'ne Pussy kaufen.»

«Ich krieg ihn noch hoch», erwiderte Red. «Wenn du weiter den Scheiß drückst, dann kriegst du keinen mehr hoch.»

Willy lachte. «Ich verarsch dich doch nur, Red. Du bist der größte Freak von allen.»

Ich schaute in Reds vom Laster gezeichnetes Gesicht, auf die teigige Gesichtsfarbe, den einst kraftvollen Körper, der nun in sich zusammenfiel. Er saß auf einem Stuhl, der Bauch schwabbelte über seinen aufgeknöpften Hosenbund. Ich empfand Verachtung, doch dann verglich ich uns und wußte, wenn man Gut und Böse gegeneinander aufwog, war ich schlechter als Red. Er war harmlos, trotz all seiner Verkommenheit. Er hatte niemandem weh getan, nur denen mit sexuellen Hemmungen, wohingegen ich alle geschlagen und verletzt und bestohlen hatte. Und man konnte eines von ihm sagen: er lebte ganz seinen Bedürfnissen nach – und das will etwas heißen, wenn die Interessen nur aus Sex und Highsein bestanden.

Wir rauchten die letzten drei Joints und L&L Red saugte so gierig daran, daß man denken konnte, er hätte acht Jahre lang auf dem trokkenen gesessen. Er schluckte außerdem ein halbes Dutzend Bennies. Bald schon erzählte er uns Episoden von seiner Vergnügungstour, die Willy vorhin bereits erwähnt hatte. Während Red erzählte, zeichnete sich eine tranceartige Glückseligkeit in seinen Augen ab. Speichel rann ihm aus dem Mund. Sein Bericht wurde zu einem leidenschaftslosen liturgischen Gesang. Die Erinnerung an diese wenigen Monate war offensichtlich sein wertvollster Besitz, und er erging sich in seinen Geschichten und erlebte sie wieder und wieder. Er hörte schließlich auf und setzte den Weinkrug an den Mund. Sein Adamsapfel hüpfte, als er den letzten Tropfen schlürfte. «Wir müssen zusammen 'ne Party feiern», sagte er zu mir. «Ich kenne ein paar neue Plätze, die du noch nicht gesehen hast. Ich weiß, wo was los ist, nicht wahr, Willy?»

«Verdammt, das weißt du», sagte Willy.

Red sprang plötzlich auf die Füße und begann mit dem Finger herumzufuchteln. Ich dachte, er wäre verrückt geworden. «Mein Gott, Max, o mein Gott. Ich habe mich gerade an was erinnert. Verdammt, hast du ein Glück!»

«Wovon redest du?»

«Ein Ding... eine Riesensache. Ein Typ hat mich angequatscht, ich soll ihm einen guten Mann für einen Überfall besorgen. Jetzt bist du hier. Es ist ein Scheißwunder... und es gibt Zaster, Mann, etwa fünfzehn oder zwanzig Riesen. Das ist wunderbar für dich, wunderbar.»

«Um was geht's?» fragte ich, ohne nachzudenken, aber als die Worte ausgesprochen waren, hätte ich mir am liebsten meine Zunge abgebissen.

«'n Würfelspiel – alte Spaghettifresser und Armenier.»

Ich sagte ihm, er solle es vergessen, und verweigerte jede weitere Erklärung. Ich kam mir wie vorhin bei Willy dumm vor, erklären zu müssen, warum ich kein Verbrechen begehen wollte. Die Menschheit hat ganze Bibliotheken vollgeschrieben, um ihre schlechten Taten zu rechtfertigen, aber ich mußte mich rechtfertigen, daß ich nichts Böses tun wollte. Red starrte mich ungläubig an.

«Es ist ein Kinderspiel», sagte Red. «Sie würden noch nicht mal die Bullen rufen.»

«Warum machst du es dann nicht selbst? Du kannst doch die zwanzig Riesen gebrauchen.»

Reds Mund ging schnell auf und zu. Die Furcht hielt ihn zurück, aber er wollte es nicht zugeben. «Ein paar von den Spielern kennen mich», sagte er. «Mann, laß mich's dir erklären. Es ist einfach klasse.»

«Ich will nichts davon wissen.»

«Hör doch einfach mal zu.»

Es war einfacher, ihn reden zu lassen und ihn zu ignorieren, als ihn zum Schweigen zu bringen. «Na gut... aber denk daran, ich bin nicht interessiert.»

«Wirst du schon noch. Ich sollte keine Namen erwähnen, aber ich weiß, daß ihr beide in Ordnung seid. Wenn du weißt, wer die Sache durchzieht, dann weißt du, daß ich keinen Scheiß rede. Johnny Taormina heißt der Kerl. Er ist vollkommen pleite, absolut Ebbe, und er hat Schulden. Er braucht die Kohle.»

«Er soll angeblich ein Mafioso sein», sagte Willy. «Was ist passiert?»

Die Frage hätte ich auch gestellt. 'Big Johnny T' war ein Name, den ich seit meinem fünfzehnten Lebensjahr kannte. Man vermutete, daß er bei der Mafia, der Cosa Nostra, dem Syndikat (wie immer man es diese Woche nannte) ein halbwegs wichtiger Mann war. Er kontrollierte die Buchmacher und die Lohnhaie im Lincoln Heights District, und man erzählte sich, er hätte während des Zweiten Weltkriegs ein paar hunderttausend Dollar auf dem Schwarzmarkt verdient. Es war ein Schock, erfahren zu müssen, daß er bewaffnete Gangster suchte, um seine Komplizen auszunehmen.

«Er hat alles beim Spielen verpulvert», sagte Red. «Eine halbe Million Scheine in fünf Jahren. Er hat keinen Pfennig mehr, aber er weiß noch so manches... ein Dutzend einfache Sachen, Würfelspiele wie dieses; Buchmacher, die jede Menge Knete zu ihren Kollegen schleppen; Geldübergaben.»

«Ja», antwortete ich, «und nachdem drei Sachen gelaufen sind, finden sie heraus, wer's gesteckt hat und hängen ihn an seinen Eiern auf.»

«Das geht doch deine Eier nichts an.»

«Mich kann die Mafia sowieso mal... aber scheiß drauf. Ich will davon nichts wissen.»

Red blinzelte. «Mann, die haben dich doch nicht geschafft, oder?»

Ich wurde rot. «Nenn es, wie du willst – aber wie du mal Willy gesagt hast, es ist besser zu leben, als tot zu sein. Und scheiß auf Big Johnny T. Er ist wahrscheinlich ein Informant wie die meisten dieser Halsabschneider.»

«Du könntest die Knete brauchen, um auf die Beine zu kommen», meinte Willy. «Mann, ich weiß, was du jetzt denkst, aber ich kenn dich. Du bist seit deiner Geburt ein Krimineller gewesen.»

«Ich habe mich geändert.»

Red schwieg verwirrt. Er versuchte, durch einen Nebel aus Wein, Marihuana und Benzedrin hindurch meine Ablehnung zu verstehen. Ich fragte mich, wie er zu Johnny Taorminas Vermittler geworden war. Ich kannte den Gauner nicht persönlich, aber Red schien doch eine recht merkwürdige Wahl zu sein. Bei näherem Hinsehen schien es jedoch eher Sinn zu machen. Sie kamen aus derselben Gegend und stammten aus derselben Generation. Red war ein besoffener Blutegel, aber er hielt die Klappe und kannte Kriminelle außerhalb des Drogenhandels, Leute, die Johnny nicht kannte. Außerdem konnte Johnny ja keine Anzeige aufgeben. Drogenhandel und die Unterwelt der Diebe berühren einander und überlappen sich manchmal, aber sie sind grundsätzlich voneinander getrennt. Meine wenigen Geschäfte mit Leuten aus dem Drogenhandel hatten mich gelehrt, sie zu respektieren und sie gleichzeitig abzulehnen. Sie waren erfolgreich, gut organisiert, wagemutig; sie benutzten Geld, um Geld zu machen. Nur ein kleiner Prozentsatz wanderte jemals ins Gefängnis, und dann auch nur für einen kurzen Urlaub. Auf der anderen Seite waren die meisten von ihnen nach meiner Einschätzung falsche Fünfziger; es waren eher Geschäftsleute als echte Kriminelle. Sie befriedigen die verbotenen Bedürfnisse der Gesellschaft während der Geschäftszeiten und geben ein Beispiel an Moral und Tugend ab... Und im Vergleich zu dem Schwerverbrecher, der das unabhängigste Raubtier der Welt ist, sind sie Schwächlinge. Viele würden Schwerverbrecher an die Polizei verraten. Die Gesellschaft meint, die Polizei sei vom Drogenhandel korrumpiert, aber die Polizei korrumpiert auch den Drogenhandel. Eins gehört zum anderen.

Die Albernheit meiner Gedanken wurde mir plötzlich bewußt. Ich dachte vom Standpunkt eines Kriminellen aus, mit Einstellungen, die meinen neuen Zielen fremd waren. Anständige Bürger denken keine Minute über Einbruch und Informanten und die Ethik des Verbrechens nach.

Es war drei Uhr morgens, als wir weiterfuhren. L&L Red brachte uns nach draußen und bot an, mich in seinem Wagen herumzufahren, bis ich einen eigenen hatte, vorausgesetzt (er lachte), ich würde das Benzin bezahlen. In der Hütte gab es kein Telefon, aber er schrieb mir die Nummer einer Billardhalle auf, wo man ihn normalerweise tagsüber erreichen konnte.

Während Willy in Richtung El Monte fuhr, schwankte meine Stimmung zwischen Übermut und Depression. Es machte Spaß, durch die Nacht zu fahren und zu den Sternen aufzusehen, die auf schwarzem Samt verstreut zu ruhen schienen. Ja, ich war mit denselben Leuten zusammen, war in dieselbe Verkommenheit und Gemeinheit verstrickt, die mich all die vergeudeten Jahre begleitet hatte. Willy und Red waren Freunde – aber ihr Leben verlief in absolut vorgezeichneten Bahnen, es war so hoffnungslos. Auf diese Art miteinander verbunden, behindern sich solche Menschen gegenseitig. Ich wollte davon loskommen, andere Menschen kennenlernen und ein anderes Leben führen. Und dennoch hatte ich Willy angerufen. Es war meine freie Wahl gewesen als Alternative zum Wohnheim oder dazu, in meiner ersten Nacht in Freiheit allein herumzuwandern. Ich meinte nicht, daß es unter den gegebenen Umständen falsch gewesen war, diese Entscheidung zu treffen – die Umstände stimmten einfach nicht. Ich hoffte, ich würde bei meiner zukünftigen Arbeitsstelle anderen, mir sympathischen Menschen begegnen – wo immer das auch sein mochte.

«Fahren wir zu dir?» fragte ich.

«Könnten wir, aber Selma wird mich in den Arsch treten, weil ich so lange weg war. Ich muß in drei oder vier Stunden zur Arbeit. Ich habe letzte Woche schon zwei Tage gefehlt, davon weiß sie aber nichts. Sie werden mich rausschmeißen, wenn ich noch einen Tag fehle.»

«Wie ist dein Bewährungshelfer?»

«Ein hoffnungsloses Arschloch. Mann, er ist so anständig und normal – einer dieser gebildeten Idioten. Hat die Weisheit aus Büchern mit Löffeln gefressen, weiß aber nicht die Bohne übers Leben oder Menschen. Er ist einer von den Typen, die in einem netten weißen Haus mit Jägerzaun und hübschem Rasen wohnten und zur Sonntagsschule gingen, bis sie sechzehn waren. Er hat noch nie in seinem Leben etwas gestohlen – mußte niemals was stehlen. Seine Frau und er unterrichten beide in der Sonntagsschule. Ich weiß, daß er sie nicht anturnt... hat sie vielleicht noch nicht mal vor der Heirat gebumst. Er tut so, als wäre sein Job so 'ne Art Mission unter den heidnischen Ex-Knackis.»

Diese krude Beschreibung war auf ihre Art lustig, doch waren Willys Probleme deutlich sichtbar. Es würde niemals so etwas wie Kommunikation zwischen Willy und der Person, die er beschrieben hatte, stattfinden.

«Er sollte froh sein, daß du nicht süchtig bist und klaust», sagte ich.

«Er will, daß alle so sind wie er. Die Menschen sind aber verschieden. Ich weiß das, und ich bin nur ein ungebildeter Drogenfreak. Du glaubst es kaum, was das für 'n Arschloch ist. Wenn der wüßte, ich fahre hier herum, dann würde er mich ins Gefängnis stecken und der Justizbehörde einen Brief schreiben. Es würde ihm zwar damit schlechtgehen, aber es wäre ja seine Pflicht. Kann er denn nicht verstehen, daß man in L. A. ohne Auto genauso dasteht wie in Death Valley ohne Wasser? Ich würde vier Stunden brauchen, um mit dem Bus zur Arbeit zu fahren.»

Willy erzählte mir noch, daß er schon zwei Jobs verloren hatte, weil der Bewährungshelfer den Arbeitgebern mitgeteilt hatte, daß Willy ein drogensüchtiger Verbrecher auf Bewährung sei. Der Ordnung halber mußte dem Arbeitgeber Bescheid gesagt werden, doch kaum ein Bewährungshelfer machte das wirklich. Ein Mann, der ein Geschäft besaß, war nicht an den Problemen eines Ex-Sträflings interessiert; ihn interessierte es aber, ob etwas gestohlen wird. Deswegen wurde Willy nach ein paar Wochen mit einer lahmen Entschuldigung des Arbeitgebers entlassen, und der Bewährungshelfer bekam nie richtig mit, was passiert war.

«Wie kommst du mit Selma zurecht?»

«Es war ziemlich herb, als ich rauskam. Ich bin nicht sofort mit ihr zusammengezogen. Hast du das Baby gesehen, hm?»

«Ihres – aber nicht deines?»

«Genau. Ich war zwei Jahre weg. Ich hatte nicht erwartet, daß sie nur fernsieht. Scheiße, ich habe ihr noch nicht mal den Fernseher dagelassen. Ich habe ihn verkauft und hab mir von dem Geld 'nen Schuß gesetzt, einen Monat bevor man mich geschnappt hat. Aber ein Baby! Das ist so blöd. Kein Mensch hat mehr ungeplante Kinder, nicht seit der Pille und dem Scheiß. Gibt auch Abtreibungen. Und sie hat's mir noch nicht mal gesagt, bis ich rauskam. Das Baby war vier Monate alt. Da wollte ich sie nicht mehr wiedersehen, und als ich rauskam, bin ich eine Woche bei Mary geblieben, bis ich den ersten Scheck bekam. Joe war schon wieder im Knast. Egal, Selma kam rüber, eins führte zum anderen, und wir vertrugen uns wieder. Wer bin ich denn, daß ich den ersten Stein werfe? Und die Braut hat mich ziemlich gut behandelt, wenn man alles bedenkt. Sie ist manchmal echt Scheiße zu ertragen, aber ich bin an sie gewöhnt. Es wird schon gehen, denke ich.»

Willy hörte auf zu reden. Ich mußte lächeln – er war so phlegmatisch, so wenig durch Armut oder Frustration erschüttert. Sein Traum war die permanente Euphorie der Drogen und in Ruhe gelassen zu werden. Er würde weiterstolpern, die Demütigungen des Bewährungshelfers ertragen, da Knast noch schlimmer war, und in Frieden mit seiner nörgelnden Frau leben; und möglicherweise schaffte er es, seine fünf Jahre auf Bewährung durchzustehen.

«Laß uns bei Mary vorbeifahren», sagte er. «Sie wird sich total freuen, dich zu sehen.»

«Es ist halb vier Uhr morgens.»

«Ihr macht es nichts aus, wenn wir sie wecken. Sie ist daran gewöhnt.»

Mary Gambesi wohnte zwei Meilen von ihrer Schwester und deren Mann entfernt. Willy bog in eine Straße in einem Vorort für die untere Mittelklasse und machte den Scheinwerfer aus. «Sie wohnt nach hinten raus.»

Willy hielt an und stellte den Motor ab. Auf Zehenspitzen schlichen wir über den knirschenden Schotter und tasteten uns in dunkelster Nacht zu einem noch dunkleren Bungalow. Willy kannte den Weg genau. Er pochte mit dem Knöchel gegen ein Fenster. Ein Hund kläffte von dem Geräusch aufgeschreckt in der Nähe. Ein Dutzend anderer Hunde stimmte sofort in den Chor ein.

«Jetzt wird irgend so ein Blödmann die Polizei wegen eines Spanners rufen. Verdammte Kacke.» Willy klopfte fester.

Die Jalousie wurde hochgezogen; ein bleiches, konturloses Gesicht erschien. «Bist du das, Willy?»

«Ja, ich bin's... dein alter treuer Schwager.»

«Ist Max etwa bei dir?»

«Ganz genau.» Willy drehte sich zu mir um. «Selma muß angerufen haben.»

Wir trampelten durch ein Blumenbeet und bogen um die Ecke des Gebäudes. Willy verfluchte die kläffenden Hunde. Mary wartete, bis die Tür geschlossen war, bevor sie das Licht anschaltete. Sie hielt mit einer Hand ihren Flanellmorgenmantel dicht um ihren Hals verschlossen. Als sie mich sah, legte sie die andere schnell vor ihren Mund. Die Geste war so dramatisch, daß sie spontan sein mußte. «Selma rief an und hat's mir erzählt, aber ich konnte es nicht glauben.»

«Lazarus ist von den Toten auferstanden», erwiderte ich. «Jeder kommt eines Tages raus, ob auf Bewährung oder in einer Holzkiste.» Ich sah, daß die Jahre fast spurlos an ihr vorübergegangen waren. Sogar barfuß, das Haar in Lockenwicklern, sah sie nicht älter als achtzehn aus. Sie wartete auf meine Beurteilung und lächelte leicht. Wir waren uns sofort wieder nahe.

«Du bist keinen Tag älter geworden», sagte ich.

Sie machte eine abwehrende Geste; sie war an Komplimente nicht gewöhnt. «Setzt euch», sagte sie. «Ich bin gleich wieder da.» Sie wollte sich Hausschuhe überziehen und die Tür zum Kinderzimmer schließen. Sie bat uns, leise zu sein.

«Ihr zwei habt was am Laufen», meinte Willy. «Warum legst du sie nicht flach? Sie ist ein Vollblutweib, und sie ist frei. Joe und sie haben sich getrennt.»

«Sie ist immer noch Joes Frau, was mich angeht. Und ich mag sie sowieso auf andere Weise.»

«Wenn du wirklich aussteigen willst, dann ist sie ideal für dich. Ich weiß, daß du auf blonde Rasseweiber stehst, aber dafür mußt du was vorzeigen können. Aber wenn du eine Frau suchst, die bei dir bleibt, dann gibt es keine bessere als Mary. Sie ist fast zu verdammt lieb, um echt zu sein.»

«Vielleicht ist sie zu lieb für mich.»

Mary kehrte in diesem Augenblick mit gebürstetem Haar zurück. Ihre volle, schwarze Mähne fiel über ihre Schultern. Wieder mußte ich staunen, wie jung sie aussah. «Wirst du denn nie älter?» fragte ich.

«Ich zupfe die grauen Strähnen aus.» Sie lachte und wurde rot.

«Wenn ich das machen würde, hätte ich eine Glatze.»

«Ist mir aufgefallen . . . aber du siehst elegant aus.»

«Du weißt immer noch, wie man es schafft, daß Männer sich gut fühlen.»

Sie plapperte plötzlich los: «O Max, ich bin so froh, daß du draußen bist. Ich hoffe nur, du bleibst so, und du kannst dein Leben zur Abwechslung mal genießen.» Der Gefühlsausbruch ließ sie wieder erröten. Sie wandte sich an Willy. «Hast du Zigaretten? Ich weiß, daß Max nicht raucht.»

«Nur Zigarren», sagte ich.

«Stinkende Zigarren, wenn ich mich recht erinnere.» Sie fragte, ob wir hungrig wären, aber das Amphetamin hatte den Hunger vertrieben. Kaffee war in Ordnung. Sie setzte Wasser auf und holte Tassen. Ich kippte den Stuhl gegen die Wand und entspannte mich, langsam wurde ich ruhig. Ich badete in der Wärme der Freundschaft in diesem Zimmer. Ich sah Mary zu und fragte mich, was nun mit ihr geschehen würde, da Joe gegangen war. Würde sie irgendeinen arbeitsamen Bürger finden? Aber sie war so an Kriminelle gewöhnt. Ich erinnerte mich daran, wie sie stets im Hintergrund mit dabei war, wenn Drogenabhängige zu Joe kamen, um Stoff zu kaufen. Sie fixten im Bad und lagen dann regungslos im Wohnzimmer herum und ließen ihre brennenden Zigaretten auf die Möbel fallen.

Ich fragte mich auch, was aus ihren Kindern würde. Lisa war sechs und Joey junior drei, als ich eingebuchtet wurde. Was war aus ihnen geworden? Welche Wirkung hatte die bizarre Welt ihrer Eltern und Verwandten auf sie? Ich fragte Mary nach ihnen. Lisa, so schien es, war hinter Jungen her und machte sich zur Zeit Sorgen, weil sich ihr Busen nicht so schnell entwickelte wie der ihrer Freundinnen. Joe war ein Teufel – aber ein netter Teufel.

Mary erwähnte, Selma würde sich sorgen, daß Willy mit mir rumhing, daß ich ihn sicher in was reinziehen würde. Willy schüttelte angeekelt den Kopf, trank seinen Kaffee aus und ging ins Wohnzimmer, um ein Nickerchen zu machen.

Ich sagte es Mary nicht, aber Selmas Befürchtungen waren grundlos. Wenn ich wieder als Krimineller anfangen wollte, dann wäre Willy sicher nicht mit von der Partie.

Jenseits der Ausrüstungsbeschaffung und anderer untergeordneter

Aufgaben würde ich ihm nie trauen können. Ich bin einmal mit ihm losgezogen – oder besser gesagt, ich hatte ihn mitgenommen –, und das war das letzte Mal. Die Sache war einfach (so einfach sie sein kann): ein Buchmacher, der mindestens zweitausend Dollar bei sich hatte. Der Buchmacher wog ungefähr zweihundertunddreißig Pfund. Wir wollten in sein Appartement einbrechen und auf ihn warten. Willy sollte ihn draußen abpassen und ihm dann ins Appartement folgen und mir helfen, ihn festzubinden.

Ich verschaffte mir Einlaß, indem ich ein Fenster in ein Bad öffnete, und wartete mit einer Halloween-Maske vor dem Gesicht. Der Buchmacher kam zwanzig Minuten später. Ich stellte mich ihm in den Weg, nahm mir das Geld und befahl ihm, sich aufs Sofa zu setzen. Er wollte mich anspringen. Ich konnte es in seinen Augen sehen. Willy kam nicht. Es war unmöglich, ihn mit einer Hand festzubinden, während ich in der anderen die Pistole hielt – und ihm nahe zu kommen, war außerdem gefährlich. Ich wartete eine halbe Stunde und trat schließlich den Rückzug an. Ich wußte, daß das Opfer sofort ans Telefon springen würde, sobald ich die Tür hinter mir geschlossen hatte. Ich hatte geplant, mir genügend Zeit zur Flucht zu verschaffen, indem ich ihn festband. Die Chance war weg.

Willy auch. Die Stelle, wo Willy am Bordstein geparkt hatte, war jetzt leer. Er behauptete später, ein Streifenwagen wäre vorbeigekommen, hätte neben ihm gehalten, und die Polizisten hätten ihn angesehen. Darum war er geflohen. Ich glaubte ihm nicht – akzeptierte die Geschichte aber, ohne mit ihm zu streiten. Unsere Freundschaft war mir wichtiger. Aber das war das letzte Mal, daß ich Willy mitnahm. Ihm fehlte einfach der nötige Mut.

«Hast du was von Joe gehört?» fragte ich Mary.

Sie trank einen Schluck Kaffee und hielt den Blick auf den Boden gerichtet. «Er schreibt ab und zu, behauptet, es würde beim nächsten Mal alles anders werden. Aber es ist vorbei, Max, es ist Schluß. Ich habe jahrelang darauf gewartet, daß er sich ändert. Macht er nicht. Ich glaube nicht, daß sich einer von euch je ändern wird. Ich würde bleiben, wenn es nur um mich ginge, aber ich muß auch an die Kinder denken.»

«Du solltest warten, bis er wieder draußen ist, und nicht aussteigen, wenn er am Boden liegt. Du weißt, wie das aussieht.»

«Ist mir egal, wie das aussieht. Ich habe ein halbes Dutzend Mal gewartet. Ich treffe mich noch nicht mal mit anderen Männern. Wenn er hinter Gittern sitzt, verspricht er mir jedesmal, daß jetzt alles anders werden wird. Vielleicht glaubt er ja daran... Ich nicht mehr. Ihr habt alle die gleiche Krankheit. Diesmal ist er ausgezogen, bevor sie ihn schnappten. Er kam immer her und begann zu streiten, und» – sie begann heftig zu weinen – «er lebte mit einer Hure zusammen und dealte wieder Heroin. Wenn er kam, um die Kinder zu besuchen, dann hat er sie mitgebracht.»

«Hat er dir Geld gegeben?»

«Er hat uns nicht unterstützt, wenn du das meinst. Er kaufte ab und zu Sachen für Joey und Lisa, und sie dachten, es ist wunderbar, aber er hat nicht dafür gesorgt, daß sie was in den Bauch bekommen. Wir kriegen jetzt mehr von der Sozialhilfe, weil er wieder im Gefängnis sitzt. Es ist merkwürdig, wenn du merkst, es ist einfacher, deine Kinder großzuziehen – und sie sattzukriegen –, wenn dein Mann im Gefängnis sitzt.»

Sie goß frischen Kaffee ein, und wir unterhielten uns, bis sie das Gähnen unterdrücken mußte. Ich schickte sie ins Bett zurück und versprach, in ein paar Tagen vorbeizuschauen, um die Kinder zu besuchen. Bis zur Morgendämmerung war es nur eine Stunde. Willy und ich würden irgendwo frühstücken. Dann würde er mich in Downtown absetzen und zur Arbeit fahren. Ich würde mir einen Job suchen, bis es Zeit war, mich in Rosenthals Büro zu melden.

Meine erste Nacht in Freiheit war vorbei. Das neue Leben war nicht mit einem großen Festakt eingeläutet worden.

Kapitel vier

Die Seiten mit den Stellenangeboten befanden sich im Anzeigenteil der *Los Angeles Times*. Ein winziger Bruchteil würde für mich in Frage kommen, und von diesen lagen sicher nicht mehr als ein halbes Dutzend in Downtown. Dort konnte ich hingehen, bevor ich zu Rosenthal mußte.

Ich besuchte an diesem Morgen vier Firmen. Eine Stelle war bereits besetzt. Eine weitere Stelle war von einer Riesenfirma ausgeschrieben worden, die Referenzen von ihren Angestellten verlangte, und ich verschwand, ohne mich vorzustellen. Die anderen beiden Firmen suchten Verkäufer – wollten aber einen Mann mit eigenem Auto, und keine von beiden wollte während der Probezeit das Gehalt festlegen oder einen Bonus vergeben. Ich hatte weder Auto noch Geld, um über diese Periode hinwegzukommen.

Ich war drei Meilen von Büro zu Büro gegangen. Meine Füße waren nach so vielen Jahren in Gefängnislatschen an diese Straßenschuhe nicht mehr gewöhnt. Blasen von der Größe einer Halbdollarmünze, voller Wasser, hatten sich an der Achillessehne gebildet. Als ich am Büro der Bewährungshelfer in der West Olympic Boulevard eintraf, humpelte ich stark. Außerdem senkte sich langsam eine schreckliche Hitzeglocke über Los Angeles, und ich fühlte mich noch unwohler.

Das Gebäude, in dem sich das Büro befand, war neutral gehalten. Nur der Schriftzug auf der getönten Glasscheibe der Tür – *Amt für Bewährungshilfe, Abteilung Sozialamt* – unterschied es von einem kleineren Arzt- oder Krankenhausgebäude. Das Wartezimmer war mit einfachen, harten Bänken bestückt, und es war leer. Die Frau am Empfang gab meine Ankunft durch und drückte einen Knopf. Die Tür zum Bürotrakt summte, und der elektrische Schließmechanismus öffnete sich. Das Geräusch ließ mich innerlich zusammenzucken. Hinter dieser Tür würde ich mich wieder in Gewahrsam befinden.

Rosenthal stand in dem kurzen Flur hinter dem Einlaß in seiner Bürotür, und ein kreisrunder Fleck aus Sonnenlicht umspielte seine Beine. Er trug kein Sakko, und wegen seines kurzärmeligen Hemdes sah man das dichte gekräuselte schwarze Haar auf seinen Unterarmen. «Kommen Sie rein», sagte er. «Ich hatte mir schon Sorgen gemacht, daß Sie abgehauen wären. Sie waren letzte Nacht ziemlich nervös.»

«Wenn ich von Ihren elektrischen Türen erfahren hätte, hätte ich's mir bestimmt überlegt. So was ist schrecklich. Ich fühle mich, als ob ich in einer Polizeiwache bin.»

«Ach, die... war nicht meine Idee. Setzen Sie sich.»

«Ich kann jetzt mein Entlassungsgeld gebrauchen.»

Rosenthal kramte in seinen Papieren auf dem Schreibtisch herum. «Na also», sagte er und reichte mir einen Scheck.

Ich hielt ihn hoch. «Dreißig Dollar für acht Jahre. Nicht sehr viel pro Jahr.»

«Die Gesellschaft schuldet Ihnen noch nicht mal das.»

«Nicht gerade viel, um damit ein neues Leben anzufangen.»

«Fühlen Sie sich weniger als Märtyrer und mehr als reuiger Sünder.»

«Tut mir leid, ich fühle nichts außer ein wenig Bitterkeit, ... und die versuche ich zu unterdrücken.»

«Und, was haben Sie gestern nacht gemacht?»

Auf diese Frage hatte ich mir schon eine Lüge überlegt. «Hab Freunde besucht, ein Mädchen getroffen.»

«Haben Sie bei ihr übernachtet?»

«Nein, in einem Hotel.»

«Das ist ganz schön teuer für jemanden in Ihrer Lage.»

«Nicht in diesem Hotel.»

Rosenthal kippte seinen Stuhl zurück und legte die Füße auf den Schreibtisch. Er verschränkte seine dicken kurzen Finger in der Haarpracht hinter seinem Nacken und beobachtete mich intensiv und neugierig. Geduldig kaute er auf seinem Kaugummi. Die Spannung wuchs mit dem Schweigen.

«Ich bin mit Ihrer Einstellung überhaupt nicht zufrieden», sagte er, «und mit der Art, wie Sie angefangen haben. Zunächst wollten Sie nicht ins Wohnheim, und dann rennen Sie die ganze Nacht rum. Das ist kein guter Anfang, ganz und gar nicht. Es ist Ihre Einstellung, Ihre Lebensauffassung.»

Ich errötete, wollte protestieren, unterdrückte jedoch meine Wut. Konfrontation mit Autoritäten war ein Spiel, das ich oft gespielt hatte, und ich wußte, wie unfair es war. Wenn ich seine Worte angezweifelt hätte, hätte Rosenthal mich wieder ins Gefängnis bringen lassen können (es sei denn, ich hätte ihn niedergeschlagen und wäre entkommen), und er konnte einen Bericht schreiben, in dem stand, was immer er wollte, und ich säße in Null Komma nichts wieder in dem Bus mit den vergitterten Fenstern unterwegs in die Zelle. Es würde keine Anhörung geben, Einspruch wäre nicht möglich, und ich würde noch nicht mal zu Gesicht bekommen, was er geschrieben hatte. Also nahm ich mich zusammen und dachte mir, daß ein Appell an die Vernunft ihn vielleicht erreichen würde.

«Tut mir leid, wenn Sie das denken», antwortete ich. «Ich versuche offen und ehrlich zu sein. Sagen Sie mir, was ich falsch gemacht habe.»

«Es ist Ihre Einstellung. Das sage ich Ihnen doch. Sie benehmen sich, als wären Sie frei, als könnten Sie machen, was Sie wollen. Sie sind aber nicht frei. Sie stehen noch unter custodia legis, sind legal ein Gefangener, dem man erlaubt hat, einen Teil seiner Strafe draußen auf Bewährung zu verbringen. Außerdem findet sich in Ihrer Akte eine lange, lange Liste davon, wie Sie Ihr Leben immer wieder versaut haben. Und Sie sollten bereuen, was Sie getan haben.»

«Acht Jahre für Scheckfälschung sollte eigentlich die Rechnung beglichen haben.» Ich bemerkte die Leichtfertigkeit meiner Worte, nachdem ich sie bereits ausgesprochen hatte. Rosenthal war pikiert. Er war offensichtlich ein Moralist, und meine Akte hatte ihn wütend gemacht. Er wußte mehr über mich, als irgend jemand über einen anderen Menschen wissen sollte. Und dennoch veranschaulichten die Worte in der Akte weder meine ganze Person noch mein Leben. Nichts wies in dieser Akte darauf hin, daß ich ein Mensch bin.

«Sehen Sie, ich bin einunddreißig Jahre alt. Ich habe mehr graue Haare als Sie. Ich hoffe, ich bin alt genug, um ein paar Entscheidungen zu treffen, zumindest die, wo ich schlafe. Wenn ich nicht wenigstens das im Gefängnis gelernt habe, dann war es reine Zeitverschwendung.»

«Es schützte die Gesellschaft. Das ist auch mein Job, mein erstes Anliegen.»

«Man hat mich rausgelassen. Ich will draußen bleiben. Sie müssen nicht auf mir rumtrampeln. Es läuft doch viel besser, wenn Sie mir helfen, oder? Ich will wieder ein anständiger Mensch werden. Ich verstehe vielleicht nicht ganz, was das bedeutet, und wie es die meisten Leute verstehen.»

Ich machte eine Pause und versuchte angestrengt, meine Aufregung in Worte zu fassen. Der Schweiß perlte auf meiner Stirn und sammelte sich unter meinen Achseln. «Sie müssen begreifen, daß ich nicht bin wie Sie. Dafür bin ich zu sehr in meine Vergangenheit verstrickt. Das bedeutet aber nicht, daß ich für immer und ewig eine Bedrohung für die Gesellschaft darstellen muß. Wenn ich glauben würde, daß meine Zukunft wie meine Vergangenheit wird, würde ich mich umbringen. Ich bin müde. Ich kann mich genügend anpassen, um gesetzestreu zu bleiben, aber ich werde nie ein Mensch sein, der ins San Fernando Valley zu Frau und Kindern heimfährt. Und Ihre Drohungen werden mich nicht halten. Drohungen erzeugen Wut bei mir, keine Angst.»

«Niemand droht Ihnen», entgegnete Rosenthal. «Ich sage Ihnen nur, wie es wirklich aussieht, an was Sie sich wirklich anpassen müssen.»

«Es hörte sich wie eine Drohung an.»

«Ich bin dazu da, Ihnen bei Ihren Problemen zu helfen.»

«Indem Sie mir die Zehn Gebote verlesen.»

«Die Bedingung der Bewährung stammen nicht von mir. Ich achte nur darauf, daß sie eingehalten werden. Ich kann Ihnen nicht erlauben, die Regeln zu verletzen, auch wenn ich es wollte. Ich würde meine Stelle nicht sehr lange behalten, wenn ich das machen würde.»

«Kommen Sie mir ein bißchen entgegen, und ich komme Ihnen ein bißchen entgegen. Verlangen Sie, daß ich kein Verbrechen mehr begehe, aber verlangen Sie nicht, daß ich nach Ihren Moralvorstellungen lebe. Wenn die Gesellschaft das verlangt, dann hätte sie mich nicht in Erziehungsheime und Besserungsanstalten stecken sollen, um mich zu beugen. Und dazu die letzten acht Jahre. Scheiße, danach ist doch keiner mehr normal. Versuchen Sie mein Dilemma zu verstehen. Ich kenne niemanden außer ehemaligen Sträflingen, Zuhältern und Prostituierten. Ich fühle mich neben Otto Normalverbrauchern einfach nicht wohl. Ich mag lieber ein Callgirl als das nette Mädchen von nebenan. Ich brauche keine psychoanalytische Erklärung dafür; das würde die Tatsachen sowieso nicht ändern. Aber bloß weil ich es vorziehe, mit einer Prostituierten ins Bett zu gehen, heißt das noch lange nicht, daß ich mit einem Schneidbrenner auf einen Safe losgehen werde.»

«Es bedeutet, daß Sie meine Erlaubnis wollen, ein Zuhälter zu werden.»

«Nein! Nein! Ich möchte, daß Sie verstehen, daß man einen Menschen nicht auf Formeln reduzieren kann.» Ich machte eine Pause, um Luft zu schnappen und aus den wirren Gedanken, die in meinem Gehirn umherschwirrten, verständliche Worte zu formen. «Im

Grunde genommen bitte ich Sie darum, aus dieser Bewährung keinen Strick zu drehen, der mich stranguliert.»

«Im Grunde genommen wollen Sie einfach das machen, was Sie machen wollen, ja?»

Mein Mut sank. Rosenthal blieb ungerührt. Ich hatte es versucht. Schweißtropfen perlten an meinem Körper herunter. Ein schrecklicher Gedanke stieg urplötzlich in mir auf. Hatte Rosenthal etwa recht? War das blinde Befolgen von Regeln der Pfad zu Glück und innerem Frieden? Konnte ein einzelner Mensch, auch wenn er seiner Sache ganz sicher war, recht haben? Vielleicht hatte Rosenthal mich ja durchschaut, während ich mich täuschte. Ich fühlte mich plötzlich, als würde ich einen Fuß über einen Abgrund hinausschieben. Ich zog mich auf den festen Boden versteckten Unwillens zurück. Ich hatte versucht, ehrlich zu sein, doch dem Arschloch war nicht zu trauen. Jetzt würde ich mich verstellen müssen.

Rosenthal beobachtete mich mit einem unergründlichen Lächeln auf den fetten Lippen, mit glitzernden Augen, und seine Zähne bearbeiteten das Kaugummi. «Hören wir mit den Spielchen auf und fangen vernünftig an», sagte er. «Ich werde Ihnen sagen, was ich von Ihnen erwarte.»

Ich nickte zustimmend.

«Ich werde Sie nicht in ein Wohnheim stecken, denn sie sind leider voll. Meiner Überzeugung nach wäre das am besten, aber ich kann nichts machen. Sie haben in der Vergangenheit immer wieder Drogen genommen, deswegen werden Sie sich regelmäßig einem Drogentest unterziehen. Hier, diesen Antrag müssen Sie ausfüllen.» Er griff in eine Schublade.

«Ich habe nicht mehr gefixt, seit ich neuzehn war.»

«Wenn es irgendwelche Drogengeschichten gegeben hat – Marihuana, Pillen, was auch immer, dann unterzieht sich der Betreffende dem Drogentest.» Er reichte mir das Formular und einen Kugelschreiber über den Tisch. Im Formular stand, daß ich mich freiwillig zur Teilnahme am Drogentestprogramm meldete. Ich unterschrieb, schäumte aber innerlich vor Wut. Er teilte mir mit, daß ich mich am Freitag zwischen zwölf Uhr und sechs Uhr dreißig im Testzentrum melden sollte, und reichte mir einen Zettel mit der Adresse.

«Also», sagte er, «wie sieht es mit Arbeit aus?»

«Ich suche», antwortete ich.

«Ihr Arbeitgeber muß davon informiert werden, daß Sie auf Bewährung draußen sind.»

Diese Aussage machte mich fast verrückt. Ich hatte darauf gezählt, meine Vergangenheit verbergen zu können; dadurch anders zu werden, daß andere anders von mir dachten. Die Abartigkeit der Anordnung machte mich sprachlos. «Wie kann ich unter diesen Umständen einen anständigen Job kriegen?»

«So lauten die Regeln. Ab heute beginnt Ihre Bewährung.» Er schaute auf seine Armbanduhr. «Wir müssen jetzt Schluß machen. Ich muß heute nachmittag vor Gericht auftreten. Wenn Sie ein Zimmer finden, dann hinterlassen Sie Ihre Adresse bei der Sekretärin.» Rosenthal griff nach seinem Sakko, und wir gingen gemeinsam hinaus. Unterwegs erzählte er mir, warum er zum Gericht mußte. Er war unterwegs gewesen, um einen seiner Schützlinge zu holen, der den Drogentest ausgelassen hatte. Auf dem Weg zum Testzentrum hatte der Mann in die Tasche gegriffen und ihm ein Päckchen Heroin im Wert von zehn Dollar übergeben. Es war traurig, so sagte Rosenthal, denn der Mann hatte bereits zwei Strafen wegen Drogenbesitzes und würde die nächsten fünfzehn Jahre nicht mehr auf Bewährung freikommen. Der Mann war sechsundvierzig Jahre alt.

Ich sagte nichts. Ich empfand kein Mitleid für diesen Mann, der sich dermaßen dumm angestellt hatte. Ich war auch nicht sauer auf Rosenthal, der genau das gemacht hatte, was ich von ihm erwartete. Er war noch blinder als ich. Ich konnte mich mit seinen Augen sehen, aber dieses Einfühlungsvermögen war einseitig. Wenn ich Erfolg haben würde, dann trotz seiner Haltung.

Auf dem Bürgersteig überfiel mich die Hitze wieder. Ich mußte unbedingt ein Zimmer finden und mich ausschlafen. Die Wirkung der Pillen ließ nach, und der herausgezögerte Erschöpfungszustand war nun doppelt stark. Das Gewicht der Bewährung wuchs sich zu einer permanenten, schweren Bürde aus. Doch ich mußte mich fügen oder zurück ins Gefängnis gehen. «Bastard», murmelte ich leise, «du arschgesichtiger, abgewichster Bastard.»

Kapitel fünf

Ich mietete ein Zimmer in einem drittklassigen Hotel in der Nähe der siebten Straße und der Alvarado Street. Die Gegend war voller verfallener Appartementhäuser und alter viktorianischer Stadthäuser, die man in Pensionen umgewandelt hatte. Sie war von zeitweise Armen oder fast Armen bevölkert, von Alkoholikern, Pensionären, billigen Huren, Junkies und Zuhältern, die kein Glück mehr hatten. Alle wurden großzügig von den Pfandleihhäusern versorgt, den Bars und den Striplokalen. Ich wählte diese Gegend nicht wegen ihrer Atmosphäre noch wegen der niedrigen Miete, sondern weil man von hier am schnellsten in jede Ecke der Stadt kam. Downtown Los Angeles lag zwanzig Minuten entfernt und Hollywood nur eine halbe Stunde mit dem Bus; und dort würde ich noch am ehesten einen Job finden.

Ich wählte dieses kleine Hotel, weil niemand am Empfang saß. Rosenthal würde sich nicht nach meinem Tagesablauf erkundigen können. Lebenslange Heimlichtuerei, dazu mein Mißtrauen dem Bewährungshelfer gegenüber, machten dies zu einem Hauptpunkt meiner Überlegungen. Im Zimmer gab es ein Waschbecken, doch das Bad lag am Ende des Flurs. Der Teppich war verschlissen, aber verglichen mit nacktem Beton war er geradezu luxuriös. Das Fenster ging auf eine Gasse zwischen dem Hotel und der Mauer einer Garage hinaus. Ich lehnte mich aus dem Fenster und begutachtete den zehn Fuß tiefen Sprung herunter als einen möglichen Fluchtweg – und lachte dann darüber, was ich tat.

Meine Füße schmerzten höllisch. Die Blasen wurden immer dicker. Ich zog die abartigen Schuhe aus und ging barfuß nach unten, um meinen Bewährungshelfer anzurufen und meine Adresse zu hinterlassen. Dann ging ich wieder nach oben. Draußen stand die Luft, und die Hitze war so intensiv, daß sie mein Gehirn lahmlegte. Nachdem ich schweißnaß eingeschlafen war, träumte ich, von grünlichgelbem Seetang hinabgezogen in der Sargassosee zu ertrinken. Als ich aufwachte, wurde meine Haut von einer leichten Brise gekühlt. Es dämmerte, und ich war hungrig. Ich war durch den Schlaf erfrischt, also entschied ich mich, nachdem ich das Tagesgericht in einem Café gegessen hatte, einen Spaziergang zu machen und mir irgendwo ein paar Toilettenartikel zu kaufen.

Die Blasen unterbanden einen längeren Spaziergang. Nach zwei Blocks entschied ich mich, auf einem anderen Weg zurückzukehren. Auf der Eighth Street wollte ich in einen Spirituosenladen gehen, um mir eine Zigarre zu kaufen. Ein alter Mann trat heraus. Er trug die Uniform der einsamen alten Männer: schlabbrige Hosen und einen abgetragenen, olivgrünen Pullover. Er ging gebeugt und kroch langsam voran, bewegte sich aber zu sicher, um ein echter Alkoholiker zu sein. Dennoch hielt er eine Papiertüte in der Hand, die er am Hals der darin befindlichen Flasche trug. Die Flasche war seine Antwort auf ein einsames möbliertes Zimmer, auf die Mahlzeiten, die er allein an der Theke oder in einer Cafeteria zu sich nahm. Gerade diese alten Männer zogen hierhin, lebten von Firmenpensionen, Sozialhilfe, ihren Versicherungen – aber alle waren alleinstehend und einsam.

Ich erinnerte mich unwillkürlich an meinen Vater. Er war zweiundfünfzig Jahre alt gewesen, als meine Mutter bei meiner Geburt starb. Vier Jahre später machte ihn der erste von vielen weiteren Herzinfarkten zum Invaliden. Unsere Familie hatte keine Verwandten oder enge Freunde, also brachte man mich im Alter von vier Jahren zum erstenmal vor ein Gericht, erklärte mich zum Sozialfall und stellte mich unter die Vormundschaft des Staates. Man steckte mich in ein Heim, und mein Vater starb langsam in Reha-Kliniken und möblierten Zimmern vor sich hin. Von Anfang an machte ich Ärger – lief fort, neigte zu Wutausbrüchen, klaute. Wenn dieses Verhalten ein Ziel hatte, dann war ich zu jung, es zu artikulieren; auch erinnere ich mich nicht daran, was ich fühlte. Später waren meine Gefühle gemischt – Haß auf die Autoritäten, Einsamkeit, Sehnsucht nach Zuneigung. Zu diesem Zeitpunkt hatte sich aber der Staat – oder die Gesellschaft – bereits vorgenommen, mein rebellisches Wesen zu brechen. Als ich zehn Jahre alt war, gab es für mich kein Zurück mehr.

Mein Vater war zu keinem Zeitpunkt in meiner Kindheit wichtig gewesen – er war nur ein alter, gebeugt gehender Mann in abgetragenen Hosen und Pullover, der mich in Erziehungsheimen und in der Besserungsanstalt besuchte. Ich erinnere mich, wie ich ihn anbettelte, mich mit nach Hause zu nehmen, und daß ich nicht verstehen konnte, daß jemand ‹zu krank› dazu war, wenn er doch auf seinen Füßen stehen konnte. Kranksein bedeutete im Bett liegen. Nachdem ich mit

Gino aus der Erziehungsanstalt geflüchtet war, besuchte ich ihn in seinem möblierten Zimmer. Ich hatte gerade drei Nächte in einem ausgebrannten Auto auf einem Schrottplatz geschlafen. Er wollte mich zurückbringen, und ich rannte fort und haßte ihn. Es war das letzte Mal, daß ich mich um Hilfe an ihn wandte. Heute weiß ich, daß er sich eingeschränkt hatte, um mir bessere Kleidung zukommen zu lassen und Bücher, als sich meine Lust am Lesen entwickelte. Aber er beeinflußte mich kaum. Ich wuchs mir selbst überlassen auf.

Während ich kräftiger wurde, wurde er immer schwächer. Er schwebte als Halbinvalide dreizehn Jahre lang zwischen Leben und Tod. Nun war ich derjenige, der ihn besuchte, kam für ein paar Minuten in seinem trostlosen Zimmer oder im Park vorbei und wünschte, ich würde mehr für ihn empfinden. Ich empfand jedoch eher Mitleid als Liebe. Als ich in der Besserungsanstalt war, hatte er einen weiteren Herzanfall, und man verfrachtete ihn in ein Altersheim, damit er dort auf den Tod warten konnte. Die Gewerkschaft der Zimmerleute und die Sozialhilfe zahlten, denke ich. Ich sah ihn in diesem Altersheim ein letztes Mal. Ich war gerade aus der Besserungsanstalt weggelaufen und machte die Straßen zusammen mit Joe Gambesi unsicher. Das Heim lag hier ganz in der Nähe, es war ein altes Gebäude mit großem Grundstück drumherum. Hinter dem Haus hatte man kleine Bungalows errichtet. Eine Putzfrau zeigte mir den Weg zu einem von ihnen. Im Innern war es dunkel und bedrückend, die Jalousien waren heruntergezogen worden, damit Sonne und Blumen nicht zu sehen waren. Ein Geruch nach menschlichem Verfall hatte sich im Bungalow breitgemacht. Ein halbes Dutzend alter Männer in Pyjamas war anwesend. Ihre Gesichter waren eingefallen: zerfurchtes Fleisch mit Stoppelbärten. Ihre Blicke schweiften unstet und leer in die Ferne.

Der Besuch war eine einzige Qual. Mein Vater erkannte mich nicht, und als ich ihn daran erinnerte, wer ich war, kam es ihm nur kurz zu Bewußtsein. Er beklagte sich sofort über das Essen, über die anderen alten Männer und über die Angestellten des Heims. Jemand hatte ihm die paar Dollar gestohlen, die ihm für Zigaretten geblieben waren, und er wollte rauchen. Man hatte ihm auch seine Uhr abgenommen, aber das schien ihn nicht weiter zu stören. Es war eine große, goldene Taschenuhr gewesen, der einzige wertvolle Gegenstand, der ihm je gehört hatte, und er hatte sie vierzig Jahre lang getragen. Ich gab ihm

Zigaretten und die paar Dollar, die ich bei mir hatte. Er flehte mich an, ihn mitzunehmen. So verkehrten sich unsere Rollen, denn ich hatte ihn vor einem halben Dutzend Jahren um genau dasselbe gebeten. Ich war so hilflos, wie er es gewesen war. Ich war fünfzehn Jahre alt, aus der Besserungsanstalt abgehauen und hatte ganze fünf Dollar in der Tasche. Als ich ging, weinte ich wütend und frustriert. Mein Vater war zum hilflosen Baby geworden, hatte den Verstand verloren und war allein. Mit fünfzehn war die Vorstellung des Todes unwirklich, aber seine Einsamkeit begriff ich kristallklar. Aufgrund dieser Episode erkannte ich ganz deutlich das menschliche Schicksal. So sah also die menschliche Existenz wirklich aus, jenseits der Schönfärberei der Bücher und Erzählungen. Ich ging wütend über diese universelle Gleichgültigkeit fort.

Es war mein letzter Besuch, ich sah ihn zum letztenmal. Auf dem Weg nach draußen begegnete ich einer Krankenschwester. Sie riß die Augen auf und plapperte aufgeregt, daß die Polizei bereits hier nach mir gesucht hätte. Sie rannte zum Telefon, und ich rannte ebenfalls los.

Zwei Jahre später war ich wieder in der Besserungsanstalt, und der Kaplan zeigte mir ein Telegramm. Mein Vater war gestorben. Der Kaplan schaute auf seine Armbanduhr und sagte mir, daß er in fünfzehn Minuten gehen müßte, aber ich könne solange in seinem Büro bleiben und weinen, wenn ich wollte.

Gelegentlich kamen die alten Erinnerungen wieder hoch, wenn ich einen alten Mann in schlabbrigen Hosen, wie eben jenen, der gerade aus dem Laden trat, sah. Niemand wird sich mehr an meinen Vater erinnern, wenn ich tot bin. Seine Existenz bedeutete absolut nichts, er hätte nie existieren müssen. Ich weiß noch nicht einmal, wo er begraben ist.

Bevor ich zu meinem Zimmer zurückkehrte, rief ich Leroys Schwester an. Ein Babysitter ging ans Telefon. Ich ließ nichts ausrichten. Durch die Glasscheiben der Telefonzelle sah ich, daß die Lichter in der Stadt langsam angingen. Es würde mich zu sehr an meine Gefängniszelle erinnern, wenn ich die Nacht in meinem kahlen Zimmer verbrachte. Ich probierte die Nummer der Billardhalle, die mir L&L Red gegeben hatte, denn ich wollte, daß er mich abholt. Eine Mexikanerin nahm den Hörer ab. Red war vor einer Stunde gegangen.

Ich überlegte, nach Downtown zu den Stammkneipen der Ex-Sträflinge zu laufen, aber wegen meiner Blasen konnte ich nicht mehr gehen. Ich kaufte in einem Antiquariat zwei abgegriffene Taschenbücher, nahm noch eine Zeitung mit, eine Dose Bier und eine Zigarre aus dem Spirituosengeschäft und ging zum Zimmer zurück.

Kapitel sechs

Die Stellensuche war qualvoll. Die Blasen ließen jeden Schritt zu einer Tortur werden. Die Hitzewelle, die unvermindert heftig anhielt, raubte mir die Energie und drückte die verschmutzte Luft nach unten, so daß meine Augen ständig tränten. Aber das schlimmste war die Überwindung – um nach einer Arbeit zu fragen. Egal wie oft ich mir auch sagte, daß unzählige Millionen Männer Arbeit gesucht hatten, war es für mich doch neu. Jedes Büro war furchteinflößend, denn es würde meine verzweifelte Lage deutlich sichtbar machen. Ich bat um Arbeit, egal wie man es auch nannte. Nur das kontinuierliche Austrocknen meiner finanziellen Mittel – ein Dollar für den Lunch, zwei Dollar für ein zweites Hemd, vierzig Cent für den Bus – hielt mich auf Trab, denn ich hatte Angst davor, pleite zu sein, Angst vor dem, was ich dann tun würde. Ich wollte nicht getrieben sein, und vielleicht merkte man es mir an. Ich schämte mich, jedem potentiellen Arbeitgeber zu berichten, daß ich ein ehemaliger Sträfling war, und möglicherweise versteckte ich die Scham hinter leichtem Trotz.

Drei Tage lang hatte ich Downtown abgegrast, humpelnd, voller Zweifel, allein und ohne jeden Freund oder Bekannten, und hatte versucht, einen tragfähigen Grund zu finden, auf dem ich ein neues Leben aufbauen könnte. Die Nickel und Dimes wurden immer weniger, und ich fühlte das unerbittliche Verrinnen der Zeit. Ich konnte nirgends Arbeit finden. Meine Gefängnisstrafe verbaute mir Stelle um Stelle, sogar untergeordnete wie Auslieferungsfahrer und Hausmeister, denn es bot sich ja die Chance, etwas zu stehlen, und kein Arbeitgeber wollte das riskieren. Ich saß in muffigen Büros herum und in Büros mit Klimaanlage, füllte Formulare aus, hinterließ meine Adresse. Eine große Versicherungsgesellschaft hielt einen Einstellungstest ab. Obwohl ich wußte, daß es sinnlos war, nahm ich daran teil und schloß als der Beste von dreißig Mitbewerbern ab. Ich sagte dem Interviewer, daß ich im Gefängnis gewesen war, und er antwortete ganz direkt, daß keine Firma dieses Risiko eingehen würde.

Also wieder zurück auf die heißen Bürgersteige und in die überfüllten Busse – und zu meinem schäbigen möblierten Zimmer, um die verbliebenen Dollars zu zählen.

Rosenthal kam am dritten Abend vorbei. Ihm gefiel die Gegend gar nicht. Es roch zu sehr nach Heroin. Ich wollte mit ihm über die Stellensuche sprechen, wollte ihn bitten, meine Gefängnisstrafe verschweigen zu dürfen, aber ihn interessierte nur, daß ich auch ganz bestimmt am Freitag zum Drogentest gehen würde.

Schließlich versprach mir eine Firma, die eine Anzahl von Parkplätzen besaß, man würde mir einen Job geben (der Personalchef hatte selber mal gesessen), aber ich müßte noch einen Monat warten, bis sie einen neuen Parkplatz eröffnen würden. Ich besaß nur noch dreiunddreißig Dollar.

Das Zeitarbeitsbüro befand sich am Wilshire Boulevard, im elften Stock eines blauen Hochhauses. Es war Mittag, und ich traf nur eine junge Frau an. Sie lächelte mich geschäftsmäßig und unpersönlich an und trat auf mich zu. Sie war Mitte Zwanzig, und da sie nicht von Natur aus hübsch war, benutzte sie Make-up. Das Resultat war ansehnlich. Sie hatte schöne Beine. Sie stellte sie vorteilhaft in einem kurzen engen Kleid zur Schau. Ich fühlte mich in ihrer Gegenwart unsicher. Nach so langer Zeit in einer reinen Männerwelt machte mich eine sexuell attraktive Frau nervös.

Sie war die Effizienz in Person, fragte mich nach dem Zweck meines Besuchs, stellte fest, daß ich Schreibmaschine schreiben konnte, und testete mich an einer Schreibmaschine. Sie startete eine Stoppuhr und ging an ihren Schreibtisch zurück. Ich schlug zu hart an, um wirklich schnell zu sein, machte Fehler und verfluchte mich. Im Gefängnis hatte ich gut von meiner Fertigkeit leben können, denn ich konnte im Tausch gegen das Tippen von Footballwettkassen, Eingaben und Briefen für Mitgefangene Toilettenartikel, Kaffee und Tabak erstehen. Hier war meine Leistung nur durchschnittlich, ich schaffte aber doch den letzten Anschlag, bevor die Uhr summte. Die Frau kam zu mir, begutachtete das Blatt und sagte, ich hätte es sehr gut gemacht. Sie meinte, es wäre leichter, mir Arbeit zu verschaffen, wenn ich noch andere Fähigkeiten hätte oder auch andere Arbeit annehmen würde. Ich hörte nur mit halbem Ohr zu. Meine Kiefer waren verspannt. Ich schämte mich, etwas dermaßen Triviales zu können. Tausende halbwegs intelligenter Stenographen konnten das.

Sie reichte mir ein Antragsformular. Beim Ausfüllen verhaspelte ich mich immer mehr. Ich ließ die Felder einfach frei, in die ich meine früheren Stellen eintragen sollte. Als ich das Formular abgab, runzelte sie die Stirn. «Sie haben etwas ausgelassen», sagte sie. «Wo Sie angestellt waren.»

«Ich war nicht angestellt.»

«In dem Fall, ob Sie selbständig gearbeitet haben oder in der Armee waren.»

Ich schüttelte meinen Kopf.

«Was haben Sie gemacht?»

«Ich war im Gefängnis.»

Sie schaute in diesem Moment gerade nach unten. Ihr Blick fuhr voller Überraschung zu mir hoch. Ihre Lippen rundeten sich zu einem erstaunten ‹O›, und sie schaute mich mit einemmal wirklich an. Ich schaute zurück, und sie wurde rot. Sie hatte dunkelblaue Augen, mit einem kleinen, grauen Ring um der Iris. Sie schlug sie schnell nieder. Sie schloß ihren Mund. Mit ihren langen Fingernägeln trommelte sie auf das Formular.

«Ich brauche ziemlich dringend einen Job», sagte ich und war dankbar, daß ich zu einer Person geworden war. Ich hatte ihr oberflächlich gesehen die Wahrheit gesagt, um nicht gegen Rosenthals Regeln zu verstoßen, aber es war mir ein tieferes Bedürfnis, genau diese Reaktion hervorzurufen – die Anerkennung einer persönlichen Identität.

«Tja, ich glaube, wir können die Felder freilassen», erwiderte sie und schaute mich mit einem ehrlichen und warmen Lächeln an. «Wir werden Ihnen schon Arbeit verschaffen, keine Sorge. Kann man Sie telefonisch erreichen?»

«Ja, aber ich habe die Nummer nicht dabei.»

«Rufen Sie an, und geben Sie sie mir durch. Ich rufe Sie einen Tag vorher an und sage Ihnen, wohin Sie müssen. Wie steht's mit Transportmöglichkeiten?»

«Ich kann mir ein Auto leihen», log ich, denn ich spürte, daß ich mehr Jobs haben könnte, wenn ich beweglich war.

«Das hilft», sagte sie und verzeichnete es im Formular. «Also, heute ist Donnerstag. Morgen und am Samstag ruft man uns gewöhnlich wegen Jobs für die kommende Woche an. Ich lege Ihr Formular gleich hier oben auf meinen Schreibtisch, und Sie sollten dann übers Wochenende von mir hören.» Sie zögerte. «Ich meine es nicht persönlich, aber... was, warum waren Sie?...»

Welches Verbrechen hörte sich eventuell nicht nach einem Verbrechen an? Sie betrachtete mich im Augenblick als Opfer, aber wenn ich den falschen Eindruck hervorrufen würde, würde sie mich als Übeltäter sehen. Ihr Mitgefühl würde sich in Abscheu verwandeln, wenn sie die Wahrheit wüßte.

«Ich... hatte etwas Marihuana.»

«*So lange* für so was?» Sie konnte es kaum glauben.

«Das ist nun mal Kalifornien. Es herrschten in der Öffentlichkeit eine Weile starke Vorurteile gegen Marihuana.» Meine Lüge hätte durchaus wahr sein können. Ein Jazzmusiker, den ich kannte, hatte zehn Jahre wegen eines Krümels Marihuana gesessen, der so winzig war, daß man ihn in einen Tropfen Öl legen mußte, damit ihn die Geschworenen erkennen konnten.

«Tut mir leid», sagte sie, «ich wollte nicht neugierig sein.»

Ich murmelte etwas Unverständliches und beendete so die Unterhaltung. Die anderen Angestellten kamen mittlerweile vom Lunch zurück. Die Frau reichte mir ihre Visitenkarte. Sie hieß Olga Sorenson.

Als ich mit dem Aufzug nach unten fuhr, fühlte ich mich, als wäre ein Gewicht von mir genommen. Die Arbeit würde früher oder später zu uninteressant sein, aber im Augenblick rettete sie mein Leben.

Der Wilshire Boulevard flimmerte in der Hitze, die von den Glas- und Betonwänden zurückstrahlte. Hitzewellen gingen vom Asphalt aus, und der Bürgersteig brannte durch meine Schuhsohlen hindurch. Meine Augen schmerzten in dem grellen Sonnenlicht. Es war zwanzig nach zwölf. Um zwei Uhr hielt ein weiterer Arbeitgeber Interviews für Verkäufer im sechsten Stock eines Hotels in Hollywood ab. In einer halben Stunde könnte ich mit dem Bus dort sein, also mußte ich noch eine Stunde totschlagen.

Der Hancock Park lag in der Nähe. Ich entschied, mich ein paar Minuten auf dem Rasen auszuruhen und dann das Kunstmuseum zu besuchen, das im Park lag. Der Schweiß lief mir den Rücken herunter, bis ich einen schattigen Platz unter einem Baum fand und mich niederließ. Mein Hemdkragen war feucht und weich. Mein billiger Anzug hatte seine Fasson verloren, und ich würde ihn übers Wochenende reinigen und aufbügeln lassen müssen. Meine Füße schmerzten. Ich zog meine Schuhe aus und bemerkte, daß die Blasen an der Ferse aufgeplatzt waren. Darunter befand sich rohes Fleisch. Neue Blasen waren am Fußballen und um den großen Zeh entstanden. Ich fand das wirklich ironisch. Ich hatte alle möglichen Probleme erwartet, aber keinesfalls mit Blasen an den Füßen gerechnet. Und sie machten mich zum Krüppel. Das Kunstmuseum kam nicht in Frage. Mit schmerzenden Blasen kann man die Kunst nicht genießen.

In der Ferne konnte ich die Hügel über dem Sunset Strip erkennen, nur eine kurze Busfahrt entfernt. Ich könnte doch hinfahren, dachte ich mir, jemanden ausfindig machen, den ich kannte, und mir etwas Geld leihen. Man würde sich mir verpflichtet fühlen, wenn nicht aus eigenem Antrieb, dann doch auf dringende Nachfrage von mir, die auch eine Drohung beinhalten könnte.

Ich saß ein paar Minuten da und betrachtete drei Mädchen, die herumsaßen und kicherten. Dann ging ich weiter.

Gegenüber von der Bushaltestelle am Wilshire Boulevard befand sich ein Herrenausstatter. Ich erinnerte mich daran, daß ich dort einmal einen Pullover für sechsundsechzig Dollar gekauft hatte; hauptsächlich deswegen, weil er soviel gekostet hatte. Es war lange her, kurz nach meinem Wechsel von leichteren Straftaten zum richtigen Verbrechen – noch bevor ich mich an teure Kleidung und schnelles Leben gewöhnt hatte.

Während ich mit dem Bus fuhr, dachte ich an die beiden Jahre vor meiner Haft zurück, an den Sunset Strip und besonders an seine lasterhafte Unterwelt. Die Unterwelt vom Strip, mit Callgirls, die wie naive Mädchen aussahen, und Zuhältern, die wie junge Angestellte der Filmindustrie wirkten, war von der rauheren Unterwelt der Slums durch die Lage und das Geld geschützt. Ich bemerkte es zum erstenmal bei einer heroinsüchtigen Hure in Downtown. Sie hatte ein Notizbuch mit mehreren hundert Telefonnummern, viele davon gehörten zu bekannten Persönlichkeiten des öffentlichen Lebens. Das Heroin hatte ihr die Jugend für immer genommen, und als sie verprügelt und hinausgeschmissen wurde, weil sie ihrem Zuhälter Geld gestohlen hatte, wollte sie niemand mehr nehmen. Sie erzählte mir, daß die Spitzennutten siebzigtausend Dollar im Jahr verdienten. Die Straßendirnen, die ich kannte, verdienten gerade genug, um sich den Stoff zu leisten und die Miete zu zahlen. Ich verdiente gut an meinem Handel mit Einbruchsware, aber es war mit einem Risiko verbunden, und ich verdiente sicher weniger als den Betrag, den sie genannt hatte. Sie erzählte gern Geschichten, und während sie weiterredete, spürte ich eine Schwachstelle. Niemand war organisiert – und die potentielle Schwachstelle war der Erfolg der Zuhälter. Sie erzählte mir, daß sie Cocktail Lounges besaßen, Zigarettenschmuggelringe, und einer hatte eine Achtzig-Fuß-Yacht, die er vercharterte.

Ich begann, mich bei ihnen umzusehen. Bald hatte ich entschieden, daß ich die Callgirl-Prostitution organisieren würde, um dann einen Prozentsatz abzuschöpfen. Ich wollte Informationen über sie sammeln, ein paar Kumpane mitbringen und ihnen deutlich machen, daß Widerstand alles zerstören würde. Gewalt und Drohungen würden vielleicht notwendig sein, aber noch viel wichtiger war die Psychologie der Gewalt und der Drohungen. Man mußte diese Leute mit etwas außerhalb ihrer gewohnten Erfahrungen konfrontieren, einem messergeilen Irren etwa, der ihnen androhte, ihre Herzen rauszuschneiden, der den Lauf einer Schrotflinte in den Mund eines ihrer Mädchen stecken würde und der keinen Zweifel daran ließ, daß das kein Bluff war – man mußte sie wissen lassen, daß Bomben in ihren Bars und ihren Geschäften hochgehen würden und daß die Freier der Mädchen am Telefon belästigt würden und bald ihr Geschäft ruiniert wäre. Auf der anderen Seite mußte man ihnen beweisen, daß sie nicht ausgenommen werden würden, sondern sich einer Organisation anschlössen, von der sie auch profitieren könnten. Einzelgänger, die sich gelegentlich breitmachten, würden aus ihrem Gebiet rausgehalten werden, und wenn sie Probleme bekämen, dann hatten sie etwas dagegenzusetzen.

Mein Hauptproblem war es, die geeigneten Helfer zu finden. Die Zuhälter hatten Geld und konnten, obwohl sie nicht organisiert waren, jemanden kaufen, um einen Mann zu eliminieren. Und Leute zu finden, die mir halfen, erwies sich als äußerst schwierig. Bengel aus den Slums wären zu lachhaft gewesen, besonders wenn sie, wie die meisten meiner Freunde, jung waren. Der Horizont der Junkies war zu begrenzt – klau eine halbe Stange Zigaretten, und kauf dir *sofort* ein Briefchen Heroin. Ältere Kriminelle würden nicht auf jemanden in meinem Alter hören. Ein paar andere wollte ich wieder nicht, weil sie zu unberechenbar waren. Wieder andere waren zu gewaltlüstern, um sich auf ein Ziel zu konzentrieren. Sie wollten bloß Frauen vergewaltigen, die viel begehrenswerter waren als die verwelkten Wesen, an die sie gewöhnt waren.

Bevor ich zu meinem Schlag ausholen konnte, machte ich einen Fehler – ich redete zuviel. Ich klaute weiter, und während eines Wochenendes, an dem ich den Verkauf der Ladung aus dem Fleischlaster feierte, nahm ich L&L Red zu der Hure mit, bei der mir das Ganze eingefallen war. Sie verfluchte die Zuhälter, und ich prahlte in betrunkenem Zustand lauthals damit, was ihnen blühen würde. Die Prostituierte, vielleicht aus Angst oder aus Gemeinheit (wer weiß, was einer drogensüchtigen Nutte so alles in den Sinn kommt?), rief ihren ehemaligen Zuhälter an.

Der Zuhälter und zwei Schlägertypen stellten mich auf einem Parkplatz und prügelten mich durch. Es war ganz schön beschissen, aber ich konnte immerhin noch wegfahren. Das war der Fehler des Zuhälters.

Einer Woche später betrat er sein Appartement, und ich wartete mit einer Pistole in der einen und einem bronzenen Totschläger in der anderen Hand auf ihn. Ich sagte: «Du hast doch nicht etwa gedacht, daß die Scheiße jetzt vorbei ist, was?» Fünf Minuten später hatte er nur noch Zahnstummel im Mund, sein Kiefer war gebrochen und die Rippen auch. Er konnte jedenfalls nicht mehr weggehen.

Mein Fehler war es, ihn am Leben zu lassen. Weil ich nach den ungeschriebenen Regeln der Kriminellen lebte, nahm ich an, daß er es auch tat. Er berichtete der Polizei, was passiert war, und verriet, wer ich war. Es überraschte mich damals, aber mit etwas mehr Erfahrung hätte ich es mir denken können.

Ich brauchte achtundvierzig Stunden, um die Kaution zu hinterlegen, deswegen erreichte die Geschichte vor mir den Sunset Strip. Der Zuhälter lag im Krankenhaus, aber alle anderen waren gewarnt.

Eine Woche später sagte er bei der ersten Anhörung aus und behauptete, er wüßte nicht, warum ich ihn angegriffen hätte. Nachher konnte ich ihn nicht finden. Ich wollte ihn davon überzeugen, den Mund zu halten. Wenn ich ihn nicht hätte überzeugen können, dann hätte ich entweder aus Kalifornien fliehen oder ihn ermorden müssen.

Das Schicksal ersparte mir die Wahl. Er wurde bei einem Autounfall mit Fahrerflucht getötet. Ich erwartete, augenblicklich verhaftet zu werden, und tauchte ein paar Stunden unter, bis mein Anwalt eine einstweilige Verfügung erreichte. Nichts geschah. Niemand kam zu mir. Am Verhandlungstag wurde die Anklage fallengelassen, weil der Hauptzeuge ‹nicht anwesend› war. So unglaublich es schien, die Beamten, die den Überfall untersuchten, wußten irgendwie nichts von dem Unfall; und die, die den Unfall untersuchten, wußten nichts davon, daß der Verstorbene ein wichtiger Zeuge in einer Verhandlung war.

Die Unterwelt des Sunset Strip nahm an, ich hätte ihn getötet. Niemand kannte den Grund unseres Streits, aber es verbreiteten sich verschiedene Gerüchte – die allgemein akzeptierte Version besagte schließlich, daß er dem Syndikat (oder Vegas) Geld schuldete und daß ich ein käuflicher Killer war.

In der Unterwelt am Strip fürchtete man sich ab diesem Zeitpunkt vor mir. Zuhälter schlugen die Augen nieder, wenn ich sie direkt anstarrte. Barkeeper wurden zu schleimigen Kriechern; ich zahlte selten für einen Drink. Ich fand es albern, aber ich hielt die Rolle durch.

Ich setzte meine Pläne nie in die Tat um, weil ich mein eigenes, hochklassiges Callgirl fand, die mir nahezu tausend Dollar die Woche einbrachte, steuerfrei (außerdem fehlten mir noch immer die geeigneten Leute). Sie war zwanzig Jahre alt, stammte aus Texas, hatte in einem Bordell in New Orleans angefangen und nannte sich ‹Sandy Storm›. Werbung zahlt sich bei der Prostitution aus wie überall.

Acht Monate später steckte sich Sandy einen Ehering an den Finger und verschwand nach Australien. Sie heiratete einen Mann, dem eine Schafsranch von der Größe halb Texas gehörte. Als sie mich verließ, hatte ich noch zweiundzwanzig Scheine im Schließfach, einen neuen Cadillac und gute Klamotten. Anstatt mir eine neue Hure zu besorgen, benutzte ich meine Freizeit und mein Geld (Kriminelle hören gern auf einen Mann, der nach außen was hermacht) um Raubzüge auszuhecken, sie zu planen und zu finanzieren, damit andere sie durchführten. Die meisten Kriminellen leben am Rand der Verzweiflung, sind jederzeit gewillt zu handeln, ihnen fehlt aber das nötige Kleingeld. Sie sind durchaus gewillt, ein Risiko einzugehen und ein paar Prozente abzugeben, wenn alles für sie arrangiert wird. Eines meiner lukrativeren Geschäfte war das Fälschen. Zweimal im Monat fuhr ich nach Tijuana und kaufte falsche Pässe und Scheckbücher, die auf große Luftfahrtgesellschaften ausgestellt waren wie Douglas, Boeing, Lockheed oder auf andere Riesenfirmen wie Southern Pacific. Niemand zweifelte solche Schecks an. Schecks und drei Pässe kosteten einhundertfünfundzwanzig Dollar, und Diebe zu finden, die dieses hochklassige Zeug besorgten, war noch einfacher, als es zu kaufen. Ich nahm dreißig Prozent. Aber dieses Geschäft wurde mir zum Verhängnis. Bei einer Übergabe wurde jemand geschnappt, und der hatte bei der Polizei einen Anfall von Plappersucht. Durch den Erfolg war ich unvorsichtig geworden: Ich hatte die Schecks, meine Waffe und die Schreibmaschine in meinem Appartement, als die Tür eingetreten wurde. Diese Unvorsichtigkeit hatte mich acht Jahre gekostet.

Nach den Kriterien der Unterwelt (der Unterwelt der Diebe), die vergleichen, wie viele Dinger man vor der Verhaftung drehen kann – denn die Verhaftung wird als sicher angesehen –, war es ein großartiger Erfolg. Zwei Jahre voller Seidenanzüge, Cadillacs und Wochenenden in Palm Springs waren der Inbegriff des Erfolgs, besonders in den Augen derer, mit denen ich aufgewachsen war.

Während dieser acht Jahre im Gefängnis merkte ich, daß ich nicht glücklich gewesen war. Mein Triumph war eigentlich leer und schal.

Kapitel sieben

Der Busfahrer rief die Haltestelle Sunset Boulevard aus, die Bremsen zischten, und ich stieg aus – ich war in das Land meines Erfolges zurückgekehrt. Für mich lag eine gewisse Ironie in dem, was ich nun tat. Trotz meines ernsthaften Strebens nach einem neuen Leben versuchte ich immer noch, von meinem alten Leben zu profitieren. Ich hoffte, jemanden zu finden, der mich kannte, der mich fürchtete und der mir aus diesem Grund Geld geben würde. Rosenthal würde das niemals verstehen, aber man hatte ihn ja auch noch nie aus dem Gefängnis entlassen, nur mit den Klamotten, die er auf dem Leib hatte, ohne Familie, ohne Job und mit einem Geldbetrag, der für zwei opulente Wochen reichte.

Die Sonne blendete mich. Bevor ich auch nur fünfzig Fuß gegangen war, rann mir der Schweiß in die Augen. Was ich sah, war mir vertraut – Motels mit riesigen Reklametafeln, Autowaschstraßen, Boutiquen, große Palmen. Aber es war auch irgendwie anders – vom Hauch der Vergänglichkeit berührt. Die Farbe der Motels blätterte ab, und rote Roststreifen aus lecken Rohrleitungen durchzogen die Häuserfassaden. Die Palmen waren staubig und wirkten stumpf und leblos, nicht so leuchtend grün, wie ich sie in Erinnerung hatte.

Etwas war sicher: mein Ziel lag wesentlich weiter von mir entfernt, als es mir in der Erinnerung erschienen war. Als ich durch die gepolsterte Tür der Cocktail Lounge trat, hatte ich den Schlips ausgezogen, trug das Sakko über dem Arm und biß die Zähne zusammen, um nicht zu humpeln. In der plötzlichen Dunkelheit sah ich Lichtblitze vor den Augen. Ich streckte eine Hand aus, tastete mich voran und fand einen Hocker. Ich kam mir wie ein Tölpel vor und erwartete, ausgelacht zu werden.

Der Luftstrom aus der Klimaanlage wehte kühl über mein Gesicht, und ich fühlte meinen schweißüberzogenen Körper nur um so intensiver. Ein Barkeeper – eine zwielichtige Type im weißen Hemd – erschien. Ich bestellte einen Tom Collins und ein Glas Eiswasser.

Während ich das Wasser runterstürzte und auf den Drink wartete, tauchte meine Umgebung langsam vor meinen Augen auf. Die Wände waren tiefrot gestrichen und mit Schwarz abgesetzt. Ich erinnerte mich an Gold und Schwarz. Das Dutzend Gäste war für einen Werktag gar nicht schlecht.

Als ich den Drink bezahlte, war ich mir meines schwindsüchtigen Geldbeutels wieder schmerzlich bewußt. Wen würde der Barkeeper am ehesten kennen? Rick DeLavelle kam mir in den Sinn. Rick war ein Feigling; er würde mir den Arm um die Schulter legen, unsterbliche Freundschaft schwören und mir Hilfe anbieten.

Mein Glas war leer, schneller ausgetrunken, als ich es beabsichtigt hatte. Der junge Barkeeper sah das leere Glas und kam zu mir. Er hatte langes Haar, sein Gesicht war hager und bleich. Ich bedeutete ihm, er solle mir noch mal dasselbe bringen. «Sag mal, ich war lange nicht mehr hier. Wie kann ich mich mit Rick DeLavelle in Verbindung setzen?»

«Du warst ja ganz schön lange weg, Kumpel. Er ist vor drei Jahren gestorben.»

«Na, so was. Was ist passiert?»

«Ich weiß nicht.» Der Barkeeper beäugte mich mißtrauisch und schätzte mich aufgrund meines billigen Anzuges und der kurzen Haare als albernen Wichser oder Polizisten ein.

Als er den zweiten Drink brachte, fragte ich: «Und was ist mit Ernie Baker?»

«Was ist mit ihm?»

«Kennst du ihn?»

«War schon mal hier.»

«Wann kommt er normalerweise vorbei?»

«Ich mache die Drinks und kassiere. Ich weiß nicht, wann jemand kommt.»

«Kann ich 'ne Nachricht hinterlassen?»

«Das ist hier nicht die Post, Kumpel.»

Wegen der dauernden Frustrationen hatte der Ärger schon länger in mir gekocht; jetzt sah ich plötzlich rot. Ich stand auf, lehnte mich über die Theke. «Du Hundsfott, du bepißter Scheißkerl! Ich schlag dir den Schädel ein und fick dich in den Arsch – Scheißkerl! Das kannst du mir glauben, Scheißkerl!» Mein Speichel sprühte ihn naß. Seine Augen öffneten sich weit. Langsam kroch die Furcht in ihm hoch. Er zuckte zurück, bis er gegen die hintere Wand knallte.

Ich zitterte – aber sein Gesicht beruhigte meine Wut. Nur die vage, kaum bewußte Erinnerung daran, daß mich eine Prügelei wieder ins Gefängnis bringen würde, hatte mich abgehalten, über die Theke zu flanken und ihn bewußtlos zu schlagen. Und falls die wütenden Worte nicht die beabsichtigte Wirkung zeitigen würden, dann würde ich es auch tun. Ich war an Menschen gewöhnt, die respektvoll miteinander umgingen – nicht aus Gründen der Etikette, sondern weil sie wußten, daß der andere gefährlich war und jede Kränkung in eine Gewalttat münden konnte, vielleicht sogar in Mord.

«Mann, ruhig, bleib cool!» sagte er. «Bitte! Ich hab's nicht so gemeint – wenn so 'n Kerl hier reinkommt und Fragen stellt, was ...» Er breitete die Hände aus, um seine Verwirrung zu erklären.

«Lern besser, richtig mit Leuten zu reden, sonst wird dir mal die Fresse poliert werden, Kleiner», erwiderte ich.

«Mann, tut mir leid. Ich dachte, du wärst vielleicht von der Polente.»

«Bin ich ja vielleicht, aber red respektvoll mit den Leuten.»

«Kein Bulle flucht so.» Er versuchte zu lächeln.

Plötzlich wurde er albern.

«Schon gut», sagte ich. «Laß mich mal nachdenken... Siehst du Ernie heute?»

«Er kommt ab und zu mal tagsüber rein. Ich habe um sechs Schicht – aber ich kann die Nachricht weitergeben.»

«Ich lasse dir 'ne Nachricht da und rufe morgen an. Wie heißt du?»

«Willi Epstein.»

«Okay, Willi. Vergiß den kleinen Zwischenfall. Wie geht's Ernie?»

«Besser als mir. Er hat 'ne Alte, die für ihn anschafft, und er fährt 'nen Cadillac.»

«Weißt du, wo er wohnt?»

«Ich kenn ihn gerade mal vom Sehen.»

«Dann gib mir Papier und Stift.»

Ich hatte mich zurechtgesetzt, um die Nachricht zu schreiben, und dachte über den Tonfall meiner Mitteilung nach, als ich plötzlich merkte, daß ich wieder in die alte Schiene zurückrutschte. Ich hatte Willy Darin angerufen, und das hatte mich zu L & L Red geführt und zum Angebot eines Raubüberfalls. Wohin würde mich die Begegnung mit Ernie bringen? Weiß Gott, ich brauchte dringend Geld. Ich zerknüllte das Blatt Papier, ließ es in einen Aschenbecher fallen und wollte rausgehen – da fiel mir ein, daß ich für den zweiten Drink nicht bezahlt hatte. «Scheiß drauf», dachte ich und marschierte los.

«Heh», rief der Barmann. Ich ignorierte ihn.

Die Mittagshitze überwältigte mich. Der Autoverkehr bestand aus einer Horde glänzender Käfer in dicht gedrängten Kolonnen. Der Schweiß rann wieder an meinem Körper herunter, und bei jedem Schritt schmerzten die Blasen. Es war Zeit für das Vorstellungsgespräch in Hollywood, doch meine Erscheinung würde wenig eindrucksvoll sein.

Eine Frauenstimme rief meinen Namen. Ein flotter, neuer Wagen parkte neben mir in der zweiten Reihe. Der Verkehr staute sich. Die Blonde im Beifahrersitz winkte zu mir herüber. Ich ging um das am Bürgersteig geparkte Auto herum. Die Blonde war zu jung, als daß ich sie kennen konnte, und der Fahrer saß hinter der getönten Windschutzscheibe verborgen. Die Blonde öffnete die Tür und rückte zur Seite, um mir Platz zu machen. «Steigen Sie ein.»

Ich stieg ein. Der Mann am Steuer kam mir bekannt vor, aber ich konnte mich nicht mehr daran erinnern, wer er war. Der Wagen schoß vorwärts, da die Fahrer hinter ihm laut hupten.

«Mach das Fenster zu, Baby», sagte der Mann, «du läßt die kühle Luft raus.»

«Achtung», sagte die Blonde zu mir, lehnte sich herüber und drückte auf einen Knopf. Ihre Brust berührte zufällig meinen Unterarm. Die Berührung bewirkte ein Kribbeln in meinem Magen. Ob es nun von ihrer unverhohlenen Sinnlichkeit kam oder von meiner langen Enthaltsamkeit, meine Reaktion war intensiv und lenkte mich für einen Moment davon ab, den Fahrer zu identifizieren. Er war ein kräftiger Mann, der langsam dick wurde, sein Bauch wölbte sich unter einem schrillen Sporthemd. Volle Lippen, lockiges Haar, von grauen Strähnen durchzogen, dunkle Hautfarbe – Jude oder Italiener. Das Gesicht von jemandem, den ich ganz gut kannte, aber vor langer Zeit. Kein enger Freund.

«Stell uns vor, Abe», sagte die Blonde und zupfte ihn am Arm.

«Max, das ist Angie Nichols – Max Dembo.»

Ich nickte ihr zu. Die Bemerkung der Blonden hatte meine Erinnerung zurückgebracht. ‹Abe› war Abe Meyers. Abe, der gegen gute Zinsen die Kaution stellte. Nur hatte er das nicht gemacht, als ich ihn kennenlernte, noch machte er es jetzt, wenn ich mich richtig an die Zeitungen erinnerte. Seine Lizenz hatte man ihm wegen irgendeines krummen Geschäfts weggenommen. Das war im vergangenen Jahr gewesen. Als ich ihn kennenlernte, vor langer Zeit, gehörte ihm eine Hot-dog-Bude an der East Side, die hauptsächlich von jugendlichen Halbstarken frequentiert wurde. Er kaufte heiße Ware und verkaufte Pillen. Später gehörte ihm eine Kneipe mit Wettbüro in Downtown. Ein anderer nahm die Wetten an. Abe hielt sich stets im Hintergrund. Dann zog Abe auf den Strip um, zur selben Zeit, als ich da aufkreuzte.

Seine Geschäfte waren anders als meine, und ich wußte nicht, was er machte. Aber wir nickten uns wie Bekannte zu, wenn sich unsere Wege kreuzten, und als ich seinen Namen im Gefängnis hörte, fiel er mir sofort ein. Er war zu einem wirklich großen Tier im Kautionsgeschäft geworden – aber was mir ebenfalls sofort einfiel, war das Gerücht, er sei ein Informant. Das war nicht hundertprozentig sicher. Zwei Juwelendiebe machten ihn für ihre Verhaftung verantwortlich. Als ich die Anschuldigung das erste Mal hörte, hatte ich mich mit meinem Urteil zurückgehalten. Die Fakten waren etwas undurchsichtig. Aber es war genug, um mich vorsichtig sein zu lassen und Situationen zu vermeiden, in denen mir Informanten lästig werden konnten – und das war leicht, da ich ja nichts Illegales vorhatte.

«Wir standen gerade an der Ampel, als du aus *Cheri's* rauskamst», sagte Abe. «Hat mich echt überrascht.»

«Ich bin's wirklich.»

«Wo willst du hin?»

Ich wies den Boulevard herunter.

«Kein Auto?»

«Noch nicht.»

Abe runzelte die Stirn und blickte mich fragend an. Ich schaute bedeutungsvoll auf Angie, auch eine stumme Frage.

«Sie ist in Ordnung», erwiderte Abe. «Sie arbeitet für mich.»

«Also?»

«Also wann bist du in der Stadt angekommen?»

«Anfang der Woche.»

Abe pfiff leise durch die Zähne. «Die ganze Zeit weggewesen?»

«Hm.»

Angie wandte sich zu mir um und schaute mich mit ihren blauen, von einem Lidstrich akzentuierten Augen an. «Wo warst du?» Sie erwartete fremd klingende Namen exotischer Orte. Abe kicherte. Die Wahrheit wurde ihr klar. «Oh», sagte sie und wurde knallrot. «Tut mir leid.»

«Du hast nichts getan, was dir leid tun muß.» Ihre Verwirrung beruhigte meine Befangenheit.

Wir mußten an einer Ampel halten.

«Ich habe gerade einen Club da unten eröffnet», sagte Abe. «Komm mit, und trink einen mit uns, es sei denn, du mußt dringend irgendwo hin.»

«Ich kann einen kalten Drink vertragen. Was ist mit dem Kautionsgeschäft passiert? Ich habe gehört, man hat dir den Laden dichtgemacht?»

Abe tat geringschätzig. «Ich bin in ein paar Monaten wieder dabei. Ich kann die Lizenz immer noch unter einem anderen Namen laufen lassen. Ich erzähl dir die ganze Geschichte später.»

‹Später› bedeutete etwas jenseits von einem Drink. Abe wollte etwas. Seine Freundschaft war immer an Bedingungen geknüpft.

Wir waren bereits in Hollywood, als er fragte: «Sag mal, kennst du zufällig Lionel und Bulldog?»

«Ja, die kenn ich. Die behaupten bestimmte Sachen von dir.»

«Das ist absolut verfickte Scheiße!»

Seine Vehemenz war überraschend. Für echte Kriminelle war dieser Ruf kritisch, aber bei einem Pseudokriminellen wie Abe sollte dieses Gerücht keine solche Beunruhigung auslösen. Lionel und Bulldog waren für eine lange Zeit hinter Gitter gewandert, und der Tratsch, der aus diesen weit entfernten Gemäuern zu Abe herüberdrang, konnte ihn durchaus irritieren, aber er sollte sich nicht so darüber aufregen. Abes Position war sicher auf Geld gegründet, was immer Neider anzieht, und seine Stellung hing nicht vom Respekt der Diebeswelt ab. Dennoch war es offensichtlich, daß er deswegen angehalten hatte – um mich aus irgendeinem Grund anzuwerben.

In Angies Gegenwart redeten wir nicht weiter. Ich setzte mich zurück und erfreute mich an ihrem Geruch und daran, daß ihre Schenkel an meinen scheuerten. Ich dachte an das Vorstellungsgespräch in Hollywood, fand aber, daß meine Sachen zu zerknittert waren, um einen anständigen Eindruck zu hinterlassen.

Der Club, er hieß *The Corrall*, lag an einer Querverbindung zwischen Sunset und Hollywood Boulevard, an einer engen Straße. Er befand sich im Erdgeschoß eines zweitklassigen Hotels. Abes Clubfassade war mit schwarzen Kacheln versehen, so daß der Club wie ein eigenständiges Etablissement wirkte.

Abe bog in die Gasse hinter dem Hotel und parkte. «Wir öffnen nicht vor sieben», sagte er, «aber Leute, die wir kennen, können tagsüber hinten rein.»

Ein junger Mann erschien im Eingang, vom Motorgeräusch angezogen. Er sah gut und gepflegt aus in sauberer Hose und übergroßem Pullover.

«Mann, bin ich froh, daß du wieder da bist», sagte er. «Das Telefon hat dauernd geklingelt. Lloyd Johnson will die Jukebox-Sache klären, und irgendeine Braut ruft dauernd an. Ihr Alter sitzt in der Patsche, und sie will ihn auf Kaution rausholen.»

Angie stolzierte uns voran, während Abe und der junge Mann die Kautionsangelegenheit besprachen. Ich schaute mir Angies Hintern an, der in ihrer engen Hose hin und her wackelte, bis sie im Club verschwand. Als der junge Mann uns verlassen hatte, sagte ich: «Ich dachte, du kannst keine Kaution mehr ausstellen.»

«Kann ich auch nicht, aber ich mache den Deal, wenn mich jemand fragt, und gebe die Sache an Clyde Brooks weiter. Er gibt mir einen Teil ab. Bei der Sache hier verdien ich hundert oder so – für ein paar Telefonate.»

Die Rock-and-Roll-Musik, die aus dem Innern drang, hörte plötzlich auf. Als wir im Clubraum angekommen waren, sah ich die vier Mann starke Band, die sich auf einer kleinen Bühne über ihre Noten beugte. Angie stieg ein paar Stufen zu ihnen hinauf. Der Raum roch modrig, die Stühle standen umgekehrt auf den Tischen. Er war größer, als man von draußen vermuten würde. Von zwei Theken aus wurde der Laden versorgt. Winzige Tische standen vorn auf einem Podium. Weitere Tische, die so dicht aneinander standen, daß sie sich fast berührten, nahmen den meisten Platz ein. Eine Mini-Tanzfläche befand sich am hinteren Ende des Raums. Die Bühne war zehn Fuß hoch. Durch diese Anordnung wurden wagemutig so viele Menschen wie nur irgend möglich auf so wenig Platz wie irgend möglich gequetscht.

Der junge Mann stieß wieder zu uns. Er hieß Manny. Er war der Manager und Chef-Barkeeper.

«Trink was, während ich die Anrufe erledige», sagte Abe zu mir und wies Manny an, den Drink zuzubereiten. Abe ging durch einen kurzen Flur in sein Büro.

«Abe muß dich lieben», sagte Manny und stellte einen dreifachen Gin und Eis auf die Theke. «Er würde sich eher ein Bein ausreißen, als Drinks zu spendieren.»

«Ich kenne ihn schon sehr lange», erwiderte ich.

Mit unverfrorener Neugier betrachtete Manny meine altmodischen Kleider und die kurzen Haare, die aus einer anderen Zeit zu stammen schienen. Er wollte mich ausfragen, doch ich entzog mich aus alter Gefängnisgewohnheit seiner Neugier. Plötzlich legte die Band wieder los, und das beendete die Notwendigkeit einer Unterhaltung. Der pulsierende Rhythmus verdrängte jeden Gedanken und machte ein Gespräch unmöglich. Angie war Tänzerin. Sie drehte und wand sich auf der Bühne. Ihre Schrittfolgen wurden mir später als Frug, Watusi, Swim und Boogaloo erklärt. Egal, wie man sie nannte, sie waren erotisch. Der Gin entspannte mich.

Abe kam zurück und führte mich in sein Büro; ein Kabuff, bestückt mit einem zerkratzten Schreibtisch, einem Stuhl und einem altertümlichen Safe, den man in dreißig Minuten geöffnet hatte. Er war von der Art, die vor vier Jahrzehnten eine Legende unter den Safeknackern gewesen war.

Abes Leibesfülle schien über den Schreibtisch zu schwappen, als er sich dahinter in den Sessel fallen ließ. Er spielte krampfhaft mit einem Bleistift und schwitzte übel. Er schwitzte immer.

«Du warst ganz schön lange drin», sagte er. «Was war los?»

«Kein Glück bei der Bewährung.»

Abes Grimasse sollte Mitgefühl ausdrücken, aber seine Augen blieben berechnend. «Hast du schon was am Laufen?»

«Ich gewöhne mich wieder dran, ohne überfahren zu werden, über die Straße zu gehen.»

«Ist bestimmt scheißschwierig, sich wieder einzugewöhnen.» Er machte eine Pause und überlegte. «Du sagtest, du kennst Bulldog. Wie steht's mit Stan Bergman?»

«Er ist mein Freund. Warum?»

«Er sitzt in U-Haft und erwartet eine Verhandlung wegen Raubüberfalls. Ich möchte, daß du ihn mit mir zusammen besuchst.»

«Nur besuchen?»

«Na ja, steckt sicher noch was mehr dahinter. Ich will dir die ganze Geschichte erzählen. Es hat mit Stan, Bulldog und Bulldogs kleinem Bruder zu tun.» Nachdem er vehement abgestritten hatte, Lionel und Bulldog angeschwärzt zu haben (aber er konnte verstehen, warum sie meinten, es wäre so), berichtete er mir, daß er der Hehler beim Verkauf von ein paar heißen Diamanten gewesen war – aber er hatte nach der Lieferung den geforderten Preis nicht erzielen können. Die Zeitungsberichte machten die Beute zu heiß, und alle waren nervös und gespannt. Man stritt sich. Bulldog wollte die Diamanten zurück, aber Abe hatte sie einem Diamantengroßhändler in New York gegeben. Die beiden Diebe hatten ihn vor die Alternative gestellt, innerhalb von vierundzwanzig Stunden die Steine zurückzugeben, sonst... An jenem Abend wurden sie mit der Hälfte der Beute gefaßt. Sie behaupteten, Abe hätte aus lauter Angst die Polizei benachrichtigt. Er behielt die Diamanten, die noch in seinem Besitz waren. Laut Abe waren sie nicht viel wert, obwohl ich mich daran erinnerte, daß Lionel die Summe von zwanzigtausend Dollar erwähnt hatte.

Ich unterbrach ihn. «Das war vor einem Jahr. Wo liegt jetzt das Problem?»

Bulldogs neunzehnjähriger Bruder war das Problem. Er kam gerade aus der Erziehungsanstalt und bedrohte Abe – er wollte zehntausend Dollar für Bulldogs Revision. Stan Bergman war mit Bulldogs Schwester verheiratet, somit war er der Schwager des jungen Kerls. Stan konnte seine Frau beeinflussen, die ihren kleinen Bruder beeinflussen konnte. Ich wiederum sollte Stan präparieren. Abe hatte noch weitere Schmeicheleien vorgesehen, einschließlich eines Rechtsanwalts. Wenn das nichts fruchtete – «dann kannst du mir vielleicht bei dem jungen Kerl helfen».

«Warum legst du die zehn Scheine nicht hin? Du hast bei dem Deal mitgespielt und hast was dran verdient.»

«Nach all dem, was sie über mich gesagt haben? Egal, wenn ich es diesem kleinen Scheißkerl gebe, dann wird jeder zweitklassige Ganove in der Stadt sich mit mir anlegen wollen.»

Die Geschichte ekelte mich ziemlich an. Das kann nur ein anderer Dieb verstehen. Er hatte seinen Betrug bei dem Diamantendeal eigentlich eingestanden – doch das war im Vergleich zu der Tatsache, daß er möglicherweise ein Informant war, unwesentlich. Wenn das stimmte, dann hatte er den Tod verdient. Aber seine Version der Geschichte konnte auch wahr sein. Stan Bergman konnte Hilfe gebrauchen, wenn er wegen Raubüberfalls angeklagt war. Abe würde jedenfalls keine zehn Riesen ausspucken, soviel war sicher.

Was noch wichtiger war, ich selber brauchte Hilfe, und mit Stan zu reden war leicht genug. Wenn das nicht erfolgreich war, wäre Abe wieder auf sich gestellt (ich würde vielleicht sogar den jungen Kerl warnen), aber das mußte Abe ja nicht wissen.

«Ich kann mit Stan reden. Wann willst du ihn besuchen?»

«Sobald ich einen Anwalt kriege, der uns ins Anwaltszimmer mitnimmt. Der normale Besucherraum wird vielleicht abgehört.» Abe war jetzt lockerer, freute sich über meine Zusage und kalkulierte die Kosten. Er würde so wenig wie möglich zahlen wollen. «Ich weiß, daß du gerade erst rausgekommen bist. Wie kann ich dir helfen, wieder auf die Beine zu kommen?»

«Ich brauche einen Job.»

«Einen Job! Du?»

Ich erklärte ihm, daß ich wegen meiner Bewährung einen Job brauchte, weil ich sonst zurück in den Knast müßte – als ob ich deswegen einen Job wollte. Er hatte auch so ungläubig gewirkt, daß ich ihm nicht die Wahrheit erzählen konnte – und die Wahrheit würde meine Position schwächen. «Außerdem würde ich gern bumsen.»

«Du hast dich also noch nicht im Bett rumgetrieben. Wie lange?»

«Acht Semester.»

«Scheiße, es gibt genug Bräute, die dich für lau mit nach Hause nehmen würden.»

«Zeig mir eine.»

«Komm am Abend wieder vorbei. Der Club steckt dann voller Mösen. Ich besorg dir eine.»

«Und wie steht's mit 'nem Job? Das ist wichtiger.»

«Meinst du das ernst?»

«Todernst.»

«Würdest du hinter der Theke arbeiten?»

«Ich kann nichts außer Stehlen, Scheiße reden und Rumbummeln.»

«Wie wär's, wenn du als Türsteher arbeitest – nur zur Tarnung. Ausweise prüfen, Rechnungen eintreiben und Frieden stiften.»

«Nicht schlecht.»

«Du mußt regelmäßig kommen. Zwanzig Mäuse pro Nacht. Für dich dazu noch alles, was du trinkst. Dann hast du 'ne Tarnung, bis du was am Laufen hast. Kannst dir vielleicht auch 'n Pferdchen besorgen. Schauen reichlich bei uns rein.»

Der Job als Türsteher wäre eine Zeitlang ideal. Ich hätte mein geregeltes Einkommen und hätte tagsüber Zeit, mich um anderes zu kümmern. Ich könnte auch zeitweise im Büro arbeiten. Außerdem gefiel mir die Nachtclubatmosphäre.

Abe schob sich vom Schreibtisch fort und entschuldigte sich, dringende Geschäfte würden auf ihn warten. Er sagte mir, ich könne bleiben, wenn ich wollte, klopfte mir auf die Schulter und griff nach dem Telefon.

Ich saß den Rest des Nachmittags im Club herum. Draußen war es zu heiß, und ich hatte zudem kein Ziel. Ich betrank mich auf Mannys Kosten; Abe hatte ihm gesagt, daß er mich als Türsteher eingestellt hatte, also war er eigentlich mein Chef, aber Abe hatte ihm mitgeteilt, er solle mich in Ruhe lassen. Manny fühlte, daß ich etwas Besonderes war. Ich fragte mich, wann ich loslegen sollte; wollte Einzelheiten über den jüngeren Bruder von Bulldog wissen, damit ich rechtzeitig die Gefahr bemerken konnte, die sich aus der Einmischung ergeben könnte. Aber Abe telefonierte dauernd und hatte keine Zeit, sich zu unterhalten, und ich war betrunken genug, um zufrieden dazusitzen und meinen Füßen Erholung zu gönnen.

Abe ging essen und wollte für das Abendgeschäft den Anzug wechseln. Ich log, daß ich noch anderes zu tun hätte, und ging ebenfalls. Ich fühlte mich prächtig. In dieser Umgebung würde die Versuchung überall lauern, aber ich fühlte mich dort wohl, und ich würde selber entscheiden, was die Versuchungen betraf. Rosenthal würde die Ironie der Situation niemals schätzen können: Ich hatte den Job nur wegen meines Rufs als Krimineller bekommen.

Ich stieg in den Bus und war sehr zufrieden mit mir.

Nachdem ich gebadet und mich rasiert hatte, schlenderte ich zu einem Imbiß in der Nähe. In der Abenddämmerung rannten die Menschen kunterbunt durcheinander. Neben dem Imbiß lag ein überdachter Patio. Ich setzte mich und sah den vorübereilenden Fußgängern zu.

Ich war mit dem Essen fast fertig, als jemand vorbeiging, den ich kannte. Augie Morales, Absolvent der Erziehungsanstalt, ehemaliger Häftling und Freund aus Kindertagen, rannte neben der Bordsteinkante an den anderen Fußgängern vorbei, als ob er sich auf der Überholspur einer Autobahn befand. Seine Klamotten waren zerknautscht und entsprachen wohl seiner gegenwärtigen Lage. Ohne nachzudenken – und das hätte auch nichts geändert –, rannte ich ihm nach. Ich holte auf, als er in den Rinnstein trat, sich vornüberbeugte und sich übergab. Einige Fußgänger schauten herüber. Niemand blieb stehen oder sagte etwas. Das Kotzen, ich wußte es sofort, kam entweder von einer Überdosis Heroin oder vom Entzug. Als ich ihn erreichte, sah ich, daß es der Entzug war. Schweißperlen tropften von seinen Bakken, unter den Armen zeigten sich kreisrunde Schweißflecken, und seine Pupillen waren weit geöffnet und füllten die Iris fast vollständig aus.

Ich berührte ihn am Arm und sprach ihn an. Er verspannte sich sofort, wie eine Katze bei einem lauten Geräusch. Er begrüßte mich ohne große Überraschung oder Wärme. Es war verständlich, bedachte man die unbeschreiblichen Qualen seiner Lage.

«Du siehst nicht gut aus, Bruder», sagte ich. «Läuft die Nase?»

«Mir geht's vielleicht dreckig.» Er schaute sich nach den Autos um. «Hast du einen Wagen?»

«Nein.»

«Laß uns weitergehen. Die Gegend hier ist voller Bullen.»

«Wohin willst du?»

«Zur nächsten Scheißtankstelle, um zu fixen.»

«Hast du denn Stoff?»

«Zwei Gramm im Mund.»

«Wie sieht's mit dem Besteck aus?»

«Im Hintern.»

«Mein Zimmer ist um die Ecke. Du kannst da fixen.»

Ich zeigte ihm humpelnd den Weg. Augie wollte schneller gehen. Alle paar Meter krampfte sich sein Magen zusammen. Er war offensichtlich total abhängig.

Ich hatte plötzlich wegen meiner Großzügigkeit doch Bedenken. Mein Zimmer anzubieten war dumm gewesen. Man könnte uns anhalten und verhaften, und ich würde ins Gefängnis zurückwandern, nur weil ich mit ihm zusammen war – besonders da er frische Einstiche auf den Armen hatte. Ich hätte mich abwenden sollen, als ich ihn kotzen sah. Aber ich kannte ihn schon seit zwanzig Jahren – wir hatten uns in der Erziehungsanstalt kennengelernt. Er war dort, weil er Fahrräder gestohlen hatte. Damals hatte er bei einem Kampf mit einem Mexikaner dessen Freunde davon abgehalten, mich fertigzumachen. Wir waren auch im Gefängnis befreundet gewesen, nicht allzu eng, aber doch so, daß wir uns begrüßten und ein paar Worte wechselten, wenn wir uns begegneten. Es war vielleicht ziemlich dumm gewesen, ihn anzusprechen, aber ich hätte mich geschämt, hätte ich einen Freund vorbeigehen lassen, ohne ihn anzusprechen, oder ihn dem Risiko auszusetzen, in einer Tankstellentoilette zu fixen.

Während wir unterwegs waren, sagte Augie nur: «Beeil dich.» Ein Süchtiger auf Entzug kennt keinen anderen Gedanken, als seine Qualen durch künstlichen Frieden zu ersetzen – oder das Vergessen. Vielleicht ist es ja auch dasselbe.

Ich schloß die Tür ab und schob den Schrank vor. Augie spuckte zwei rote Kügelchen aus, jede von der Größe einer kleineren Murmel, jede aus einem Knoten mit abgeschnittenen Enden geformt. Ohne daß es ihm peinlich war, ging er in die Ecke und zog die Hose runter. Er hockte sich hin, steckte einen Finger in den Hintern und pulte ein kleines, kotbedecktes Päckchen heraus. Er spülte es im Waschbecken ab, wikkelte es auf und verteilte den Inhalt auf der Kommode: ein Meßlöffel mit einem winzigen Baumwollbällchen darin, eine verkürzte Pipette, deren Spitze mit Draht umwickelt war und deren Glas durch den häufigen Gebrauch milchig geworden war (man konnte bereits durch Abschaben der Pipette die Leute des Heroinbesitzes überführen). Die kurze Nadel befand sich unter der Gummikappe der Pipette. Sie steckte dort, damit das Glas sie schütze.

Obwohl er zitterte, blieben seine Hände ganz ruhig. «Gib mir ein Glas Wasser», sagte er.

Während ich es einlaufen ließ, wurde mir leicht übel. Obwohl schwach im Vergleich zu dem, was Augie durchmachte, empfand ich doch dasselbe Bedürfnis. Sogar nach all den Jahren verlangte mein Körper noch immer nach dieser Ekstase, die allen Schmerz ausradiert – den physischen wie den psychischen –, und was nicht ausgelöscht wird, das wird unwichtig. Die Schwierigkeiten, diesem Drang zu widerstehen, können nur Eingeweihte völlig begreifen.

Augies Handbewegungen waren flink und geübt. Zunächst preßte er heißes Wasser durch die Nadel, um sie zu säubern, dann brach er ein Kügelchen auf und gab das beige Pulver in den Löffel. Er fügte einige Tropfen Wasser hinzu, zündete drei Streichhölzer gleichzeitig an und bewegte den Löffel über ihnen hin und her. Beim Geruch nach Schwefel und erhitztem Heroin zogen sich mir die Eingeweide zusammen.

Das Pulver wurde zu einer etwas trüben Flüssigkeit. Augie saugte sie durch das Baumwolläppchen in die Pipette. Die Nadel paßte genau auf die Drahtspitze. Mit einer Hand hielt er das Gerät vorsichtig hoch, mit der anderen zog er seinen Gürtel aus den Schlaufen. Geschickt umwickelte er sein Handgelenk und pumpte mit der Hand, bis die Adern auf dem Handrücken zu harten Erhebungen wurden. Die Adern waren von schwarz-bläulichem Narbengewebe überzogen, das von den zahllosen früheren Einstichen herrührte. Er stach mit der Nadel in ein unversehrtes Stück. Ein Blutstrom trat in die Pipette ein und zeigte an, daß er eine Ader getroffen hatte. Er spritzte das Gift in seine Blutbahn.

Zehn Sekunden später – und Augie seufzte voller Wonne. Die Folter war vorbei, auch die Sorgen. Seine geweiteten Pupillen verengten sich zu kleinen schwarzen Punkten. Er atmete nicht mehr so heftig. Auch sein Herzschlag war langsamer geworden.

Wir hatten nicht geredet, während er fixte. Es hatte keinen Raum für Worte gegeben. Jetzt zeigte er auf das übriggebliebene Kügelchen. Es reichte für fünf oder sechs Schüsse, wenn man nicht total süchtig war. «Probier's ruhig», sagte er. «Es ist ziemlich guter Stoff.» Er nuschelte.

Ich war versucht, entschied mich aber schließlich. Ich schüttelte den Kopf. Augie zog ungläubig die Augenbrauen hoch. «Du fixt doch auch.»

«Hab aufgehört.»

«Du willst mich verarschen. Wirklich?»

«Bestimmt.»

«Ich werd das Zeug wegräumen.» Er packte sein Besteck wieder zusammen und steckte es in die Tasche. Er wusch den Löffel und auch sein Gesicht und bemerkte seine Bartstoppeln. «Muß mich mal wieder rasieren.»

«Rasier dich hier.»

Während er sich rasierte, unterhielten wir uns. Vor einem Jahr war er auf Bewährung entlassen worden und hatte dann an einer Presse gearbeitet und war froh gewesen, wieder frei zu sein. Er fing an, am Zahltag zu fixen – ein paar Stunden sich wohl zu fühlen wie alle anderen. Dann fixte er ein zweites Mal direkt nach dem wöchentlichen Drogentest. Seine Frau (er war verheiratet und hatte drei Kinder) nörgelte an ihm wegen der Summen herum, die er für die Droge brauchte. Jedes Briefchen kostete zehn Dollar, eine kleinere Menge gab es nicht. Zweimal die Woche, das machte achtzig Dollar im Monat, ein stattlicher Betrag für einen Arbeiter. Doch statt ihn zur Besinnung zu bringen, verleitete ihn das Nörgeln seiner Frau dazu, ein paar Zehn-Dollar-Briefchen am Abend zu verdealen – nur um das bezahlen zu können, was er selber brauchte. Da aber mehr Heroin vorhanden war, spritzte er auch mehr. Er wachte auf und brauchte einen Schuß, um arbeiten gehen zu können; er war wieder vollkommen abhängig. Er konnte den Drogentest nicht mehr länger machen, denn das hätte bedeutet, daß er wieder ins Gefängnis wandern würde. Also tauchte er unter und entzog sich der Bewährung. Er konnte keine reguläre Arbeit mehr annehmen, außerdem gab es kaum einen Job, bei dem er genug verdienen würde, um seine Sucht zu bezahlen. Also dealte er größere Mengen Zehn-Dollar-Briefchen. Jeden Morgen kaufte er für fünfzig Dollar eine viertel Unze Stoff, machte daraus ein Dutzend Briefchen, und dann begab er sich nach Downtown und ging herum oder setzte sich in Cafés oder Kneipen. Die Süchtigen fanden ihn immer. Er verkaufte genug, um seine Miete zu bezahlen und sich sein Essen zu kaufen. Den Rest spritzte er sich selber. Zwei Kügelchen trug er immer im Mund mit sich herum. Den Rest hatte er versteckt. Vor einer Woche wollte er seine Frau besuchen. Aber es waren zwei Polizisten dagewesen – nicht wegen der Bewährung, sondern mit einem Haftbefehl wegen Drogenhandels. Er hatte etwas an einen verdeckten Ermittler verkauft.

«Hast du nicht schon das letzte Mal wegen dem Zeug gesessen?»

«Jedes Mal.»

«Verdammt, Mann, du kriegst garantiert fünfzehn Jahre. Was zum Teufel ist los, daß du einfach auf der Straße herumgehst?»

Er zuckte mit den Schultern; in seiner jetzigen Euphorie war es ihm nicht möglich, Furcht zu empfinden oder sich der harten Realität zu stellen. «Was soll ich machen?»

«Verpiß dich! Hau ab. Nach Mexiko. Die schaffen es nicht, dich zurückzuholen.»

«Ich kenn da niemanden. Ich wüßte nicht, was ich dort machen soll.»

Das stillschweigende Eingeständnis seiner Niederlage war schrecklich. «Mann, du bist so süchtig nach dem Zeug wie nur was. Früher oder später schnappen sie dich. Besorg dir 'ne Knarre und überfall irgendwas – eine Bank, egal was! Verschaff dir genug Geld, um abzuhauen. Wenn du geschnappt wirst, dann halt Gericht direkt auf der Straße. Du hast nichts zu verlieren.»

«Scheiß drauf. Wenn ich geschnappt werde, dann ist's eben so.»

«Fünfzehn Jahre.»

«Ich war doch mein ganzes Leben hinter Gittern. Das Essen ist okay im Knast, und ich kann Handball spielen. Ich hab verdammt noch mal mehr Probleme, wenn ich draußen bin, als wenn ich drinnen bin.»

Er meinte es ironisch, aber es war nur allzu wahr und gar nicht lustig. Seine Zukunft war erschreckend klar. Er würde, solange es ging, high bleiben und würde Heroin verkaufen, um leben zu können. Es wäre ein kleines Wunder, wenn er noch drei Monate auf freiem Fuß erlebte, besonders, da er sich in polizeiverseuchten Gegenden rumtrieb. Sie würden ihn festnehmen, und er würde fünfzehn Jahre in der Gruft der lebenden Toten verbringen.

Er gab Rasierwasser auf seine ausgezehrten Wangen, kämmte sein Haar und glättete seine Klamotten. Er setzte sich, um ein paar Minuten auszuruhen, bevor er wieder in den tödlichen Sog der Straße zurückkehrte. Er sah sich in dem billigen Zimmer um. «Nicht übel. Die meisten dieser Löcher haben nicht mal 'nen Teppich.»

«Ein Loch bleibt ein Loch.» Ich war wütend, denn er ließ sich, ohne aufzubegehren, einfach zerstören. Was immer er auch war (und ich meine nicht, daß es schlecht war, aber tragisch) und was immer das Recht der Gesellschaft war, sich zu schützen, sein persönlicher Lebenswille forderte, daß man bis zum letzten Atemzug kämpfte.

«Wann bist du rausgekommen?» fragte er. Bevor ich antworten konnte, fiel sein Kopf vornüber, und sein Kinn näherte sich seinem Brustkasten. Er warf den Kopf zurück. «Verdammt! Ich schlaf ein. Was hast du gesagt?»

«Nichts.»

Er grunzte und nickte wieder ein. Ich kannte ihn, seit er ein kleiner Junge mit glänzendem Gesicht gewesen war. Nun hatten sich tiefe Falten in seinem Gesicht eingegraben. Seine Schultern, einst rund und kräftig, waren nun knochig – und sein Haar war von grauen

Strähnen durchzogen. Er kam wieder aus seinem Rauschzustand heraus. «Heh, Max. Ich weiß, daß du gerade erst rausgekommen bist, aber kannst du mir nicht 'n paar Pesos rüberreichen?»

Ich hatte überlegt, ihm fünf Dollar aus meiner mageren Kasse abzutreten. Statt dessen gab ich ihm zehn. «Ist nicht viel. Ich bin selber ziemlich abgebrannt.»

«Das hilft. Ich hab die andere Portion für heut nacht. Morgen früh wird's übel sein, aber meine Connection wird mir was Stoff auf Pump geben.» Er stand auf und zog sein Hemd an. «Ich muß los. Wirst du eine Weile hier wohnen?»

«Ein paar Wochen.»

«Vielleicht komm ich mal vorbei.»

Ich sah hinter ihm her, wie er mit nonchalantem Schwung den Flur entlangging, einen Arm übertrieben schwenkend und wie ein Hipster die Schultern wiegend. In der Jugend hatte er damit angefangen, weil es angeblich Härte und Mut bezeugte, und nun war es zur Gewohnheit geworden. Dieser Gang – und blaue, selbstgestochene Tätowierungen – waren ein sicheres Zeichen, daß ein Mann einen Teil seiner Jugend in diversen Anstalten verbracht hatte.

Bevor ich Augie getroffen hatte, wollte ich ins Kino gehen. Doch der Verlust der zehn Dollar ließ mich umdenken. Ich las eine Stunde und schlief dann ein. Nach Mitternacht wachte ich hungrig auf und ging zu dem Coffee Shop auf der Alvarado. Es waren noch immer sehr viele Menschen unterwegs, und blecherne Musik erklang aus Kneipen und Cocktail Lounges. Das unbeschwerte Gelächter von Paaren, die aus diesen Kneipen heraustraten, machte mich neidisch. All das verstärkte nur mein Bedürfnis, auf dem Strip zu sein, oder in Malibu – irgendwo mit guten Klamotten und Geld in der Tasche, um mich des Lebens zu freuen.

Ich begnügte mich mit einem Kaffee und einem Stück trockenen Kuchen.

Kapitel acht

Am nächsten Morgen, also am Freitag, rief ich Olga Sorenson bei der Zeitarbeitsagentur an. Ich wollte, wenn möglich, zwei Jobs annehmen und mir Geld für neue Kleidung und für ein Auto verdienen. Sie versprach, an mich zu denken, notierte die Telefonnummer des Hotels und sagte, sie würde sie oben auf ihren Schreibtisch legen. Sie würde über das Wochenende im Büro sein und wollte, daß ich sie am Samstag nachmittag wieder anrufe.

Dann rief ich Abe an. Er war froh, von mir zu hören. Ein Rechtsanwalt würde um siebzehn Uhr auf dem Parkplatz vom Zentralgefängnis warten. Er hatte keine Zeit verloren, das Treffen zu arrangieren.

Um halb fünf holte mich Abe an der Kreuzung des Wilshire Boulevard ab, und wir fuhren in Richtung Freeway. Er trug einen elegant geschnittenen Anzug aus hellgrauer, irisierender Seide. An seinem kleinen Finger steckte ein vier Karat schwerer, leicht rosafarbener Diamant. Mit ihm hätte ich mir mehrere Anzüge kaufen können – und ein Auto dazu. Ihn zu nehmen wäre einfach gewesen: in der Gasse hinter dem Club warten und Abe eine Pistole in die Rippen drücken. Ich könnte sogar mit ihm reingehen und den Safe ausräumen. Ich merkte plötzlich, an was ich dachte, und hörte auf.

Er bemerkte meine Zurückhaltung und mißverstand ihre Ursache. «Mach dir keine Sorgen», sagte er. «Mit Stan gibt es keine Probleme. Er ist rettungslos verloren. Er hilft uns, und wir werden ihm helfen, von den Gewohnheitsverbrechern wegzubleiben.»

«Vielleicht hört der Junge ja nicht auf ihn», erwiderte ich.

«Oh, er wird schon mitmachen, wenn er es von Stan, Stans Frau und dir hört. Wir können ihm vielleicht sogar was Gutes besorgen, ihm 'ne Hure zuschanzen. Jeder, der noch jung ist, kann geblendet werden.»

«Ich hoffe um deinetwillen, daß du recht hast.»

«Mmm, vielleicht um meinetwillen, aber vielleicht auch um seinetwillen. Ich bin kein Hasenfuß. Ich kann auch die Muskeln spielen lassen, wenn's nötig ist – das ist doch wohl klar! Und ich habe Geld. Ich kaufe mir, was ich nicht selbst machen kann.»

Ich sagte nichts, aber ich änderte in aller Stille meine Einschätzung von Abe Meyers. Er hatte Angst. Die Furcht saß ihm ständig im Nakken. Und doch war es keine Angst, die paralysierte. Unter Druck geraten, konnte er gefährlich sein. Und er war schlau – vielleicht zu schlau für den Jungen.

Wir verließen den Freeway und fuhren durch das Ghetto an Schrottplätzen vorbei. Plötzlich befanden wir uns auf einer schmuddeligen Straße, an deren Rand Holzunterkünfte standen, jede mit einem Schild versehen: *Kaution, 24 Stunden*. Das Gefängnis mußte in der Nähe sein.

Einen Augenblick später sahen wir es auch schon, jenseits der Straße hinter Bäumen und einem kurz geschnittenen Rasen. Das große, graue Betongebäude war brandneu, vollkommen nichtssagend – dennoch war es das modernste und teuerste Gebäude im Umkreis von einer Quadratmeile.

In den Gefängnissen hatte sich rumgesprochen, daß der neue Knast schlimmer war als der alte – daß es brutaler zuging –, und ich erinnerte mich, daß ich mit fünfzehn Jahren im alten Gefängnis gewesen war und mit einem anderen Jugendlichen gekämpft hatte. Drei Beamte machten mich daraufhin mit Handschellen an einem Abflußrohr fest und schlugen abwechselnd auf mich ein. Nachdem sie mir drei Rippen gebrochen hatten, warfen sie mich ins Loch – eine stählerne Kiste auf Rädern. Drinnen war es absolut dunkel, und ich wußte nicht, ob es Mittag oder Mitternacht war. Meine tägliche Ration bestand aus einem halben Liter Wasser und drei Scheiben Brot. Alle drei Tage brachten sie einen Papierteller mit etwas Haferschleim mit Rosinen. Ich leckte ihn in der Dunkelheit wie ein Hund auf. Neunzehn Tage später brachten sie mich in die Erziehungsanstalt zurück (das war, als man mich auf der Flucht eingefangen hatte), und ich brach zusammen. Ich hatte Lungenentzündung. Und obwohl ich jetzt mein Leben geändert hatte, so hatte sich doch an meinem Haß auf solche Orte und auf die, die sie leiteten, nichts geändert.

Abe fuhr auf den weitläufigen Parkplatz. «Da ist er», sagte Abe und zeigte auf einen Mann, der am Kühler eines braunen Rolls-Royce lehnte.

«Wem gehört der Rolls?»

«Ihm ... und seiner Bank. Sie versuchen schon seit neun Monaten, ihn zurückzubekommen. Allen McArthur ist der größte Schnorrer der Welt.»

«Das ist also Allen McArthur – der berüchtigte Scheißkerl?»

«Kennst du ihn?»

«Hab nur von ihm gehört. Er hat für die Berufungsverhandlung das Geld eines Freundes genommen und dann den Termin verstreichen lassen. Und mit anderen ist er noch schlimmer umgesprungen, was ich so gehört habe.»

«Er ist okay, so ist er nun mal.»

«Für mich ist er ein Stück Scheiße. Betrügerische Anwälte sind schlimmer als Informanten.»

«Halblang. Wir brauchen ihn jetzt.»

«Ja, geht in Ordnung.»

Abe parkte auf einem freien Platz neben dem Rolls-Royce. Allen McArthur kam rüber, und Abe stellte uns einander vor. Ich schüttelte ihm die Hand, verzog aber meinen Mund – seine Hand wirkte zerbrechlich. Er hatte ein fliehendes Kinn, rheumatische Augen und eine aknezerfurchte Haut. Er bemerkte meine Feindseligkeit und ließ Abe zwischen uns gehen, als wir auf das Gebäude zugingen.

Um den Anwaltsraum zu betreten, mußte man durch zwei zehn Fuß voneinander entfernte, elektronisch gesteuerte Türen gehen, die so geschaltet waren, daß sich jeweils nur eine öffnete. Das sollte verhindern, daß jemand auf diesem Wege abhauen konnte. Ein Beamter saß hinter einer kugelsicheren Scheibe dazwischen. Allen McArthur zeigte seinen Anwaltsausweis vor und füllte die Formulare aus. Der Beamte steckte sie in ein Rohrpostsystem, und sie wurden in einen anderen Teil des Gebäudes befördert. Die zweite Tür öffnete sich, wir gingen hinein und warteten auf Stan Bergman. Der Raum war vierzig Fuß lang; vier Reihen Tische standen hintereinander. Auf jedem Tisch war eine Plexiglasscheibe in Kinnhöhe einer sitzenden Person befestigt. Ein Beamter stand am Ende jeder Tischreihe, sah daran entlang und stellte sicher, daß nichts unerlaubt und ohne Begutachtung über das Plexiglas gereicht wurde.

Es war Mittagszeit im Gefängnis. Der Raum war nur halbvoll. Normalerweise war der Raum voll mit Anwälten, Bürgen, Bewährungshelfern – kurz allen, die mit der Kriminaljustiz zu tun hatten, außer den Richtern. Die Gefangenen saßen auf der einen Seite, knastbleich (die Schwarzen wurden kränklich grau), verhärmt, durch die zerknitterten Drillichklamotten, auf denen in knallorange ‹County Jail› auf Knien,

Hintern, Brust und Rücken geschrieben stand, zu Gassenjungen reduziert.

Obwohl halbleer, war der Raum von konstantem Geplapper erfüllt; jeder befand sich in seiner eigenen Welt und nahm den anderen nicht wahr. Durchtrieben wirkende Anwälte holten jeden Penny aus ihren Klienten heraus. Sie verkauften Hoffnung, und der Preis stieg immer höher. Regelmäßig entledigten sie sich des finanziell ausgebluteten Kadavers oder schoben ihn dem Büro des Staatsanwaltes zu im Tausch für einen, der mehr zahlte: «Dieser Mandant ist schuldig. Sie geben dafür dem Kinderschänder da jetzt Bewährung.»

Der Lärm und meine Feindseligkeit Allen McArthur gegenüber unterbanden leeres Geschwätz. Wir saßen in einer Reihe, Abe in der Mitte.

Stan Bergman erschien, blieb an der Tür stehen und wurde von einem Beamten durchsucht. Er ließ seinen Blick bereits durch den Raum schweifen – er suchte seine Besucher, und ich kannte seine sorgenvollen Überlegungen. Er wollte bereit sein, falls es Polizeibeamte waren.

Abe winkte und gab ihm Zeichen. Stan kam durch die Tischreihen zu uns herüber. Ich hatte ihn seit Jahren nicht mehr gesehen. Er war zwei Jahrzehnte älter geworden. Sein Rücken war krumm; sein Hemd schien eher auf einem Bügel zu hängen, als auf Schultern zu sitzen. Sein Haar war ausgefallen, und seine Augen, die in tiefen Höhlen versunken waren, brannten vor unterdrückter Wut. In einem einzigen Moment äußerster und blendender Klarsicht war ich in der Lage, das Leben mit seinen Augen zu sehen – ein vierundvierzigjähriger Verlierer, den man dreimal geschnappt hatte und der jetzt auf seine Verhandlung wegen Raubüberfalls wartete.

Er erkannte Abe von weitem und warf ihm einen finsteren Blick zu – aber als er näher kam und mich sah, grinste er. Wir waren befreundet, aber doch wieder nicht so gut, um diese Freude zu rechtfertigen. Seine verzweifelte Zwangslage verstärkte jedoch seine Gefühle. Abe hatte recht gehabt, mich mitzunehmen. Ich würde ihn beeinflussen können.

Stan setzte sich direkt vor mich hin und nickte Abe und McArthur nur kurz zu. Die Gefängnisregeln untersagten das Händeschütteln. «Echt irre, Max! Seit wann bist du draußen?»

«Seit ein paar Tagen.»

«The Horse und ich haben dich letzte Nacht durchgehechelt. Er hat behauptet, du wärst kurz vor der Entlassung.»

«Horse ist doch erst letzten Monat rausgekommen. Was ist passiert?»

«Einbruch und Diebstahl, heiße Kiste. Vier weitere Ex-Häftlinge sitzen mit in unserer Zelle, alle voll in der Scheiße.»

«Verdammt, Kleiner, du siehst ganz schön mitgenommen aus. Du warst doch mal ein halbwegs hübscher Bengel. Du wirst keinen Mann mehr abkriegen, wenn du rauskommst.»

Stan lachte. Die ständigen homosexuellen Anspielungen im Gefängnis verliehen dieser schrecklichen Situation einen Hauch Humor. «Scheiße», sagte er, «ich werd vielleicht zum Handarbeiter, wenn ich keinen Mann mehr rumkriegen kann, für mich zu sorgen.»

«Es heißt, alle Handarbeiter sind Saftsäcke, die sich rächen wollen.»

«Willst du etwa aussteigen?»

«Mann, wir diskutieren hier doch nicht meine kultivierten Sexualgewohnheiten.»

Sein Gesicht wurde durch das Lachen etwas farbiger.

«Wie geht es denn sonst so?» fragte ich. «Wie ist der Knast?»

«Was Gefängnisse angeht, ich sag's dir als Kenner – dies ist der beschissenste, erbärmlichste Knast der Welt.»

«Ich hab gehört, es ist die absolute Härte.»

«Die Beamten hier muß man in Auschwitz trainiert haben. Der Ort ein Alptraum. Zum Beispiel wenn du zum Gericht mußt, schmeißen sie dich um halb vier Uhr morgens aus dem Bett, bringen dich in 'ne Extrazelle, ketten dich an, sechs Mann an eine Kette. Jede dieser Zellen ist acht mal zwölf Fuß groß, und jede ist für ein anderes Gericht bestimmt. Wenn also fünfzig Kerle nach Pasadena oder nach Long Beach müssen, dann sind eben fünfzig Mann in einem acht mal zwölf Fuß großen Käfig, in Ketten – und da bleibst du dann bis acht oder neun Uhr morgens. Wenn du pissen mußt, dann schleppst du die fünf Kerle einfach mit. Wenn dir das nicht gefällt, dann gibt's eins auf die Rübe. Wenn ich nicht befürchten müßte, lebenslänglich zu kriegen, würde ich auf schuldig plädieren, nur um aus diesem beschissenen Loch hier rauszukommen.»

«Du schaffst das schon.»

«Ich werde es schaffen – aber verdammt! Man hat mich bis jetzt noch nicht mal verurteilt.»

«Vergiß das Gequatsche über Moral. Du weißt doch, daß die Weißen sich drum 'nen Scheiß kümmern. Was hast du denn angestellt?»

«Ganz normaler Überfall auf einen Supermarkt.»

‹Ganz normal›, dachte ich, aber mit zwei früheren Verurteilungen bedeutet das eine Bestrafung als Wiederholungstäter. Auch noch ein Supermarkt! In den frühen fünfziger Jahren waren so viele überfallen worden, daß die meisten mittlerweile ausgefeilte Sicherheitssysteme besitzen.

Stan berichtete die Einzelheiten. Er hatte ein gestohlenes Auto benutzt, und jemand hatte sich die Nummer aufgeschrieben, was nichts weiter machte; nur, daß die Polizei, als sie den Wagen fand, auch einen Fingerabdruck auf dem Rückspiegel fand. Ein einzelner Fingerabdruck reichte nicht, um ihn in der FBI-Kartei zu finden (da benötigt man alle zehn Finger), aber wenn man eine bestimmte Person verdächtigte, dann reichte der einzelne Fingerabdruck aus. Acht Monate später hatte jemand der Polizei seinen Namen geflüstert. Seine Fingerabdrücke in der Akte wurden mit dem einen aus dem Wagen verglichen, und das reichte aus, um ihn zu verhaften. Bei der Gegenüberstellung war ein Zeuge ‹ziemlich sicher›, daß es Stan war, der die Knarre gehabt hatte. «Kann ich vielleicht mit 'nem guten Rechtsverdreher schaffen», meinte er, «aber mit einem Pflichtverteidiger...» Er schüttelte den Kopf und zeigte mit dem Daumen nach unten. «Ich kann mir einen Zeugen für 'n Alibi beschaffen, aber mit meiner Vorstrafenliste komme ich nicht in den Zeugenstand.»

Stan hatte recht, was die Pflichtverteidiger betraf. Es gab keine Hoffnung, wenn er von einem Pflichtverteidiger vertreten wurde. Die meisten waren grüne Jungens, vollkommen unerfahren oder inkompetent, und sogar wenn ein zukünftiger Star unter ihnen sein sollte, dann hatte er immer noch sechzig bis siebzig Fälle am Hals und kaum Zeit. Kein Anwalt kann so viele Fälle im Kopf behalten, und noch weniger jeden einzelnen individuell betreuen. Ein Pflichtverteidiger vollzog also das Ritual des ‹führen Sie es bitte mündlich aus... verzichte auf das Lesen der Information› und versuchte, den Prozeß am Laufen zu halten. Und wenn auch die meisten anderen Anwälte ebenso inkompetent waren, so konnten sie doch zumindest Zeit schinden. Stan würde also, wenn kein Wunder geschähe, verurteilt werden. Aber ein anständiger Anwalt könnte die Anklagevertreter einschüchtern, nicht bis zu dem Punkt, daß Stan freigelassen würde, aber zumindest würde er die Verhandlung um Monate herauszögern, das Gericht beschäftigt halten und den Staat Geld kosten. Die Staatsanwaltschaft würde wahrscheinlich ein Schuldbekenntnis gegen eine mildere Strafe eintauschen oder die Anklage wegen Gewohnheitstäterschaft ganz fallenlassen. Was von Stans Leben noch blieb, war nach beiden Seiten offen. Kein Wunder, daß er so schnell gealtert war. Er tat mir leid.

In mein Mitleid mischte sich auch Ärger über Stans Inkompetenz. Jedes Milchgesicht, das sich nur Krimis ansah, hätte Stans Fehler vermieden. Ohne einen Zeugen, der sagen kann, ‹das ist der Mann›, ist es fast unmöglich, jemanden wegen Raubs zu verurteilen. Und dennoch war Stan ohne Maske reingegangen und hatte außerdem noch einen Fingerabdruck hinterlassen.

Abe sprach in die momentane Pause hinein. Stan schaute ihn an, und sein Grinsen, das er bei unserem Gespräch gezeigt hatte, wurde nun kühl. Die ungeheuerlichen Anschuldigungen, die gegen Abe erhoben wurden, rechtfertigten seine Ablehnung mehr als genug. «Wie geht's?» fragte Stan.

«Ziemlich gut. Hatte lange schon geplant, dich zu besuchen – wollte fragen, was ich für dich tun kann. Als ich dann Max traf, dachte ich mir, du würdest ihn vielleicht gern sehen.»

Stan nickte, aber er hörte kaum zu. Er versank bereits wieder in der Hoffnungslosigkeit seiner Situation. Er sackte in sich zusammen.

«Und ich wollte mich mit dir über Bulldog unterhalten, um die Sache zu klären.»

«Das geht mich nichts an», antwortete Stan kalt. «Das geht nur dich und ihn was an.»

«Der kleine Bruder von Bulldog, dein Schwager, will mich fertigmachen. Vielleicht kannst du mit ihm reden.»

«Ich habe ihn seit seinem dreizehnten Lebensjahr nicht mehr gesehen.» Stan hörte nicht mehr zu. Er hatte sich gegen Abe gewandt.

«Vielleicht weiß deine Frau, wie man ihn erreichen kann.»

«Was!» Stan wurde rot. «Ich werde nicht helfen, ihn für dich zu präparieren.» Stans Augen verzehrten mich – klagten mich an, Abe als Helfershelfer zu dienen.

«Niemand wird ihm etwas tun», sagte ich. «Wir wollen nur, daß er seine Meinung ändert. Wenn du helfen kannst, dann wird jeder was davon haben, du auch.»

«Was werde ich schon davon haben?»

Ich hob eine Hand, um Abe am Reden zu hindern. «Sieh mal, mein Junge, sprich mit ihm oder sag ihm, er soll sich bei mir melden. Ich werde dich nicht reinlegen. Aber versetz dich mal in Abes Lage. Was würdest du machen, wenn du merkst, daß ein grüner Junge davon redet, dich umzupusten? Du würdest ihn vorher erwischen wollen. Abe aber versucht, vernünftig zu handeln.»

«Was, wenn es stimmt? Das, was Bulldog behauptet.»

«Weißt du was? Er muß sich sowieso auf was gefaßt machen. Aber die Sache sieht so aus –» ich gurrte wie ein Verkäufer von gebrauchten Autos, und ich schämte mich –, «wir wissen nicht, ob es stimmt. Du bist lange genug dabei, daß du weißt, wie schnell manche Typen Informant schreien, wenn sie jemand um 'nen Teil des Zasters gebracht hat. Ich habe die Geschichte gehört, und ich bin mir nicht sicher. Ich würde sie nicht als Lügner bezeichnen, aber aufgrund der Beweise, die ich kenne, würde ich nicht urteilen wollen. Du weißt nicht mehr als ich. Der Junge weiß noch weniger als wir. Wie auch immer, es ist Bulldogs Angelegenheit. Was ist, wenn der Junge verwundet wird – oder eingelocht wird, weil er Abe verletzt hat. Wie wird sich Bulldog dann fühlen? Und jetzt will Abe dir helfen – dir 'nen Rechtsverdreher besorgen – aber wie kann er das machen, wenn dein Schwager androht, ihn umzulegen?» Ich machte eine Pause und blickte Stan in die Augen und zwinkerte, und seine Augen verengten sich, als er die Situation kapierte.

«Ich glaube, ich kann schon hinkriegen, daß er mich besucht, und ihn beruhigen. Er hat früher immer auf mich gehört. Warum kommt ihr nicht nächste Woche noch mal vorbei?»

«An welchem Tag?» fragte Abe.

«Mittwoch oder Donnerstag. Ich werde meine Alte nicht vor Montag sehen.»

«Bist du sicher, daß du mit ihm zurechtkommst?»

«Er respektiert mich. Er wird auf mich hören.»

«Das wird geschätzt», sagte Abe. «Und jetzt brauchst du einen Anwalt. Ich leih dir das Geld. Du kannst es zurückzahlen, wenn du rauskommst.»

«Wenn ich rauskomme. Ich werde es mir dann gern aus den Rippen schneiden.»

«Was ist mit Allen hier?»

«Danke, vielen Dank, nein.» Stan driftete wieder ab; es war müßig.

«Prima Anwalt», sagte Allen, aber niemand achtete auf ihn.

«An wen hast du denn gedacht?»

«Richard Barton.»

«Barton ist teuer», meinte Abe.

Ich unterbrach sie. «Wenn du etwas tun willst, dann tu es. Tu nicht so, als ob.»

Einen Augenblick lang sah mich Abe feindlich an, dann nickte er zustimmend.

«Ich habe schon mit Barton gesprochen», sagte Stan, «und die Rechnung ist nicht allzu übel. Fünfzehnhundert, vielleicht weniger, wenn die Sache nicht verhandelt wird. Er weiß schon, daß ich mich teilweise schuldig bekennen würde. Ich würde wegen der Verletzung der Bewährung in den Bau zurückgehen, wenn's die Geschworenen überhaupt mitmachen. Dann hätte ich in sechs, sieben Jahren wieder die Chance, auf Bewährung rauszukommen. Barton wird sich für fünfzehnhundert nicht so ins Zeug legen wie bei einer Mordanklage, aber er wird tun, was er kann – und ich glaube, er kann etwas aushandeln. Ich bin nur ein Fall unter vielen, nichts Besonderes.»

«Okay», stimmte Abe zu, «du kannst Barton haben. Aber Allen kann sich schon mal um die Stimmung bei der Staatsanwaltschaft kümmern, was den Handel betrifft. Das verdirbt nichts.»

Allen McArthur hatte einen Notizblock und einen silbernen Kugelschreiber hervorgezaubert. «Ich werde direkt Montag morgen anrufen», sagte er. «Wie lautet die Nummer Ihres Falls, und in welcher Abteilung sind Sie?»

Stan zögerte, entschied sich aber dann, daß er sich Allen nicht verpflichten würde, wenn er sie nannte. «Ich erinnere mich nicht mehr an die Nummer. Die Akte liegt bei mir in der Zelle. Aber ich bin immer noch in Master Calendar, Abteilung 100. Ich habe die Sache schon drei Monate zurückstellen können, weil ich meinen eigenen

Anwalt haben wollte. Richter Keene wird langsam ziemlich sauer. Er wird mir demnächst einen Pflichtverteidiger aufbrummen.»

«Ich kenne den stellvertretenden Bezirksstaatsanwalt an diesem Gericht», sagte Allen. «Wir kommen ganz gut miteinander aus. Wenn er überhaupt mit jemandem einen Handel macht, dann mit mir. Wenn nicht – kann Barton den Fall immer noch an ein anderes Gericht verlegen lassen, wenn der Verhandlungstermin festgesetzt wird. Sie können feilschen, wann das sein soll.»

«Vielleicht ist es so besser», sagte Abe. «Warum fünfzehnhundert ausgeben, wenn wir nicht müssen?»

Ich fragte Stan: «Hast du noch Geld hier angeschrieben?»

«Keinen Cent mehr. Ich versorg mich mit Süßigkeiten und Zigaretten, indem ich Idioten beim Pokern ausnehme. Du weißt, wie das läuft.»

«Ich lass' fünfzig für dich hier», sagte Abe.

«Wer sagt mir, was am Montag bei der Staatsanwaltschaft los war?»

«Max kann es dir berichten, wenn er wegen der anderen Sache am Mittwoch kommt», erwiderte Abe.

«Ich arbeite vielleicht nächste Woche», sagte ich und dachte an den Bürojob.

«Na ja, irgendwer wird herkommen.»

«Mann, nicht zu lange!» sagte Stan. «Versetz dich mal in meine Lage. Da willst du wissen, wie über dein Leben entschieden wird.»

Abe machte eine Pause und dachte offensichtlich darüber nach, was eine vorzeitige Bereinigung der Rechtslage für seine Druckmittel auf Stan bedeuten könnte. Er spielte mit dessen Notlage. Ich sagte: «Ich werde es dir am Montag nachmittag mitteilen, persönlich oder durch ein Telegramm.»

«Ich bezweifle, ob sich die Staatsanwaltschaft bis dann zu einer endgültigen Entscheidung durchgerungen hat», sagte Allen Mc Arthur. «Sie werden sicher zuerst die Sache überprüfen wollen.»

«Die wissen dann schon, wie sie überhaupt dazu stehen», sagte Stan. «Schicken Sie mir eine Nachricht. Scheiße, sagen die mir, wie draußen das Wetter ist. Wenn man hier begraben ist, dann weiß man noch nicht einmal, ob's draußen regnet.»

Wir sagten es zu. Nachdem nun die Sache besprochen war, öffnete sich eine Kluft zwischen den beiden Seiten des Tisches. Die einen gingen in die Stadt zurück und hatten die Nacht mit ihren ungezählten Möglichkeiten. Ich würde mit Abe in den Club gehen, guten Scotch in mich reinschütten und versuchen, eine süß riechende Braut ins Bett zu kriegen. Stan mußte zurück in den Knast, wo das Neonlicht endlos strahlte und die Augen blendete und wo er die Wahl hatte, mit minimalem Einsatz Poker zu spielen oder finstere Taschenbücher zu lesen – oder er konnte an die Decke starren und darüber nachdenken, wie er fünfzehn Jahre im Gefängnis verbringen wollte, während das Leben weiterging.

Abe schaute auf seine Armbanduhr. «Wir müssen gehen, Stan.» Er stand auf und schlug mir auf die Schulter. «Ich werde Max aus allem Ärger raushalten.»

Stan wünschte mir Glück und sagte mir, ich solle einen auf sein Wohl trinken. Sein verpfuschtes Leben und seine Niederlagen machten mich traurig. Ich fragte, ob ich jemand für ihn anrufen sollte.

«Alle, die ich kenne, sind im Knast. Die Alte, mit der ich zusammen war, hat mich in der U-Bahn stehen gelassen. Paß auf dich auf.» Er erhob sich und ging zu dem Beamten. Wir gingen zum Ausgang. Ich drehte mich um und beobachtete Stan. Er blieb in der Tür stehen und verabschiedete mich mit geballter Faust.

Der Türöffner summte, und die Tür öffnete sich. Ich drehte mich um und folgte Abe.

Und sah Rosenthal drei Fuß entfernt. Er stand vor der kugelsicheren Scheibe, mit dem Profil mir zugewandt, sein fleischiger Hals lappte über den feuchten Hemdkragen. Er war offensichtlich gekommen, um einen Klienten im Knast zu besuchen, eine Routineaufgabe für Bewährungshelfer. Unser Zusammentreffen war sehr unwahrscheinlich, aber es war bestimmt nicht unmöglich.

Mein Herz klopfte. Ich bewegte mich nach rechts, dann nach vorn. Und quetschte mich hinter Abe. Seine Schulter war nur Zentimeter von der Wand entfernt. Wenn ich ihn zwischen mich und Rosenthal schieben könnte und an seiner rechten Seite vorbeiginge, während er sich nach links wandte . . .

Ich packte Abe am Arm. «Ganz ruhig», sagte ich und schob ihn von der Wand weg. Abe war überrascht. Er trat nach links, um mir Platz zu machen, und prallte gegen Rosenthal. Der drehte sich um. Und wir starrten einander an. Ich wurde rot. Er blickte erstaunt. Seine Hängebacken wechselten die Farbe – zuerst blasser werdend mit roten Flekken, dann flammend rot, aber mit weißen Flecken darin. Es war ein interessanter Anblick.

«Was um Himmels willen haben Sie hier zu suchen?» fragte er viel zu ruhig.

Ich bemerkte panikerfüllt, daß die Tür geschlossen war. Ich war gefangen. «Diese Männer besuchen jemanden, und ich bin mitgekommen», sagte ich. «Mr. Meyers hier gibt mir einen Job. Er stellt die Kaution für einen Häftling. Der andere Herr ist Rechtsanwalt.»

«Also sind Sie mit hineingegangen, statt auf dem Parkplatz zu warten.» Seine Stimme war ein wenig schrill geworden. Er starrte Abe und Allen McArthur an und wies mit dem Daumen auf letzteren. «Ich habe Sie schon mal gesehen. Sind Sie auf Bewährung draußen?»

«Ich sagte, er ist Anwalt.» Der Schreck über unsere Begegnung breitete sich in meinem Magen aus.

«Bitte sehr, meine Karte von der Anwaltskammer», sagte Allen und zupfte seinen Seidenschal heraus. Er wollte sie Rosenthal reichen, doch dann zog er sie zurück. «Sie zeigen mir besser auch Ihre Ausweispapiere.»

Rosenthal wurde wieder rot.

«Wer ist der Kerl?» fragte Abe mich.

«Mein Bewährungshelfer.»

«Oh.»

«Und wer ist er?» wollte Rosenthal wissen, um nicht hintanzustehen.

«Ich werde für ihn arbeiten.»

«Was?»

«In einem Nachtclub in Hollywood.»

«Wen haben Sie besucht?»

Niemand antwortete. Rosenthal starrte mich wütend an. Allen McArthur unterbrach ihn in seinem besten Gerichtsbariton. «Ich kam her, um mit einem Klienten zu sprechen. Mr. Meyers überlegt, für ihn die Kaution zu stellen. Dieser Herr – ich erinnere seinen Namen nicht – war bei uns, denn es ist draußen ziemlich warm.» Allen lächelte, zuckte mit den Schultern und vermittelte, daß alles ganz normal und jenseits aller Verdächtigungen sei.

Der Deputy hinter der Scheibe machte die Tür zum Anwaltsraum auf. Auf beiden Seiten der Tür warteten Leute. Rosenthal mußte sich entscheiden, ob er mich verhaften wollte. «Warten Sie draußen», sagte er. «Ich werde mich um Sie kümmern, wenn ich hier fertig bin.»

«Diese Männer müssen gehen.»

«Es interessiert mich nicht, was sie müssen. Sie warten.» Er eilte durch die Tür. Sie schloß sich, und die Tür nach draußen ging auf. Es war, als würde sich das Himmelstor öffnen.

Während wir den Korridor hinuntergingen, wurde ich immer wütender. Ich wollte immer weiter gehen, nach draußen und mit Abe ins Auto steigen. Aber vielleicht wollte Rosenthal genau das. Wenn ich erst mal die Bewährung schmiß, dann konnte er mit mir verfahren, wie er wollte. Das würde noch drei oder vier Jahre Gefängnis bedeuten – und danach noch mal Bewährung.

«Verdammt», sagte Abe, «wie kommst du nur mit so einer Scheiße zurecht?»

«Ist besser, als im Gefängnis zu sitzen. Nicht viel, aber ein bißchen.»

In der Lobby fragte mich Abe, was ich machen wollte.

«Auf diesen miesen Schwanzlutscher warten. Was sonst?»

«Ich warte mit dir, wenn es nicht zu lange dauert.»

«Das würde ihn nur noch weiter aufregen.»

«Du hast doch keinen echten Ärger, oder?»

«Ich glaube nicht. Ich werde ihn beruhigen.»

Allen McArthur hüstelte, um unsere Aufmerksamkeit zu erregen. «Entschuldigen Sie. Ich habe eine Verabredung zum Dinner.»

«Okay, Allen. Kümmer dich am Montag um die Sache, und ruf mich an», sagte Abe.

Allen McArthur verschwand hinter der Glastür in der Abenddämmerung.

Abe zog eine Rolle Banknoten aus der Tasche und puhlte zwanzig Dollar heraus. «Das sollte für das Taxi reichen. Kommst du heute abend in den Club?»

«Ja, wenn ich nicht festgenommen werde.»

«Ich werde dich ein paar Bräuten vorstellen.»

Er klopfte mir auf die Schulter und ging durch die Tür. Eine Minute später erinnerte ich mich daran, daß er vergessen hatte, für Stan das Geld einzuzahlen. Auch das hatte Rosenthal auf dem Gewissen.

Als Rosenthal zwanzig Minuten später zurückkehrte, stand ich draußen und rauchte eine Zigarre und sah zu, wie die Schatten der Industriebetriebe der Umgebung in der Abenddämmerung immer blasser wurden.

«Sie lassen ja ganz schön einen raushängen, was?» meinte er.

«Warum?»

«Dicke Zigarren.»

«Ist eine für zehn Cent.» Ich wollte ihn fragen, ob das Zigarrenrauchen gegen die Bewährungsvorschriften verstieß – aber meine Bitterkeit und Entrüstung waren mit einem bunten Durcheinander aus emotionaler Erschöpfung, Einsamkeit, Depression und Sehnsucht nach Ruhe vermischt. Ich hatte die Konflikte satt und fragte mich, warum ein Jude, dessen Volk jahrtausendelange Erfahrung mit Unterdrückung hatte, nicht sah, was er da tat. Er war der Stachel in meinem Fleisch, aber er tat nichts vorsätzlich und boshaft. Nein, es war die Furcht, hereingelegt zu werden, die ihn vom Zuhören abhielt. In seiner rigiden Starre fand er Sicherheit.

«Was hat Sie wirklich hergeführt?» fragte er.

«Genau das, was ich Ihnen gesagt habe», entgegnete ich ruhig. «Sehen Sie mal, Mr. Rosenthal, versuchen Sie, zumindest einen Fuß von meinem Nacken zu nehmen. Ich spiele keine Spielchen mit Ihnen, und ich versuche, offen und ehrlich zu sein. Einem dieser Männer gehört ein Nachtclub. Überprüfen Sie es. Er stellt mich ein. Er ist vielleicht kein Ehrenmitglied im Rotary Club, aber er hat einen Job für mich. Ich kenne leider den Präsidenten von General Motors nicht, und der würde einen Ex-Sträfling sowieso nicht einstellen. Das machen nicht besonders viele Leute.»

Die wehleidige Klage drang zu Rosenthal durch. Seine unnachgiebige Haltung wurde etwas gemildert. «Max, Sie wissen, daß jemand auf Bewährung kein Gefängnis besuchen soll. Wenn Sie ein anständiger Bürger sein wollen, dann müssen Sie sich von der kriminellen Sphäre fernhalten. Bürgen und Nachtclubs und Gefängnisse sind ein und dasselbe, dieselbe alte Geschichte. Das ist nicht gut für Sie.»

«Ich weiß nicht, wo ich sonst hin könnte oder wen ich aufsuchen könnte. Ich werde jedenfalls nicht in einer Bude von der Heilsarmee absteigen.»

«Wer war der Mann, den Sie aufgesucht haben?»

Diese Frage war gemein. Mein ganzes Leben hatte mich gelehrt, den Autoritäten niemals Informationen preiszugeben, absolut keine Information, besonders keine Namen. Das war ein heiliges Gebot. Rosenthals Frage machte mich handlungsunfähig. Ich dachte lange nach, bevor ich entschied, daß er es auch einfach durch Nachfrage beim Beamten hinter der Scheibe herausfinden konnte – wenn er es nicht schon getan hatte. Eine Weigerung oder eine Lüge wären gefährlich. Ich sagte es ihm.

«Warum haben Sie so lange gebraucht? Es beweist, daß Sie noch immer wie ein Krimineller denken.» Rosenthal wollte nichts weiter von mir wissen. Er fragte, welchen Job mir Abe versprochen hatte. Als ich es ihm sagte, wollte er von mir wissen, was mich davon abhalten würde, Geld in die eigene Tasche zu stecken.

«Der Mann vertraut mir.»

«Das muß er wohl. Aber es gibt ein schlechtes Bild für die Bewährungshilfe ab, wenn ein ehemaliger Sträfling seinen Arbeitgeber bestiehlt. Macht es für die anderen schwerer, eine Stelle zu bekommen.»

«Er kennt meine Vergangenheit. Wenn er mir vertraut, was müssen Sie sich Gedanken machen? Sie sagten, ich soll dem Arbeitgeber mitteilen, daß ich auf Bewährung draußen bin. Das sollte reichen.»

«Wir haben uns noch nicht endgültig entschieden. Was ist mit dem anderen Job, wo Sie anrufen sollten?»

Ich wollte ihm antworten, doch Rosenthal wies in Richtung Parkplatz. Während wir zum Wagen gingen, unterhielten wir uns. Er sagte mir, er würde mich zum Hotel fahren, es läge auf seinem Weg. Im Auto redete ich weiter. Er hörte zu, ohne seine Zustimmung zu zeigen, und verzog das Gesicht, als hätte er in eine Zitrone gebissen. Das war gut, denn wenn er nur ein wenig flexibler würde, wenn er sich zu einem ‹Warten wir's mal ab› durchringen könnte, dann würden meine Probleme geringer werden. Ich würde es ihm schon zeigen.

Vor dem Hotel stellte er den Motor ab und wollte noch weiter reden. Ich mußte pinkeln, und meine Füße schmerzten. Ich sagte es ihm und lud ihn auf mein Zimmer ein. Er willigte ein – und er machte sich wirklich Sorgen wegen der Blasen. Wenn es schlimmer würde, dann würde er für mich einen Termin im Krankenhaus ausmachen. So schrecklich die Blasen auch waren, wünschte ich doch, daß er sich weniger um die Blasen kümmerte und mehr um meine anderen Probleme. Sie waren wesentlich dringender.

«Ganz schön öde», kommentierte er mein Zimmer.

«Besser als eine Zelle. Und selbst wenn es das nicht ist, kann ich doch immerhin raus.»

Ich setzte mich auf die Bettkante und zog Schuhe und Socken aus.

Genau wie meine Lebensgeschichte mich konditioniert hatte, mich überall nach Fluchtmöglichkeiten umzuschauen, war Rosenthal auch auf ein bestimmtes Verhaltensrepertoire festgelegt. Er untersuchte automatisch jedes Zimmer, besonders die von Ex-Sträflingen, nach Anzeichen von Regelverletzungen. Er schaute sich aus reiner Gewohnheit um.

«Was ist das?» wollte er wissen und wandte sich von der Kommode zu mir. Zwischen Daumen und Zeigefinger geklemmt, hielt er vor den Augen drei abgebrannte Streichhölzer hoch. Sie klebten noch am unteren Ende zusammen, wo sie aus dem Streichholzbriefchen gerissen und ihre verbrannten Spitzen miteinander verschmolzen worden waren. Rosenthal hatte sie aus dem Aschenbecher genommen, in den sie Augie geworfen hatte. So kochte man Heroin – und Rosenthal wußte das.

Mein Magen krampfte sich zusammen.

«Was ist was?» fragte ich lahm; was sollte ich auch sonst antworten?

«Hat schon gefixt», meinte er.

«Wie kommen Sie denn darauf?» Was für eine schwache Verteidigung, sich dumm zu stellen – aber jede Verteidigung wirkte unter diesen Umständen schwach.

Rosenthal stand immer noch neben der Kommode und rieb mit einem Zeigefinger über einen Flecken auf der Oberfläche und drehte sich wieder um und hielt den Zeigefinger hoch wie ein Staatsanwalt, der einen Beweis präsentiert. Ein schwarzer Fleck war zu sehen. «Die Unterseite eines angebrannten Löffels hinterläßt so etwas», sagte er.

Er hatte nun wesentlich stärkere Beweise von Untaten gefunden als die Tatsache, daß wir uns im Gefängnis getroffen hatten. Er wußte, daß jemand in diesem Zimmer gefixt hatte. Um zu beweisen, daß ich es nicht war, mußte ich andere Missetaten eingestehen. Ich suchte nach Worten – doch hatte ich keine Angst. Vorhin hatte ich die Gitter im Gefängnis sehr genau bemerkt, und nun war mir durchaus bewußt, daß wir allein waren. Ihm konnte hier kein Polizist zu Hilfe eilen, wenn er sich entschließen würde, mich zu verhaften – und er würde es allein niemals schaffen.

«Sie sind verrückt. Ich habe nichts gespritzt.»

«Ich bin doch nicht von gestern. Ich weiß, was das bedeutet.» Er winkte mit den Streichhölzern.

«Sie beschuldigen mich aufgrund von drei abgebrannten Streichhölzern aus dem Aschenbecher. Das ist verrückt.»

Er zog die Augen zusammen. Er überlegte, ob er genügend Beweismaterial hatte, um mich wieder ins Gefängnis zu schicken. Er benötigte nur wenig, um das zu rechtfertigen, aber drei verbrannte Streichhölzer in einem Aschenbecher nahmen sich in einem getippten Bericht lächerlich aus. Auch seine Vorgesetzten mochten das denken. Und er wußte das. Er verlangte, meine Arme zu sehen. Jede Schadenfreude, die ich beim Anblick seiner Frustration gefühlt haben mochte, wurde von dem Wissen gedämpft, daß jede Hoffnung auf ein besseres Verhältnis zu ihm nun für immer zerstört war. In seinen Augen war ich schuldig, und wenn er es nicht beweisen konnte, dann würde seine Feindseligkeit noch größer werden.

Er untersuchte gewissenhaft meine Arme und die Handrücken. Er tat sehr arrogant, als ob er sich im Gefängnis befinden würde und jede Menge Hilfe erwarten könnte, statt sich als fettes kleines Ferkel allein zu fühlen. Ich unterwarf mich – aber innerlich mußte ich lachen. Vielleicht litt er an Größenwahn, oder vielleicht hatte er einfach mit zu vielen passiven Ex-Sträflingen zu tun gehabt.

Danach durchsuchte er meine Taschen; dann das Zimmer, schaute unter dem Waschbecken nach und in den engen Spalten hinter den Schubladen der Kommode. Beides waren Routineverstecke von Süchtigen.

Als er fertig war und schwitzte und heftig atmete, wischte er sich die Hände sauber und wandte sich zu mir. Ich saß auf dem Bett und hatte seinen nächsten Zug vorausgesehen.

«Ziehen Sie Ihre Schuhe an. Ich fahre Sie zum Drogentest.»

Darauf hatte ich gewartet und hatte mich entschieden, ihm eins überzuziehen, wenn er seine Handschellen herausholte – oder was immer nötig sein sollte, um abzuhauen. Die Handschellen würden seine Entscheidung zeigen, mich wieder in den Knast zu bringen. Ohne sie war es wahrscheinlicher, daß er das Testergebnis abwarten wollte. Ich riskierte sowieso die Verhaftung, wenn ich mich darauf einließ, mit ihm zu gehen, aber wenn ich ihn überfiel und flüchtete, dann kam ich, wenn man mich schnappte, sicher ins Gefängnis. Ich mußte zwischen zwei Übeln wählen. Ich zog meine Schuhe an.

Kapitel neun

Das Betongebäude, in dem sich das Testlabor der Bewährungshilfe befand, schien vom selben Architekten zu stammen, der auch das neue Gefängnis entworfen hatte. Es wies die gleiche postorwellsche Gestaltlosigkeit auf. Und es befand sich ebenfalls in einer heruntergekommenen Gegend.

Rosenthal parkte auf dem Parkplatz neben dem Gebäude. Als wir ausstiegen, bemerkte ich, wie leer und still es um uns war. Die Straßen in armen Gegenden sind normalerweise voller Leben und Bewegung und Geräuschen. Hier war niemand, als ob die Bösartigkeit in ihrem Kern dem Leben fremd war. In der Dämmerung drang der Lichtschein nicht mehr über die Häuserdächer, sondern drang nur noch zwischen den Häusern hindurch und bewirkte irreal lange Schatten.

Die Automobile auf dem Parkplatz waren entweder neu oder fast neu. Die meisten waren Kompaktmodelle – ökonomischer Luxus, Schalensitze, weißer Innenraum, glitzerndes Chrom. Dieser Platz war für das Personal reserviert.

Wir betraten den Bürgersteig und wandten uns dann zur Eingangstür. Auf der anderen Seite des Gebäudes befand sich ein weiterer Parkplatz. Er war wesentlich größer, aber nicht asphaltiert und befand sich auf einem leeren Grundstück. Verstreut standen Autos umher, hingen wegen ihrer altersschwachen Federung fast auf der Erde. Es war ein ganzes Spektrum veralteter Modelle – und jedes sah aus, als ob eigentlich Willy Darin hinter dem Steuer sitzen müßte. Doch in den meisten saßen Frauen, und einige Frauen hielten Babies im Arm oder sahen zu, wie sie herumtollten, als wären sie im Park. Jede Frau wartete darauf, daß ihr Mann diesen Spießrutenlauf überstand, und jede hatte Angst, daß ihr Mann in dem Schlund verschwinden würde – um dann erst wieder aus dem Gefängnis von ihm zu hören. Ich wußte, daß die Gesichter der Frauen verbraucht aussahen, denn sie spiegelten die Leben ihrer Männer wider.

Die Eingangstür bestand aus weiß beschichtetem, halb durchsichtigem Glas. Rosenthal schob mich hinein. Drinnen erschien ein schwarzes Gesicht, das über einem Anzugkragen schwebte. Der Raum war kaum erleuchtet; die Augen sollten sich an die Dunkelheit, die für den Drogentest nötig ist, schon mal gewöhnen.

«Wen haben wir denn da, Bill?» fragte der Schwarze.

«Einer von meinen. Ich glaube, daß er Drogen nimmt.»

Der Schwarze schaute mich an. «Böser Junge.»

Der Sarkasmus zerrte an meinen Nerven. Ich war kein Kind mehr – noch waren sie meine Ersatzeltern – noch war die Situation lustig.

Der Schwarze war kräftig genug, um Ringkämpfer zu werden, und das war möglicherweise auch der Grund für sein Hiersein, ganz gleich, was seine anderen Qualifikationen für die Beamtenlaufbahn waren. Die meisten Süchtigen zucken mit den Schultern und meinen, was geht es mich an, wenn sie wieder in den Knast sollen, doch könnte ja jemand rebellieren, und die Anwesenheit des Schwarzen war erforderlich, um die Ordnung wiederherzustellen. Er war ein braver Sklave.

Der Schwarze schob mir ein Formular zum Unterzeichnen hin – Name und Gefängnisnummer. Ich überlegte, ob sie meine Nummer wohl auch auf meinen Grabstein schreiben würden. Rosenthal hieß mich neben sich stehen, während sich meine Augen langsam an die Dunkelheit gewöhnten. Im Raum befanden sich drei Reihen hölzerner Bänke. Etwa fünfzehn Personen warteten schweigend auf den Bänken. Ich betrachtete die Gesichter der Wartenden. Es waren hauptsächlich Mexikaner, ein paar Schwarze und wenige Weiße.

Rosenthal gab mir einen Wink. Ich folgte ihm, und meine Gedanken kreisten wirr um die Irrealität der Situation. Ich fand mich in einem anderen Raum wieder, wo ich auf einem Stuhl vor einem Arzt saß – ein großer Mann mit einem Augenspiegel, dessen Licht mich blendete. Er leierte Fragen runter – medizinische Vorgeschichte – und hielt ein merkwürdiges Instrument hoch, um die Größe meiner Pupillen zu messen. Einen Augenblick später drang eine Nadel in meinen Arm ein.

Das Testmittel verursachte Krämpfe und Übelkeit. Ich wartete in einem weiteren dunklen Zimmer. Menschen saßen um mich herum, wurden einer nach dem anderen aufgerufen. Mein Name wurde aufgerufen. Der Doktor maß wieder. Die Pupillen waren kleiner geworden, und das bedeutete, daß ich clean war. Er schüttelte den Kopf und teilte Rosenthal mit, daß ich den Test bestanden hätte.

Rosenthal war unzufrieden und wollte eine Urinanalyse; so würden auch noch andere Substanzen außer Opiaten nachgewiesen werden können. «Er hat sich was gespritzt», sagte Rosenthal.

Mit der Flasche in der Hand begleitete er mich einen Gang hinunter. Rote Hinweispfeile zeigten denen, die den Test bestanden hatten, den Weg zum Ausgang. Am Ende des Gangs befand sich eine elektrisch zu öffnende Tür. Sie wurde für die geöffnet, die bestanden hatten, aber nicht für die, die durchgefallen waren. Zur Linken war ein kurzer Korridor, der in eine Zelle führte. Die durchgefallen waren, hatten keine andere Wahl, als in die Zelle zu gehen. Dort wurde auch die Urinprobe genommen.

Ein junger Mexikaner lag auf der Bank, den Kopf an der Wand, die Hände über der Brust gefaltet. Er öffnete die Augen, als Rosenthal mich hereinführte, blieb aber ansonsten bewegungslos liegen.

Grelles Neonlicht brach sich an den Betonwänden. Plötzlich brach ein ärgerlicher Wortschwall aus mir heraus, in einem wütenden und irgendwie nicht ganz klaren Versuch, Rosenthal zu verstehen zu geben, daß er sich keine Sorgen machen sollte, daß ich fixte – aber daß er sich Sorgen machen sollte, mich nicht zu Schlimmeren zu treiben. Die Konfusion meines Ausbruchs hinderte ihn daran, genau zu verstehen, was ich ausdrücken wollte. Aber er hätte es wohl sowieso nicht verstanden.

Bevor ich mit meinem Ausbruch fertig war, kam, vom Lärm angelockt, der bullige Schwarze in den Raum gerannt. Er war wie ein guttrainierter Hund sofort bereit, meine Rebellion zu unterdrücken. Seine Ankunft brachte mich zur Vernunft, denn ich stand kurz davor, Dinge zu sagen, für die ich bestimmt wieder eingelocht worden wäre, hätte man sie auf Papier nachlesen können. Das Hämmern im Kopf hielt an, obwohl ich jetzt still war.

Rosenthal reichte mir die Flasche. Ich pißte hinein, machte den weißen Pappdeckel zu und gab sie zurück. Sie gingen hinaus – und schlossen die Tür ab. Nur diejenigen, die einmal eingesperrt waren, können den Horror verstehen, der einem beim Geräusch eines Schlüssels, der sich im Schloß dreht, überkommt. Rosenthal hatte es ganz unauffällig getan, ohne es anzukündigen. Und er war schlau, er hatte mich reingelegt.

Ich stand breitbeinig in der Mitte der Zelle, ein vollkommen hilfloses, übertölpeltes wildes Tier. Eine ungeheure Agonie überschwemmte mich – und doch war ein Tier meines Verstandes distanziert, ruhig, und betrachtete die Szene, als würde sie sich auf einer Leinwand abspielen.

«Hast du was zu rauchen?» fragte der Mexikaner.

Ich schüttelte den Kopf, fürchtete mich zu sprechen. Und konnte auch nicht denken. Ich verharrte in einer Art Schockzustand. Die Angelegenheit befand sich jenseits von Gut und Böse, so schien es mir jedenfalls.

Ich setzte mich nieder und wartete, ohne mir der Zeit bewußt zu werden. Irgendwann später kam der Schwarze rein, begleitet von einem anderen Beamten, der einen Satz Ketten bei sich hatte. Sie klirrten, als sie auf den Boden fielen. Der Schwarze legte dem Mexikaner Handschellen an, die Ketten waren für mich bestimmt.

Ich saß gerade auf der Toilette und hatte mich bei ihrem Erscheinen nicht bewegt. Der andere Beamte bedeutete mir, für das Anketten aufzustehen. Ich überlegte, ihm in die Fresse zu schlagen – aber das wäre nur eine kurze Befriedigung mit langer Reue gewesen. So wie es aussah, würde ich freigelassen werden, sobald sich der Test als negativ herausgestellt hatte.

Schweigend gab ich auf und versuchte in meiner Haltung Verachtung auszudrücken. Stählerne Armbänder schlossen sich um meine Armgelenke – um meine Hände nahe am Körper zu halten. Fesseln wurden um meine Knöchel gelegt. Eine Kette baumelte in Hüfthöhe von meinem Rücken herab – damit man mich daran führen konnte.

«Wie ein Weihnachtspaket», sagte der Beamte.

«Ist ja doch kein so harter Bursche», antwortete der Schwarze.

Ich starrte die Wand an, ignorierte sie, bis der Schwarze an der Kette zog und ich nach draußen zu einem Wagen humpelte. Der Mexikaner saß bereits auf dem Rücksitz.

Der Schwarze fuhr den Wagen, in dem ein Maschendrahtgitter Hinter- und Vordersitze trennte. Bald befanden wir uns wieder bei den Bretterbuden der professionellen Kautionshaie.

Um halb drei Uhr morgens war die Einlieferungsprozedur schließlich beendet. Man hatte meine Fingerabdrücke genommen, mich fotografiert, mir eine lauwarme Dusche verpaßt, mich desinfiziert, mir einen blauen Overall gegeben, einen Bluttest gemacht und eine Röntgenaufnahme. Ich war einer von Tausenden, die allnächtlich in ein Gefängnis eingeliefert wurden. Schließlich, begleitet von einem Deputy, wurde ich in einer Gruppe von vierzig Gefangenen zu den Zellen geführt.

Das Licht in den Zellen war aus, aber der Gang davor war hell erleuchtet und warf Licht durch die Gitterstäbe. Ich war überrascht, daß es Einpersonen-Zellen waren. Dieser spezielle Trakt, so erfuhr ich später, war extra für Straftäter geplant worden, die schwere Verbrechen begangen hatten und wegen der langen Haftstrafe ein wenig Privatsphäre haben durften. Nachdem das Gefängnis dann fertiggestellt war, hatte man die Schwerverbrecher woanders untergebracht, also befanden sich nun die normalen Kriminellen in dem Trakt. Mehrere lasen noch, als ich vorbeiging. Ihre Köpfe lagen nahe am Gitter, um etwas von dem Licht abzubekommen. Im Schatten waren ihre Gesichter nicht zu erkennen.

Eine Tür mit Fernbedienung öffnete sich. Das Geräusch war ehrfurchtgebietend: Stahl klang auf Stahl. Und trotzdem schnarchte irgendwo jemand ohne Unterbrechung weiter.

Ich trat in die Zelle. Wieder krachte Stahl auf Stahl. Ich war eingeschlossen. Der vertraute Anblick der Koje, der Toilette ohne Deckel, des Waschbeckens und der Graffiti, die in die Wand gekratzt waren (‹Warst du nie im Knast, hast du was verpaßt›), sprengte mit einem Schlag den Panzer meiner Unbeteiligtheit. Man kann sich den emotionalen Aufruhr eines Mannes sicher vorstellen, der acht Jahre im Gefängnis verbracht hatte, weniger als eine Woche in Freiheit gewesen war und der sich nun im Gefängnis wiederfindet, ohne ein Verbrechen begangen zu haben. Ein Gemisch aus Einsamkeit, Wut und Verzweiflung mündete in eine tränenreiche Verrücktheit. Ich flehte leise: «O bitte, hilf mir.» Die Fürbitte richtete sich an das Glück, an das Schicksal, an Gott oder eine namenlose Macht. Es war eine Bitte, die sicher jeder Mensch während seines Lebens einmal ausstößt.

Ich fiel von der Qual wie betäubt auf die Koje und begrub mein Gesicht im Kissen, damit niemand hörte, wie ich unter diesem despotischen Druck klein beigab – das Kissen hatten bereits Hunderte anderer Köpfe beschmiert. Stunde um Stunde versuchte ich Gründe zu finden, um das, was mir passiert war, zu erklären, aber es gab keinen Grund – es sei denn, acht Jahre wären eine zu geringe Strafe gewesen. Doch gab es nirgends eine Rechtfertigung für dieses Leid. Wenn es aber keinen Grund gab – keine Gerechtigkeit –, war meine geistige Gesundheit bedroht.

Blinde Wut, die einzig Rosenthal galt, brachte mich vollkommen durcheinander. Augenblicke später wurden mir wieder die Knie weich, und mich überrollte eine Welle der Verzweiflung, die so gewaltig war, daß ich, um ihnen zu entkommen, überlegte, mich umzubringen. Außerdem betraf es nicht nur die gegenwärtige Misere, es war beispielhaft für mein ganzes Leben. So war es immer gewesen, und so würde es auch immer weitergehen. Warum sollte ich ohne Grund leiden? Die Logik verlangte den Selbstmord – aber die Logik läßt sich eher an ein Ende führen, als das Leben selbst zu einem Ende zu bringen ist. Der Körper rebelliert dagegen, in Vergessenheit zu geraten. Ich zog mich vom Abgrund des Selbstmords zurück.

Am schlimmsten war es, daß ich keinen Glauben zu finden vermochte, um mich gegen die existentiellen Schläge zu schützen und meine Lage erträglich zu machen. Ich hatte keinen Gott, dem ich meine Bürde anvertrauen konnte. Grundloser Schmerz ist am unerträglichsten. Selbst meine qualerfüllten Gedanken waren bedeutungslos.

An diesem furchtbaren Abgrund, in dieser Leere erblühte ein allumfassender Unwillen. Es war eine Wut jenseits von Haß. Sie umfaßte Gott und die Menschen. Sie wuchs aus dem Leichnam meiner letzten Hoffnung, zur Menschheit zu gehören und zu dem, was die Menschheit als gut betrachtete. Nicht nur die Hoffnung war gestorben, sondern auch mein Verlangen nach ihr. Bald würde der Laborbericht der Urinprobe zurückkommen. Ich würde wieder frei sein. Und selbst wenn ich für weitere Jahre ins Gefängnis zurückkehren mußte, würde das nur meine Entscheidung bekräftigen – wenn etwas Absolutes noch gesteigert werden kann.

Ich würde die Gesellschaft bekämpfen, oder vielleicht würde ich den Kampf auch nur wiederaufnehmen. Jetzt gab es keine Bedenken mehr. Ich erklärte mich von allen Regeln frei, außer denen, die ich akzeptieren wollte – und ich würde die Regeln ändern, wie es mir gerade paßte. Ich würde nehmen, was ich wollte. Ich würde mit ganzem Herzen ein Krimineller sein und mich rächen. Die Entscheidung für das Verbrechen und die vollkommene Loslösung von dem einengenden Regelwerk der Gesellschaft (es sei denn, die Gesellschaft würde mir ihre Regeln aufzwingen können) war meine Wahrheit. Jemand anders hätte sich vielleicht dafür entschieden, soviel Macht wie möglich zu akkumulieren. Doch ich gehörte dem Verbrechen, dort fühlte ich mich wohl und nicht innerlich zerrissen. Obwohl es eine freie Entscheidung war, war es auch Bestimmung und Schicksal. Die Gesellschaft hatte mich zu dem gemacht, was ich war (und mich geächtet aus Furcht vor dem, was sie geschaffen hatte), und ich war stolz auf das, was ich war. Wenn sie sich weigerten, mich in Frieden zu lassen, nun gut, ich wollte es ja gar nicht. Diese Woche des Kämpfens war furchtbar – furchtbar für meinen Verstand. Scheiß auf die Gesellschaft! Scheiß auf ihr Spiel! Wenn auch alles gegen mich stand, scheiß drauf. Wenigstens besaß ich jetzt die Integrität meiner Seele, war mein eigener Chef in meinem eigenen Stückchen Hölle, ganz egal wie klein, auch wenn es nur auf mein eigenes Bewußtsein beschränkt blieb.

Als es Tag wurde, war ich stark; ich hatte meine Unentschiedenheit überwunden.

Kapitel zehn

Erst nach drei Wochen ließ sich Rosenthal im Gefängnis blicken. Niemand hatte mich besucht. Stan Bergman, der in einem anderen Stock war, schickte eine Nachricht. Der Bezirksstaatsanwalt war gewillt, sich auf einen Handel für ein geringeres Strafmaß einzulassen, und

Stan hatte mit seinem jungen Schwager gesprochen und Abes Problem bereinigt. Bis ich die Botschaft erhielt, hatte ich halbwegs erwartet, daß mich Abe besuchen würde – aber sobald ich die Zeilen gelesen hatte, dachte ich nicht mehr daran; Abe würde niemals daran denken, mich zu besuchen, es sei denn, er hätte einen Vorteil davon. Ich war nicht verärgert; er war kein Freund, der loyal sein mußte. Ich begann einen Brief an Willy Darin unter Sal Pavans Adresse, beendete ihn aber nicht, weil ich erwartete, nicht länger als ein paar Tage im Gefängnis zu sein. Ich wäre ja bereits frei, wenn die Antwort kam.

Zuerst erwartete ich jeden Morgen, daß ich am Abend freigelassen würde; diese Phase dauerte zehn Tage. Danach weigerte ich mich, mir Hoffnungen zu machen. Die Qual kann nicht mehr wachsen, wenn es keine Erwartungen gibt.

Einundzwanzig Tage nach dem Test wurde ich in den Anwaltsraum bestellt. Rosenthal saß jenseits der Trennscheibe mit einem umgänglichen Lächeln auf dem Mondgesicht. Seine Wangen und seine Stirn waren von Sonnenbrand gerötet. Seine Nase schälte sich. Er erklärte, daß er schon früher gekommen wäre, er sei dann aber in Urlaub gefahren. Er wollte wissen, ob ich die Zeit im Gefängnis zu ernsthaftem Nachdenken genutzt hatte. Ich erklärte, ich sähe meinen falschen Weg ein und auch, daß meine Einstellung falsch sei. Er lächelte wie ein Mann, der glaubt, einen anderen erobert zu haben, und sich nun Großzügigkeit erlauben kann. Ich grinste blöde als Antwort. Er teilte mir mit, daß der Urintest negativ ausgefallen war, entschuldigte sich aber keineswegs dafür, daß er mich ins Gefängnis gesteckt hatte. Statt dessen wollte er mir ‹noch eine Chance› geben und hatte ein Programm ausgearbeitet. Er hatte mir eine Stelle in einem Imbißstand besorgt und wollte mich im Wohnheim unterbringen. Ich sollte mich zweimal die Woche auf Drogen testen lassen und mußte eine Gruppentherapie mitmachen.

Ich nickte zustimmend zu allem, was er sagte. Er bemerkte, ich hätte mich zum Besserem gewandelt, und versprach, mich um achtzehn Uhr abzuholen. Er würde mich zum Wohnheim fahren und mich dort vorstellen.

Im Wagen (es war eher zwanzig als achtzehn Uhr) sagte Rosenthal: «Ihr grundlegendes Problem ist Ihre emotionale Unreife. Sie wollen, daß das Leben voller Aufregung ist, wie ein Film. So denkt ein Kind, aber ein Erwachsener akzeptiert Regelmäßigkeit, Langeweile, Frustration.»

Wir bogen in eine Auffahrt zum Freeway. Der Verkehr floß mit siebzig Meilen pro Stunde vorwärts. Er plapperte weiter, erklärte die Vollkommenheit seines Lebens in der Vorstadt – Golf und Bridge und Footballspiele ansehen sei genug Aufregung für einen normalen Menschen.

«Das ist gut, Mr. Rosenthal. Es freut mich, daß Sie glücklich sind. Wissen Sie, was ich wirklich mag?»

«Ich kann's mir vorstellen.»

«Geschwindigkeit. Schnelles Fahren. Ich wollte immer schon ein Grand-Prix-Fahrer werden. Wollten Sie jemals so was tun?»

«Es ist unreif, sein Leben unnötig aufs Spiel zu setzen.»

«Haben Sie denn keine heißen Öfen geliebt, als Sie jung waren?»

«Eigentlich nicht.»

«Mann, Sie sollten mal sehen, wie das ist.» Ich war näher zu ihm hingerutscht. Plötzlich stemmte ich meinen Fuß auf seinen rechten Zeh und drückte das Gaspedal auf den Boden durch. Der Wagen sprang vorwärts. «He! Was!»

Ich drückte mein Bein gerade durch, während er versuchte, seinen Fuß freizukämpfen. Das Auto schlingerte – nahm aber langsam Fahrt auf. Wir fuhren jetzt achtzig Meilen.

«Es ist aus mit Ihnen», drohte er.

«Vielleicht mit uns beiden.»

Der Tacho zeigte jetzt neunzig Meilen.

«Bitte», sagte er mit bleichem Gesicht.

«Fick dich selber.»

Er griff nach dem Zündschlüssel. Ich packte seinen Daumen und drehte ihm heftig nach hinten; dann gab ich ihm eins auf die Nase. Wir schlingerten über eine durchzogene Linie. Jemand hupte aus Protest, und ich hörte Bremsen quietschen.

Mein Herz raste. Ich hatte Angst – aber sie war gering, verglichen mit seinem abgrundtiefen Schrecken. Wir rasten auf einen Bus zu. Er wich gerade noch rechtzeitig aus. Rosenthal wimmerte. Diese Laute erfreuten mich.

Vor uns waren alle Spuren dicht mit Fahrzeugen besetzt, und es gab keinen Platz, um sich durchzuquetschen. Die wilde Fahrt dauerte zwei Minuten – obwohl die Zeit in solchen Momenten stillsteht. Ich nahm meinen Fuß vom Pedal. Er bremste so scharf, daß wir fast ins Schleudern gerieten. Unter seinem Sonnenbrand war er weiß, der Schweiß lief an ihm herunter, und er hatte mit beiden Händen das Steuer so fest gepackt, daß seine Knöchel blutleer waren.

«Sie werden niemals wieder rauskommen», sagte er mit Hysterie in der Stimme.

«Maul halten.» Ich schlug ihn wieder mit dem Handrücken. Blut rann aus seinen Nasenlöchern. «Fahren Sie auf die rechte Spur, und dann nehmen Sie die nächste Ausfahrt. Sie haben hier nichts mehr zu sagen, Scheißkerl.»

«Was haben Sie vor?» Er verlegte sich aufs Bitten. Und der Schritt seiner Hose, die über den fetten Schenkeln spannte, war dunkel. Er hatte in die Hose gepißt.

«Sie haben uns fast umgebracht.»

«Ich hätte der Welt einen Gefallen getan. Sie sind so wertlos wie ich – sie leben vom Unglück anderer.»

Vor uns lag die Florence Avenue. Wir fuhren inzwischen fünfzig Meilen. Rosenthal fuhr auf die rechte Spur und schniefte, um das Blut zu stoppen, das auf sein Hemd tröpfelte. Während wir die Ausfahrt hinunterfuhren, überlegte ich, in einer Seitenstraße zu parken und ihn windelweich zu prügeln. Das wäre der befriedigendste Gewaltakt meines Lebens gewesen – mich einfach drei Wochen im Knast schmoren zu lassen, während er in Urlaub fährt. Die fehlende Privatheit hielt mich ab, ihn zu verprügeln. Hier in dieser Gegend gab es keinen Platz, an dem man nicht gestört werden würde.

Als wir langsamer fuhren, um am Stoppschild am Ende der Ausfahrt zu halten, griff ich ihn mir am Schlips, um zu verhindern, daß er heraussprang und fortrannte. Ich kannte die Vergänglichkeit meiner Macht. Ich hatte ihn auf die Schwäche eines einzelnen Individuums reduziert, aber in ein paar Minuten würde er Alarm geben und der Brennpunkt staatlicher Autorität werden. Die Jagd würde beginnen.

Ich mußte verschwinden. Ich entschied mich dagegen, ihn aus dem Wagen zu werfen und den Wagen mitzunehmen. Das wäre Diebstahl gewesen – oder besser Raubüberfall, denn ich hatte ihn unter Androhung von Gewalt gezwungen. Risiko und Strafe waren den Gewinn nicht wert. Ich war im schützenden Dunkel der Nacht sicherer. Mit ein paar Minuten Vorsprung würde ich sicher entkommen – zumindest heute nacht.

Wir befanden uns auf einem Boulevard. Meine Macht war gefährdet. Wenn ein Polizeiauto vorbeikäme, würde er um Hilfe schreien, denn er wußte, daß ich unbewaffnet war.

«Biegen Sie rechts ab», sagte ich, als wir uns einer Straße mit Wohnhäusern näherten. Er befolgte, vor Furcht zitternd, meine Anweisungen. Blut rann immer noch aus seiner Nase. Ich ließ ihn am Anfang der Straße parken und nahm die Wagenschlüssel an mich. Er würde nach einem Telefon suchen müssen. Ich hatte mindestens zehn Minuten, bevor ihm jemand zu Hilfe kam. Vielleicht auch doppelt soviel.

«Man sollte Sie für den Rest Ihres Lebens einsperren», sagte er bitter. «Sie sind eine Bedrohung.»

Ich tat, als wolle ich zuschlagen, und lachte, als er seine Arme hochnahm, um einen Schlag abzuwehren. «Das stimmt. Der Fehler war, mich zu einer Bedrohung zu machen und mich dann freizulassen.»

Er versteckte sich weiter hinter seinen Armen und sagte: «Sie tun mir leid, Max. Wirklich. Sie brauchen Hilfe.» Das echte Mitleid in seiner Stimme machte mich wütender als seine normale Hochnäsigkeit. Aber ihn zu schlagen würde nichts ändern. Seine Blindheit, die auf einem unerschütterlichen Glauben an die Rechtmäßigkeit seines Systems gegründet war, war ebenso unerschütterlich. Wenn Menschen wie ich eine Seuche waren, dann bildeten Menschen wie Rosenthal den Nährboden. Doch davon konnte ihn nichts überzeugen.

«Ich tue mir aber nicht leid», sagte ich ganz wahrheitsgemäß und wünschte, ich hätte etwas Scharfsinnigeres zu sagen. Ich zweifelte meine Entscheidung nicht an, obwohl mir die Bedingungen, die sie nötig machten, nicht recht waren.

Ich sprang aus dem Wagen, rannte die Straße hinunter und suchte nach einem Tor. Ich wollte zur Florence Avenue zurückkehren und ein Taxi nehmen.

TEIL ZWEI

In der einsamsten Wüste vollzieht sich die zweite Wandlung; der Geist wird hier zum Löwen: er will die Freiheit fangen und der Herrscher seiner eigenen Wüste sein . . . Der große Drachen wird genannt «Du sollst», doch der Geist des Löwen spricht: «Ich will.»

Nietzsche

Kapitel eins

Ich schleppte einen Krug mit billigem Wein und trottete den Hügel zu L&Ls Hütte hinauf. Ich hatte dem Taxifahrer vor einer Bar etwa eine Meile entfernt halten lassen und ihm gesagt, er solle warten, es würde nur ein paar Minuten dauern. Ich war davongesprungen und hatte so acht Dollar gespart. Die Yellow Cab Company hatte Reds Wein bezahlt. Red konnte man lenken, solange man ihn betrunken hielt, was ich auch vorhatte. Ich wollte ihn nicht hereinlegen. Dieser Zustand war das Eintrittsgeld zu seinem Reich, und Red schätzte ihn nun mal.

In der Hütte war es dunkel. Red war von seiner allnächtlichen Sauftour noch nicht nach Hause gekommen – dreiundzwanzig Uhr dreißig war viel zu früh, um ihn anzutreffen. Red besaß nichts, das es wert gewesen wäre zu stehlen oder zu verstecken.

Ich suchte nach dem Lichtschalter und stieß fast sofort gegen eine leere Flasche. Sie rollte durchs Zimmer, schlug gegen eine Wand und drehte sich noch immer, als die nackte 100 Watt starke Glühbirne das Zimmer erleuchtete. Der Anblick war ekelerregend, diese Ansammlung von geschmacklosem Krimskrams, und darüber lag ein durchdringender, saurer Geruch. Ich hatte daran gedacht, ein paar Tage bei L&L Red zu bleiben, bis ich einen Plan hatte. Doch jetzt wurde mir klar, daß ich lieber unter einer Brücke schlief, als hier noch eine Nacht zu verbringen.

Ich öffnete ein Fenster, um zu lüften, und blickte hinaus. Von der trostlosen Hütte aus übersah man die sich endlos ausbreitende Straße. Ein leichter Wind hatte den üblichen Dunstschleier fortgeblasen, die Luft war kristallklar und der Himmel mit unzähligen Sternen übersät. Trotz all seiner Brillanz war der Himmel doch nur eine schwache Einstimmung auf die Lichter der Stadt unter mir – eine Schale voller Juwelen, die bis zum Horizont funkelten. Von hier aus betrachtet, war die von Menschenhand erleuchtete Erde schöner als der Himmel. Straßen, die im harschen Tageslicht trübe wirkten, waren nun zu Bändern aus Diamanten und Rubinen von Tausenden von

Fahrzeugen geworden, die durch die Straße fuhren. Der Anblick mischte Hochstimmung mit dem bittersüßen Schmerz der Einsamkeit. Ich war wirklich Gottes einsame Kreatur.

«Allein gegen die Menschheit», sagte ich zu mir, und die Worte verstärkten noch meine Empfindung und meinen Gedanken. Es war furchterregend und glorreich, von niemandem unterstützt zu werden, keinem Glauben anzugehören und ganz und sicher in sich zu ruhen. «Allein gegen die Menschheit.» Der Satz war Triumph und Klage zugleich. Ich hatte meine Wahl getroffen und wünschte dabei zu bleiben – doch die Ahnungen, geboren aus einsamem Staunen, das durch das Lichtermeer entstanden war, stellten jene Wahrheiten in Frage, die ich im Gefängnis so unerbittlich gewählt hatte. Ein gewisser Hunger nach Zugehörigkeit und Sinn ist offensichtlich unausrottbar. Ein Mann kann die Wahrheit akzeptieren, ohne sie notwendigerweise zu mögen.

Solche unnützen Gedankenspielereien konnten meine Entschlossenheit nur schwächen. Ich unterdrückte sie. Es war zu spät. Mittlerweile war über den Polizeifunk bereits mein Name und meine Personenbeschreibung durchgegeben worden, und die Fernschreiber und Faxgeräte leiteten mein Bild weiter. Es würde keine große Menschenjagd gestartet werden, aber wenn man mich als Betrunkenen stellte oder mich wegen eines Verkehrsdeliktes anhielt (bis ich Ausweispapiere hatte) oder wenn jemand der Polizei einen Tip geben würde, würde man mich einbuchten. Wenn ich erst einmal Ausweispapiere besaß und wenn niemand einen Tip gab oder man mich nicht wegen eines neuen Vergehens verhaftete, war ich sicher.

Ich brauchte Geld – um mir die Papiere zu besorgen und um zu leben. Geld ist das Lebenselexier der Flüchtenden. Ich hatte mich im Gefängnis für bewaffneten Raubüberfall entschieden, um meinen Lebensunterhalt zu verdienen, obwohl ich keine anderen Gelegenheiten, die etwas versprachen, ausschließen wollte. Die klassische Einfachheit des bewaffneten Raubüberfalls sprach mich an. Ich würde wirklich das ‹nehmen›, was ich wollte. Sicher, die Strafe war sehr hoch, aber die Gefahr konnte bis auf die wenigen unendlich langen Sekunden der Tat reduziert werden. Jemand, der bewaffnete Raubüberfälle beging, mußte sich nicht im kriminellen Milieu aufhalten, das von der Polizei beobachtet wurde. Unter den Verbrechen, die mir als Entflohenem offenstanden, bot der Raubüberfall den größten Ertrag bei kleinstem Risiko und kleinster Investition. Ich setzte zwar mein Leben aufs Spiel, aber so wie es aussah, war es sowieso wertlos. Wenn ich nicht so leben konnte, wie ich wollte, war mir alles egal.

Meine Überlegungen wurden pragmatisch. Ich brauchte Waffen, die Werkzeuge meines Gewerbes, und ein paar Dollar, von denen ich leben konnte, bis sich eine Gelegenheit bot. L&L Red wußte vielleicht, wo ich Waffen bekommen konnte, jemanden, der sie mir als Investition leihen würde. Johnny Taormina hätte vielleicht genug Geld, um den Überfall auf die Spieler zu finanzieren.

Es war drei Uhr morgens, als Red zu Fuß den Hügel heraufkam. Seine alte Karre war zwei Meilen vor der Hütte ohne Benzin liegengeblieben. Red war trotz der langen Wanderung immer noch betrunken. Er hatte den Abend damit zugebracht, in verschiedenen Bistros Drinks zu schnorren (als Entgelt für seine geilen Witze). Meine Anwesenheit überraschte ihn nicht, und er war nur mäßig neugierig, was meine dreiwöchige Abwesenheit betraf. L&L Red war an der Flasche Wein, die ich gekauft hatte, höchst interessiert. Er hatte in letzter Zeit Johnny Taormina nicht gesehen und wußte nicht, ob das Angebot noch stand, aber das würde er morgen herausfinden können.

Der Mangel an Benzin und die späte Stunde entschieden über meinen Schlafplatz. Red fragte nicht, wie lange ich sein Gast bleiben wollte; eine Nacht, eine Woche, oder ein Jahr, es war ihm alles gleich. Meine Einstellung war anders. Ich brauchte ihn als Fahrer, bis etwas Ertragreiches passierte, aber das war meine letzte Nacht in dieser Hütte. Am nächsten Tag würde mir etwas einfallen müssen.

Wir teilten uns den Wein. Zusammen mit dem, was sich zusätzlich in seinem Körper befand, haute es ihn um. Er schlief in Kleidern auf dem Sofa ein und schnarchte wild.

Ich hängte meinen billigen Anzug über einen Stuhl, damit er nicht noch weiter knitterte, und streckte mich auf dem Boden aus. Ich war betrunken genug, um den Geruch der Decke zu ignorieren, in die ich mich gewickelt hatte. Dennoch waren der Boden und die dreckige Decke und die Entscheidung, so zu leben und zu sterben, wie es mir gefiel, besser als saubere Laken und Häuslichkeit in einem Wohnheim unter der tyrannischen Herrschaft Rosenthals.

Mein letzter Gedanke, bevor ich einschlief, galt einem abgesägten Schrotgewehr.

Kapitel zwei

Auf dem Parkplatz einer Bar, die oft von Spielern besucht wurde, stieg ein Mann aus einem zwölf Jahre alten Chevrolet. Er wirkte gebrechlich, war grauhaarig und etwa sechzig Jahre alt. Sein Anzug war vor einem Jahrzehnt teuer gewesen, wirkte aber nun abgetragen und aus der Mode. Ich hatte einen kräftigen Sizilianer in schickem Anzug erwartet. Der große John Taormina, der Mafioso, sah aus wie ein trauriger, nervöser Buchhalter. Er hatte den grauen Star und blickte nervös hin und her, und sein Blick traf meinen nur für einen Moment, als L&L Red uns vorstellte.

«Nett, Sie kennenzulernen», sagte er und sah sich auf dem Parkplatz um. «Gehen wir doch rein.»

«Darauf trinke ich einen», sagte Red und grinste mit seinen fleckigen Zähnen.

Während wir zum Seiteneingang hinübergingen, fragte mich Johnny, was mir Red gesagt hätte.

«Nur, daß Sie einen Mann für einen Raubüberfall brauchen, um ein paar Spieler abzukassieren.»

«Mehr wußte er auch nicht.» Johnny bewies, wie gut er selber schweigen konnte. «Machen Sie Raubüberfälle?»

«Unter anderem.»

«Junky?»

«Nein», antwortete ich, war aber pikiert. Er war kein Erster-Klasse-Gangster mehr. Selbst wenn er es noch sein sollte, schätzte ich es nicht, ausgefragt zu werden. Ich sagte nichts mehr; die Zeit würde kommen, ihm zu zeigen, wer das Sagen hatte.

Die Barfrau, die für diesen Beruf bereits etwas zu alt war, nannte Johnny bei seinem Vornamen und lächelte. Sie kannte L&L Red ebenfalls, ignorierte ihn aber und grüßte ihn nur mit einem kurzen Nicken. Er lechzte trotz ihrer gut fünfzig Jahre nach ihr.

Als die Drinks kamen, wollte Johnny nach seiner Brieftasche greifen, änderte aber seine Meinung und sagte der Frau, sie solle alles anschreiben. Sie zögerte gerade lange genug, daß man es merken konnte, nickte dann zustimmend und ging wieder.

Bevor er die Details seines Beutezugs auspackte, erklärte Johnny, warum er das Spiel hochgehen lassen wollte. Er wurde von Schuldgefühlen geplagt und wollte rechtfertigen, warum er seine Freunde verriet. Er hatte Schulden, hatte das Haus seiner Mutter mit Schulden belastet (was er damit rechtfertigte, daß schließlich er es war, der es ihr gekauft hatte) und hatte vierhunderttausend Dollar in fünf Jahren beim Spielen verloren, das meiste davon an diese angeblichen Freunde, die nun ausgeraubt werden sollten. Alle schuldeten ihm Gefälligkeiten, als er noch ganz oben mitmischte. Jetzt wollte ihm niemand helfen. Er brauchte Geld, um eine Bar zu kaufen, und wollte dann im Allgemeinen Krankenhaus einen Wettring eröffnen. Da gab es Tausende Angestellte, ungezählte Patienten und die ‹heiße Action›.

«Wieviel ist das Spiel wert?» unterbrach ich ihn.

«Fünfzehn bis fünfundzwanzig Scheine, wenn man den Schmuck dazunimmt, den einige tragen. Das meiste aber in bar.»

«Wieviel wollen Sie haben?»

«Dreißig Prozent.»

«Vor oder nach Abzug der Unkosten?»

«Es kostet nichts, es zu finanzieren.»

«Oh, es kostet bestimmt was.» Ich hatte daran gedacht, ihn um einen Vorschuß für meine Waffen zu bitten, aber wenn er wußte, daß ich keine Waffen besaß, dann würde das meine Position schwächen. Welcher Gangster besitzt denn keine Waffen? «Dreißig Prozent sind ziemlich herb», sagte ich.

«Ich serviere Ihnen das Ganze auf einem silbernen Tablett.»

«Na ja, vielleicht sind dreißig ja in Ordnung.» Ich log. Wenn ich das Geld erst einmal hatte, würde er zehn Prozent bekommen, konnte es aber auch bleiben lassen. Er würde in aller Ruhe fernsehen, während ich mein Leben riskierte; zehn Prozent waren alles, was er verdiente.

«Wenn Sie die Sache gut durchziehen, weiß ich noch andere nette Gelegenheiten für Sie.» Seine Stimme klang wehleidig. Er versuchte sich abzusichern, daß ich ihn nicht reinlegte. Wenn ich es tat, konnte er mich nicht wegen Vertragsbruchs verklagen. Er konnte nicht viel machen. Er konnte mich erschießen – wenn er den Nerv besitzen würde und wenn er mich finden könnte. Ich zweifelte an beidem.

«Eins nach dem anderen. Wie viele Leute sind an dem Spiel beteiligt?»

«Zwischen sieben und einem Dutzend.»

«Waffen?»

Johnny schüttelte nachdrücklich den Kopf. «Sie haben schon jahrelang ohne Probleme miteinander gespielt. Sie fürchten sich vor Kanonen.» Er lehnte sich zu mir herüber und flüsterte dringlich, und seine Augen füllten sich mit Tränenflüssigkeit. Das Spiel fand im Hinterzimmer eines großen Motels im San Fernando Valley statt. Es wurde ein- oder zweimal die Woche gespielt. Er würde den genauen Termin erst ein paar Stunden vorher erfahren. Ein Spieler würde ihn anrufen; dann würde er es an mich weitergeben. Ich sollte mich bereithalten. Ich könnte sicher sein, daß sie spielten, wenn ich einen gelben Cadillac Cabrio mit schwarzem Dach oder einen blauen Pick-up mit dem Schriftzug ‹Acme Vending› sehen würde. Leute, die ständig mitspielten, benutzten diese Fahrzeuge.

«Der Kerl, der Sie anruft... weiß er, daß Sie einen Überfall planen?»

«Himmel nein! Er ruft mich an, weil ich manchmal spiele – wenn ich den Einsatz zusammenbringe.»

Obwohl die Beute exzellent schien, konnte Mr. Taormina doch versuchen, mir die Sache zu verkaufen. Weil er das Geld so dringend brauchte, war es durchaus möglich, daß er ein paar problematische Aspekte einfach schönte, besonders da er kein Risiko einging.

Ich war ihm gegenüber recht kühl, das hatte er erwartet und respektierte es. «Geben Sie mir die Adresse. Red und ich können es uns heute nachmittag mal ansehen.»

«Gut. Wie lange brauchen Sie zur Vorbereitung?»

«Nächste Woche – wenn ich den richtigen Partner finden kann.»

«Haben Sie denn niemanden?»

«Niemanden, wie ich ihn will. Dazu braucht man einen zweihundertfünfzig Pfund schweren Ringer. Jemand, der wie Red gebaut ist.»

L&L Red hatte mit Eiswürfel im Glas herumgeklingelt und am

leeren Glas gelutscht. Als sein Name erwähnt wurde, schaute er auf. «Was?»

«Nichts.» Ich erklärte Johnny, daß ich jemanden brauchte, der stark genug war, um jeden, der zögerte, niederzuschlagen. «Es wird eng sein, und die Männer sind schon vom Spiel erregt. Wir klopfen an die Tür, geben vor, von der Polizei zu sein, was sie weiter aufregen wird – aber sie werden die Tür öffnen. Sobald sie das machen, rennt der Schläger rein. Ich komme hinter ihm mit einer abgesägten Schrotflinte her. Ich will niemanden auseinanderpusten, wenn es nicht sein muß. Der Gorilla kann jeden umnieten, der sich falsch benimmt.»

Johnny nickte zustimmend; er verstand die taktische Situation und auch die Professionalität der Ausführung. Die kurze Bemerkung über die Schrotflinte schüchterte ihn ein – was ich beabsichtigt hatte.

Als wir uns auf dem Parkplatz voneinander verabschiedeten, schüttelte er mir fest und enthusiastisch die Hand.

Mit dem ersten vollen Benzintank des M. G. Roadster in den vergangenen sechs Monaten fuhren wir in nordwestlicher Richtung auf dem Hollywood Freeway ins San Fernando Valley. Die Autos auf dem Freeway brausten vor sich hin. Der Wind, der sich an der Windschutzscheibe des Cabrio brach, und die Sonne in meinem Nacken fühlten sich wundervoll an. Das Leben kann köstlich sein, sogar für einen Außenseiter und Kriminellen.

Bei dem schwarz-weißen Schild ‹Vine Street, rechte Spur› mußte ich an Abe Meyers denken. Er würde vielleicht Waffen zur Verfügung stellen, die Finanzierung besorgen, vielleicht sogar Ausweispapiere. Abe würde jetzt in seinem Club sein. Das Motel würde in den nächsten Stunden nicht weglaufen.

Von der nächsten Tankstelle telefonierte ich, um herauszufinden, ob die Polizei im Club gewesen war. Abe war von dem Anruf überrascht und behauptete, er hätte erst gestern gehört, daß ich im Gefängnis sei. Ich unterdrückte meine Zweifel, obwohl ich versucht war, ihn zu fragen, wo ich wohl seiner Ansicht nach gewesen war, um die Sache mit Stan Bergman zu regeln. Er sagte, die Polizei hätte sich bei ihm nicht nach mir erkundigt. «Du bist nicht abgehauen, oder?»

«Nein. Ich habe nur die Bewährungszeit gestrichen. Ich komme auf 'nen Drink vorbei.»

«Ja, okay.» Er hörte sich nicht begeistert an.

Red umkreiste den Block und fuhr einmal ohne anzuhalten die Straße runter. Es waren keine besonders gewöhnlich aussehenden Autos und unauffällige Männer zu sehen. Ich hatte so etwas auch nicht erwartet. Für dieses teure Fahndungsnetz war ich ein zu kleiner Fisch.

Als wir zum zweitenmal die Straße hinunterfuhren, fiel mir ein anderes Problem ein: L&L Red. Er sah zu sehr nach dem aus, was er auch wirklich war: ein betrunkener, geiler Penner. Sein Hemd war unter der rechten Achsel eingerissen, so daß seine Achselhaare heraushingen. Ich schämte mich dafür, mich zu schämen – denn verglichen mit Abe war er tugendhaft oder besaß zumindest die Tugenden, die ich schätzte: Aufrichtigkeit und Loyalität. Unter diesen Umständen konnte ich mir aber seine Unberechenbarkeit nicht leisten. Ich sagte ihm, daß jemand Wache stehen müßte, und gab ihm genug Geld für ein paar Flaschen Wein und sagte ihm, er solle vor der Clubtür auf mich warten. Wenn die Polizei auftauchen sollte, solle er gegen die Tür treten. Der Gedanke an den Wein dämpfte seine Enttäuschung, und gegen die Notwendigkeit einer Wache konnte er nichts einwenden. Er ließ mich neben dem Seiteneingang raus.

Trotz der Versicherungen von Abe und trotz meiner eigenen Beobachtungen ging ich aufs äußerste gespannt durch die Tür. Die Polizei benutzte Momente wie diesen, um Fallen zuschnappen zu lassen.

Musik drang aus der Jukebox. Es war dunkel, und die Stühle standen umgekehrt auf den Tischen. Die schwach erleuchtete Höhle war fast leer. Abe stand hinter der Bar und sah zu Manny und einem großen, kahlköpfigen Mann hin, die auf Barhockern saßen. Vor ihnen lag eine Rechenmaschine, ein grünes Hauptbuch und ein Stapel Rechnungen. Abe sah mich, winkte mir kurz zu und wandte sich wieder der Maschine und der Buchführung zu. Die lässige Begrüßung sagte mir, wie sehr mein Einfluß in den letzten drei Wochen abgenommen hatte. Manny jedoch kam rüber.

«Was steht an, Max?»

«Ich will Abe sprechen und habe nicht viel Zeit.»

«Mann, er steckt mitten in der Scheiße. Die Sache, an der sie da arbeiten, muß noch heute nachmittag in der Post sein. Bringt zehn große Scheine ein.»

«Scheiße», murmelte ich.

«Vielleicht kann ich helfen?» fragte Manny.

Konnte man ihm trauen? Ich verdächtigte ihn keinen Augenblick, daß er sofort zur Polizei rennen würde. Aber wenn er zuviel wußte, dann hatte er etwas, was er eintauschen konnte, falls man ihn wegen einer kleinen Sache verhaftete – dealen oder Besitz von Marihuana etwa. Auf der anderen Seite, wenn er nur erzählen konnte, daß ich Waffen suchte, dann bedeutete das kaum eine Bedrohung. Es mochte das Verlangen der Polizei, mich zu fangen, steigern, aber es war kein Beweis für ein Verbrechen, den man vor Gericht benutzen konnte. Solange Manny nicht wußte, wo oder wann man sie überhaupt benutzt hatte...

«Waffen? Mehr als eine?»

«Ja, ein paar großkalibrige Pistolen und eine Schrotflinte.»

«Du kannst im Pfandhaus eine Schrotflinte bekommen.»

«Wenn ich die Knete hätte. Ich hätte aber wirklich gern eine richtige Knarre, vielleicht eine Thompson oder eine Schmeiser.»

«Jemand hat gestern Abe angerufen und wollte ihm eine M16 verkaufen.»

«Verdammte Scheiße! Genau was ich brauche.»

«Ich erinnere mich nicht mehr daran, wer Abe angerufen hat, aber ich finde es heraus.»

«Wieviel wollte er?»

«Drei Scheine.»

«Verdammt! Wie lange wird er sie haben?»

«Wer weiß? Ich rede mit ihm. Ich würde dir die Knete leihen, aber ich hab selber nichts.»

«Wie steht's mit Pistolen? Irgendeine Idee? Wenn du jemanden kennst, der dir welche leiht – ich werde euch beide bezahlen.»

«Da kann ich vielleicht was machen. Ich kenne einen Kerl. Ja, eine Pistole ist im Büro. Einer der Barmänner hat sie da liegen gehabt, während er arbeitete. Er hatte einen Herzanfall und wird für ein paar Monate nicht wiederkommen. Ich glaube, es ist nur eine .32er. Willst du sie?»

«Aber klar.»

Manny ging ins Büro. Ich folgte ihm.

Die Pistole war eine kurzläufige .32er und war von einer Firma hergestellt worden, von der ich noch nie gehört hatte. Was Pistolen betrifft, so war das nicht viel, aber der Griff lag gut in der Hand. «Was ist mit den anderen – dem Kerl, den du kennst?»

«Ich treffe ihn heute abend. Ich weiß, er hat welche. Ruf mich morgen an.»

Als ich das Büro verließ, war Abe noch immer mit dem Mann an der Bar. Er sah, daß ich gehen wollte, und winkte mir zum Abschied zu.

Das Motel war riesig und völlig neu. Es hatte einen Swimming-pool von olympischen Maßen und ein Green für Golffanatiker. Außerdem gab es eine große Cafeteria. Um in die Zimmer und Suiten zu kommen, die in zwei Stockwerken übereinander lagen und alle zum Pool hinausgingen (im ersten Stock war ein Balkon, der um das ganze Hotel lief), war es nötig, eine Einfahrt zu benutzen, die zwischen der Cafeteria und dem Büro durchführte, die beide große Fenster hatten. Hineinzugehen und die Beute zu holen würde einfach sein, aber zu verschwinden, besonders wenn man es eilig hatte, konnte Aufmerksamkeit auf sich ziehen, und das war riskant.

Red hatte einen Block entfernt geparkt, und wir gingen zurück, durch die Einfahrt und umrundeten den Pool. Es war heiß, und mittelalte Mittelklasse-Touristen hatten sich auf Liegen ausgestreckt, sonnten ihr bleiches Fleisch und versteckten die Augen hinter dunklen Sonnenbrillen. Wieder einmal verursachte mir Reds Anwesenheit Unbehagen, aber nicht, weil sie mir peinlich war. Er war anders, und deswegen würde man sich an ihn erinnern. Wenn der Beutezug aufflog oder jemand erschossen wurde, dann würde die Untersuchung auch die Befragung der Gäste einschließen. Ich versuchte stets, nicht aufzufallen und meine kriminellen Absichten zu verbergen.

Die Suite, in der das Spiel stattfinden sollte, war die letzte am Ende des Balkons. Von unten sah ich, daß der Balkon um die Ecke lief und wir (wer auch immer bei mir sein würde) uns zehn Fuß auf ein leeres Grundstück neben dem Motel fallen lassen konnten. Wir würden nicht wieder durch die Einfahrt mit den großen Fenstern gehen müssen. Gut so.

Ein mögliches Problem – außer daß etwas in der Suite schiefgehen könnte – war, daß irgendein Gast in der Nacht vielleicht schwimmen wollte und uns durch die Tür eindringen sah. Ich entschied, daß ich das Risiko durchaus eingehen konnte und es kalkulierbar war.

«Laß uns abhauen», sagte ich zu Red.

«Wollen wir uns nicht im Zimmer umsehen?»

«Ich kann's mir nicht leisten, es zu mieten. Aber wie geheimnisvoll kann ein Motel schon sein?»

Wir gingen zum Wagen zurück.

Der Freeway durch das San Fernando Valley war höhergelegt, so daß man einen Panoramablick über den Zaun hatte, der die Hunde, Katzen und Kinder fernhalten sollte. Smog verhinderte die Fernsicht, aber so weit man blickte, konnte man nur Hausdächer hinter Baumreihen sehen, die die Avenues markierten. Die Häuser waren pastellfarben gestrichen, und Fernsehantennen verunstalteten die Silhouetten der Dächer. In regelmäßigen Abständen kam ein blauer Fleck – ein Swimming-pool. Die Horizontlinie war gerade, nur ab und zu erhob sich ein Einkaufscenter. Dies war das Mekka des American Dream, die Welt, die jedermann für sich erhoffte. Eine Welt voll schlanker junger Frauen (die sich mit Schneewittchen verbündet hatten, um so auszusehen) in Shorts und Tops, die mit 400-PS-Kombis zu klimatisierten, von Klängen durchwehten Supermärkten von Babysitter-Unternehmen fuhren und zu Kulturveranstaltungen, die einzig auf Diskussionszirkel für die bedeutenden Werke reduziert waren. Ein Leben voller Grillabende am Swimming-pool. Die Drive-in-Kinos waren das ganze Jahr über offen. Mich sprach so etwas nicht an. Scheiß auf die Krankenversicherung und die Lebensversicherung. Sie wollten leben, ohne die Gebärmutter zu verlassen. Ich fühlte mich viel lebendiger, wenn ich ein Spiel gegen die Regeln der Gesellschaft spielte, und ich war bereit, es bis zum Ende zu spielen. Ein Zittern, fast eine Art sexueller Erregung, durchfuhr mich, als ich mir den zukünftigen Raubüberfall vorstellte.

Ich entschied, Willy und Selma zu besuchen, und bat Red, nach El Monte zu fahren. Als der Verkehr schwächer wurde, wollte er eifrig, fast bettelnd eine Versicherung, daß mir die Sache gefiel. Solch kriecherischer Eifer bewirkte Nachdenklichkeit und Distanz. Ich antwortete einsilbig, aber als er ständig nachfragte, stimmte ich zu, daß es ‹ziemlich gut› sei. Diese Zustimmung bewirkte einen glückseligen Redeschwall. Er erzählte, was für gute Freunde wir waren; prahlte mit tollen Parties, die wir gefeiert hatten, und mit den Parties, die wir noch feiern würden. Er wollte noch einmal ein Faß aufmachen. Er wurde alt; sein Gesundheitszustand verschlechterte sich; er brauchte Geld.

«Ich kümmere mich immer um dich, wenn du den Mund hältst.»

«Ich will kein Handgeld von ein paar hundert. Ich will einen Anteil.»

«Niemand bekommt einen Anteil, der kein Risiko trägt.»

«Ich weiß... ich weiß. Aber verdammt, Max... Mann, ich brauch's dringend. Ich bin alt, und ich muß mir 'ne Pussi kaufen. Mein Blutdruck ist total hoch. Ich muß noch einmal was losmachen... ein anständiges Auto und ein grauer Seidenanzug; dann werde ich mich umbringen.»

Er sprach leidenschaftlich, und er glaubte zweifellos jedes Wort. Wenn es Zeit für den Selbstmord sein würde, würde er jedoch noch einen weiteren ‹absolut letzten› hedonistischen Atemzug tun wollen.

Er versuchte es mit einer anderen Taktik. Er würde seinen Wagen als zweiten Wagen bei der Sache benutzen, uns dicht folgen, und falls uns irgendwer verfolgen sollte, würde er ihn abblocken und, wenn nötig, auch rammen. Er schwor, er würde es für zweitausend Dollar machen. Ich versprach, darüber nachzudenken, obwohl ich die Idee schon abgetan hatte, als er sie ausgesprochen hatte. Auf einem anderen Beutezug war ein zweiter Wagen manchmal eine gute Idee – ein Überfall auf eine Bank bei Tag zum Beispiel, wenn die direkte Verfolgung sehr wahrscheinlich ist. Hier jedoch bestand fast kein Risiko, verfolgt zu werden, und selbst wenn jemand hinter uns her sein würde, bezweifelte ich, daß Red etwas tun würde. Es braucht Nerven, ein Polizeiauto zu rammen, wenn man weiß, daß man im Knast landet und einem dort die Birne weich geprügelt wird. Selten kann eine Strafe (jenseits eines Verkehrsdelikts) für solch einen ‹Unfall› verhängt werden, aber die Polizisten wissen, was Sache ist, und prügeln den Fahrer windelweich.

Ich entschied für mich, daß ich ihm einen Tausender geben würde, wenn alles glatt lief. Es war weniger, als er wollte, aber eine gute Bezahlung dafür, daß er mich ein paar Tage herumgefahren hatte. Zweifelsohne würde ihm auch Johnny Taormina etwas geben.

Kapitel drei

Willy arbeitete noch und wurde nicht vor einer halben Stunde zurückerwartet. Ich beschloß zu warten. Red mußte noch vor Büroschluß seinen Scheck vom Arbeitsamt holen. Red wollte dann zurückkommen und mich zu einem Kneipenbummel einladen (seine wirkliche Absicht war, mich enger an sich zu binden), aber ich lehnte ab und zerstreute seine Bedenken mit dem Versprechen, daß alles seinen Weg gehen würde. «Keine Sorge. Ich rufe dich morgen in der Billardhalle an.»

Selma kochte das Abendessen. Sie sagte mir nachdrücklich, daß Willy heute mit ihr und den Jungen ins Kino gehen wollte. Sie war abweisend und fast schon unhöflich. Ich ging nach draußen und wartete dort.

Das Haus mit seiner langen, dreckigen Einfahrt und dem unkrautübersäten Rasen lag etwas von einem ländlichen Boulevard entfernt, der von den Lastern der Beton- und Asphaltfabriken befahren wurde. Ich lehnte mich gegen den rauhen Stamm eines Baumes. Die Szene war banal und düster, voller Energie, doch ohne Schönheit.

Drei junge Burschen kamen die Straße herunter. Sie hatten Stöcke dabei, mit denen sie auf das hohe Unkraut einschlugen. Zwei waren Willys Söhne. Der andere, ein oder zwei Jahre älter, war hellhäutiger, schlank und hatte eine glatte Haut, ein ganz hübscher Bursche. Alle drei waren verkratzt und verdreckt.

Sie traten mit der scheuen Offenheit von Kindern an mich heran, die ausreichend Liebe kennengelernt hatten, egal wieviel sie auch hatten leiden müssen. Der dritte Junge wurde Joey genannt. Ich erkannte die Ähnlichkeit mit Joe Gambesi. Er war Marys Sohn. Er ging ins Haus, um seine Mutter anzurufen; er wollte hier essen und mit seinen Cousins ins Kino gehen.

Ein paar Sekunden später bog Willy in die Einfahrt. Die Darin-Kinder hatten mich sofort vergessen. Sie rannten zum Auto und fielen über ihren Vater her, als er aussteigen wollte, packten ihn an den Beinen und sprangen an ihm hoch. Er schnappte sich einen mit jeder Hand am Gürtel, hob beide vom Boden auf und drehte sich mit ihnen im Kreis. Sie kreischten glücklich vor Angst. Er setzte sie wieder ab und legte seine Arme sanft um ihre Schultern, dann schickte er sie nach drinnen, um sich vor dem Essen zu waschen.

«Gib mir nicht die Hand», sagte er. «Ich bin dreckig wie ein Schwein.»

«Der Job zieht dich ja ganz schön durch den Dreck.»

«Ja, aber was kann ich schon machen – mit Selma auf der einen Seite und dem Bewährungshelfer auf der anderen? Sie will von dir auch nichts mehr wissen. Sie sagt, ich soll mich gefälligst von dir fernhalten.»

«Hab ich schon mitbekommen. Sie braucht jemanden als Sündenbock, falls du wieder auf die schiefe Bahn gerätst.»

«Wo hast du gesteckt? Ich hatte deinen Besuch erwartet.»

Ich erzählte ihm vom Gefängnisaufenthalt und daß ich auf der Flucht sei.

«Also machst du wieder mit der alten Tour weiter.»

«Das ist das, was ich am besten kann ... außer Zeit absitzen.»

«Wäre Scheiße, dich wieder im Knast zu sehen.»

«Was kann ich sonst machen?»

«Nichts, vermute ich. Das erinnert mich an was. Ich hab vor ein paar Tagen was gesehen, das dich interessieren könnte. Ein Geschäft. Scheint einfach zu sein.»

«Im Augenblick arbeite ich an dem Überfall auf das Spiel, den L&L organisiert hat. Ich habe sogar schon den großen Johnny T. kennengelernt. Er ist nur noch der zittrige Schatten seiner selbst.»

«Das ist immerhin besser als tot, wenn du mich fragst.»

Eine Gestalt zeigte sich hinter der Fliegentür im Eingang. Selma rief Willy zu, daß das Abendessen in ein paar Minuten fertig sein würde.

«Laß uns hinters Haus gehen», sagte Willy. «Ich brauche meinen Schuß.»

«Dann bist du also wieder voll drauf ... sitzt wieder in deiner Scheiße, wie ich in meiner.»

«Nur halb drauf. Ich kann innerhalb von zwei Tagen wieder clean sein.»

«Ja, schon gut, du bist in zwei Tagen clean.»

Neben der Garage war ein kleiner Abstellraum. Körbe voll alter Kleider, ein Sofa und ein kaputter Kühlschrank standen dort. Unter dem Kühlschrank holte Willy ein Glas hervor, in dem sein in Zellophan gewickeltes Besteck lag und ein Kondom voller Heroin.

«Willst du was?» fragte er und knotete das Kondom auf. Es war eine halbe Unze Heroin, und Willy konnte sich keinen Hundert-Dollar-Anzug von seinem Lohn leisten. Er mußte also ein wenig dealen.

«Ja, ich probier's mal wieder.»

Eine Minute später zog ich die Nadel heraus und drückte das Blut mit meinem Daumen ab. Es war schon viele Jahre her gewesen, und ich bereute kurz meine Schwäche. Die wurde in dem schnell einsetzenden Hochgefühl weggeschwemmt. Wärme durchströmte mich und erreichte jede Faser meines Körpers (ein unbeschreibliches Gefühl) und die verborgensten Tiefen meines Geistes. Alle Einsamkeit war vergessen. Er herrschte Friede auf Erden. Doch war meine Wut zu kostbar, um sie für immer im Drogendämmer des Süchtigen zu verlieren.

«Guter Stoff», sagte ich undeutlich.

«Nicht übel. Das Scheißzeug wird eines Tages mein Tod sein.»

«Wie schaffst du den Test?»

«Ich gehe nicht hin. Ich fixe zwei Tage lang nicht und gehe in die Sauna. Letzte Woche bin ich nicht hingegangen; diese Woche habe ich ein Kodeinrezept von einem Zahnarzt, also macht es nichts. Hast du Hunger?»

«Was ist mit Selma? Sie hat bestimmt keine Lust, mich zu verköstigen.»

«Mann, scheiß drauf. Laß uns reinhauen.»

«Wo kann ich diese Pistole hinlegen, bis ich wieder gehe?»

«Scheiße! Du hast dir schnell eine Knarre besorgt. Hier.» Er nahm sie und legte sie hinter die Sofakissen. «Niemand kommt her. Das erinnert mich an das Geschäft. Ich habe einen Scheck einkassiert, und sie haben mich zum Büro des Managers geschickt. Es liegt im ersten Stock, direkt hinter der Tür zum Parkplatz. Niemand sieht dich hochgehen. Da steht ein fetter Safe im Büro.»

«Wie groß ist das Geschäft?»

«Kein großer Supermarkt oder so was, aber auch kein Tante-Emma-Laden.»

«Wie viele Kassen?»

«Drei.»

«Könnte sich lohnen. Wo ist das Geschäft?»

«Auf der Santee, direkt neben der Freeway-Ausfahrt.»

«Da wir gerade vom Geld sprechen, wie bist du beieinander?» Er wurde rot vor Verlegenheit. «Vergiß es. Uns werden die Scheine nur so aus den Ohren kommen, sobald ich 'nen Treffer lande.»

Die Entscheidung wurde vertagt, und wir gingen hinein. Die Kinder hatten bereits gegessen und waren im Nebenzimmer. Trotz der Droge hatte ich Hunger. Willy saß mir mit nacktem Oberkörper gegenüber, hatte sich über den Tisch gelehnt und schaufelte das Essen in sich hinein. Sein muskulöser Oberkörper paßte eher zum Klischee eines Matrosen als zu einem Drogenabhängigen. Selma merkte, daß wir gefixt hatten, und starrte mich anklagend an. Sie sagte fast nichts und klapperte beim Abwaschen mit den Töpfen – aber sie hatte mir Teller und Besteck hingestellt.

Man entschied, mich auf dem Weg zum Kino bei Mary abzusetzen. Joey wollte die Nacht über bei seinen Cousins bleiben. Während der kurzen Fahrt in dem stickigen, überfüllten Auto überlegte ich mir, daß meine Übernachtungssituation unhaltbar war. Heute würde ich nach Einbruch der Dunkelheit ein Auto stehlen und einen kleinen Überfall begehen. In der Nähe der Pferderennbahn von Santa Anita war ein Motel, das ich vor Jahren einmal überfallen hatte; es würde mir sicher ein paar hundert Dollar einbringen. Mary hatte bestimmt einen alten Nylonstrumpf, den ich als Maske benutzen konnte. Der Diebstahl eines Autos würde einfach sein. Ich brauchte nur eine Pistole und etwas Mumm. Hatte ich beides. Es war natürlich nicht der smarteste Deal in der Geschichte des Verbrechens – aber scheiß doch drauf.

Der Autodiebstahl erwies sich als unnötig. Mary hatte einen elf Jahre alten Plymouth. Nach einem Moment des Zögerns, während dessen sie auf ihrer Lippe kaute, gab sie mir die Schlüssel und nahm mir das Versprechen ab, am Morgen wieder da zu sein, damit sie einkaufen fahren konnte.

Gegen einundzwanzig Uhr war ich in Santa Anita und sah, daß sich an Stelle des Motels ein Kaufhaus befand. Ich fuhr die Boulevards in den Vorstädten ab und suchte nach einer anderen Gelegenheit. Meine Zeit war knapp bemessen. Je später es wurde, desto mehr Lichter gingen aus, das Geld wurde weggeschlossen, und der Verkehr würde so spärlich sein, daß ich keine Deckung mehr hatte. Ich suchte nach einem alleinstehenden Geschäft, in dem sich nur ein paar Personen befanden, das so lag, daß Fußgänger und vorüberfahrende Autos nicht sehen konnten, was im Innern vorging. Ein paar Spirituosengeschäfte erfüllten diese Anforderungen, aber sie waren tabu. Diese Läden sind für Gangster das, was Fliegenpapier für Fliegen ist. Sie werden regelmäßig von Amateuren ausgeraubt, denen nicht bewußt ist, daß sie meistens Ex-Boxern oder ehemaligen Polizisten gehören oder anderen schlagkräftigen Persönlichkeiten. Oft liegt eine Pistole unter der Ladentheke, oder die Frau des Eigentümers sitzt mit einer Schrotflinte im Hinterzimmer. Und immer ist das Geld (außer ein paar Dollar) versteckt.

Um dreiundzwanzig Uhr fand ich einen kleinen Laden. Er lag an einer Straßenecke am Rand einer Wohngegend, und alle Läden drum herum waren geschlossen und dunkel. Kein Fußgänger war zu sehen. Ich parkte zweihundert Yards entfernt in einer Seitenstraße, überprüfte meine Pistole und ging zurück. Meine Gedanken waren auf ein einziges Ziel fokussiert. Ich hatte gelernt, daß zuviel Nachdenken über die Folgen den Mut dämpft. Man läßt sich auf ein Verbrechen ein, ähnlich wie man in den Krieg zieht – nur kann der Verbrecher noch aussteigen, bis die Aktion beginnt; der Soldat empfängt seine Befehle.

Trotz meiner Konzentration wollte mein Körper protestieren. Meine Beine waren steif, und ich hatte einen Kloß im Magen. Ich merkte, daß ich diesen lächerlichen Überfall als Übung mindestens so sehr wie als Finanzierungsquelle brauchte.

Ich trat durch die Tür in den Laden, hielt die Maske zusammengeballt in der Hand, bereit, sie sofort über meinen Kopf zu ziehen, hatte den Revolver in der Gesäßtasche, bereit, ihn zu ziehen – und blieb wie angewurzelt stehen.

Ein Jugendlicher, mit weißer Schürze, stand auf einer Leiter und stellte Apfelsinenkisten und Waschmittelkartons ins Regal. Ein älterer Mann, auch mit Schürze, stand neben ihm und reichte ihm die Sachen an. Keiner der beiden hatte mich bemerkt.

Es waren Chinesen.

Mein Magen rebellierte. Als ich fünfzehn Jahre alt war, hatte ich einen älteren Chinesen zusammengeschlagen. Marys Bruder Gino war bei mir gewesen. Der Mann war etwa fünfzig, gebrechlich, sein Gesicht wirkte wie altes Pergament. Ich hielt eine drei Fuß lange, kräftige Latte in der Hand. Ich verlangte sein Geld. Ich werde nie wissen, ob er sich weigerte oder ob er mich einfach nicht verstanden hatte. Ich schlug zu, und die Latte traf seinen Kopf, und er griff nach der Latte. Wir kämpften kurz; dann ließ ich mit einer Hand los und boxte ihn in den Magen. Eine Zigarette hing aus seinem Mund heraus. Sie verschwand, und dann, ich werde den Anblick niemals vergessen, spuckte er den zermanschten Tabak zusammen mit Zahnstückchen aus. Ich verlangte noch einmal sein Geld, und wieder schüttelte er den Kopf, und ich schlug weiter auf ihn ein. Ich merkte, daß die Knochen in seinem Gesicht brachen, und bei jedem Schlag platzten neue blutende Wunden auf. Ich war außer mir vor Wut. Er schüttelte immer nur den Kopf und wollte einfach nicht umfallen. Gino sah schreckerfüllt zu. Schließlich fiel der Mann um, und ich zog seine Brieftasche aus der Hose. Als ich mir in einer Tankstelle die Hände wusch, waren sie bis zu den Gelenken mit Blut bedeckt. Ich kotzte. In der Brieftasche befanden sich zwölf Dollar.

Ich hatte diese Episode niemals vergessen. Und im Gefängnis hörte ich erfahrene Diebe immer wieder sagen: Raube niemals einen Chinesen aus, sie werden ihr Geld nie rausrücken.

Jetzt stand ich im Laden wie angewurzelt da und wollte nur wieder raus. Aber ich brauchte das Geld. Ich zog die Pistole und ging zur Kasse. Sie mußten mir das Geld ja nicht geben. Ich mußte sie nur in Schach halten, während ich es mir nahm.

Der alte Mann hörte meine Schritte. Ich hob die Pistole, als er sich umdrehte. «Nicht bewegen.» Meine Stimme hörte sich peinlich schrill an.

Seine Augen verengten sich, sonst kam keine Antwort. Ich bewegte mich weiter und beobachtete sie dabei. Wenn nötig, würde ich schießen, zuerst in die Beine.

«He, Mann», sagte der Jüngere und stieg von der Leiter. Ich hob die Pistole und zielte auf seinen Bauch. Der ältere Mann packte ihn am Arm.

Niemand sagte etwas. Ich öffnete die Kasse und benutzte dabei den Knöchel, um keine Fingerabdrücke zu hinterlassen. Dann bemerkte ich, daß ich die Maske vergessen hatte; sie lag noch zusammengeknüllt in meiner Hand. Sie würden mich identifizieren können, wenn ich verdächtigt werden sollte. Einen Augenblick lang überlegte ich, sie zu töten, sah dann aber den absoluten Irrsinn meiner Überlegung ein. Ich schaufelte Scheine und Münzen in meine Taschen, zählte erst gar nicht nach, doch wußte ich, daß die Beute mager war. Den Blick fest auf die beiden Männer gerichtet, ging ich um die Ladentheke und zur Tür hinaus. Dann rannte ich zu meinem Wagen.

Zehn Minuten später – in einer Millionenstadt hieß das eine Unendlichkeit von dem Verbrechen entfernt – zählte ich das Geld: einhundertfünfundachtzig Dollar. Der Betrag war im Vergleich zu einer potentiell lebenslangen Strafe so gering, daß ich weinen wollte. Was für ein Leben war das? Es schmerzte mich auch, daß ich die Habenichtse beraubt hatte. Was ich so gewalttätig genommen hatte, war vielleicht mehr als ihr Verdienst aus einer Woche harter Arbeit. Ich bereute zwar meine Tat nicht unbedingt – sondern wurde eher allgemein von dem Chaos menschlicher Existenz gequält. Ich verfluchte besonders dieses Leben, in dem das Verbrechen meine einzige Chance war.

Kapitel vier

An dem Flackern grau-weißlichen Lichts hinter den Jalousien erkannte ich, daß Mary vor dem Fernseher saß. Sie trug einen Hausmantel aus Flanell, und ihr Haar war mit Lockenwicklern aufgedreht. Sie legte einen Zeigefinger vor die Lippen und flüsterte, Lisa könne aufwachen. Wir gingen in die Küche.

Ich hatte zwei Tüten mit Lebensmitteln dabei, ein Freundschaftsgeschenk und ein Tribut des Verbrechens an das Schicksal. Das meiste, was ich gekauft hatte – Steak, Hummer und einen riesigen Schinken in der Dose –, war für eine Familie, die von der Sozialhilfe leben mußte, zu teuer.

Als sie die Tuten auspackte, starrte sie mich fragend und zweifelnd an. Sie wollte wissen, woher das Geld stammte.

«Also, würdest du mir glauben...»

«Nein, würde ich nicht.»

«Dann schau einem geschenkten Gaul nicht ins Maul, ja.»

«Was immer du getan hast, es ist es nicht wert. Selma hat mir erzählt, daß du die Bewährung geschmissen hast. Du hast es nicht einmal versucht.»

«Willy erzählt ihr zuviel, und sie plappert einfach zuviel rum.»

«Warum hast du es nicht wenigstens versucht?»

«Man muß nicht versuchen, den Pazifik zu durchschwimmen, um zu wissen, daß man es nicht kann.»

«Und was soll jetzt werden?»

«Es sieht so aus, als ob ich entweder die Taschen voller Geld haben werde oder 'ne Fahrkarte ins Gefängnis kriege. Wenn ich das Geld nicht beschaffen kann, dann kümmert mich das andere auch nicht weiter.»

«Was für ein Leben ist das denn?»

«Nichts für dich. Für mich ist es wohl richtig. Leg das Fleisch in den Kühlschrank; dann kannst du predigen.»

«Das werde ich mir sparen. Danke für die Sachen.»

Während sie in der Küche herumging, bemerkte ich, daß sie meine Rückkehr halbwegs erwartet hatte. Lisa schlief bei ihr im Zimmer, und Joey war bei Willy und Selma, also konnte ich im Kinderzimmer schlafen. «Wenn du Hunger hast», sagte sie, «kann ich dir ein Sandwich machen.»

«Lieber ins Bett.»

«Dann komm. Du kannst beide Betten nehmen, beide sind frisch bezogen.»

Das Zimmer war klein, sauber und spartanisch eingerichtet. Die Wände waren nackt; es lag kein Spielzeug herum.

«Komm einen Moment rein», sagte ich und packte sie am Arm, als sie gehen wollte. Meine Stimme war heiser. Sie schaute mir in die Augen, und ihre Augen weiteten sich. Ich fürchtete, daß sie mich nicht verstand und ablehnen würde.

«Ich komme gleich zurück», sagte sie.

Während ich nackt unter dem Laken wartete, fühlte ich mich schlecht wegen Joe Gambesi. Wie auch immer ihre Beziehung jetzt aussah, sie war dennoch die Frau eines Freundes. Und obwohl sie attraktiv war, war sie auf andere Weise wieder zu vertraut, um intensive Leidenschaft zu wecken. In diesen rasch wechselnden Überlegungen tauchte ein bizarrer Gedanke auf: der Höhepunkt des Versagens für einen Mann, der aus dem Gefängnis entlassen wurde, war, daß er so schnell wieder eingebuchtet wurde, daß er seinen Schwanz noch nicht mal hatte anfeuchten können. Das war ein schrecklicher Gedanke und durchaus möglich, und das verstärkte meine aufflackernde Lust.

Als Mary zurückkam, trug sie zwar noch den Hausmantel, aber sie hatte ihr Haar ausgebürstet. Es fiel nun über ihre Schultern und schimmerte prächtig. Im Schlafzimmer war es dunkel, aber die Tür war leicht geöffnet und der Raum ein wenig erleuchtet. Als sie zu mir trat, sah ich ihre Beine; unter dem Morgenmantel war sie nackt. Ihre Beine waren kräftig und geschmeidig wie die einer Tänzerin. Ich hatte sofort einen Steifen, und als sie den Hausmantel auf den Boden fallen ließ, unter die Laken glitt und mit ihren Fingern sanft über meinen Bauch streichelte, wurde ich noch geiler. Ihr Haar fiel über meine Schulter und meine Wangen, und die Berührung elektrisierte mich. Acht Jahre lang hatte ich keine Frau mehr geküßt, und ich hatte praktisch vergessen, wie sich ein weicher Körper, der nach Seife duftet, anfühlt.

Wir hatten gerade zu ficken begonnen, als die Schlafzimmertür geöffnet wurde. Das Licht vom Flur fiel herein, und wir schauten zur Tür. «Mom, bist du da? Oh ...!»

Das Laken war verrutscht. Mary hatte ihre Beine um mich gelegt, ihre Fußsohlen strichen über die Hinterseite meiner Schenkel. Sie schnappte nach Luft und wollte mich abwerfen. Mein Blick war starr auf den entgeisterten Blick des Mädchens in der Tür gerichtet. Die Lampe im Flur wirkte wie ein Spot.

«Raus hier», sagte ich ärgerlich, empfand aber auch eine absurde Scham, als würde ich etwas Falsches tun. Und außerdem wollte ich lachen, denn es schien, ich wäre dazu verdammt, keusch zu leben.

«Wer bist du?» wollte das Mädchen wissen; sie war nahezu hysterisch. Ich bewegte mich auf sie zu und meine Erektion verschwand. Sie zog sich zurück. Mary hatte sich ein Laken umgelegt.

«Ich schreie!» sagte das Mädchen, als ich sie am Arm packte. Ich konnte schon sehen, wie die Nachbarn die Polizei riefen. «Du wirst so was nicht tun», sagte ich und drückte fest ihren Arm, bis sie jammerte.

«Laß sie in Ruhe, Max», sagte Mary mit schriller Stimme. «Oh, Lisa, geh in mein Zimmer. Ich komme gleich nach.»

Das Mädchen starrte uns an, und ihr Schrecken verwandelte sich in Boshaftigkeit. Sie wirbelte herum und verschwand. Die Tür ließ sie offen. Eine andere Tür wurde zugeschlagen.

Mary wiegte sich vor und zurück, noch mit dem Laken umwickelt. Ich schloß die Tür.

Ich zog meine Shorts an, setzte mich aufs Bett und wollte gern weitermachen – aber Marys leerer Blick bedeutete ein unmißverständliches Nein.

«Das war ja ein irrer Höhepunkt», sagte ich kichernd.

«Das ist nicht lustig.»

«Irgendwie schon. Und manchmal kann man doch nur Witze reißen. Die traurigsten Sachen sind die lustigsten.»

Sie ignorierte mich. «Was soll ich jetzt machen?» Sie dachte laut nach. «Das ist das erste Mal.»

«Dann bist du ein Dummkopf», wollte ich ihr sagen. Statt dessen sagte ich: «Vielleicht kann ich mit ihr reden.»

«Nein. Du gehst besser. Wenn du fort bist, kann sie mir vielleicht verzeihen.»

«Dir verzeihen! Was denn?» Ich biß mir auf die Zunge.

«Wir hätten es nicht tun sollen.»

Mir fehlten die Worte. Mary glaubte wirklich, wir hätten etwas Unmoralisches getan. Es war phantastisch und traurig zugleich. Wenn sie ihre Tochter um Verzeihung bitten würde, würde sie ihren Glauben, daß sie etwas Falsches getan hatte, nur bestärken.

Ich zog mich rasch an. Mary wartete keusch unter ihrem Laken, bis ich gegangen war.

Es war halb drei Uhr morgens, als ich den Wagen startete, denn ich hatte noch die Schlüssel. «Ich werde mir jetzt 'ne Möse aufreißen», dachte ich, «selbst wenn ich irgendeine aus den Büschen anspringen muß.» Zwanzig Minuten später fuhr ich langsam in Downtown Los Angeles den Broadway herunter und suchte nach einer Hure. Um diese Uhrzeit war das nur einen Hauch weniger riskant als Vergewaltigung, denn jeder vierte Wagen war schwarz-weiß lackiert, und auf seinem Dach thronte ein rotes Licht. Ich entdeckte eine Nutte, die im Licht des Eingangs eines 24-Stunden-Kinos stand. Sie trug einen Minirock aus leuchtendgelbem Rayon. Zwanzig Minuten später waren wir in einem Motel.

Als wir bei Tagesanbruch das Motel verließen, klaute ich den Fernseher. Scheiß drauf. Ein echter Krimineller ist immer im Dienst.

Die ganzen Treffpunkte der Unterwelt würden bis zum Anbruch

der Dunkelheit ziemlich leer sein. Ich setzte die Hure in Downtown ab, frühstückte und vertrieb mir die Zeit, bis die Geschäfte aufmachten. Ich ging einkaufen, kaufte mir ein Paar anständige Hosen und einen Pullover und ein paar pflegeleichte Klamotten; auch zwei Paar Schuhe, eines davon mit Kreppsohlen. Dann zahlte ich für eine Woche die Miete in einem Motel, nahe am Hollywood Bowl. Das Zimmer war ganz ansprechend eingerichtet, und man blickte auf einen Swimming-pool und sonnengebleichte Hügel.

Obwohl ich vollkommen erschöpft war, duschte ich und rasierte mich und überlegte, an welchem Ort ich die Gefängnissachen wegwerfen konnte. Als ich die schmuddeligen Scheine und das Kleingeld zählte, betrug mein Reichtum ganze achtzig Dollar – nicht viel dafür, daß ich einen bewaffneten Raubüberfall begangen hatte. Obwohl es unwahrscheinlich war, daß ich nun gefaßt würde (die Polizei hatte inzwischen bestimmt schon jemanden bei einem ähnlich unbedeutenden Überfall geschnappt und ihn allen Opfern ähnlicher Überfälle gezeigt), konnte ich doch dafür ein Jahrzehnt in den Knast wandern. Der Gewinn aus diesem riskanten Unternehmen waren ein paar Klamotten, ein Stück Weiberarsch und eine Woche im Motel. Was mich am meisten verbitterte, war, daß ich noch eine weitere Dummheit begehen mußte, wenn kein ‹guter› Überfall möglich war, bevor ich wieder pleite ging. Es ist ekelhaft, sich dumm benehmen zu müssen, aber es ist doppelt so schlimm, wenn man es schon vorher weiß.

Und doch, als ich einschlief, war ich mit allem einverstanden. Während der einen Woche, in der ich versucht hatte, die Bewährungsauflagen zu erfüllen, war ich innerlich zerrissen und unsicher gewesen; jetzt tat ich wieder etwas, von dem ich wußte, wie es ging.

An diesem Abend durchstreifte ich das kriminelle Milieu der Stadt, um Kontakte zu knüpfen und einen Kompagnon zu finden. Ich wußte, letzteres würde trotz meiner zahlreichen kriminellen Bekannten schwierig sein. Ich brauchte einen erfahrenen Gangster, jemanden, der stark war und zäh und der vor nichts zurückschreckte. Diebe zu finden, die gefälschte Schecks einlösen wollten oder einen kleinen Einbruch begingen, war kein Problem; davon konnte ich sofort ein halbes Dutzend finden. Aber sie würden mich für vollkommen verrückt halten, wenn ich erwähnen würde, daß ich ein Würfelspiel der Mafia sowie Banken ausnehmen wollte. Obwohl es Gewohnheitsverbrecher sind, ziehen diese Kriminellen Vergehen vor, die mit geringen Gefängnisstrafen bestraft werden und wo man schnell wieder eine neue Chance bekommt, was auch Sinn macht – allerdings verdient man nur Pfennige. Kriminelle, die an das große Geld ran wollten und denen ich trauen konnte, gab es nur wenige und dann nicht auf einem Haufen. Der Mann, den ich wollte, mußte mir voll vertrauen, und ich mußte ihm absolut vertrauen können. Nur ein kleiner Bruchteil der Kriminellen, die ich kannte, erfüllte diese Qualifikationen, und die, an die ich mich erinnerte, saßen alle im Gefängnis.

Ich suchte die üblichen Bars auf: das *Carioca* an der Temple Street, das *Sunset* in der Nähe von Downtown, das *Ebony* an der Brooklyn Avenue, *Caballero's* am North Broadway. Es war gefährlich, sich hier nur blicken zu lassen. Die Beamten der Drogenfahndung hatten die Erlaubnis, jeden anzuhalten, nur weil sie die Person nicht kannten. Ich schlüpfte durch die Seitentüren hinein, trank ein Bier und sah mir die Leute an. In jeder Bar entdeckte ich bekannte Gesichter, einige kannte ich mit Namen. Die meisten Kriminellen in diesen Bars handelten mit Drogen, aber genau die suchte ich, denn ihr Geschäft brachte sie mit vielen anderen Kriminellen in Verbindung. Ich fand zwei, denen ich genügend vertraute, um sie direkt anzusprechen. Beide waren Mexikaner, Ex-Sträflinge mit ‹gutem› Ruf in der Unterwelt und auf dem Gefängnishof. Wir überlegten gemeinsam einige Möglichkeiten. Sie hatten hier und da jemanden gesehen, bei den Bewährungshelfern oder beim Drogentest, im Nachtclub, im Sportstadion. Ich wollte aber niemand, den sie erwähnten. Einer der Mexikaner konnte gefälschte Führerscheine und Militärpässe besorgen. Er versprach, das für mich zu arrangieren. Wir tranken Bier und erinnerten uns an die alten Zeiten. Beide waren süchtig, und keiner von ihnen war reich: «Gäb schon irgend'nen Idioten hier, der für mich dealen würde, wenn das Geschäft richtig laufen würde... würde doch nicht selber dealen.» Trotzdem legten sie ihr Bares zusammen und liehen mir fünfzig Dollar, «bis du wieder auf die Beine kommst».

Eine traurige Nachricht erreichte mich. Man hatte Augie Morales letzte Nacht geschnappt – genau hier auf dem Bürgersteig vor dieser Bar.

Zuletzt fuhr ich zum *Monticello*. Als ich hinter der Bar parkte, entdeckte mein Diebesauge etwas. Zwei Türen weiter, mit der Hintertür zum Parkplatz, lag ein Pfandhaus. In Pfandleihhäusern gibt es Waffen und verkäufliche Ware. Sie sind aber auch mit Alarmanlagen gesichert. Nebenan im selben Gebäude jedoch war ein kleiner Frisiersalon – und der hatte keine Alarmanlage. Außer dem *Monticello* würde in der Nacht nichts innerhalb von einhundert Yards belebt sein. Nachdem ich mein Bier ausgetrunken hatte, ging ich vorn hinaus und betrachtete die Schaufenster des Pfandhauses. Der vordere Raum war erleuchtet. Ich tat so, als würde ich mir etwas im Schaufenster ansehen. Doch suchte ich in Wirklichkeit die Wände nach Leitungen ab, die zeigten, daß es eine Alarmanlage gab. In Gebäuden dieser Art installierte die Baufirma keine Alarmanlage in der Wand, deswegen verlegte man die Drähte später in den Winkel, den Decke und Wand bildeten. Nichts war zu sehen. Der Besitzer hatte seinen Schutz auf Fenster und Tür beschränkt, wo kein Profi je einsteigen würde. Es würde leicht sein, im Friseursalon einzusteigen und durch die Wand zu brechen. Ich merkte mir diese Tatsachen gut für den Fall, daß Manny January die nötigen Waffen für den Überfall nicht besorgen konnte.

Kapitel fünf

Ich wachte früh auf, denn ich war es noch aus dem Gefängnis so gewohnt. Bereits jetzt knallte die Sonne aus dem wolkenlosen und vor lauter Smog dunstigen Himmel nieder. Ich überlegte, ob ich L&L Red besuchen oder doch lieber zum Strand fahren sollte. Letzteres gewann. Es würde angenehm sein, im feuchten Sand gerade außerhalb der Brandung zu gehen, ein bißchen Farbe nach den bleichen Gefängnisjahren zu tanken und jungen Mädchen zuzuschauen, die Volleyball spielten oder mit ölglänzenden Körpern sonnenbadeten. Es würde eine Ruhepause vom Existenzkampf und von der Anspannung sein. Eines der besten Dinge im Leben eines Kriminellen ist das Fehlen jeglichen Stundenplans.

Nahe der Universität fuhr ich an einer schwarzen Frau vorbei, die recht hübsch war, schlank, und deren Haar zu einer riesigen Afromähne aufgetürmt war. Sie erinnerte mich an Aaron und noch präziser daran, daß ich seine Mutter noch nicht angerufen hatte. Im Gefängnis hatte er sicher von meinen drei Wochen Knast nichts erfahren. Er würde nur wissen, daß ich mein Versprechen gebrochen hatte.

Vor einem großen hellen Café in Santa Monica hielt ich, frühstückte und rief an. Von dem wenigen, das Aaron über seine Mutter erzählt hatte, hauptsächlich von ihrem religiösen Fanatismus, erwartete ich das Stereotyp einer ‹Mammy›. Sie überraschte mich. Ihre Stimme hatte ohne Zweifel einen Akzent, aber sie verriet auch Kultiviertheit und Stolz. Sie hatte meinen Anruf erwartet. In der vergangenen Woche hatte man die Bewährung erneut um weitere zwei Jahre verschoben, und Aaron hatte ihr einen Brief für mich mitgegeben. Sie würde ihn schicken oder ihn mir geben, wenn ich ihn abholen wollte. Abholen war besser, denn ich wußte nicht sicher, wo ich wohnen würde.

Ich wußte, daß der Brief von der Flucht handeln würde, und ich fragte mich, wie er ihn rausgeschmuggelt hatte. Nun war ich mehr als gewillt. Aaron wäre der ideale Partner für mich, obwohl ich wußte, daß es noch ein paar Wochen dauern würde, bevor er ins Arbeitslager überstellt würde, da erst letzte Woche über seine Bewährung verhandelt worden war. Ich brauchte schon vorher einen Partner.

Ich ging gerade zur Theke, als jemand meinen Namen rief. Ich wandte mich gespannt um, fürchtete mich automatisch. Ein Mann stand von seiner Bank neben dem Fenster auf. Er war groß, und er grinste. Mein Gedächtnis meldete, er sei ein Freund, wußte aber nicht woher. Er trug eine dunkle Sonnenbrille, sein Haar war weiß und reichte bis zum Nacken; er hatte lange Koteletten und einen dichten, teuflisch wirkenden Schnurrbart. Dieser Zierat und seine schrillen Sportklamotten ließen ihn mich eher als Bekannten vom Strip einordnen als einen Kumpel aus dem Gefängnis.

Wir begrüßten uns, klopften uns auf den Rücken – da erinnerte ich mich wieder: Jerry Shue. Wir hatten in der U-Haft eine Zelle geteilt, bevor ich in den Knast wanderte. Man hatte ihn wegen Einbruchs verhaftet, aber man suchte ihn wegen Verletzung der Bewährung in einem Staat in den Rocky Mountains. Das war vor acht Jahren gewesen. Er war damals Ende Dreißig und hatte achtzehn Jahre ohne Unterbrechung gesessen, drei davon im Trakt für Todeskandidaten. Mit sechzehn war er das erste Mal wegen Autodiebstahls eingebuchtet worden. Im nächsten Jahr war er einer der acht Häftlinge – alle anderen waren älter –, die ausbrachen. Eine Wache war zu Tode geprügelt worden. Nach mehreren Tagen einer gewaltigen Menschenjagd durch Blizzard und Schneetreiben und nach einer Schießerei bei einer Farm, wo sie eine Familie als Geisel genommen hatten, wurden die letzten vier Ausbrecher geschnappt, unter ihnen Jerry Shue. Zwei hatte man innerhalb der ersten Stunden gefangen, und zwei weitere waren erschossen worden, als sie versuchten, eine Straßensperre zu durchbrechen. Diejenigen, die man lebend gefangen hatte, wurden allesamt wegen Mordes an der Wache zum Tode verurteilt, unter ihnen auch Jerry. Drei Jahre saß er in der Todeszelle, und sein Haar wurde grau. Der Gouverneur begnadigte fünf der sechs Verurteilten. Nur der Mann, der tatsächlich die Wache ermordet hatte, kam auf den elektrischen Stuhl. Jerrys Strafe betrug zwanzig Jahre. Nach fünfzehn Jahren hatte man ihn vorzeitig entlassen. Er floh sofort nach Kalifornien. Zwei Jahre später hatte man ihn wegen Einbruchs verhaftet.

Zunächst dachte ich, er sei abgestumpft – ‹im Knast verblödet› –, aber bald erkannte ich, daß sein ruhiger Stoizismus das Ergebnis von achtzehn Jahren hinter Gittern war. Er sagte ab und zu etwas so Hellsichtiges und Kluges, daß es mich erstaunte. Er war zudem gegen Gewalt verhärtet. Wer wäre das nicht nach achtzehn Jahren im Gefängnis? Wir waren gute Freunde in der erzwungenen Intimität der Zelle geworden, hatten manchmal bis zum Morgengrauen durchgeredet und tagsüber geschlafen. Er wartete immer noch auf eine Entscheidung über seine Auslieferung, als man mich in die Haftanstalt überstellte.

«Mit der neuen Frisur und den scharfen Klamotten habe ich einen Moment gebraucht, um dich wiederzuerkennen.»

«Ich habe dich gleich erkannt – aber du bist seit dem letzten Mal auch ganz schön rumgekommen.»

«Rumgekommen bin ich nur auf dem Gefängnishof.»

«So lange?» Er war überrascht. «Wegen Scheckfälschung?»

«Ich bin gerade erst rausgekommen. Wie steht's mit dir?»

«Ich bin weitere drei Jahre eingelocht worden. Habe die zwanzig voll gemacht. Keine Bewährung.»

«Du siehst erfolgreich aus.»

«Laß dir von der Kellnerin dein Zeug rüberbringen. Ich werde dir was erzählen.»

Während ich aß, schilderte er in kurzen Zügen seine Lage. Er hatte noch ein paar Sachen mitgenommen, nachdem er rausgekommen war, aber dann hatte er eine Frau kennengelernt, und sie hatte ihn zum erstenmal in seinem Leben glücklich gemacht. Sie war wie er vom Leben getreten worden, hatte sich in ihrer Jugend mit Ganoven aus dem Osten rumgetrieben. Sie war vierzig Jahre alt. «Sieht aber zehn Jahre jünger aus.» Und sie hatte als Barfrau gearbeitet, als Jerry sie kennengelernt hatte. (Ich nahm an, daß sie zu irgendeinem Zeitpunkt bestimmt einmal als Hure gearbeitet hatte; alles andere war unwahrscheinlich.) Sie managten einen Appartement-Komplex für Neureiche in Burbank, und er arbeitete außerdem als Anstreicher und erhielt manchmal Subverträge von einer kleinen Gesellschaft. Dann stellte er selber eine kleine Mannschaft zusammen.

«Nach deinen Klamotten zu urteilen, geht es dir ziemlich gut.»

«Ich verdiene zwölf bis vierzehn Scheine im Jahr. Wir haben zwei Autos, das Steak liegt im Kühlschrank, und der Scotch steht im Schrank. Ich bin glücklich.»

Während er redete, dachte ich darüber nach, wie ich ihn dazu verleiten konnte, seine ablehnende Haltung aufzugeben. Er war nicht fähig, so gewalttätig zu werden, wie ich es brauchte; aber es war unwahrscheinlich, daß ich einen Geeigneteren finden würde. Ihn beeindruckte der Anblick oder die Androhung von Gewalt überhaupt nicht, aber ihm fehlte die Brutalität. Dennoch konnte er Druck standhalten und wußte, wie der Hase lief. Wenn es heiß herging, blieb er gefaßt und ließ sich was einfallen. Er würde niemals rumtratschen. Das war ein echter Fehler vieler Profis; sie suchten Anerkennung in einer Welt, in der es dafür keinen Platz gab. Daß er vielleicht zögerte, bevor er jemanden in einer kritischen Situation erschießen würde (hoffentlich nicht, wenn unsere Freiheit auf dem Spiel stand), war der einzige Nachteil – der aber von der Sicherheit aufgewogen wurde, daß ich in aller Ruhe und voller Vertrauen zwanzigtausend Dollar durchzählen konnte, wenn wir allein waren.

Bei einer zweiten Tasse Kaffee erzählte ich ihm von meiner Situation. Er hörte genau zu und war voller Mitgefühl, bis ich zu dem Überfall auf das Würfelspiel kam und auf meine Suche nach einem Partner. Da wurde sein Gesicht bleich vor Ablehnung, der Mund wurde schmal, der Blick abwesend. Man konnte seine Gedanken fast hören – ich sollte ihn nicht zwingen, meine Gefühle verletzen zu müssen. Ich wollte meine Hoffnung noch nicht aufgeben und ging zunächst direkt auf mein Ziel los.

«Was machst du gerade?» fragte er.

«Ich muß einen Brief abholen.»

«Komm heute abend zum Essen bei uns vorbei. Ich möchte, daß du Carol kennenlernst.»

«Könnte ich schon machen. Ich ruf dich vorher an.»

«Nach fünf. Sie muß zum Arzt, und wir sind vorher nicht zu Hause.»

«Was hat sie?»

«Eisenmangel. Irgend so ein Mist. Wenn du Kohle brauchst, kann ich dich mit einem Hunderter oder so versorgen.»

«Im Augenblick nicht – vielleicht später. Ich kann das Geld in ein bis zwei Tagen vielleicht brauchen. Du hast nicht zufällig eine richtige Knarre bei dir rumliegen?»

Er grinste traurig. «So schlimm, was?»

«Muß sein. Ich brauche Geld.»

«Ist es das Geld – oder weil du Ruhm suchst, oder um zurückzuschlagen?»

Die Frage legte messerscharf meine Motive offen. «Kann schon sein, daß da was dran ist», erwiderte ich, «aber wenn ich das Geld hätte, würde ich es nicht machen. Was für einen Unterschied machen die Motive schon?»

«Einen großen. Die Entscheidung, die du triffst, die Art, wie du Sachen angehst, die Risiken, die du eingehst – sogar die Risiken, die du siehst, und die, die du nicht bemerkst. Du gewinnst vielleicht – trotz der schlechten Chancen –, wenn es nur um das Geld ginge. Andernfalls ...»

«Mann, laß mich mit dem Psychoscheiß in Ruhe. Wenn man alles analysiert, legt man sich selbst lahm. Man wird so eingewickelt, daß man sich nicht mehr zu einer Entscheidung durchringen kann.»

«Da gebe ich dir recht. Ich hoffe, du machst 'nen millionenschweren Fang und kaufst dir 'ne Villa in Rio.»

Wir gingen zusammen nach draußen. Jerry fuhr mit einem neuen europäischen Kombi fort und winkte mir zum Abschied zu.

Aarons Mutter wohnte in einem kleinen gelben Haus in einer ruhigen, von Bäumen gesäumten Straße im Herzen des Ghettos zwischen Compton und Watts Street. Als ich den Avalon Boulevard entlangfuhr, wünschte ich, ich hätte meine Pistole mitgenommen, denn an jeder Ampel machten mir die Gesichter der Schwarzen klar, daß ich ein Eindringling in einem mir feindlich gesinnten Land war. Ich machte mir echte Sorgen, daß Marys Kiste aufgeben würde und ich meinen Weg zu Fuß hätte fortsetzen müssen. Die jungen Schwarzen in knielangen Jacketts aus Lederimitat starrten so böswillig (und ein paar schrien mir Verwünschungen nach), daß ich wußte, es ist riskant, in diesem Gebiet weiß zu sein.

Ich nahm den Brief an der Tür in Empfang und ging rasch wieder fort, denn ich war mir bewußt, daß sich mehrere Kinder auf dem Bürgersteig versammelt hatten, um mich anzustarren. Die einzigen weißen Gesichter, die sie sahen, gehörten Sozialarbeitern oder Polizisten.

Ich hatte den Inhalt des Briefes richtig vorausgeahnt. Aaron teilte mir genau und zurückhaltend mit, daß man ihm bei seiner Bewährungsverhandlung mitgeteilt hätte, er müsse noch mindestens zwei weitere Jahre sitzen. Er würde von der Haftanstalt in ein Straßenbaucamp in den Sierras überstellt werden. Die nächste Stadt – mit fünfzehntausend Einwohnern – lag zwanzig Meilen entfernt hinter dichtem Bergwald. Ein Campinglager für Touristen war eine Meile vom Arbeitslager entfernt. Wenn ich bereit war, ihn zu holen, sollte ich ihm im Namen seiner Mutter ein Telegramm schicken und mitteilen, ich würde ihn am nächsten Wochenende besuchen. In der darauffolgenden Nacht sollte ich um zweiundzwanzig Uhr dreißig mit eingeschalteten Parkleuchten am Eingang des Campingplatzes stehen. Er würde innerhalb der nächsten dreißig Minuten eintreffen, und wir hätten zwei Stunden, bevor man ihn vermissen würde. Zu diesem Zeitpunkt würden wir uns bereits auf der Interstate 99 in Richtung Süden befinden.

Aaron ging in seinem Brief einfach davon aus, daß ich kommen würde, und das war auch richtig so. Eine rührselige Bitte um Loyalität war nicht nötig. Einen Augenblick dachte ich daran, das Telegramm jetzt zu schicken und schon morgen hinzufahren. Aber Marys Auto befand sich nicht im richtigen Zustand, um achthundert Meilen damit zu fahren, und einen Wagen zu stehlen war einfach. Ich entschied mich schließlich auch gegen meinen Impuls, weil Aaron mehr als nur eine Fahrt aus dem Camp brauchte. Er hatte zwar nur darum gebeten, aber er würde eine Unterkunft benötigen, Kleidung und weitere Hilfe. Seine Flucht konnte warten – nicht zu lange, aber eine kleine Weile.

Ich schickte ihm eine Grußpostkarte, die besagte, daß ich seinen Brief bekommen hatte und ein Telegramm schicken würde, bevor ich ihn besuchte. Ich unterzeichnete mit dem Namen seiner Mutter und schrieb ihre Adresse auf die Karte.

Es war zu spät, um an den Strand zu fahren, und zu früh, um mich mit Jerry Shue in Verbindung zu setzen. Ich fuhr zu L&L Reds Billardhalle und traf ihn dort an. Er sagte, Willy Darin wäre vorbeigekommen und hätte mitgeteilt, daß seine Schwägerin das Auto zurückhaben wollte. Und Johnny Taormina wollte, daß ich ihn anrufe. Red hatte die Nummer.

«Wie sieht's aus?» fragte Johnny. «Sind Sie bereit?»

«Wann werden sie spielen?»

«Sie haben in der Nacht gespielt, in der wir uns trafen, aber ich wußte, Sie waren noch nicht soweit. In ein paar Tagen...»

«Geben Sie mir Ihre Nummer, dann rufe ich Sie jeden Nachmittag an.»

«Dann können Sie also losschlagen.»

«Mann, ich erzähl doch keinen Scheiß.»

«Gut, gut. Ich habe auch nicht angenommen, daß Sie ein Schwätzer sind. Wo treffen wir uns hinterher?»

«Bei Reds Hütte. Wie wäre das?»

«Geht in Ordnung.»

Als ich aufhing, fragte Red: «Bist du bereit?»

«Scheiße nein! Aber wenn es ganz dicke kommt, dann gehe ich alleine rein und schmeiß den Laden. Niemand hat eine Knarre, da kann ich im schlimmsten Fall Leute anschießen, die raus wollen. Hilf mir, einen verdammten Partner zu finden, Red.»

«Ich werd mich umsehen.»

Ich rief dann in Abes Club an und sprach mit Manny.

«Ich hatte erwartet, dich hier zu sehen», sagte er.

«Ich hatte zu tun. Vielleicht komme ich später heute abend mit ein paar Freunden vorbei. Irgendwas Neues von unserem Deal?»

«Ja. Sieht ganz gut aus. Ich sag's dir heute nacht.»

«Ja, okay. Bis später dann.»

«Bis später.»

Kapitel sechs

Jerry stellte auf dem Rasen vor dem Haus gerade einen Sprenger auf. Ich ging zu Fuß zu ihm, denn ich hatte Marys Wagen außer Sichtweite abgestellt. Jerry trug karierte Shorts, ein kurzärmeliges Hemd, Sandalen und eine dunkle Brille – eine merkwürdige Aufmachung für die Gartenarbeit. Sein langes weißes Haar betonte seine Sonnenbräune. Er wirkte eher wie ein Angestellter, der seinen Fettansatz bekämpfen will, um jünger zu erscheinen, als wie ein Mann, der zwei Jahrzehnte im Gefängnis verbracht hat. Er schaute mich überrascht an; jeder Mensch, der in Los Angeles zu Fuß geht, ist eine Kuriosität. «Wo steht deine Karre?»

«Um die Ecke. Ist eine, die ich geliehen habe – so alt und verbeult, daß ich mich schämen müßte.»

«Mann, das brauchst du doch nicht. Ich weiß, wie es ist, wenn man aus dem Gefängnis kommt.»

«Ja, aber deine Mieter denken vielleicht, daß dich ein merkwürdiger Tpy besucht.»

«Mann», er lachte, «scheiß drauf. Komm, trinken wir einen. Ich habe auch ein bißchen Pott. Ist gut für den Hunger. Carol freut sich drauf, dich kennenzulernen.»

«Was hat der Quacksalber erzählt?»

«Hat ein paar Vitamine verschrieben. Hat ein paar Tests gemacht. Sie ist einfach nur ausgepowert.»

Jerry führte mich zwischen hohen, dichten Hecken an einer Mauer entlang. Wir betraten einen Platz, der von zweistöckigen Häusern aus gelben Ziegeln umgeben war. Große Erkerfenster (jeweils übereinander, was zeigte, daß in jedem Gebäude zwei Appartements waren) gingen auf den Platz hinaus. Dort führten schmale Pfade um einen Fischteich und einen Brunnen. Die Pfade begrenzten Beete voller Rosen, Stiefmütterchen und Dahlien – eine irre Mischung aus purpur, gelb, orange und weiß. Auf einem Rasenstück unter einem großen, schattenspendenden Baum standen ein Picknicktisch, ein Grill und Bänke. Eine bukolische Szene, friedlich wie in einem Kloster. Jemand hielt alles liebevoll in Ordnung.

«Das ist zuviel. Wer hält das in Ordnung?»

«Ich, das meiste zumindest. Carol macht auch was. Ich habe einen grünen Daumen... und mir macht es Freude.»

«Wie hoch ist hier die Miete?»

«Sechshundert möbliert. Es gibt eine Warteliste. Die anderen Appartementhäuser im Tal sind nur zu sechzig Prozent belegt.»

«Mir ist klar, warum ihr eine Warteliste habt. Ich wünschte, ich könnte mir auch so etwas leisten.»

Wir gingen ein paar Stufen zu seiner Wohnung im Erdgeschoß hoch. Ich bemerkte, daß er trübsinnig und mit etwas anderem beschäftigt war. Sein Gesicht zeigte, daß er sich über etwas sorgte, das mit seiner Arbeit nichts zu tun hatte.

Carol sah tatsächlich jünger aus als vierzig. Sie war groß und schlank und hatte langes blondes Haar. Sie besaß hohe Wangenknochen, die ihr Gesicht formten und das Alter verbargen. Sie streckte beide Hände aus, ergriff meine und lächelte warmherzig. «Jerry hat den ganzen Nachmittag von dir gesprochen.» Der Anflug eines Brooklyn-Akzentes paßte gar nicht zu ihren graziösen Bewegungen und zu ihrem Kleid und zu der stilsicheren Einrichtung. Ich mochte sie sofort, obwohl mich der Gedanke ernüchterte, daß Jerry ihr nur erzählt haben konnte, daß ich ein Freund aus dem Gefängnis war, der eine Ein-Mann-Verbrechenswelle plante – kaum eine ideale Empfehlung.

Nach der überschwenglichen Begrüßung und ein wenig Small talk ging sie fort, um den Tisch zu decken. Jerry mixte Highballs für uns und holte ein halbes Dutzend Joints.

Ich war stoned und schrecklich hungrig. Wir setzten uns an den Tisch. Jerry und ich unterhielten uns, und immer wenn Carol glaubte, ich sei in das Gespräch vertieft, merkte ich, daß ihre freudige Stimmung nur jenen ersten paar Minuten gegolten hatte.

Als mein Status als flüchtiger Sträfling zur Rede kam, schaute sie besorgt, und obwohl sie nichts Feindseliges ausstrahlte, mußte ich doch an Selma Darin denken. Jerry bemerkte die leichte Spannung nicht. Er sprühte halb betrunken und stoned vom Gras vor Einfällen und erzählte, daß er dreihundert Dollar bei einer Zweier-Einlaufwette in Santa Anita gewonnen hatte.

«Und was machst du jetzt, Max?» fragte Carol in einer Pause.

«Das beste, was ich kann.»

«Man muß leben, und du könntest keine Stelle annehmen. Da bleibt nur das Verbrechen. Stimmt's?»

«Na ja, ich könnte nach Montana gehen und Schafe hüten, denke ich mal – aber ich kann nicht da arbeiten, wo ich eine Steuernummer brauche. Wenn ich genug Geld zusammen habe, werde ich das Land verlassen.»

Carol nickte verständnisvoll, doch mit ihrem Blick nagelte sie mich fest. Ohne es mit Worten auszudrücken, bat sie mich, Jerry aus meinen Verbrechen herauszuhalten. Ich mochte sie, und mein Entschluß, ihn zu verleiten, verblaßte unentschieden, und dabei blieb es. Ich würde jemand anderen finden müssen.

Als Jerry eine halbe Stunde später ins Schlafzimmer ging, um seinen Mantel zu holen, sagte ich zu Carol: «Mach dir keine Sorgen, ich werde ihn in nichts reinziehen. Ihr beide habt was echt Gutes am Laufen. Es wäre das Risiko nicht wert.»

«Danke», sagte sie sehr leise. «Verzweifelte Menschen sind oft rücksichtslos.»

«Stimmt, aber ich bin nicht so verzweifelt.»

«Irgendwie bist du der verzweifeltste Mensch, den ich je kennengelernt habe.»

«Da könntest du vielleicht recht haben.»

Mein Motel lag auf dem Weg zu Abes Club. Wir hielten dort, ließen Marys Wagen zurück, fuhren mit Jerrys Auto weiter und rauchten die beiden letzten Joints. Seit Carol gesagt hatte, sie fühle sich nicht danach, mit uns zu fahren, und besonders, seit wir losgefahren waren, war Jerry nachdenklich geworden. Er wollte nach Hause zurück und sich für seine Laune entschuldigen.

«Verdammt, ich wünschte, du wärst nicht auf der Flucht», sagte er. «Wir könnten sofort einen Anstreicherbetrieb aufziehen. Deine Ausbildung ist genau das, was ich brauche. Ich habe Verbindungen, aber ich kann den Bürokram nicht bewältigen.»

«Das ist Schnee von gestern. Außerdem gefällt es mir, Krimineller zu sein. Ich weiß, was ich da tue.»

«Ja, wenn ich Carol nicht hätte...»

«Hast du aber. Du wärst ein Idiot. Du hast alles in der Welt, was du brauchst.»

«Ich hoffe es. Ich fürchte mich. Und wenn etwas schiefgeht?»

Ich lachte und klopfte ihm auf die Schulter. «Weißt du, wie krank sich das anhört? Hier sitzt ein Arsch, der sich Sorgen macht, weil er glücklich ist. Wärst du denn lieber unglücklich und hättest nichts zu verlieren? Mann, das ist einfach die Härte.»

Jerry lachte auch, aber als ich mit ihm zu seinem Wagen ging, war er erneut in Gedanken versunken. Er steckte etwas in meine Tasche, kurz bevor er sich hinters Steuer setzte. Ich wußte, es war Geld, wartete aber, bis er mich beim Club absetzte, bevor ich nachsah: es war ein Hundert-Dollar-Schein.

Abes Club war so rappelvoll, daß einige Gäste auf dem Bürgersteig hockten. Jeder Tisch war besetzt, und die Kunden standen in drei Reihen vor der Theke. Der Türsteher – ein Fleischkloß auf Beinen – sagte, daß Abe fort sei und in einer halben Stunde wiederkomme. Manny arbeitete hektisch hinter der Bar. Ich brauchte zehn Minuten, um so nahe an ihn ranzukommen, daß ich mit ihm sprechen konnte. Er hatte die Ärmel hochgekrempelt, die Schweißperlen standen auf seiner Stirn, und er mixte Drinks wie am Fließband. Er schrie mir über die Bar zu, daß er arrangiert hätte, daß ich eine .45er Pistole haben könnte und ein Schrotgewehr, Polizeimodell. Sein Geschrei glich in dem Lärm einem Flüstern. Er stellte einen Drink vor mich hin und ging wieder an die Arbeit. Ich fand einen leeren Platz und machte mir einen Spaß daraus, der Menge bei ihrem Bemühen, sich zu amüsieren, zuzuschauen.

Minuten später stieg die Band auf die Bühne. Angie war bei ihnen; sie trug einen Bikini. Die Band stimmte die Instrumente, konzentrierte sich, und plötzlich donnerte die Musik los. Es war ein Anschlag auf die Sinne; und über uns drehten sich farbige Lichter wie irre und vergrößerten die Desorientierung. Ich war noch immer high, und mein ganzes Sein war ein einziges Fühlen, ein Zirkus der Wahrnehmungen. Es gab keine Gedanken mehr, es sei denn, die Wahrnehmung von Sinneseindrücken wäre ein Gedanke. Mein Körper verlangte danach, sich zu drehen und herumzuwirbeln.

Angie drehte und wand sich und wackelte mit ihrem Arsch. Die Meute auf der Tanzfläche machte es ihr nach. Dennoch blieb Angie unbeteiligt. Sie empfand keine Freude. Sie vermittelte nichtsdestotrotz einen erotischen Eindruck; das taten aber auch die anderen, die mit ihren kurzen Röcken und weißen Schenkeln herumhopsten – oder in engen Hosen, die meine Vorstellungskraft anregten. Die Musik, das Chaos, die jungen Frauen, alles fügte sich zu einer angenehmen Art, den Abend zu verbringen.

Zwei Uhr nachts. Die letzte Runde war ausgegeben worden, die Türen waren verschlossen, und die Besucher eilten nach Hause oder in die Coffee Shops. Die Barkeeper und Kellnerinnen spülten rasch die Gläser, wischten die Theke, säuberten die Aschenbecher. Nun, da die laute Menge verschwunden war, wurde die billige Aufmachung des Clubs sichtbar. Ich wartete auf Manny January.

Abe Meyers stellte sich neben mich. «Komm mit ins Büro. Da ist jemand, den ich dir vorstellen will.» Es war das erste Mal, daß er mir an diesem Abend Aufmerksamkeit schenkte, obwohl sich unsere Blicke mehrmals begegnet waren.

«So, wer ist es?» fragte ich kalt.

«Jemand, der Juwelen kauft.»

Ich erinnerte mich sofort an Bulldog. Die Erde hatte ihn verschluckt, als er sich mit Abe Meyers und heißer Ware eingelassen hatte. Aber es bedeutete ja kein Risiko, sich mit jemandem zu unterhalten. Und Diamanten interessierten mich. Man konnte leichter eine große Menge Juwelen klauen als Geld. Das Problem lag darin, das Zeug dann loszuwerden. Ein paar tausend Dollar in Schmuck loszuwerden war einfach, aber wenn die Summe größer war, wurde es schwer. Ein Freund von mir raubte einmal einen Juwelier in San Francisco aus und erbeutete Diamanten im Wert von dreihunderttausend Dollar. Eine Woche später wurde er mit dem ganzen Schmuck gefaßt. Er lebte in einem Zimmer, das zehn Dollar pro Woche kostete, und hatte sechzig Dollar in der Tasche, und der ganze Schmuck lag in der Schublade der Kommode. Zwei Wochen später beging er Selbstmord, indem er durchs Fenster des Gerichtsgebäudes sprang – aus dem achten Stock.

Der Mann saß hinter Abes Schreibtisch und erhob sich, als ich eintrat, aber Abe bedeutete ihm zu bleiben, wo er war. Er war stämmig, bekam eine Glatze, trug ein einfaches, weißes, am Hals offenes Hemd und einen Strickpullover. Er sah nicht reich aus, außer der dicken Zigarre, die zwischen seinen Zähnen klemmte – und als er sie wegnahm, blitzte ein Ring an seinem kleinen Finger mit einem Diamantsolitär, der zu groß war, um wahr zu sein. Ein Mann, der einfache weiße Hemden und schlabbrige Pullover trug, würde sich nicht einfach fünf Karat an den Finger stecken. Er betrachtete mich nachdenklich, und ich starrte zurück.

Abe stellte uns vor. «Eric Warren, Max Dembo.»

«Kommen wir miteinander ins Geschäft?» fragte der Mann.

«Wir können darüber reden, dann werden wir's sehen.»

«Ich bin hauptsächlich an Diamanten interessiert, aber ich handele auch mit anderen Edelsteinen, wenn die Menge sich lohnt.»

«Wieviel würden Sie abnehmen?»

«Was immer Sie bringen.»

«Wie steht es mit Zeug im Wert von hundert Scheinen?»

«Ich denke, ich komme mit Zeug im Wert von einer halben Million zurecht.» Er lächelte.

Ich war sprachlos, denn ich hatte erwartet, er würde bei dieser Summe zurückschrecken. Wir schwiegen, und nur die Geräusche von draußen unterbrachen die Stille.

Er räusperte sich. «Ich muß etwas klarstellen. Ich kann definitiv Juwelen im Wert einer halben Million versorgen, vorausgesetzt es handelt sich nicht nur um ein oder zwei Steine – sagen wir mal eine halbe Million in Steinen bis zu drei Karat – aber ich brauche ein paar Tage, um das ganze Geld zu besorgen. Ich müßte alle Steine aus den Fassungen brechen und nach New York fliegen. Für den Trip würde ich zwei, vielleicht drei Tage benötigen. Ich würde Ihnen bei Lieferung einen substantiellen Vorschuß zahlen.»

«Eric ist Diamantenhändler, er hat downtown ein Büro.»

«Hier ist meine Karte», sagte Eric.

«Was hindert Sie daran, von New York aus nach Buenos Aires zu fliegen?»

«Eric hat Frau und Kinder», ging Abe dazwischen. «Er würde unter diesen Umständen nicht abhauen.»

«Ist schon passiert. Aber lassen wir das mal beiseite. Was bekomme ich?»

«Ich gebe Ihnen mehr, als Sie sonst bekommen. Ich gebe Ihnen zwei Drittel vom Verkaufserlös – das ist ungefähr ein Drittel vom Ladenpreis. Bei einer halben Million sind das ungefähr einhundertfünfzigtausend.»

Der Preis war in Ordnung. Der Standard war ein Fünftel vom Ladenpreis oder ein Drittel vom Verkaufserlös.

«Was meinst du?» fragte Abe.

«Hört sich gut an – aber im Augenblick weiß ich keine Beute. Ich werde drüber nachdenken und Mr. Warren durchleuchten.» Ich nahm die Karte und steckte sie in meine Hemdtasche.

«Rufen Sie mich an, wenn Sie weiter drüber reden wollen», sagte Eric. «Wir können zusammen essen gehen. Oder kommen Sie bei meinem Büro vorbei. Sie finden vielleicht auch für sich etwas – zu einem Sonderpreis für Geschäftspartner.»

«Das werde ich vielleicht machen.»

Manny January wartete auf mich, als ich aus dem Büro kam. Er hatte bereits Jacke und Schal an. «Was war los?» fragte er.

«Ach, nur irgendein Mist. Was ist mit den Knarren?»

«Der Typ will sie ausleihen, wenn ich sie bei mir behalte, bis sie gebraucht werden. Er will, daß ich die Verantwortung trage. Wenn die Sache gelaufen ist, will er dreihundert Dollar. Es sind ein .45er-Colt und eine Remington Kaliber zwölf.»

«Er verlangt mehr, als sie kosten.»

«Ich weiß – aber was kann ich machen?»

«Besorg sie. Wenn die Sache hinhaut, ist es das wert.»

«Du wirst den Typen nicht reinlegen, nicht wahr?»

«Nein, ich bezahle. Wie ich sagte, die Sache ist es wert.»

Abe Meyers trat aus dem Büro und ging an uns vorbei. Angie Nichols wartete auf ihn. Über ihrem knappen Kostüm trug sie einen dunklen Nerzmantel, der ihr kaum über die Knie reichte.

«Angie geht es nicht schlecht», sagte ich.

«Hat Abe ihr geschenkt.»

«Ich dachte, sie ist ein anständiges Mädel.»

«Die wissen auch, was gut ist.»

«Schön zu hören, daß es jemanden gibt, der was von ihm kriegen kann. Ich würde gern mit ihr vögeln – aber es sieht so aus, als könnte ich den Tarif nicht zahlen.»

«Abe muß zahlen. Er ist fett wie 'n Schwein und hat 'nen Schwanz wie 'ne Mücke, was ich so höre.»

«Man sagt, das würde die sexuellen Leistungen nicht beeinträchtigen.»

«Quatsch! Ich mußte noch nie 'ner Braut einen Nerzmantel kaufen –»

Ich mußte lachen.

Später, als ich im Taxi saß, das durch die leeren Straßen fuhr, fühlte ich mich gut – gelassen und froh. Die Dinge kamen langsam ins Rollen, die Chancen wurden größer. Ich hatte das freudige Gefühl, meine Welt zu kontrollieren. Ich machte Sachen, von denen ich wußte, wie man sie machte.

L&L Red sah mich die Billardhalle betreten und trank schnell sein Bier aus. Er war übertrieben gut gelaunt und führte mich auf die Straße. Dort erklärte er freudig, daß er genau den Partner gefunden hatte, den ich wollte; einen zweihundertvierzig Pfund schweren Kerl, einen Ex-Sträfling aus San Quentin, der sich auskannte und einen Job suchte. «Heißt George Rimmer», sagte Red, «starker Kerl, ungefähr vierzig Jahre alt.» An den Namen erinnerte ich mich nicht, aber in San Quentin saßen dreitausendachthundert Gefangene (und ich hatte in den acht Jahren mindestens dreimal so viele Gesichter gesehen), und ich konnte nicht alle kennen. George Rimmer war vielleicht jemand, der sich abseits gehalten hatte, oder er war in einer anderen Clique gewesen.

Wir besuchten ihn. Er wohnte in einem Zimmer nur zwei Blocks von dem Ort entfernt, an dem Joe Gambesi aufgewachsen war; schon damals war es ein schrecklicher Slum gewesen. Die Treppe war nicht beleuchtet und roch nach Urin, wo Penner an die Wand gepißt hatten. Graffiti waren mit schwarzer Farbe auf die Wand gesprüht. Es war eher unwahrscheinlich, hier einen versierten Verbrecher zu finden. Die Kriminellen, die ich kannte und respektierte, würden lieber wieder im Gefängnis landen, als hier zu leben.

Red klopfte an die Tür. Der Mann, der öffnete, war bärtig und hatte eine wüste Frisur. Ich mußte lachen. «George Rimmer», sagte mir nichts, aber der Mann, der vor mir stand, war «Goldzahn George», ein armer Schlucker, der im Knast Fellatio für zwei Packungen Zigaretten verkauft hatte – und für drei Packungen an Schwarze. Er ließ sich auch immer wieder in Schutzhaft nehmen, wenn er zuviel Schulden gemacht hatte. Als er mich sah, zuckte er zurück, und ich mußte noch lauter lachen.

Als wir wegfuhren, erklärte ich Red die Sache. Er fand es nicht lustig. Er hatte George sogar in der Nacht zuvor mehrere Drinks spendiert.

«Komm, ich spendiere dir dafür auch welche», sagte ich. «Ich muß ein paar gefälschte Ausweise holen und einige Leute treffen.»

«Wann werden wir denn mal 'ne richtige Party feiern, Max? Ich meine, wirklich die Sau rauslassen?»

«Sobald ich die nötigen Scheine zusammenhabe, besorgst du uns ein paar scharfe Puppen.»

Diese Vorstellung machte ihn glücklich.

Kapitel sieben

Als ich am Motel eintraf, dachte ich an Johnny Taormina und fragte mich, ob er wohl Hintergedanken hatte. Eine Stunde zuvor hatte er noch behauptet, er könne nicht sagen, wann das Spiel stattfinden würde. Ich hatte ihn angemault, und er hatte gewinselt, er sage die Wahrheit – doch er würde nie wissen, daß am nächsten Morgen meine Miete fällig war und daß mich gerade dieser Umstand dermaßen verärgerte. Und dennoch gab es eine Chance, daß er im letzten Moment noch zurückschreckte.

Ich dachte darüber nach – und darüber, wie ich Mary ihren Wagen zurückbringen könnte –, als ich die Treppe zu meinem Zimmer hochlatschte. Ein Fuß befand sich mitten in der Luft, und meine Tür war fünf Fuß entfernt, als ich sah, daß Licht brannte und jemand im Zimmer umherging. Die Bullen! Wie eine Katze, der man auf den Schwanz getreten hatte, sprang ich zur Seite und brachte mich so schnell wie möglich in der Dunkelheit neben dem Gebäude in Sicherheit. Wie ein Footballspieler brach ich durchs Gebüsch, dann sprang ich einen fünfzehn Fuß hohen Abhang hinunter in einen dicht bewachsenen Graben. Regungslos und schweigend blieb ich liegen, wo ich gelandet war, starrte zum Rand des Grabens hoch und horchte angestrengt ins Dunkel. Ich konnte einzig die schwarzen Umrisse der Wolken sehen, die sich über den Halbmond schoben. Und ich hörte nur die Verkehrsgeräusche in der Entfernung. Mein Herzschlag verlangsamte sich nach ein paar Minuten. Ich spürte das Stechen des stacheligen Unkrauts und ein Jucken, wo das Gebüsch meine Arme und mein Gesicht zerkratzt hatte. Offensichtlich hatte mich niemand gesehen. Daß man mich nicht angerufen und verfolgt hatte, beruhigte mich; wenn man mich noch nicht gesehen hatte, dann war ich so sicher wie vor einer Stunde.

Ich ging langsam im Graben weiter. Wahrscheinlich hatte das Zimmermädchen meine Pistole gefunden. Wenn das stimmte, okay, dann war ich sie los und ein paar Kleidungsstücke dazu. Vielleicht konnte ich irgendwie Marys Schrottkiste zurückbekommen. Offenbar hatte niemand bemerkt, daß ich mit dem Wagen gekommen war. Zwanzig Fuß weiter war es stockdunkel, und ich kroch den Abhang wieder hinauf und linste durch das Gebüsch.

Jerry Shues Kombi parkte zehn Fuß von Marys Wagen entfernt. Also war Jerry im Zimmer. «Verdammtes Arschloch», fluchte ich. Wenn ich entsprechend aufmerksam gewesen wäre, dann hätte ich das Licht und den Wagen in dem Moment gesehen, als ich von der Straße abgebogen war.

Ich trat ins Zimmer und nahm an, Jerry würde verwundert auf die Kletten in meinem Haar und meine verdreckte Erscheinung schauen, um dann herzhaft über die Geschichte zu lachen. Jerry bemerkte nichts und lachte auch nicht. Seine Augen waren gerötet. Seine Kleidung war ebenfalls nachlässig; er mußte sich dringend rasieren, und sein Haar war durcheinander

«Ich habe das Schloß aufgebrochen», sagte er. «Ich wollte nicht im Auto warten.»

«Mann, du siehst schlecht aus. Was ist los?»

«Carol hat Leukämie.»

«Nein. Mann, verdammt...» Die schreckliche Nachricht machte mich sprachlos. Mit geschlossenen Augen schüttelte ich den Kopf in stummem Mitgefühl. «Bist du sicher?» fragte ich. «Vielleicht ist es ein Irrtum.»

«Nein, es ist etwas, das man Malofibrose nennt – Leukämie ist ein Teil davon oder umgekehrt. Ich brauche auf jeden Fall Geld. Ich schulde dem Krankenhaus bereits achthundert Dollar, und Carol soll alles bekommen, was es gibt. Wenn du mich immer noch als Partner willst ...»

«Mann, ich will nicht, daß du so was entscheidest, wenn du total durcheinander bist. Du bist ja fast hysterisch.»

«Ich habe darüber nachgedacht und mich entschieden. Ich weiß, was ich mache.»

«Entscheide dich morgen. Ich will dich mit dabeihaben – aber – du weißt, wie ich das meine.»

«Ich will heute nacht nicht in die Wohnung zurück.»

«Wo ist Carol jetzt?»

«Im Krankenhaus.»

«Bleib hier, oder nimm dir ein Zimmer.»

«Wie spät ist es?»

«Ich hab keine Uhr, aber es wird so halb zwei sein.»

«Laß uns was essen gehen. Ich habe Hunger, und ich fühle mich schuldig. Wenn ich mich bewege, geht es mir besser.»

Draußen überreichte er mir die Zündschlüssel. Der Sommer war fast vorbei und die Luft bereits kühl. Er atmete tief ein. Minuten später, als der Wagen auf den Freeway einbog, schien er weniger verzweifelt.

«Wohin?»

«Egal.»

Ich fuhr in Richtung Long Beach; das war genausogut wie jeder andere Ort.

«Sie nimmt es gefaßt auf», sagte Jerry. «Entweder ist sie unglaublich mutig, oder sie akzeptiert es nicht.»

Beim Kaffee entschieden wir, daß wir sie morgen früh zusammen besuchen würden. Wir besprachen die nächsten Schritte. Er glaubte, daß er nur deshalb zum Verbrechen zurückkehrte, um sicherzustellen, daß Carol alles bekam, was man für Geld kaufen konnte. Das war vielleicht der Fall, aber ich glaube eher, daß es irgendwo in seiner Psyche ein Bedürfnis gab, sein Dilemma mit blinder Aggression zu bekämpfen – einfach draufloszuschlagen und Rache zu nehmen. Für ihn wäre es das beste gewesen, Carol Beistand zu leisten und ihre

Krankheit zu ertragen. Und es war für Carol sicher besser, auf der Sozialstation des Krankenhauses zu liegen, als ihn im Gefängnis oder tot zu wissen – und dann läge sie ja sowieso auf der Armenstation. Keines dieser Argumente überzeugte ihn. Bei Tagesanbruch fuhren wir über die Küstenstraße nach Los Angeles zurück und beschlossen zusammenzuarbeiten.

«Wann machen wir den ersten Beutezug?» fragte er.

«Wenn Taormina anruft. Das kann morgen sein oder übermorgen. Dann ist da noch was – ich habe gestern nacht einen Kerl kennengelernt, der Diamanten will. Ich werde ihn überprüfen ... nachschauen, ob er was taugt.»

«Ich bin bei allem mit dabei. Acht- oder neuntausend helfen, aber nicht lange. Wir haben keine Versicherung ... nichts.»

«Wir machen schon Geld. Wenn man nur clever und mutig genug ist, dann liegt das Geld nur so auf der Straße.»

«Ja, aber die wirklich guten Sachen sind die, wo du die Alarmanlage lahmlegst und in aller Ruhe fünfzehn oder zwanzig Minuten räubern kannst.»

«Ich kenne jemanden, der genau das kann. Er ist oben beim Straßenbaucamp und will abhauen. Ich werde ihn ziemlich bald abholen. Er ist schwarz.»

«Mir ist es egal, ob er gepunktet ist, solange er gut ist und seine Sache macht – und ich traue deinem Urteil.»

Als wir von der Küste ins Landesinnere bogen, ging gerade die Sonne auf. Jerry war neben mir eingeschlafen.

Carol benutzte eine Fernbedienung, um den Fernsehapparat abzuschalten, als uns die Krankenschwester ins Zimmer führte und wieder verschwand. Jerry hatte sich rasiert und die Kleider gewechselt.

Carol sah viel besser aus als in der Wohnung. Ich hatte da ihre Blässe nicht bemerkt, sah sie aber jetzt im Kontrast dazu. Jerry sah wesentlich schlechter aus als Carol.

«Ich dachte, du würdest vielleicht Max gern wiedersehen.»

«Sicher. Hallo», sagte sie, winkte mir mit den Fingern zu und lächelte. «Schau mich nicht so ernst an.»

Durch ihre Leichtigkeit fühlte ich mich noch schlechter, aber ich schaffte es zu lächeln. «Wie geht's?»

«Prima, ich kann einfach nicht glauben, daß ich krank bin. Ich brauchte nur etwas frisches Blut. Ich könnte sofort nach Hause zurück.»

«Morgen, hat der Arzt gemeint», sagte Jerry.

Wir standen am Fußende des Bettes und waren verlegen. Jerry ging zu ihr und küßte sie. Sie lächelte und tätschelte seine Backen. «Das ist ein guter Junge. Setz dich. Ich werde morgen nicht sterben. Wenn die Zeit kommt, wirst du meiner müde sein. Setzt euch – beide.»

Jerry zog einen Stuhl neben das Bett und setzte sich. Ich stand neben ihm, hätte am liebsten eine Zigarre geraucht und mußte mich zurückhalten.

«Mrs. Johnson hat mich heute angerufen», sagte Carol. «Sie ist zweimal bei unserer Wohnung gewesen, und du warst nicht da. Die Umwälzanlage macht Ärger, und der Pool ist voller Chlor. Sie war verärgert. Sie wollte wissen, wie lange ich hier sein werde. Ich sagte ihr, ich würde in ein, zwei Tagen wieder zu Hause sein. Sie fragte noch nicht mal, was los ist.»

«Wir zahlen ab jetzt Miete», sagte Jerry. «Scheiß auf all die Arbeit. Wir haben bereits zuviel Zeit verplempert. Wir finden jemand, der die Arbeit für uns erledigt.»

Carol hatte sich gefreut, doch nun verdüsterte sich ihr Gesichtsausdruck. «Das Geld. Wo willst du das Geld hernehmen?»

«Mach dir keine Sorgen wegen dem Geld», sagte Jerry.

Carol wandte sich zu mir und schaute mich traurig und anklagend an.

«Ich hatte nichts mit der Entscheidung zu tun. Ich habe versucht, ihn davon abzubringen.»

«Es war dir nicht ernst genug.»

«Jeder Mensch macht, was er eigentlich machen will.»

«Jerry, bitte nicht», sagte sie zu ihm. «Riskier nicht das Wenige, das uns geblieben ist.»

«Ich tue, was ich tun muß. Ich hätte es vielleicht sowieso getan.»

«Und wenn euch etwas zustößt?»

«Nichts wird passieren. Wir sind beide Profis.»

«Deswegen hast du auch dein Leben im Gefängnis verbracht – weil du ein Profi bist?»

«Da habe ich gelernt, ein Profi zu sein. Carol, wir schulden dem

Krankenhaus jetzt schon tausend Dollar. Es wird immer mehr und immer mehr kosten. Wir brauchen Geld, und ich werde es besorgen.»

«Es macht mir nichts, wenn ich in einer Absteige sterbe oder jetzt in dieser Minute! Lieber sterbe ich, als daß ich mit ansehe, wie du wieder im Gefängnis landest oder am Straßenrand abgeknallt wirst.»

«Es wird nichts dergleichen passieren.»

«Mit ihm schon. Ihm ist alles egal.»

Diese Bemerkung, scheinbar ohne Ärger oder Haß gemacht, ließ etwas in mir anklingen. Ihre Worte gingen mir nahe genug, daß ich herausplatzte: «Das ist nicht wahr.» Ich wollte etwas dagegensetzen, aber wer kann mit einer Sterbenden rechten?

«Laß Max aus dem Spiel», sagte Jerry. «Siehst du nicht, wie ich fühle – was ich tun muß, um vor meinen Augen als Mann bestehen zu können?»

«Das brauchen wir nicht.»

«Doch, das brauchen wir.»

«Nicht so sehr. Ich stecke lieber meinen Kopf in den Gasofen.»

«Wenn du so grausam bist, dann mache ich es dir sofort nach.»

Sie waren den Tränen nahe und ich auch. Sie starrten einander an, beide schmerzerfüllt und wütend. «Mach, was du willst», sagte Carol. «Es macht nichts. Ich werde nicht mehr lange hiersein.» Sie sagte es tonlos, plötzlich ohne jede Energie. «Bloß erzähl mir ja nicht, was du gerade machst.»

Als wir eine Viertelstunde später draußen standen, war die Phase der Verletzungen vorbei, waren die Wunden mit Lagen von Gerede und Zärtlichkeiten verdeckt worden. Beide entschieden sich zurückzustecken, statt den anderen weiter zu verletzen.

Jerry hatte standgehalten, doch lauerte Carols Protest im Hintergrund, und die Narben würden bleiben. Ich hielt mich aus allem raus. Carol war freundlich zu mir – und es war ehrlich gemeint. Sie hatte ihre Meinung über mich nicht geändert, es war ein Akzeptieren trotz dieser Meinung. Vielleicht meinte sie, daß diese Angelegenheit im Angesicht des Todes albern war.

Wir gingen den grell erleuchteten Flur hinunter, und Jerry sackte in sich zusammen. Urplötzlich war die kraftvolle Fassade zerbröselt (oder ich sah seine Ausgezehrtheit zum erstenmal), und er taumelte. Aus seinem Gesicht war alles Blut gewichen. Das Gespräch mit Carol hatte ihn erschöpft, seine letzten Reserven aufgebraucht. Er war wie in Trance, als wir zum Motel zurückfuhren.

Aber der menschliche Geist prallt, sobald er die tiefste Stelle des Abgrunds erreicht hat, automatisch wieder zurück, oder er wird sich vollkommen auflösen. Mit Scotch und Seconal abgefüllt, kollabierte Jerry auf einem Sessel. Stunden später, noch groggy und steif, war er wieder bei sich angekommen. Nachdem er sich kaltes Wasser ins Gesicht gespritzt hatte, grinste er. «Warum rufst du den italienischen Gangster nicht an und fragst, was los ist? Wenn ich an die Action denke, dann will ich an nichts anderes mehr denken müssen. So muß es sein.»

«So geht's mir auch», sagte ich – und es stimmte.

Kapitel acht

Am nächsten Tag, einem Samstag, holte Jerry Carol am späten Nachmittag vom Krankenhaus ab. Es war besser, daß sie mich nicht sah, aber ich verbrachte den ganzen Morgen bei ihm in der Wohnung und erledigte Sachen, die er vergessen hatte. Völlig high von Bier und Marihuana wässerten wir die Pflanzen, säuberten den Swimmingpool, harkten Blätter zusammen und saugten die Wohnung. Jerry war aus seiner Niedergeschlagenheit auferstanden. Er schien wieder mehr der gelassene Mensch zu sein, den ich kannte; und diese Veränderung war nicht durch das Verschwinden der Liebe erfolgt. Sie rührte aus der Unverwüstlichkeit eines Menschen her, der an Verlust gewöhnt war.

Am Nachmittag ging ich zum Motel zurück, relaxte am Pool und schaute mir auf einem tragbaren Fernseher, den zwei mittelalte Männer nach draußen getragen hatten, ein College-Footballspiel an. Es war ein herbstlich warmer Tag, die Sonne schien mild, obwohl der Wind am späteren Nachmittag kühl wurde.

Ich fuhr nach Hollywood, um etwas zu essen. Als ich gegen Abend zurückkehrte, fand ich eine Notiz mit Tesafilm an die Tür geklebt: «Mr. Johnny T. hat angerufen und mitgeteilt, daß das Spiel heute abend um acht Uhr stattfindet.»

Ich hatte schon fast ärgerlich gespannt diese Nachricht erwartet.

Jetzt, da ich sie in den Händen hielt, erwachte das kribbelige Gefühl nahender Gefahr in meinem Magen – was nicht ganz unangenehm war. Ich ging zum Büro des Motels und benutzte den öffentlichen Fernsprecher, um Jerry anzurufen.

«Es findet heute nacht statt», sagte ich. «Ich rufe den Kerl wegen der Knarren an.»

«Wir sind gerade vor zehn Minuten angekommen. Was soll ich Carol sagen?»

«Sie hat gesagt, sie will nichts wissen. Sag einfach nur, du mußt für ein paar Stunden weg. Du kannst jetzt keinen Rückzieher machen.»

«Um wieviel Uhr geht's los?»

«Sie fangen um acht Uhr an. Wir lassen ihnen eine Stunde, um sich warmzuspielen.»

«Ich bin in zwanzig Minuten bei dir.»

Als nächstes warf ich einen Dime ein und rief in Abes Club an. Abe ging ans Telefon und sagte, daß Manny einen Abend freigenommen hätte. Er dachte, Manny wäre vielleicht mit einer Braut versackt, die er am Abend vorher kennengelernt hatte. Ich hing auf und rief in Mannys Appartement in West Hollywood an. Ich hörte dem Klingeln fünf Minuten zu und warf fluchend den Hörer auf die Gabel. Ich ging in mein Zimmer zurück, stand am Fenster und wartete auf Jerry und sah zu, wie die Hügel sich langsam orange und dann purpur färbten. Als Jerry ankam, ging ich noch einmal zum Telefon. Wieder ging bei Manny niemand an den Apparat.

Statt durch eine Tür zu brechen und ein Dutzend Gauner auszurauben (und später glücklich fünfzehn- oder zwanzigtausend Dollar auf dem Bett zu zählen), verbrachten wir den Abend damit, in einer von Bäumen gesäumten Straße in West Hollywood zu parken und auf Manny zu warten. Um dreiundzwanzig Uhr war uns klar, daß die Sache geplatzt war. Jerry lachte. Ich auch, denn ich sah ein, wie komisch es war – aber ich kam mir auch wie ein Dummkopf vor.

«Laß uns nach Hause fahren», sagte Jerry. «Ich habe Hunger.»

«Die Sache können wir endgültig vergessen. Der Kanake wird uns nicht mehr helfen. Ich vermute, wir könnten hier jede Nacht stehen – aber ich kann so lange nicht mehr warten.»

«Ich auch nicht. Liegt denn nichts anderes an? Ich brauche in den nächsten zwei Wochen ein paar tausend Dollar.»

«Nur die Juwelensache, und für die brauchen wir Zeit, um sie zu planen.»

«Wir können aber anfangen, uns nach was umzusehen. Machen wir eine Liste von allen erstklassigen Juwelieren und sehen sie uns genauer an. Du überprüfst Pasadena und die East Side. Ich nehme Beverly Hills.»

«Ja, aber das liegt in der Zukunft. Wir brauchen mindestens einen Monat zur Vorbereitung. In der Zwischenzeit brauchst du ein paar tausend – und ich habe kaum noch das Geld fürs Benzin. Wir sollten uns ein paar Banken anschauen. Das können wir in ein oder zwei Wochen zusammenhaben.»

Jerry startete gerade den Wagen, als durch das Heckfenster Scheinwerfer sichtbar wurden. Es war Mannys Wagen. Er stieg aus, und seine Bewegungen verrieten, daß er ein wenig betrunken war. Ich trat auf den Bürgersteig und rief ihn an. Er kam rüber, grinste und beugte sich runter, um zu sehen, wer sonst noch im Wagen war. Er kannte Jerry nicht. Sein Grinsen verstärkte meinen Ärger.

«Wo zum Teufel hast du gesteckt?» fuhr ich ihn an, wollte aber eigentlich den Ärger nicht zeigen; es war nur ein Schnitzer. Er war ja schließlich nicht verpflichtet, sein ganzes Leben lang auf meinen Anruf zu warten.

«Ich habe eine irre Debütantin in ihrer Bude in Laguna gebumst. Was steht an?»

«Nichts mehr. Wir wollten die Knarren – aber jetzt ist es zu spät. Wir haben eine Sache vermasselt, nur weil du nicht da warst.»

«Das hätte auch nichts gemacht. Der Typ hat gestern nachmittag die Knarren abgeholt. Ich wollte dich letzte Nacht anrufen, hatte aber deine Nummer vergessen.»

Was er da gesagt hatte, wurde mir erst Sekunden später völlig klar. Als es klickte, schaute ich in sein dummes Grinsen und schlug ohne Vorwarnung zu. Der linke Haken landete auf seinem Auge, die Haut platzte auf, und er fiel glatt auf den Rücken. Der nächste rechte Schwinger ging über seinen Kopf hinweg, weil er bereits auf dem Weg nach unten war.

«Heh! Verdammt!» japste er. «Wofür ist das?» Er war eher ängstlich als angeschlagen oder verletzt. Er stützte sich auf einen Ellbogen und wischte sich das Blut aus dem Auge.

«Du Scheißkerl!» sagte ich.

«Mann, was habe ich getan?»

«Vergiß es.» Das ganze Fiasko wurde dadurch verschlimmert, daß er ganz nebenbei vergessen hatte, mir die eminent wichtige Tatsache mitzuteilen, daß der Mann die Waffen abgeholt hatte. «Wichser, du hast 'ner Braut an der Möse gelutscht, obwohl du hier sein solltest, um dein Geschäft zu machen. Wenn wir es rechtzeitig gewußt hätten, hätte Jerry eine Schrotflinte kaufen können, und ich hätte immer noch meine kleine Pistole.» Ich trat zurück, um ihn zu treten, und er wollte wegrobben. Er blieb auf dem Bauch liegen, denn er wähnte sich auf der Erde liegend sicherer als aufrecht stehend.

Jerry war um den Wagen herumgerannt; er packte meinen Arm und zog mich weg. «Du verrückter Idiot! Ruhig, Mann. Jemand wird die Bullen rufen, und wir werden wegen 'ner Scheißschlägerei hochgenommen. Dafür gibt's kein Geld.»

Jerry schob mich in das Auto, und wir fuhren fort. Auf dem Sunset Boulevard, mitten zwischen den explodierenden Neonreklamen, den Bürgersteigen voller Frauen in Miniröcken und Männern in teuren Klamotten, fluchte ich: «Scheißverdammte Schwanzlutscher. Punk-Bastarde. Wir stecken verdammt noch mal in der Klemme.»

«Wir schaffen das schon. Reg dich nicht auf. So was passiert immer mal wieder. Scheiß drauf. Morgen machen wir einen neuen Plan.»

Ich war gerade wieder ins Motel zurückgekehrt, als mir zwei Projekte schlagartig in den Sinn kamen: der Supermarkt, von dem Willy Darin gesprochen hatte, und das Pfandhaus neben dem *Monticello*. Das Pfandhaus würde das Arsenal stellen und ein paar hundert Dollar (L&L Red konnte die Ware verkaufen); der Supermarkt würde die zweitausend bringen, die Jerry brauchte – und mein Anteil würde für ein Auto, Kleidung und einen Monat Miete reichen.

Außerdem war ich in der richtigen Stimmung, ein Verbrechen zu begehen. Ich würde heute noch allein losziehen, um im Pfandhaus einzubrechen. Im Kofferraum von Marys Wagen befand sich ein Wagenheber und ein stabiler Schraubenzieher; alles, was ich brauchte, um die Wand zu durchbrechen. Um ein Uhr zehn war ich unterwegs, hielt nur kurz in Hollywood an einem Drugstore, um Gummihandschuhe zu kaufen.

Der Parkplatz direkt hinter der Hintertür des Friseurladens war leer – das verringerte die Strecke, auf der ich gesehen werden konnte, wenn ich die Beute trug. Ich parkte rückwärts ein, stellte den Motor ab und rauchte den Rest meiner Zigarre, während ich den Hintereingang der Cocktailbar beobachtete. Es war eine ruhige Nacht. Das Geschäft lief schleppend. Ein halbes Dutzend Autos stand auf dem Parkplatz. Niemand kam heraus oder ging hinein. Es gab nichts, was mich beunruhigt hätte.

Bedächtig machte ich den Zigarrenstummel aus, zog die Gummihandschuhe über, packte das Werkzeug und schlich zur Tür des Friseurladens. Glas splitterte – und zehn Sekunden später befand ich mich im Innern, blieb regungslos stehen, um abzuwarten, ob es auf das Geräusch irgendeine Reaktion gab. Es blieb ruhig.

Alles war noch genau so, wie ich es bei meiner ersten Erkundung vorgefunden hatte. Die Flanke des Pfandhauses lag offen und ungeschützt da. Ich stemmte den Schraubenzieher in die Wand. Der Putz war trocken und bröselig; er fiel einfach herunter und prasselte leise auf den Boden. Das Geräusch würde man außerhalb des Gebäudes nicht hören können. Von draußen drang ab und zu Licht herein und das Motorgeräusch von vorbeifahrenden Autos. Ich konzentrierte meine Sinne darauf, Unregelmäßigkeiten in den nächtlichen Geräuschen zu entdecken, die kleinste Variation, das Knirschen von Schritten, ein Wagen, der sich merkwürdig anhörte, eine ungewöhnliche Stille. All das würde mich veranlassen, wie ein Tier in einem Lichtkegel regungslos zu verharren.

Ich machte weiter. Putz türmte sich auf dem Boden und knirschte unter meinen Füßen. Ich benutzte Schraubenzieher und Wagenheber zusammen, um die Holzlatten hinter dem Gips zu knacken. Nach fünfzehn Minuten hatte ich eine Öffnung, die groß genug war, daß ich hindurchkriechen konnte. Der Lagerraum des Pfandhauses lag vor mir, und es war hell genug, um sich ohne Taschenlampe umsehen zu können. In Kisten gepackte Wertgegenstände standen entlang der Wand und auf dem Boden. Sie waren nach Warengruppen zusammengestellt – hier Waffen, da Schreibmaschinen, und jeder Gegenstand war mit einem Zettel versehen, auf dem der Name der Person verzeichnet war, die ihn versetzt hatte.

Ich erweiterte die Öffnung mit meinen Händen, brach die scharfen

Kanten ab und quetschte mich mit dem Kopf voran hindurch, stützte mich dann mit den Händen ab und hockte mich sofort hin. Bewegungslos horchte ich eine Minute ins Dunkel. Es bestand immer die Möglichkeit, daß es einen Alarm gab, den ich übersehen hatte – oder daß jemand (vielleicht ein Betrunkener) hier schlief.

Doch im Pfandhaus und in der Umgebung blieb alles ruhig. Mein Herzschlag hatte sich vor Furcht beschleunigt, nun trommelte er im Triumph. Einen Augenblick lang hatte ich Bedenken, denn ich dachte an die Personen, denen diese Sachen gehörten. Deswegen brach ich niemals in Privathäuser ein. Der Diebstahl von Geld oder von etwas, das geldähnlichen Wert hatte, blieb unpersönlich; besonders wenn es aus einer Quelle stammte, die den Verlust verschmerzen konnte. Schmerzen zu verursachen war etwas ganz anderes.

Die Gewissensbisse verschwanden schnell. Während eines Verbrechens hat man keine Zeit für große Bedenken oder ein schlechtes Gewissen.

Zuerst ging ich zur Hintertür und suchte nach einer versteckten Alarmanlage. Ich fand keine, hatte auch keine erwartet; so etwas war teuer. Doch in Anbetracht einer langen Gefängnisstrafe konnte ich mir nicht leisten, dies als gegeben vorauszusetzen.

Dann öffnete ich das Schloß der Hintertür, um mir einen Fluchtweg zu sichern, obwohl ich meine Beute durch die Öffnung in der Wand fortbringen würde. Wenn ich die Tür öffnete, würde der Alarm losgehen – aber wenn ich fliehen mußte, dann würde der Alarm auch nichts mehr bedeuten. Durch die Öffnung konnte ich keine allzu großen Gegenstände transportieren, aber ich wollte ja nur Waffen. Alles weitere wäre Luxus.

Eine Lampe brannte im vorderen Raum, das ersparte mir die Taschenlampe. Ich war dankbar. Einmal war ich mit Hilfe eines Bohrers und einer Metallsäge durch das Dach eines Spirituosen-Großlagers eingestiegen. Ich benutzte eine Taschenlampe und leuchtete auf einen zwölf Fuß tiefen Sprung in ein Büro hinunter. Ich ließ mich hinab und ließ mich fallen – und brach durch das Glasdach über dem Büro, das ich im Licht der Taschenlampe nicht bemerkt hatte. Wunderbarerweise war nur meine Hand verletzt, aber ich hätte mir genausogut die Kehle durchschneiden können. Ich schätzte es als Einbrecher also durchaus, wenn das Licht angelassen wurde.

Ich bewegte mich an der Wand entlang zum vorderen Raum, hockte mich im Durchgang hin und schaute mich um. Damit meine Silhouette nicht durch die Fenster sichtbar wurde, blieb ich geduckt. Ab und zu fuhr ein Wagen vorbei. Ein alter Safe stand unter dem Schaufenster im Licht. Ich hätte nur dreißig Minuten gebraucht, ihn mit einem Vorschlaghammer und Meißel zu öffnen – noch weniger mit einem Schneidbrenner. Er war zu schwer, um bewegt zu werden, und ich konnte doch nicht vor einem Fenster arbeiten, selbst wenn ich das Werkzeug gehabt hätte. Ich kam mir wie eine Katze vor, die einen Kanarienvogel im schützenden Käfig anstarrt.

Die Pistolen lagen in einem Schaukasten. Ich trat in den Lagerraum zurück, entfernte Krimskrams aus einem Pappkarton und legte Kameras und kleinere Elektrogeräte hinein, die durch die Öffnung paßten. Ein halbes Dutzend Gewehre und zwei Schrotflinten standen in Reih und Glied, jede Waffe mit einem Schildchen am Abzug. Die Gewehre waren alle Kaliber .22, was mich nicht interessierte, höchstens um sie zu verkaufen – aber eine Schrotflinte war eine zweiläufige .12er.

Ich schob alles durch die Öffnung in den Friseurladen, kroch dann selber durch, um die Sachen zum Auto zu tragen und dann noch einmal in den vorderen Raum zu gehen. Der gefährlichste Moment würde kommen, wenn ich hinausging und begann, den Schaukasten auszuräumen. Indem ich den Wagen jetzt schon belud, konnte ich sofort nach dem zweiten Trip wegfahren – Zeit genug, um zu entkommen, falls mich jemand gesehen hatte und die Polizei anrief.

Der Putz knirschte unter meinen Schuhsohlen. Die Schatten im Friseurladen bewegten sich im Licht der vorbeifahrenden Autos. Eine Tür schlug zu, gefolgt von Schritten und dem Gelächter einer Frau. Ein Paar ging zehn Fuß von mir entfernt von der Cocktailbar zu seinem Auto. Der Mann streichelte mit seiner Hand den Hintern der Frau. Nachdem sie verschwunden waren, schlüpfte ich mit den Armen voller Gewehre durch die Tür. Innerhalb von dreißig Sekunden hatte ich den Karton mit den Kameras auf dem Rücksitz verstaut.

Ich wartete zunächst in der Dunkelheit des Friseurladens, um zu sehen, ob ich irgendwen aufgeschreckt hatte. Nichts rührte sich.

Schweiß tropfte von meiner Stirn und von meinem Kinn, und ich atmete schwer, als ich mich wieder durch die Öffnung zwängte. Ich hatte hart und schnell gearbeitet. Ich bückte mich nach dem Wagenheber und spähte durch den Durchgang, um sicher zu sein, daß gerade niemand auf dem Bürgersteig vorüberging. Ich ging rasch zu dem Schaukasten – er war abgeschlossen – und schlug die Scheibe ein. Das Geräusch explodierte in der Stille. Innerhalb von dreißig Sekunden hatte ich vier Pistolen herausgegriffen, eine war eine Browning .38er Automatik, meine Lieblingspistole. Mit den Pistolen in der Hand kniete ich neben dem Schaukasten. Im Vorderfenster lagen mehrere Musikinstrumente; man würde alle leicht verkaufen können, aber sie waren zu klobig, besonders bei der Ladung, die ich bereits hatte.

An der Wand hingen mehrere Armbanduhren, jede mit einem Schild versehen. Sie waren mein Bonus. Ich stopfte meine Taschen voll.

Drei Minuten später fuhr ich mit dem alten Plymouth durch dunkle Straßen zu L & L Reds Hütte. Hinter mir lag der geplünderte Laden mit einem Loch in der Wand. Plötzlich stellte ich mir den Schmerz und den Ärger des Besitzers vor, wenn er den Einbruch feststellen würde; er würde immer Neues entdecken, was fehlte. Ich bereute plötzlich, was ich getan hatte – es war jedoch keine richtige Reue, aber die Hoffnung, daß er versichert war. Sofort schottete ich mich bewußt gegen solche Überlegungen ab. Ich brauchte keine Rechtfertigung für das, was ich getan hatte, und selbst wenn, war es doch leicht, ihn sich als gemeinen, geizigen Shylock vorzustellen, als einen Mann, dem Leidenschaft und Mut fehlten. Ich schaffte es, mir den Mann unerträglich zu machen, ohne ihn je gesehen zu haben. Er war ein braver Bürger, er glaubte an die Todesstrafe, ein Feigling, ein Hund. Es war ein Pauschalurteil, es war irrational – genau wie das, das Leute wie er mir mein ganzes Leben lang entgegengebracht hatten.

Jerry Shue besaß eine gut ausgestattete Werkstatt. Er spannte das Schrotgewehr in einen Schraubstock und sägte Lauf und Schaft ab, glättete ersteren mit einer Feile und letzteren mit Schmirgelpapier. Die Schrotflinte ähnelte nun einer Handfeuerwaffe aus dem achtzehnten Jahrhundert. Jerry umwickelte die Mitte des Laufs mit Isolierband, um sie halten zu können, während man schoß. Er befestigte eine lange Schnur am Griff, damit man sie unter einem Mantel von der Schulter hängen lassen konnte.

Wir ließen die Gewehre dort und fuhren los, um uns den Supermarkt anzuschauen. Es war genau so, wie Willy es beschrieben hatte. Ich ging die Treppe hinauf und betrat das Büro des Managers. Er schaute überrascht auf, und ich bot ihm den Kauf von Einkaufswagen an. Er war nicht interessiert. Ich hatte gesehen, was ich sehen wollte: der Safe befand sich neben der Tür.

«Und?» fragte Jerry, als ich wieder in den Wagen stieg.

«Einfach. Wenn wir die Kanonen mitgebracht hätten, hätten wir ihn schon jetzt hochnehmen können.»

«So gut, was?»

«Scheißt der Elefant nicht immer auf den größten Haufen?»

Der Fluchtweg würde schwieriger werden als der Überfall selbst. Der Supermarkt lag an einer Kreuzung. Die Straße zur Rechten war eine Einbahnstraße und wurde dann zu einer Freeway-Auffahrt. Der Parkplatz führte direkt auf diese breite Straße zu, und sie war der logische Fluchtweg. Doch genau diese Straße würde als erste nach einem Alarm von der Polizei überprüft. Eine enge Gasse führte neben dem Supermarkt entlang zu einer Straße, die vor dem Markt vorbeiführte. Aber wenn wir diese Straße benutzten und dann links vor dem Supermarkt abbogen, würden wir direkt in einer zwei Blocks entfernten Shopping Mall landen, mit einem Gewirr von Einbahnstraßen und Wegen, die für Autos gesperrt waren. Wenn wir die Gasse benutzten und rechts abbogen, würden wir genau an den vorderen Fenstern des Supermarktes vorbeifahren – und wir müßten an einem Stoppschild direkt vor dem Haupteingang halten: dann würden wir unter dem Freeway zu einem weiteren Stoppschild durchfahren. Doch direkt dahinter war zur Rechten ein Wohngebiet (man konnte leichter rechts abbiegen als links; das war bei der Flucht wichtig), und eine halbe Meile weiter konnten wir, nur einen Block von Mary Gambesis Haus entfernt, in ihre Straße biegen. Dann würden wir in der Einfahrt verschwinden. Wir würden Marys Wagen mit gestohlenen Nummernschildern benutzen, die wir über die Originalschilder kleben würden. Jerrys Kombi könnten wir vor dem Haus parken. Wir würden Mary besuchen, ihr den Wagen zurückgeben, das Geld zählen und bis zum Mittagsverkehr in Deckung bleiben.

Wir fuhren die Route ab, stoppten an beiden Schildern, beachteten alle Verkehrsregeln. Wir würden vier Minuten bis zu unserem Ziel brauchen. Da der Manager festgebunden und geknebelt sein würde, würden wir ohne Zweifel bereits in Marys Küche sitzen und Kaffee trinken, bevor er die Polizei alarmieren konnte.

«Wie wär's mit morgen?» fragte Jerry.

«Ich bin bereit.»

Eilig fuhren wir nach Los Angeles zurück. Wir machten einen Umweg, um L & L Red zu besuchen, aber er war nicht in seiner Hütte. Wahrscheinlich war er unterwegs und verkaufte die Sachen aus dem Pfandhaus.

«Setz mich am Motel ab», sagte ich.

«Mach dir keine Sorgen wegen Carol. Sie mag dich.»

«Nein, scheiß drauf. Laß uns kein Salz in die Wunde streuen. Es ist besser, wenn ich mich ein paar Tage von ihr fernhalte.»

«Ich hol dich morgen um neun Uhr ab. Es ist gescheiter, wenn wir zuschlagen, bevor der Verkehr zu dicht ist.»

«Besorg dir Extramunition.»

«Wir können sie auf dem Weg dorthin besorgen.»

Sonntag nachmittag und Sonntag abend hatte ich nichts Besonderes vor. Ich konnte mir also überlegen, wozu ich Lust hatte. Bisher hatte ich jeden Moment, seit ich aus Rosenthals Wagen gesprungen war – selbst, wenn ich mit Red trank oder bei Abe im Club war, unter starker Spannung gestanden. Heute war die See ruhig, ich befand mich im Auge des Sturms. Bis morgen früh konnte ich nur warten. Die Vorstellung, allein im Motel zu bleiben, machte mich nicht besonders an, und so überlegte ich, ein paar Bekannte aus der Verbrecherszene zu suchen. Sie würden meine Einsamkeit ein wenig mildern, und ich suchte etwas, das mich ablenkte.

Ich fuhr zur Tankstelle am Hollywood Boulevard und ließ den Wagen dort für einen Ölwechsel und eine Inspektion zurück. Mit ihm würden wir bei einer Verfolgungsjagd niemals entkommen, aber ich wollte sichergehen, daß er zumindest nicht schlappmachte, wenn wir vom Parkplatz wegfuhren.

Da ich nichts anderes zu tun hatte, verbrachte ich eine Stunde damit, über den Boulevard zu wandern und mir die Jugendlichen in ihren bizarren Klamotten anzuschauen – Sandalen und lange Haare und Hüte mit Federn und Perlen. Abes Club lag ein paar Blocks entfernt, aber ich zog es vor, in der Sonne zu bleiben. Als ich das Ende der großen Gebäude erreicht und die Menschenmenge sich verlaufen hatte, winkte ich ein Taxi heran und fuhr ins neue Kunstmuseum. Das war der richtige Ort, um einen ruhigen Herbstnachmittag zu verbringen. Ich schaute mir die Menschen ebenso intensiv an wie die Gemälde und erfreute mich an ihrem ernsthaften Interesse für die Bilder. Ich fühlte mich ganz aufgeräumt und freundlich, war nicht zynisch, ja sogar zärtlich. Gewöhnlich fühlte ich das nur für Menschen, die mir nahestanden. Ich suchte normalerweise nach den Schwächen der Menschen, nach Beute, betrachtete sie als Feinde, obwohl ich sie nicht notwendigerweise haßte – der Löwe haßt die Gazelle nicht, sie ist ihm gleichgültig. Heute mochte ich sie gerade wegen ihrer Eigenheiten, und meine freundliche Stimmung war mir angenehm.

Am späten Nachmittag nahm ich ein weiteres Taxi, diesmal zu einem Restaurant am Wilshire Boulevard in Beverly Hills. *Frascati's* ist für seine belgische Küche berühmt, aber ich hatte es nicht deswegen ausgewählt (da ich im Gefängnis aufgewachsen bin, beschränkte sich meine Eignung als Gourmet darauf, die Qualität von Bohnen zu beurteilen). Dieses Restaurant besaß einen schattigen Patio, der durch eine niedrige Mauer vom Boulevard getrennt war. Dort konnte man sitzen und essen und sich die Leute anschauen. Das hatte ich immer genossen.

Danach zog ich gemütlich in Beverly Hills herum, schlenderte durch die Geschäfte und Einkaufsstraßen. Ich wäre auch gern durch die feudalen Wohngebiete marschiert, aber in dieser Umgebung sah man für gewöhnlich keine Fußgänger, und sie wurden regelmäßig von der Polizei angehalten. Jeder Gammler, nicht nur die mit kriminellem Hintergrund, wurde verhaftet und zu dreißig Tagen Haft wegen Landstreicherei verurteilt.

In der Geschäftsgegend zwischen dem Wilshire und dem Beverly Drive befand ich mich mitten im Zentrum des südkalifornischen Juwelenhandels – nur beste Qualität, versteht sich. In der näheren Umgebung befanden sich mehrere exklusive Juweliere: etwa Van Cleef & Arpels, Tiffany & Co., Raymond & Co. Ich erinnerte mich, daß man bei Raymond einmal bei einem gewagten Raubüberfall 250 000 Dollar erbeutet hatte. Ich bog auf dem Beverly Drive in südlicher Richtung vom Wilshire Boulevard ab und schaute mir die Schaufenster an. Sie waren leer, wie auch die Vitrinen, aber durch die Fenster konnte man die dicken Teppiche sehen, die eleganten Kronleuchter, die Vitrinen mit den Spezialschlössern und die Tresortüren aus schimmerndem Stahl.

Hier einen Raubüberfall zu begehen war unpraktisch. Heute waren die Straßen leer, aber wenn die Läden geöffnet waren, dann waren die Straßen mehr als voll. Mindestens vier Blocks in jede Richtung gab es nichts anderes als Geschäfte – und das bedeutete Ampeln und Bürogebäude. Man würde zu lange brauchen, um eine größere Entfernung zurückzulegen.

Ich rief wieder ein Taxi und wartete an einer Tankstelle. Während ich wartete, schaute ich in den Gelben Seiten unter «Diamanten» und «Juwelen» nach. Ich konnte die ungefähre Lage der meisten Adressen einschätzen. Eine fiel mir ins Auge: Gregory's. Der Name war so bekannt wie Van Cleef & Arpels, und die Adresse lautete Wilshire – aber die Nummer zeigte, daß sich das Geschäft östlich des Zentrums befand. Ich folgte einer Eingebung, fuhr mit dem Taxi die Wilshire herunter und schaute hinaus.

Gregory's befand sich in einem eigenen Gebäude. Es war niedrig und strahlend weiß, im Kolonialstil erbaut. Ich war unzählige Male daran vorbeigefahren, ohne es überhaupt zu bemerken. Neben der Tür hing eine blank polierte Messingplatte. ‹Gregory's, Juwelier› stand darauf, und nichts weiter. Gegenüber befand man sich immer noch im Geschäftsbezirk, aber hinter dem Juwelier lagen Straßen mit eleganten Appartementgebäuden und hübschen Einfamilienhäusern. Bäume beschatteten die Bürgersteige.

Ich entschloß mich, zurückzukommen und mir die Sache genau anzuschauen, wenn ich Zeit hatte. Ich lehnte mich in den Sitz zurück und zündete mir eine Zigarre an. Noch immer hatte ich für den Abend nichts vor. Es wurde gerade erst dunkel. Ich beschloß, Manny zu besuchen und die Wogen zu glätten.

Kapitel neun

Im Club war wie gewöhnlich am Sonntagabend nicht allzu viel los. Manny January lehnte an einem Zigarettenautomat im hinteren Teil nahe am Gang zum Büro. Ein fleischfarbenes Pflaster klebte unter dem rechten Auge. Als ich durch die Vordertür trat, beobachtete er mich ängstlich. Hätte ich plötzlich in meine Tasche gegriffen, wäre er durchgedreht. Der Anblick seiner Furcht ließ mich innerlich jubeln, denn wenn jemand seiner selbst nicht sicher ist, kann die Tatsache, daß sich andere vor einem fürchten, das Selbstbewußtsein heben.

Ich benötigte zehn Minuten guten Zuredens und der Versicherung, daß ich ihm bestimmt nichts tun wollte, bis ich ihn überzeugen konnte, mit mir zu kommen. Wir fuhren in seinem Wagen herum. Wenn jemand Angst hat, zerstreut man diese am besten, indem man den Betreffenden in eine Lage bringt, in der man ihn verletzen könnte – um ihn dann statt dessen anständig zu behandeln. Als Manny das kapierte, fuhren wir gerade durch eine dunkle Wohngegend. Erst jetzt zeigte er seinen schwelenden Groll, von mir niedergeschlagen und gedemütigt worden zu sein. Diesen Widerwillen wollte ich sehen – denn ich wollte nicht, daß er sich festsetzte, wuchs und seinen Verstand vergiftete. Furcht, Haß, Ablehnung: sie bedeuteten nichts, wenn die Person, die von ihnen beherrscht wurde, sich in sicherer Distanz befand. Aber Manny gehörte zu meinem Kreis, und sein geheimer Groll konnte für mich bedrohlich werden. Ein Dime in einem Fernsprecher und ein paar geflüsterte Bemerkungen zur Polizei würden seine Rachegelüste stillen.

Nachdem er seine verletzten Gefühle gezeigt hatte, behandelte ich ihn wie ein Kind, das ungezogen gewesen ist und deswegen bestraft wurde, aber das man doch noch liebt. Ich machte ihm deutlich, wo er seine Verantwortlichkeit nicht erfüllt hatte und daß er unrecht getan hatte. Ich entschuldigte mich, daß ich die Beherrschung verloren hatte, gab ihm aber zu verstehen, alles sei sein eigener Fehler gewesen.

Wir hielten an seiner Wohnung, holten uns ein Dutzend Joints und die doppelte Ration Bennies. Auf dem Rückweg zum Club waren wir schon high, und er erzählte von seinen Hoffnungen, Zweifeln und Problemen. Ich ließ ihn ohne Unterbrechung reden, und als wir ausstiegen und hineingingen, war er mehr denn je von mir eingenommen.

Etwas später am Abend, vielleicht nahe Mitternacht, war ich ziemlich berauscht von Gras und Bennies und Schnaps und fand mich mit Abe, Manny, Angie und zwei Bräuten, die ich nie vorher gesehen hatte, in einer Nische wieder. Manny wußte von den beiden Frauen nur, daß jede allein schon vorher den Club besucht hatte. Eine Frau war nur Oberfläche ohne Substanz, hart und spröde und deutlich alternd. Sie schien – durch den Schleier meines Rauschs – die Art Frau, für die das Alter einen besonderen Fluch darstellt, denn ihr fehlte jede Substanz, um sie selbst zu sein, wenn ihre Schönheit vergangen war.

Allison, die andere Frau, saß mir gegenüber. Ihr hellblondes Haar schien farblos gegen den aufgedonnerten Glamour Angies und der anderen Frau. Auf den ersten Blick war sie eine durchschnittlich hübsche Frau von Mitte Zwanzig, weniger auffällig als die meisten, die hier aufkreuzten. Doch bei näherem Hinsehen bemerkte ich, daß sie sich nicht extra herausputzen mußte – sie hatte hohe Wangenknochen und eine samtweiche Haut, und sie brauchte kein Make-up, um Falten zu verbergen. Ihre Augenfarbe lag irgendwo zwischen haselnußbraun und veilchenfarben, und sie erwiderte, ohne zu zwinkern, meinen Blick. Hätte ich nicht so viele Drogen eingeworfen, hätte ich fortgeschaut, denn noch längeres Starren hätte einen stummen Kampf heraufbeschworen.

Wir sprachen nicht miteinander, und das wenige, was sie den anderen sagte, enthüllte kaum etwas von ihrer Persönlichkeit. Ich bemerkte den winzigen Hauch eines Südstaatenakzentes in ihrer Aussprache. Ein bekannter Folksänger wurde im Gespräch erwähnt, und sie sagte: «Oh, ist der nicht gut» – mit einer Dehnung der letzten Silbe, was diesem einfachen Satz Emotion einhauchte. Manchmal, wenn die Musik durch den Raum dröhnte, bewegte sich ihr Kopf im Takt. Ich erinnere mich jetzt mit größerer Klarheit an diese Dinge als zu dem Zeitpunkt, an dem sie geschahen.

Alle wollten zu einer Party, und die Frauen gingen zuerst. Abe und Manny würden hingehen, sobald der Club geschlossen war. Abe wollte, daß ich mitkam, doch ich lehnte ab. Ich hatte in der vergangenen Nacht drei Stunden geschlafen und hatte außerdem eine Verabredung, am Morgen einen Supermarkt auszurauben.

Allison besaß einen Wagen, aber sie hatte ihn auf dem Sunset Boulevard vor einem anderen Club geparkt. Manny bot an, sie hinzubringen und mich dann nach Hause zu fahren.

«Laß mich beim *Carolina Pines* raus. Ich besorg mir ein Sandwich und rufe ein Taxi», sagte ich.

Unterwegs holte Manny noch ein paar Joints hervor, und wir rauchten sie. Ich hatte immer noch keine Gelegenheit gehabt, mit Allison zu reden. Wenn der Überfall klarging, würde ich mir ihre Telefonnummer von Abe oder Manny besorgen – wenn sie sie hatten. Wenn nicht, würde ich sie ja vielleicht mal zufälligerweise wiedersehen.

Ich stieg aus, blickte kurz dem Wagen hinterher und betrat den Coffee Shop, ein weitläufiges, glänzend poliertes Etablissement aus rostfreiem Stahl und Plastik. Das Benzedrin unterdrückte meinen Hunger, und ich bestellte mir einen Kaffee, denn ich konnte nichts anderes runterkriegen. Es war mir klar, daß ich noch nicht schlafen konnte, sosehr ich es auch wollte und vor allem auch brauchte.

Draußen stand ich unter dem überdachten Eingang des Coffee Shop, der vom Licht, das durch die Fenster drang, hell erleuchtet war, und überlegte, was ich tun sollte. Vielleicht nach Downtown fahren. Die Nachtmenschen der Unterwelt würden sicher dort sein – im trüben *Traveler's Café* in der Temple Street oder *Dixie's Waffle Shop* am Broadway. Ich würde vielleicht sogar etwas Heroin kaufen. Die drogensüchtigen Nutten würden auch da sein. Ich könnte ein halbes Gramm kaufen, eine aufreißen und mit ihr eine Orgie feiern – was einfach ist, wenn man voll auf Benzedrin und Heroin abgefahren ist.

Und falls ich zufällig ein paar Bekannte treffen sollte, könnten wir ins Kino gehen.

Was mich allerdings davon abhielt, war die Tatsache, daß gerade diese Gegend nach Mitternacht kräftig von der Polizei durchkämmt wurde. Sie würden mich vielleicht anhalten, und obwohl mein gefälschter Ausweis gut war, blieb es dennoch riskant. Es befanden sich zweifelsohne mehrere hundert weitere Flüchtlinge in Los Angeles auf freiem Fuß, aber es bestand immer die Chance, daß sich ein Polizist zufällig gerade an mein Bild erinnerte.

Ein gelbes Taxi hielt an, und ein Mann stieg aus. Ich winkte und ging ohne genaue Zielvorstellung zum Taxi – ich wußte nur, daß ich irgendwohin wollte.

Neben mir hielt ein Wagen; ich bemerkte es aus den Augenwinkeln. Ich sah herüber. Allison saß allein hinter dem Steuer eines blaßblauen Kabrioletts. Das Verdeck war heruntergeklappt, und ihre Haare waren vom Wind zerzaust; ihr Anblick freute mich ungemein. Ich merkte, daß ich sie irgendwie erwartet hatte, oder zumindest voller Hoffnung gewartet hatte, denn ich war der Überzeugung, daß sich während unseres Blickwechsels im Club ein wortloses Verständnis zwischen uns aufgebaut hatte.

Ihr Begrüßungslächeln war neckisch, unsicher – als ob sie fürchtete, ich würde ihre Direktheit verurteilen.

«Was ist mit der Party?» fragte ich.

«Ich habe es mir anders überlegt.»

«Hm. Und du wußtest, daß ich jemanden brauche, der mich nach Hause fährt? Stimmt's?»

«Wenn du dahin fahren willst.» Sie wurde leicht rot, war unsicher. Deswegen mochte ich sie nur noch mehr. Ich stand neben dem Wagen und schaute auf ihre bloßen Schenkel herab; ihr kurzer Rock war beim Fahren hochgerutscht. Sie waren sehr weiß. Sie wußte, worauf ich starrte.

«Also, steig ein», sagte sie.

Wir fuhren in Richtung Hollywood Boulevard.

«Und, was willst du machen?»

«Ficken», wollte ich eigentlich sagen – und doch war es nicht die ganze Wahrheit. Etwas sagte mir, sie sei mehr als eine schnelle Nummer. Es war nicht die Elektrizität frischer Verliebtheit, sondern etwas Sanfteres. Sie schien jemand zu sein, der die Qual meiner Einsamkeit mildern konnte. «Wir können ein paar Joints rauchen, rumfahren und schauen, ob wir uns wirklich mögen.»

«Prima.» Sie lächelte mich warm an.

Bald fuhr sie, ohne daß ich es erwähnt hätte, dorthin, wohin auch ich gefahren wäre – über die Serpentinen hinauf in die Hollywood Hills, eine Gegend voll eleganter Häuser auf Felsvorsprüngen und begradigten Hügelkuppen. In einer klaren Nacht konnte man vierzig Meilen weit nach Süden sehen und dreißig Meilen nach Norden – und jeder Zentimeter war hell erleuchtet.

Wir parkten an einem Aussichtspunkt. Allison stellte das Autoradio an, und wir saßen da und unterhielten uns. Sie hatte Manny über mich ausgefragt, während er sie zu ihrem Auto gefahren hatte. Er hatte ihr gesagt, daß ich gerade zehn Jahre im Gefängnis gesessen hatte. Diese Information faszinierte sie. Sie kannte niemanden, der auch nur eine Nacht im Gefängnis verbracht hatte. Ich berichtigte den Fehler der zusätzlichen zwei Jahre. «Ach», sagte sie, «vielleicht habe ich ja mal jemanden getroffen, aber ich wußte es nicht.»

Ihre Worte überraschten und bezauberten mich – denn es schien, daß jeder, den ich kannte, im Gefängnis großgeworden war.

Sie wollte wissen, wie es war – die Gewalt, das Fehlen der Frauen –, als ob die Welt des Gefängnisses in einem nächtlichen Gespräch erfaßt werden könnte. Ich erzählte ihr ein paar Wahrheiten und ein paar Lügen, denn ich fühlte ihr offensichtliches Verlangen nach Romantik. Meistens wich ich aus und lenkte das Gespräch wieder auf sie, denn ich hatte die Theorie, wenn man jemandem erlaubt, zu lange über sich zu reden – besonders über seine Gefühle und Probleme –, dann würde sich diese Person an einen hängen.

Allison beschrieb sich trocken als ‹lebenslustige Ex›, obwohl die Scheidung noch nicht ganz vollzogen war. Sie hatte schrecklich gelitten, hatte sich befreit, um sich selbst zu finden, um das Leben zu spüren – auch seinen Schmerz. Sie war die einzige Tochter einer Mittelklassefamilie aus Kentucky. Ihr Vater war der Herausgeber einer Zeitung in einer Stadt mit zwanzigtausend Einwohnern. Sie war zwei Jahre auf ein Frauencollege der Baptisten gegangen. Ihr Leben war langweilig gewesen, obwohl sie es nie bemerkt hatte, denn sie hatte nie vergleichen können. Sie hatte immer gern gelesen, doch die Bücher hatten kein Begehren ausgelöst, zumindest nicht bewußt. Eine außergewöhnlich wagemutige Nacht hatte darin bestanden, Bier zu trinken und mit überhöhter Geschwindigkeit über eine Landstraße zu brettern, zu parken und sich heftigst ins Petting zu stürzen – und das alles war von süßen Schuldgefühlen erfüllt. Sie rebellierte gegen die calvinistische Rechtschaffenheit, ohne deren Gültigkeit zu widersprechen.

Ihr Mann stammte aus Baltimore. Er war Ingenieur und fünfzehn Jahre älter als sie. Sie lernte ihn kennen, als er in der Armee war; er war in einer kleinen Kaserne nahe ihrer Heimatstadt stationiert. Er würde bald entlassen werden und nach Kalifornien gehen, wo seine Ausbildung ihm eine Karriere in der Luftfahrtindustrie eröffnen würde. Er schien der kultivierteste und weltgewandteste Mann zu sein, den man sich vorstellen konnte, und Kalifornien war das Gelobte Land aus Milch und Honig und Sonne und Meer. Sie war schwanger geworden und mit ihm Richtung Westen gefahren, mit einem Ehering am Finger und voller Erwartung. Sie war neunzehn Jahre alt gewesen.

Fünf Jahre später fand sie sich auf allen vieren wieder: sie kratzte gerade einen Ofen in einem ordentlichen Vorstadthaus sauber. Sie warf den Schwamm weg und entschied, damit Schluß zu machen. Da sie inzwischen mehr vom Leben kennengelernt hatte und sich auch besser kannte, wurde sie desillusioniert, unzufrieden und entmutigt. Sie kämpfte dagegen an, indem sie sich für die Schule engagierte, in eine Frauengruppe eintrat und Selbsterfahrungskurse besuchte; sie hatte eine Affäre und leistete Sozialarbeit. Die Unzufriedenheit wuchs. Und der Mann, der in einer Kleinstadt so kultiviert gewirkt hatte, stellte sich in der Stadt als trübe Tasse heraus. Ihr fiel auf, daß sie jeden Nachmittag furchterfüllt auf die Uhr starrte. Ihm war nur wichtig, daß das Essen auf dem Tisch stand – und danach flegelte er sich in einen Sessel und saß vor dem Fernseher, bis es Zeit war, ins Bett zu gehen. Der Sex war lustlos – obwohl er sich täglich an sie ranmachte. Er ging niemals aus; er wollte nicht ausgehen und hatte seit ihrer Hochzeit nur ein einziges Buch gelesen: *The Carpetbaggers*.

Sie begann, nachts allein auszugehen und durch die Kneipen zu ziehen, und verachtete ihn wegen der passiven Hinnahme ihrer Eskapaden noch mehr. «Er war so verdammt schwach», sagte sie, «und ich war furchtbar für ihn. Ich zerstörte sein letztes bißchen Männlichkeit. Und als ich ihm sagte, es sei alles vorbei, da weinte er und drohte, sich umzubringen. Mein Gott, ich verabscheute ihn – und fühlte mich wie ein Stück Dreck. Trotzdem, ich erstickte. Ich mußte einfach weg, mußte etwas anderes machen, als hätte mein Metabolismus einen anderen Rhythmus.»

Das Kind wurde zu ihren Eltern nach Kentucky gebracht, sie bezog eine eigene Wohnung und nahm eine Stelle in einer Anwaltskanzlei an. Sechs Monate lang hatte sie jetzt neue Leute kennengelernt, Neues ausprobiert, hatte sich erforscht. Es war wunderbar gewesen.

«Und das Ziel? Was willst du?»

«Ich weiß nicht, noch nicht. Wie kann ich es wissen, bevor ich alles kennengelernt habe? Jetzt will ich nur sehen, was jenseits des Horizonts liegt. Vielleicht suche ich auch nur Aufregung. Ich fühle mich dann lebendiger. Jeden Morgen beim Aufwachen frage ich mich, was heute geschehen wird, welches Abenteuer mir über den Weg laufen wird.»

«Wie steht es mit der Liebe? Wo findet sich die in deinem Leben?»

«Ja, die Liebe... das frage ich mich auch. Es ist wunderschön zu lieben, wenn man kann – aber es zu versuchen und nicht dazu in der Lage zu sein foltert die Seele. Ich finde, man sollte sie in Frage stellen, sie soll sich beweisen müssen. Man sollte sie nicht aus Hunger danach suchen und sich selbst täuschen. Wie ist es bei dir?»

«Was willst du wissen?»

«Haßt du die Gesellschaft?»

«Manchmal. Manchmal mehr, manchmal weniger. Ich hasse sie für das, was sie aus mir gemacht hat. Nicht so sehr dafür, was sie mir angetan hat.»

«Haßt du dich selbst?»

«Nein. Ich bin stolz auf mich – auf eine bestimmte Art. Ich bin der freieste Mann, dem du je begegnen wirst.»

«Arbeitest du?»

«Himmel, nein!»

«Was machst du?»

«Junge Frau, so etwas fragt man nicht. Du betrittst verbotenes Terrain.»

«Ich habe dir mein Herz ausgeschüttet, und du erzählst überhaupt nichts.»

«Wir haben keinen Handel abgeschlossen – du erzählst mir was, ich erzähl dir was.»

«Das ist nicht fair.»

«Nichts ist fair.»

Es war fast fünf Uhr. Am Horizont wurde es bereits hell. «Willst du etwas essen?» fragte ich.

«Nein, aber wenn du Hunger hast, mache ich dir was in meiner Wohnung. Ist nicht weit weg, sie liegt in einem tollen Canyon.»

Ich stimmte zu, und sie startete den Wagen.

«Bist du erst ein paar Tage draußen?» fragte sie, während sie den Wagen durch die Kurven steuerte.

«Hm, ja.»

«Schon eine Frau gehabt?»

«Nein. Ich stehe auf Jungens.»

Ihr Gesicht wurde absolut ausdruckslos, dann wurde es puterrot, als ich in Lachen ausbrach.

«Ich muß um halb neun in Hollywood ein Auto an einer Tankstelle abholen. Kannst du mich hinfahren?»

«Ich werde zu spät zur Arbeit kommen, aber ich rufe an.»

Das Gebäude, in dem sich ihre Wohnung befand, war älter als die meisten anderen im Canyon. Es war dunkelgelb verputzt und mit einem Ziegeldach und schmiedeeisernen Geländern an den Balkons versehen. Es wirkte spanisch. Eine kurvenreiche Straße ohne Gehweg führte zum Haus, das von dichtem Gebüsch und Bäumen umgeben war. Die Eingangstür wirkte wuchtig: dunkles Holz in eine dicke Mauer eingelassen. Es war in der Zeit billiger Arbeit und billigen Materials erbaut worden – und bevor die Hollywood Hills in Mode gekommen waren. Die hohen Decken waren mit Holzbalken versehen. Ein breiter, tiefer Kamin nahm fast eine ganze Wand im Wohnzimmer ein – ein riesiges Zimmer für ein Appartement. Die Möbel stammten nach Stil und Farbe zu urteilen aus Mexiko. Mir gefiel das dunkle Rot, das Schwarz, die Atmosphäre von rustikalem Komfort. Ich mag Stahl und Kunststoff überhaupt nicht.

Sie machte Rührei, briet Kartoffeln und Schinken und machte einen guten Kaffee. Ich aß mit Appetit und schluckte noch fünf weitere Bennies mit dem Kaffee. Ich würde an diesem Morgen so wach wie nie zuvor sein und während des Überfalls vollkommen unter Strom stehen.

Wir redeten weiter, während wir aßen. Ich duschte und rasierte mich. Sie machte sich frisch. Wir schliefen nicht miteinander, erwähnten es noch nicht einmal – beide wußten wir, daß die Affäre gerade erst begann und es keinen Grund zur Eile gab. Es würde besser sein zu warten, als flott unter Zeitdruck ins Bett zu springen. Außerdem würde die Verzögerung die Vorfreude steigern und es besser machen, wenn die Zeit reif war.

Auf dem Weg nach Hollywood fragte Allison, wann ich anrufen würde. Ich sagte ihr, bald, vielleicht später am Tag, vielleicht morgen, sagte, daß ich noch etwas zu erledigen hätte und nicht wüßte, wie lange es dauern würde. Sie fragte nicht, was es war, denn sie merkte instinktiv, daß solche Fragen nicht erlaubt waren. Ich hätte es ihr nicht gesagt – würde es ihr noch nicht einmal sagen, wenn wir zusammen leben würden. Zu viele Kriminelle vertrauen ihren Frauen und erzählen ihnen alles. Ich befolgte die Regel, niemals etwas mitzuteilen, es sei denn, es ist absolut nötig. Und es war unnötig, wenn die Person nicht direkt beteiligt war. Die vertrauenswürdigste Person der Welt würde morgen vielleicht schon nicht mehr vertrauenswürdig sein – oder nächste Woche, oder nächsten Monat – und die Verfallszeit zählt nach Jahren. Eine Frau verriet einmal ihren Mann, der einen Mord begangen hatte, nach zehn Jahren.

Kapitel zehn

Es war neun Uhr fünfundvierzig. Wir fuhren auf den Parkplatz hinter dem Supermarkt. Fleisch wurde in einiger Entfernung vom Hintereingang aus einem Kühlwagen entladen. Das konnte man ignorieren. Es gab noch ein paar weitere Autos, die meisten gehörten wahrscheinlich den Angestellten.

«Wie fühlst du dich?» fragte ich.

«Okay. Ich hoffe nur, wir haben Glück.»

«Wir werden weitermachen, bis wir etwas kriegen oder die Glückssträhne reißt.»

«Oder etwas reißt uns den Arsch auseinander.»

Der alte Plymouth stand in einer Linie mit den zwanzig Yards entfernten Glastüren. Ich ließ den Schlüssel im Zündschloß stecken. Wenn es zu bunt wurde und wir uns hastig zurückziehen müßten, dann wäre es ein unnötiger Zeitverlust, in der Tasche nach dem Schlüssel rumzufummeln.

Wir beobachteten den Markt. Jerry nahm die Einkaufstüte mit der abgesägten Schrotflinte und stellte sie zwischen unsere Sitze. Er rückte die .38er, die im Bund unter seinem Pullover steckte, zurecht, so daß der Griff verborgen war und ihn nicht störte. Seine Hände zitterten nicht, und er wirkte selbstbewußt. Seine Haltung verstärkte meine eigene Sicherheit.

«Irgendwelche schlechten Schwingungen?» fragte er und wollte wissen, ob ich irgend etwas merkwürdig fand – und zwar nicht mit den üblichen Sinnen, sondern mit einem Urinstinkt, der bei Dieben hoch entwickelt ist. Es gab immer eine wie auch geringe Chance, daß die Polizei im Hinterhalt lauerte – weil man überwacht worden war. Ein Hinterhalt wird untrüglich vom Ballern der Schrotflinten angezeigt, und die Aufforderung, sich zu ergeben, kam erst danach. Die Polizei läßt sich die Chance nicht nehmen, als erste zu schießen – das würde ich an ihrer Stelle auch nicht anders machen. Da Jerry und ich die einzigen Menschen waren, die von dem Überfall wußten, war ein Hinterhalt sehr unwahrscheinlich. Aber vielleicht hatte ja jemand anderes schon was in dieser Gegend abgezogen.

Eine fette Frau, die in ihren rosafarbenen Stretchhosen und ihrem Tuch über den Lockenwicklern obszön aussah, kam aus dem Supermarkt und schob mit einer Hand den Wagen, mit der anderen zog sie ein Kind hinter sich her. Wenn die Polizei dagewesen wäre, hätte sie es ihnen niemals erlaubt, eine potentielle Schußlinie zu durchqueren. Der Supermarkt war in Ordnung.

Der Manager war noch nicht erschienen. Wir warteten.

«Hast du den Kerl wiedergesehen, dem du in die Eier getreten hast?» fragte Jerry.

«Gestern nacht. Ich habe ihn besänftigt.»

«Gut. Besonders wenn du dich weiter in der Bar zeigen willst.»

«Er weiß jetzt, daß er Scheiße gebaut hat. Aber er ist kein Verräter.»

«Sich der Menschen sicher zu sein bringt uns immer wieder in den Knast. Jemand, dem du nicht vertraust, darf nicht an dich rankommen.»

Ich nickte zustimmend und starrte auf die Tür vor uns.

«Ich werde mir morgen den Laden in Beverly Hills anschauen», sagte Jerry.

«Wir müssen erst eine Bank machen. Das geht schneller.»

«Ich schaue mich auch nach einer Bank um.»

Der schmächtige Manager erschien und ging die Stufen hoch.

«Das ist er», sagte ich.

«Dann wollen wir ihn nicht warten lassen.»

Ich nahm die Tüte mit dem Schrotgewehr. Während wir den Parkplatz überquerten, waren meine Sinne besonders geschärft. Sie brachten mir üblicherweise unbemerkte Hintergrundphänomene zu Bewußtsein. Ich fühlte, wie die Sonnenstrahlen mein Hemd durchdrangen, wie rauh der Asphalt unter meinen Sohlen war, konnte das Brummen der Automotoren auf dem hundert Yards entfernten Freeway vernehmen. Das Geräusch eines Zimmermannshammers klang durch den Morgen. Der scharfe Geruch bestimmter Büsche war deutlich zu riechen, obwohl keine zu sehen waren. Ich bemerkte, wie die Sonnenstrahlen von den Kieseln im Gehweg reflektiert wurden.

Jerry machte die Glastür auf und benutzte vorsichtig die Schulter, um keine Fingerabdrücke zu hinterlassen. Im Laden schaute niemand in unsere Richtung. Wir gingen die Treppe hinauf, nahmen zwei Stufen auf einmal und machten doch kein Geräusch. Auf dem ersten Absatz blieben wir kurz stehen, zogen Handschuhe und Masken über. Jerrys Muskeln zuckten, als sie hinter dem Nylon verschwanden. Mein Herz raste vor lauter Aufregung und Benzedrin.

Ich zog die Schrotflinte heraus, faltete die Einkaufstüte zusammen und steckte sie in meine Windjacke. Jerry tippte mir mit der Pistole auf die Schulter und zeigte nach oben. Ich ging voran und hielt die abgesägte Schrotflinte in beiden Händen.

Oben an der Treppe blieb ich stehen. Die Tür war verschlossen. Jerry prallte gegen mich. Ich überlegte, ob wir einfach eintreten sollten oder klopfen. Wenn die Tür nicht verschlossen war, würde unser Hereinstürmen uns die vollkommene Überraschung sichern. Doch eine verschlossene Tür würde uns in diesem Fall Probleme bereiten. Bevor ich mich entschieden hatte – gerade mal drei Sekunden später –, bemerkte ich eine Bewegung in einer Nische keine vier Schritte neben mir. Dort stand der Manager und preßte ein Auge auf eine kleine Öffnung; er beobachtete das Geschäft und suchte Ladendiebe.

Ich mußte fast lachen, dann ging ich hin. Der Manager sprang bei der Berührung an seiner Schulter zurück. Sie rührte von der Schrotflinte her, die zwei Handbreit von seinem Kinn entfernt war. Er sah in den Doppellauf: doch weder blinzelte er, noch änderte sich sein Gesichtsausdruck, er wurde nur blaß. Ich meinte fast, er würde fragen: «Wie kann ich Ihnen helfen, Sir?»

Jerry hatte sich hinter ihn geschlängelt und pochte mit der Pistole auf sein Rückgrat. Der Mann öffnete den Mund. Es drang kein Ton heraus. Seine Reglosigkeit war die Paralyse äußersten Terrors. Ich packte ihn mit der linken Hand am Ärmel und hielt die Schrotflinte wie eine Pistole. «Wir würden gern den Safe öffnen.» Er folgte meinem Druck in Richtung Büro, als sei er blind. Wir traten ein.

«Öffne den Safe», sagte Jerry.

«Er ist offen», jammerte der Manager.

Ich schloß die Bürotür und schaute mich nach etwas um, das ich als Knebel verwenden konnte. Nichts paßte richtig. Ich vergaß es. Der Manager hatte die Safetür aufgemacht und wurde von Jerry in eine Ecke geführt.

«Ich habe Frau und Kinder», sagte der Manager. «Ich werde Ihnen keine Schwierigkeiten machen. Tun Sie mir nichts.»

«Ich würde dir um nichts in der Welt was tun», erwiderte Jerry. «Wir wollen Geld, kein Blut. Leg dich auf die Seite. Ich werde dich fesseln.»

Da ich sicher war, daß Jerry mit dem Opfer zurechtkam, kniete ich mich vor den offenen Safe, füllte die Einkaufstüte mit Geldbündeln, durchsuchte die einzelnen Fächer und verstreute das, was ich nicht wollte, auf dem Boden. Etwas Geld lag oben auf einem Fach, ein Baumwollbeutel lag auf dem Boden.

Als ich fertig war, fesselte Jerry gerade die Hände des Managers auf dem Rücken. Wir waren erst drei Minuten in dem Zimmer. «Wie sieht's aus?» fragte er.

«Nicht schlecht. Wie steht's mit den Münzen?»

«Kommen genausogut wie die Scheine.»

Die in braunes Papier gewickelten Münzen fielen in die Tasche.

Jerry klebte den Mund des Managers zu. «Schau auf die Wand, und dreh dich nicht um», befahl er.

Ich zog meine Handschuhe aus und griff gerade nach meiner Maske, als es an der Tür klopfte. «Mr. Ecklund.» Eine gedämpfte Stimme erklang.

Jerry kauerte sich regungslos neben die auf dem Bauch liegende Person. Ich blieb ruhig stehen, doch meine Gedanken rasten. Ich nahm die Schrotflinte vom Boden auf und bedeutete Jerry, die Tür zu öffnen.

Es klopfte wieder.

Jerry schlich an der Wand entlang, ich stand direkt vor der Tür und hatte die Schrotflinte erhoben. Die Waffe ließ mich darauf vertrauen, das, was draußen auf uns wartete, im Griff zu haben. Jerry riß die Tür auf und sprang instinktiv aus der Schußlinie zurück. Seine Pistole hatte er gezückt.

Ein Teenager in Jeans und Metzgerschürze stand in der Tür. Er wankte und fiel fast in Ohnmacht, als er den gefesselten Mann sah und die zweiläufige Kanone.

Jerry sprang vor, packte den Jugendlichen am Arm und zog ihn herein, schob ihn zum Manager herüber und stieß ihn dann zu Boden. «Bleib da liegen. Und beweg dich keinen verdammten Millimeter.»

«Feßle ihn», sagte ich.

«Kein Klebeband mehr. Ich puste ihm einfach das Gehirn raus, wenn er sich bewegt.» Jerry wollte ihn bewußt in Angst und Schrekken versetzen. Wir gingen zur Tür. Wir nahmen drei Stufen auf einmal, rissen uns die Masken und Handschuhe herunter und stopften sie in unsere Taschen. Wir wirkten wie freudig erregte Käufer, als wir durch die Glastüren ins Sonnenlicht traten – nur bei näherem Hinsehen hätte man gemerkt, daß wir heftig atmeten.

Ich zwang mich, langsam zu gehen und nicht zum Auto zu rennen. Alles war friedlich – ein Herbstmorgen in der Vorstadt. Ich ging zur Fahrerseite, stieg ein und stellte die Tasche auf den Boden. Jerry wartete neben der Beifahrertür, die Hand unter dem Pullover, die Augen auf die Tür des Supermarktes gerichtet. Er wartete, bis der Motor lief, und stieg dann ein, legte die Pistole in seinen Schoß und beobachtete weiter die Tür, während ich in Richtung Ausgang steuerte. Ich fuhr äußerst vorsichtig, jedes Schalten war mir bewußt und wog sorgfältig die nötige Schnelligkeit gegen unnötige Beachtung ab. Am Ende der Straße hielt ich; zwei Autos fuhren vorbei. Ich reihte mich hinter ihnen ein. Wir fuhren direkt an den Fenstern des Supermarktes vorbei. Drinnen war alles ruhig, es rannte noch niemand kopflos herum.

«Der Kleine muß erst den Manager losgebunden haben», sagte Jerry. «Sonst wären sie schon ausgerastet.»

Ich hielt am ersten Stoppschild und blieb wirklich stehen, hielt nicht wie sonst nur halbwegs an. Die Hochstimmung des Erfolgs setzte allmählich ein. Ich schob mich unter der Unterführung des Freeway her, hielt am zweiten Stoppschild. Ich grinste und dachte daran, daß niemand vermuten würde, daß wir diesen Weg nahmen und zweimal innerhalb von zweihundert Yards vom Tatort entfernt anhalten würden. Ich nahm den Fuß von der Bremse, drückte aufs Gas, stellte brav den Blinker an und streckte sogar noch den Arm heraus.

«Verdammter Mist!» rief Jerry. «Ich hab seine Brieftasche vergessen.»

«Mann, mach das nicht. Ich dachte, du hast die Schmiere gesehen – wir können einen Motorradpolizisten nicht abhängen.»

Jetzt war die Sonne durch die Bäume verdeckt. In der Wohngegend durfte man eigentlich nur fünfundzwanzig Meilen schnell fahren, aber ich fuhr schließlich vierzig – nicht zu schnell, aber zügig. Im Rückspiegel war nichts zu entdecken. Zwei Minuten später waren wir fast schon bei Mary. Da stand Jerrys Wagen mitten in der Sonnenhitze.

Joey Gambesi machte an seinem Fahrrad in der Einfahrt rum. Er schaute hoch, als es hupte, und schob sein Fahrrad zur Seite. Ich fuhr hinter das Haus, dann in die Garage, stellte den Motor ab und lehnte mich mit einem Seufzer zurück. «Alles easy, Baby», sagte ich.

«Lief wie geschmiert.»

Mary hatte den Wagen gehört. Die Vorhänge bewegten sich. Einen Augenblick später kam sie um den Bungalow herum, schüttelte den Kopf und drohte mit dem Finger – aber sie war nicht wütend; sie kniff die Lippen zusammen, um nicht lächeln zu müssen.

«Wo warst du?» fragte sie. «New York? Miami?»

«Das Auto war kaputt.»

«Das Telefon auch? Ich saß hier eine Woche lang fest.»

Vom Erfolg begeistert (wir waren jetzt so sicher, als hätten wir es nie getan) und überzeugt, daß meine Freude ansteckend war, stieg ich aus und kniff sie spielerisch in die Wange. «Ich habe was, mit dem kann ich dich für den Ärger entschädigen.»

Sie ergriff mein Handgelenk, ihr Gesichtsausdruck wurde ernst. «Komm bitte her. Wir müssen uns kurz unterhalten.»

«Wegen dem Auto?»

«Nein. Wegen Lisa.»

«Kann Jerry reingehen?»

«Natürlich.»

Ich winkte ihm. «Nimm die Einkaufstüte. Wir kommen gleich nach.»

«Lassen Sie sich durch die Unordnung nicht stören», sagte Mary. «Auf dem Herd steht Kaffee.»

Jerry bedankte sich und ging mit der schweren Einkaufstüte zum Bungalow. Als er außer Hörweite war, erzählte mir Mary, daß Lisa den Tag über fort war und die Lage sich gerade wieder mit ihr entspannte und es besser wäre, wenn sie mich eine Weile nicht sehen würde. Sie würde mich niemals fortschicken wollen, aber sie wüßte, ich würde sie verstehen. Ich gab ihr recht.

Joey kam die Auffahrt entlang, schob sein Fahrrad und grinste mich an. Er pikste seine Mutter spielerisch und erinnerte sie daran, wie verärgert sie wegen des Autos gewesen war und was sie mir unbedingt sagen wollte, wenn ich wieder auftauchen würde. Sie wurde rot und fuhr sich mit der Hand durchs Haar. Ich wünschte, er wäre mein Sohn.

Aber es war besser, Joey für fünfzehn oder zwanzig Minuten fortzuschicken. Wir mußten das gestohlene Geld zählen und die Nummernschilder abnehmen. Ich schickte ihn los, mir eine Morgenzeitung zu kaufen und eine Schachtel Zigarren. Als er die Einfahrt hinunterradelte, wollte Mary ins Haus gehen, doch ich hielt sie zurück. Sie blieb stehen und wartete auf mich.

«Scheiß drauf», murmelte ich, ging zurück zum Auto, riß das Nummernschild ab und bog es zusammen.

Mary sah, was ich machte, und verstand genau. «Mein Auto!»

«Harte Zeiten machen harte Menschen. Ich stand mit dem Rücken zur Wand.»

«Warum mein Auto?»

«Ich hatte kein anderes.»

Sie schüttelte eher resigniert als ärgerlich den Kopf. Als wir die Küche betraten, saß Jerry am Tisch und trank Kaffee.

«Dürfen wir dein Schlafzimmer benutzen?» bat ich Mary.

Sie fragte nicht wozu; sie wollte es gar nicht wissen. Sie bat uns jedoch darum, die Vorhänge zuzuziehen. «Hier gibt es einen Nachbarn, der gern rumschnüffelt.»

Als wir im Schlafzimmer waren und die Vorhänge zugezogen hatten, nickte Jerry in Richtung Küche. «Scheint 'ne gute Braut zu sein.»

«Sie ist schon ganz in Ordnung. Ich könnte hier reinschneien, sogar wenn man mich wegen Mordes sucht, und sie würde mich verstecken. Sie ist auch nicht gemein – ist kein Tramp.»

Jerry kippte den Inhalt der Einkaufstasche aufs Bett. Wir trennten die Schrotflinte und die Sachen, die wir für den Überfall benötigt hatten. Das Geld lag nun verstreut auf der Bettdecke. Jeder von uns zählte einen separaten Haufen.

«Sechsundzwanzig vierzig», sagte Jerry.

«Ich habe genau achtundzwanzig.»

«Und das Kleingeld?»

«Ungefähr hundert. Wollen wir es der Braut geben?»

«Das ist fair.»

Mary klopfte an die Tür und unterbrach uns. «Joey ist wieder da», sagte sie. «Ihr beeilt euch besser.»

Ich schob die Rollen mit den Münzen unter das Kissen und gab die Schrotflinte in die Einkaufstasche zurück.

Als wir in die Küche traten, lieferte Joey meine Zeitung und die Zigarren ab. Ich gab ihm einen Fünf-Dollar-Schein und sagte ihm, ich wollte mich mit seiner Mutter unterhalten. Er zuckte mit den Schultern – der Betrag war in Ordnung – und ging nach draußen.

«Unter dem Kopfkissen liegt ein Haufen Münzen für dich. Wirf das Papier fort.»

Sie sah mich an und schüttelte nur den Kopf.

«Willst du es nicht?»

«Sicher. Denkst du etwa, ich bin verrückt?»

Wir hatten geplant, bis zum Mittag bei Mary zu bleiben. Dann würde uns der dichtere Verkehr noch mehr Deckung geben. Es war aber unnötig, wenn wir auf Boulevards blieben, auf denen sich ein paar tausend Fahrzeuge pro Stunde bewegten. Wir konnten auf einer von einem Dutzend Straßen sein oder in einem anderen Auto. Wir wurden nervös, wollten los, und so fuhren wir schon eine halbe Stunde später wieder fort.

Auf dem Freeway schloß ich meine Augen und entspannte mich. Die Vinylsitze waren warm von der Sonne, und eine frische Brise drang durch das Fenster. Die einzelnen Phasen des Überfalls gingen mir durch den Kopf wie bei einem Schachspieler, der sein ganzes Spiel noch einmal durchspielt. Alles in allem waren wir präzise und als Team vorgegangen. Ich rief mir das Gesicht des Teenagers ins Gedächtnis zurück, als er in die Schrotflinte blickte, und mußte lächeln – aber wir hätten mehr Klebeband mitbringen sollen. Es hatte zwar kein Problem verursacht, aber es hätte eines werden können. Es hätten durchaus mehrere Personen im Büro sein können – und wir hätten bedenken müssen, daß jemand unerwarteterweise hereinkommen konnte. Unser sicherer Vorsprung wäre um mehrere Minuten verkürzt worden, wenn der Junge schreiend die Treppe heruntergerannt wäre.

Dennoch war der Überfall auf mehrere Arten profitabel gewesen. Das Geld war das wichtigste, doch es war auch ein guter Test gewesen. Jerry und ich arbeiteten prima zusammen; er war gut, weil ihm die besondere Vorstellungskraft fehlte, durch die man schnell in Panik verfiel. Bilder von Konsequenzen würden ihn in einem kritischen Moment niemals wanken lassen. Eines war sicher: wir würden uns besser vorbereiten müssen. Der Zufall konnte jederzeit zuschlagen, aber bei einem Beutezug mußte er auf ein Minimum reduziert werden. Fast jedesmal zu gewinnen ist bestens; doch einmal verloren, und alle früheren Siege sind zunichte. Verwegenheit war normalerweise ein Plus, wenn alles andere ausgeglichen war – aber selbst die wagemutigste Tat mußte man mit feinster Präzision kalkulieren, damit das, was tollkühn erschien, nicht wirklich tollkühn war.

«Wo willst du hin?» fragte Jerry.

«Einen rothaarigen alten Penner besuchen. Er kann die Knarren verstecken und mich weiterfahren. Ich werde heute nachmittag ein Auto kaufen und ein Telegramm abschicken. Ich fahre nach Norden, um diesen Typ zu holen. Wo kann man dich erreichen?»

«Zu Hause bei Carol.»

«Ich rufe dich heute abend an. Mann, ich brauche verdammt noch mal Schlaf. Dieses Scheiß Benzedrin bringt mich um. Ich brauche eine Pause, und das Zeug läßt mich nicht.»

Die Ausfahrt zur Soto Street lag vor uns. «Ordne dich rechts ein, und fahr auf der Soto nach Norden. So kommen wir am schnellsten zu Red.»

«Ich lass' dir die .38er da. Ich will nicht, daß Carol sie sieht.»

«Ich nehme sie mit. Red kann die Schrotflinte verstecken, bis wir sie wieder brauchen.»

Die Autos sausten an uns vorbei, während Jerry langsamer wurde und schließlich abbog. Es war noch nicht einmal Mittag.

Kapitel elf

L & L Red hatte die Ware aus dem Pfandhaus für siebenhundert Dollar verkauft und war mehr als froh, als ich ihm mitteilte, er könne die Hälfte behalten. Er hätte mich nach Miami gefahren, wenn ich es gewünscht hätte, und so begleitete er mich gern bei meiner Suche nach einem Auto. Er vergrub die Schrotflinte.

Ich kaufte schließlich einen schwarzen GTO. Er war vier Jahre alt, aber mit Hingabe von einem jungen Mann gepflegt, den man eingezogen und nach Vietnam geschickt hatte – und den eine versteckte Bombe hatte erblinden lassen. Seine Eltern mußten fast weinen, als sie den Wagen verkauften, denn er erinnerte sie lebhaft an die Tragödie. Ich bezahlte bar, bekam die Papiere und dachte nicht daran, sie zum Kraftfahrzeugamt zu schicken. Wenn etwas passierte, wäre das ein weiteres Hindernis bei meiner Verfolgung.

Es war bereits später Nachmittag, als ich den Wagen hatte und L & L Red verließ. Ich war vollkommen fertig. Ich fuhr zum Motel zurück – hielt nur kurz, um Aaron das Telegramm zu schicken – und schlief in meinen Kleidern ein.

Nach Mitternacht wachte ich auf, ging essen und fuhr dann spontan mit dem PS-starken Wagen in Richtung Norden auf den Highway. Das Fahren bereitete mir Freude, und ich spürte meine Kraft, sah um mich herum nur Dunkel und vor mir die weiße Linie, die im Licht der Scheinwerfer davonglitt. Ich stellte einen Radiosender mit klassischer Musik ein und drehte die Lautstärke voll auf.

Im Morgengrauen erschienen die Hügel von San Francisco. Ich war nicht müde, aber ich stieg im *Fairmont Hotel* ab. Ich wählte es, weil es das beste in der Stadt war – und überlegte, daß nur ein Krimineller die eine Nacht in einer Zwei-Dollar-Absteige verbringt und die nächste schon in einer Vierzig-Dollar-Suite.

Ich schlief eine Stunde, ging dann einkaufen und wartete auf die Änderungen. Ich erstand zwar nicht die komplette Garderobe, die ich mir gewünscht hatte, aber es war schon viel besser. Ich kaufte für Aaron ebenfalls etwas zum Anziehen – und Munition für die .380er und die .38er.

Ich fuhr mit dem GTO im Berufsverkehr über die Golden Gate Bridge nach Marin County; alles bewegte sich mit entsetzlicher Langsamkeit. Bald jedoch wurde der Strom der Autos dünner, und der Highway führte durch die Ortschaften am Bay. Der Freeway wurde breiter, der Verkehr floß schneller, und ich raste los. Die Städte lagen nun weiter auseinander. Die Reklametafeln an der Straße warben für Reno und Lake Tahoe, die hundert Meilen entfernt waren. Bei Einbruch der Dämmerung fuhr ich vom Freeway ab. Aus dem gelblichen Farmland wuchs das satte Grün der ersten Hügel und Wälder. Das letzte Abendrot verschwand, und die Straße wurde von den Wäldern Nordost-Kaliforniens verschluckt. Ich hielt in einer kleinen Stadt, um einen Hamburger zu essen. Bald gab es keine kleinen Ortschaften mehr und auch keine Reklametafeln. Die Nadelwälder waren eine endlose, reglose Wand aus Schwärze, Melancholie und Geheimnis. Im Scheinwerferlicht tauchten Büsche auf, die wie feindliche Schatten heranrasten – bis ich um eine Kurve bog und sie wieder in der Dunkelheit verschwanden.

Aus der Karte konnte ich Wegstrecke und Entfernung ersehen, aber nicht den Zustand der Straße. Ich hatte eine schlimmere Fahrt erwartet, und so war ich eine Stunde zu früh an meinem Ziel. Im Licht der Scheinwerfer tauchte der öffentliche Campingplatz auf, der ganz verlassen dalag. Es gab die üblichen planierten Stellplätze, die Sanitäranlagen, einen Grillplatz und eine Menge Abfall. Ich fuhr wieder hinaus und folgte langsam der Straße. Die Seitenstraße mit der Hinweistafel *Calif. Dept. Forestry Camp* lag eine Meile hinter dem Campingplatz. Das bedeutete, Aaron würde drei Meilen durch den Wald rennen müssen.

Ich wendete und fuhr zurück. Statt im Wagen zu sitzen, nahm ich beide Pistolen, die Munition und eine Decke und begab mich dreißig Yards in die Deckung des Waldes. Wenn Aaron sich bei seiner Zeitplanung geirrt hatte, würden die Beamten auf der Straße patrouillieren, während er noch im Wald war. Sie würden bestimmt ein Fahrzeug überprüfen, das vierzig Meilen von der nächsten Stadt entfernt war. Im Wald war es kälter, aber sicherer. Man konnte mich nicht sehen, und hinter mir dehnte sich eine Millionen Hektar große Wildnis aus.

Ich setzte mich auf die Decke und lehnte mich gegen einen rauhen Baumstamm, zündete eine Zigarre an und wartete. Über den Baumwipfeln, die ab und zu in der leichten Brise knarrten, kam der Mond hervor und leuchtete gerade hell genug, daß man die Umrisse schemenhaft erkennen konnte. In der majestätischen Stimmung der Nacht überwältigte mich meine eigene Bedeutungslosigkeit. Ich hatte den sinnlosen Wunsch, in den Wald zu schießen, zu beobachten, wie die Pistolen in die gleichgültige Nacht feuerten – ein Akt der Rebellion. Ich wurde traurig: Carol lag im Krankenhaus, Mary war bitterarm, mein Vater lag in einem schäbigen Zimmer ohne einen Freund, und Aaron war irgendwo in der Nähe im Wald, rannte vor den Hunden fort, seiner Hoffnung entgegen.

Ich machte die Zigarre aus und warf den Stummel fort. Er beschrieb einen roten Bogen und landete in einer Matte trockener Kiefernnadeln. Sie begannen zu krachen und Funken zu sprühen. Begann so ein Waldbrand, der einen Schaden in Millionenhöhe verursachte? Was ging es mich an, wenn der Wald oder die Welt zu Asche verbrannten?

Der Stummel erlosch, ohne einen Brand zu legen, und die Frage, was ich tun sollte, erledigte sich von selbst.

Eine halbe Stunde verging. Ich fragte mich, wie lange ich warten wollte, bevor ich mir sicher sein konnte, Aaron würde nicht mehr kommen. Gerade da rief er meinen Namen. Seine Stimme drang von irgendwo hinter den Bäumen hervor. Er rief in Richtung des Wagens, und dann wurde er mitten auf dem Campingplatz sichtbar. Er war zwanzig Schritte entfernt.

Eine Minute später schleuderte der Wagen um die Kurven, und wir rasten zurück. Aaron schlug mir auf den Rücken und kniff mich vor Freude in den Nacken. So überschwenglich hatte ich ihn noch nie erlebt. Sicher, es war das erste Mal, daß ich ihn außerhalb der Gefängnismauern sah, das konnte auch eine Rolle spielen. Nicht jeden Tag schafft ein lebenslänglich Verurteilter die Flucht.

«Also, Mann», meinte ich, «mach halblang, sonst wickle ich unsere Ärsche um den nächsten Baum. Nimm das Schätzchen hier –» ich gab ihm die .38er –, «und auf dem Rücksitz liegen ein paar Klamotten.»

Er nahm die Pistole und kletterte auf den Rücksitz, um die Gefängniskluft loszuwerden. «Ich wußte, ich kann mich auf dich verlassen. Trotzdem habe ich mich gefragt, ob du wirklich da sein wirst, als ich durch den Wald lief.»

«Ganz so selbstlos bin ich nicht. Ich will dich bei einem Bankraub dabeihaben.»

«Bankraub! Du redest besser Klartext.»

«Ich werde dir 'nen Scheiß erzählen.»

«Das ist Klartext.»

Vor uns tauchten die Scheinwerfer eines Autos auf. Aaron duckte sich, obwohl es unmöglich war, ihn vom anderen Wagen aus zu erkennen. Zunächst blendete uns das gleißende Licht der Scheinwerfer, dann folgte der Fahrtwind, als der Wagen vorüberrauschte. Ich blickte in den Rückspiegel, um zu sehen, ob der Wagen wendete. Mein GTO würde ein Polizeifahrzeug sicher abhängen können, besonders da ich eher bereit war, für meine Freiheit ein Risiko einzugehen, als die Polizisten für ihr Gehalt es waren. Aber ein Funkgerät konnte man schlecht abhängen. Wenn es ein Polizeiwagen war und wendete, würde ich abbiegen, bremsen, und Aaron könnte im Wald verschwinden. Man suchte einen Schwarzen. Meine Ausweispapiere würden einer flüchtigen Überprüfung standhalten.

Der andere Wagen fuhr weiter, und der Plan erwies sich als unnötig. Dennoch sah ich zwanzig Meilen lang ständig in den Rückspiegel; dann fuhr ich auf den achtspurigen Freeway Richtung Süden.

Aaron wußte bereits durch den Gefängnisklatsch, daß ich auf der Flucht war. Rosenthal oder ein anderer Beamter hatte es vielleicht jemandem im Gefängnis erzählt – vielleicht auch versucht, bei anderen Leuten, die auf Bewährung draußen waren, etwas über mich zu erfahren. Von denen kam einer wieder ins Gefängnis und beantwortete Fragen in etwa so: «Ich hab den und den gesehen; dem Kerl geht's gut.» Oder: «Von so und so die Alte bietet ihre Möse dauernd anderen an.» Oder: «So und so klaut wieder.» Oder: «Max Dembo hat seinem Bewährungshelfer eine verpaßt.» Ein anderer Sträfling, den man ins Arbeitslager geschickt hatte, wußte, daß Aaron mein Freund ist, und hatte es ihm mitgeteilt.

«Und was ist mit deinen guten Vorsätzen?» fragte Aaron.

«Ich habe mich getäuscht. So bin ich nicht.»

«Das ist sicher wahr, aber es steckt noch was anderes dahinter. Was ist passiert?»

Ich erzählte es ihm genau, mit dem Bild Rosenthals vor Augen, was die Erzählung noch gehässiger machte. Selbstmitleid schlich sich ebenfalls ein; ich berichtete ihm von der schrecklichen Spannung und der endlosen Angst, die man hatte, wenn man auf der Flucht ist. «Es ist kein gutes Leben.»

«Besser man ist aus dem Käfig geflüchtet, als wieder drin zu sitzen.»

Ich bemerkte erst jetzt, daß ich mich bei einem Mann beklagte, der gerade seine einzige Chance genutzt hatte freizukommen. Wenn man ihn erwischte, würde er erst nach weiteren zwanzig Jahren wieder eine Chance haben. Und in dem Teil meines Gehirns, der Meinungen speichert, ohne sie zu prüfen, glaubte ich, er würde wieder geschnappt werden – früher oder später. Achtzig Prozent der Flüchtigen wurden bereits nach einer Woche wieder eingefangen; weniger als drei Prozent blieben ein Jahr auf freiem Fuß. Mir fielen nur zwei ein, die fünf Jahre oder länger entkommen waren. Einer war ein Australier, der vor seiner Verhaftung um die ganze Welt gereist war und der somit bestens gerüstet war, zu entkommen. Der zweite war, obwohl er noch offiziell vermißt wurde, drei Monate nach seiner Flucht gestorben und heimlich begraben worden. Er war verrückt geworden, stellte eine Bedrohung für seine Freunde dar, und einer hatte ihn in der Wildnis erschossen und ihn vergraben. Die Geschichte war allgemein bekannt im Knast, und ohne Zweifel wußten es die Behörden ebenfalls; aber sie konnten nichts machen.

Meine Chancen, nicht geschnappt zu werden, waren etwas besser als die Aarons. Aber gejagt zu werden war immer noch besser, als gefaßt zu werden. Der Tod ist unvermeidbar, aber man versucht doch trotzdem, ihm zu entkommen.

Der Tacho zeigte siebzig Meilen pro Stunde. Es waren kaum Autos unterwegs. Neunzig Meilen wären absolut sicher gewesen, aber ein Polizist könnte uns wegen Geschwindigkeitsübertretung anhalten, und ihm würde es sicher verdächtig vorkommen, daß ein Weißer und ein Schwarzer zusammen waren, besonders so spät nachts.

Aaron besaß keinen Ausweis. Das konnte böse ausgehen.

Aaron war nachdenklich. Er hatte angenommen, daß ich ein Versteck für ihn haben würde und daß ich ihm weitere Hilfe anbieten würde. Er hatte allerdings nicht soviel Unterstützung erwartet – Geld, Kleidung, Ausweispapiere –, und er hatte auch nicht an einen Überfall gedacht, aber er brauchte Geld, um das Land zu verlassen. Er sprach sehr gut Spanisch, und durch seine jahrelange Arbeit beim Gefängniszahnarzt (Sträflinge bohrten, säuberten, machten Füllungen) war er ein derart qualifizierter Zahnarzt geworden, der in vielen rückständigen Gebieten der Welt mit offenen Armen empfangen würde. Seine Kenntnisse der Elektrotechnik waren ebenfalls ein Plus (die wollte ich für uns). Er dachte an Mittel- oder Südamerika. Zunächst brauchte er jedoch einen Paß und Geld.

Ich hatte mir auch überlegt, die USA zu verlassen; aber die definitiven Pläne – sogar die Entscheidung – hatten zu warten, bis ich genug Geld hatte, um angenehm zu leben. Als Ziel schwebte mir Spanien oder ein anderes Mittelmeerland vor, speziell ein Land, das zu arm war, um sich eine gut ausgerüstete Polizei zu leisten, oder das weniger eifrig bei der Untersuchung betuchter Ausländer war.

Sogar jetzt, als Aaron seine Pläne darlegte, dachte ich nur bis morgen. Ein profitabler Raubzug war mein großer Traum, und wer denkt schon weiter, als er träumen kann?

Um drei Uhr morgens, fünfzig Meilen nördlich von Bakersfield, nickte ich am Steuer ein. Aaron fuhr weiter, und ich schlief auf dem Rücksitz.

In San Fernando ging die Sonne auf, und der Verkehr wurde dichter. Ich fiel vom Sitz, als Aaron auf die Bremse stieg und zur Seite schlidderte, um einem Milchlaster auszuweichen. Er hatte über zehn Jahre kein Auto mehr gefahren und brauchte etwas Übung, bevor er sich auf die Freeways von Los Angeles wagen konnte.

Wir fanden für ihn ein möbliertes Zimmer in einem alten, viktorianischen Haus. Das Zimmer war recht groß und lag im zweiten Stock. Ein großes Fenster ging auf den Rasen vor dem Haus hinaus und auf eine baumbestandene Straße. Das Haus lag an der nordwestlichen Ecke des schwarzen Ghettos. Insofern ein Ghetto, daß alle, die dort wohnten, schwarz waren. Es war eine normale Mittelklassegegend. Die Häuser waren alt, waren aber noch vor zehn Jahren sehr attraktiv gewesen. Aaron würde in dieser Gegend nicht auffallen, und sie lag nur zehn Minuten Fahrzeit von Hollywood entfernt. Ich würde nicht durch feindliches Terrain fahren müssen, um ihn zu besuchen.

Ich hatte geplant, den Tag mit ihm zu verbringen, ein Foto für einen falschen Führerschein zu besorgen, Kleidung zu kaufen. Aber nachdem ich über tausend Meilen in dreißig Stunden gefahren war, machte sich plötzlich mein absolut wirrer Lebensrhythmus sowie der Überfall bemerkbar. Erschöpfung überkam mich, als würde mich etwas urplötzlich aussaugen. Ich mußte unbedingt schlafen.

«Leg dich doch hier hin», sagte Aaron. «Ich kann meine Mutter bei der Arbeit anrufen und ihr sagen, daß es mir gutgeht. Man ist vermutlich schon bei ihr gewesen, und sie denkt, ich würde in den Sierras mit all den Klapperschlangen und Bären rumhängen.»

«Nein, Bruder. Ich hab 'ne Braut. Ich werde bei ihr schlafen. Ein nobles Südstaatenmädel.»

«Ich würd meinen Schwanz auch ganz gern in was Feuchtes stekken, aber es gibt wichtigere Sachen zu tun.»

Ich gab ihm die Telefonnummer von Abes Club und die von Allisons Wohnung. Ich würde aus meinem Motel ausziehen, also war diese Nummer unwichtig. «Wenn irgendwas anliegt, ruf mich an. Drei Blocks von hier gibt es ein Shopping Center. Du kannst da hingehen und dir ein paar Klamotten besorgen.» Ich gab ihm dreihundert Dollar und die .38er. Ich versprach, ihn heute abend zu besuchen; dann würden wir weitersehen.

Er begleitete mich zum Wagen. Die Vermieterin, eine korpulente schwarze Frau, deren Ehemann ein ehemaliger Soldat war, der nun bei Hughes Aircraft arbeitete, goß die Blumen am Haus. Jede Blume hatte verschiedenfarbige Blüten – gelb und rot, so leuchtend, wie ich es selten gesehen hatte. Aaron hatte die Frau bereits für sich eingenommen, als er sich das Zimmer angesehen hatte; denn seine Bildung, seine Manieren und seine Intelligenz waren offensichtlich. Jetzt machte er eine Bemerkung über die Zinnien, machte ihr ein Kompliment, und die Frau war von ihm hingerissen – so sehr, daß ich zweifelte, ob sie die Polizei anrufen würde, selbst wenn sie die Wahrheit wußte.

«Werd mir bloß nicht zu anständig», flüsterte ich, als wir zum Auto weitergingen. Wir schüttelten uns die Hände, bevor ich einstieg.

«Danke, Bruder», sagte er. «Ich weiß zu schätzen, was du für mich getan hast.»

«Mann, scheiß drauf! Das ist doch nichts Besonderes. Freunde soll man benutzen, aber nicht mißbrauchen, dann wird jeder stärker. Niemand kann allein existieren. Ich brauche dich auch.»

«Hör auf zu lallen, als ob du auf Speed bist. Hau ab.»

«Ich komme gegen neun zurück. Ich bring vielleicht meinen Partner mit, damit ihr euch kennenlernt.»

Ich fuhr los und hoffte, daß Jerry und Aaron miteinander auskommen würden und sich so respektierten, wie ich beide respektierte. Wenn ich sie zu einem Team zusammenfügen könnte – als Bindeglied, nicht als Führer –, wäre keine Beute vor uns sicher, egal wie groß.

Ich hatte Aaron erzählt, daß eine Frau auf mich «wartete» – doch es stimmte nicht. Allison war nicht da, als ich den Wagen auf ihrer Straße parkte. Meine Sachen lagen auf dem Rücksitz gestapelt. Ich war zu müde, um noch weiter zu fahren. Ich zerbrach eine Scheibe, öffnete das Fenster und stieg ein. Als sie heimkam, lag ich schlafend im Bett und trug nur Shorts. Sie war überrascht, aber nicht ärgerlich. Im Gegenteil, mein unrasiertes Kinn und meine allgemeine Mitgenommenheit weckten ihre weibliche Fürsorge. Ich murmelte, ich wäre tausend Meilen nach Mexiko und zurück gefahren. Sie fragte nicht weiter; ich mochte das.

Draußen wurde es dunkel. Sie saß auf der Bettkante. Es war an der Zeit, daß wir uns liebten. Ich merkte es am Verlangen, das ihr Körper ausstrahlte, und am stummen Warten in ihren Augen. Ich berührte sie.

Minuten später, bereits mit aufgeknöpfter Bluse und hochgerutschtem Rock, stand sie auf und zog langsam ihre Kleider aus. Als sie vollkommen nackt war, posierte sie, und ihr Körper wurde vom schwindenden Sonnenlicht gesprenkelt, das durch einen Baum, der vor dem Fenster stand, drang, und die Silhouette ihrer Brust zeichnete sich deutlich ab. Sie war herrlich braun, und die Brüste waren blendend weiß, verglichen mit ihrem Bauch, den Schultern und Beinen. «Ich hab's gerne langsam und zärtlich», sagte sie, kniete sich mit einem Bein aufs Bett, griff mit ihrer Hand zwischen meine Beine, legte ihren Mund auf meinen Bauchnabel und steckte ihre Zunge hinein.

Wir ließen uns viel, viel Zeit; manchmal waren wir auch ungeschickt, denn wir waren nicht aneinander gewöhnt, und wir machten alles mit Händen und Mund, was vorurteilsfreie Lover tun. Wir fingen sanft an, arbeiteten uns zur Wildheit durch, machten zwischendurch eine Pause, verzögerten die Erschöpfung. Sie war abwechselnd scheu und vulgär und mochte es, wenn ich ihr Obszönitäten ins Ohr flüsterte. Ihre Haut war samtweich, und sie war geschmeidig; einmal hatte sie die Beine um mich gelegt und streichelte meine Schenkel mit ihren Fußsohlen. Während wir uns liebten, jetzt im Dunkeln, fühlte ich ihre Wärme und ihr Streicheln, und all die unzusammenhängenden, qualerfüllten Bruchstücke meines Lebens wurden zusammengefügt, und ich fand Ruhe.

Nachher schlief ich ein. Als ich zwei Stunden später wieder aufwachte, grillte sie Hamburger. Sie trug nur ein blaues Höschen und Sandalen.

«Wie war ich?» fragte sie.

«Ich dachte, du würdest mich zum Wahnsinn bringen mit deiner Lutscherei.»

Sie lachte und wurde rot – sie war nicht an solche Derbheit gewöhnt, mochte es aber.

«Ich wohne hier, in Ordnung?»

«Sicher, wenn du willst. Das hattest du doch auch vor, oder?»

«Genau. Und wir fahren noch weg. Also zieh dich an.»

«Wohin fahren wir?»

«Einen Freund von mir besuchen, ihn zum Essen ausführen.»

«Irgendwas Besonderes?»

«Zieh irgendwas an ... Jeans sind okay. Aber wir sollten jetzt schon da sein, also beeil dich.»

Aaron war fort, als wir ankamen. Er hatte bei der Vermieterin eine Nachricht hinterlassen, daß er seine Mutter besuchen wollte und daß er versucht hatte, mich anzurufen, mich aber nicht erreicht hätte. Er würde um Mitternacht zurück sein, und wenn ich etwas anderes vorhätte, würde er mich am Morgen anrufen.

«Dein Freund ist ein Schwarzer?» fragte Allison, als wir fuhren.

«Hatte ich das nicht erwähnt?»

«Nein.»

«Macht es dir etwas aus?»

«Überhaupt nicht. Ich habe nur gefragt.»

«Er ist ein Mann – egal wie man's nimmt.»

«Werd nicht gleich sauer.»

«Tut mir leid. Das wollte ich nicht.»

Sie setzte sich näher zu mir hin und legte eine Hand auf mein Knie. Wir fuhren weiter, und es machte mir gar nichts mehr aus, daß Aaron nicht da war. «Was sollen wir machen?»

«Laß uns ins Bett gehen und ficken», sagte sie.

«Brillante Idee, Baby. Laß uns zuerst noch im Club vorbeifahren. Ich will Manny January treffen.»

Bevor wir uns gesetzt hatten, kam Manny zu uns rüber und boxte mich aufgeregt in die Seite. Die M16 lag im Kofferraum seines Wagens, dazu vierhundert Magazine mit Munition. Wegen dieser Waffe wollte ich ihn auch treffen, hatte aber nicht angenommen, daß er sie schon hatte. Er hatte sie sogar von seinem eigenen Geld bezahlt und sagte, ich könne ihm das Geld zurückgeben, wenn ich was aufgerissen hätte – denn er wußte nicht, daß ich bereits einen Fischzug hinter mir hatte. Ich gab ihm die Summe zurück, die er investiert hatte, und legte ihm meinen Arm um die Schultern, um ihm zu zeigen, daß der Ärger vergessen war. Das hatte er sich gewünscht, und er freute sich mächtig.

Bevor wir verschwanden (nach einem Drink), fuhr ich hinter den Club. Manny kam raus, und als ich hielt, legte er eine lange Blumenschachtel auf den Rücksitz.

«Was ist das?» fragte Allison.

«Das geht dich nichts an», erwiderte ich, streichelte aber ihre Wangen, um die Brüskierung abzumildern.

«Tut mir leid», sagte sie. «Ich werde das noch lernen. Ich bin einfach nur ziemlich neugierig.»

«Denk daran, was mit Pandoras Büchse passiert ist.»

«Was auch immer du machst, sei vorsichtig.» Sie legte ihre Hände voller Zuneigung um meinen Bizeps.

Vor Mitternacht lagen wir im Bett. Im Fernseher am Ende des Bettes lief ein Spätfilm, aber wir waren zu beschäftigt, um zuzusehen. Das zweite Mal war sogar noch besser als das erste, weniger verlegen, und wieder wurde das Chaos meines Lebens durch den Sex weggeschwemmt. Es gab nur diese eine Stunde der Erregung und Freude, dieses Zimmer, ihren Körper und ihre Hände.

«Komm zu deiner Kleinen, ...komm her», sang sie mit heißem Atem in mein Ohr.

Am Morgen zählte ich mein Geld und entdeckte, daß noch vierhundertsieben Dollar von dem Überfall übrig waren. Der Druck war nicht lange gewichen. Jetzt hatte ich jedoch alles, was ich brauchte, um echtes Geld zu machen: zwei gute Partner und eine automatische Waffe.

Kapitel zwölf

An die Ereignisse der nächsten zehn Tage kann ich mich nicht exakt erinnern. Sie waren hektisch, aber eigentlich nicht hektischer, als es im unordentlichen Leben eines Diebes normal ist. Ich weiß, was passierte, aber nicht genau, in welcher Reihenfolge, noch erinnere ich mich an viele Einzelheiten. Die extreme Klarheit der Erinnerung, die ich besaß, als ich entlassen wurde, verschwand nun durch die Routine des Alltagslebens. Jerry und Aaron beschnupperten sich vorsichtig bei den ersten beiden Treffen, aber zwischen ihnen wuchs der Respekt. Keiner von beiden kam jedoch dem anderen so nahe wie mir. Ich war nicht der «Anführer» der Bande, aber ich war der verbindende Faktor, sorgte für den Zusammenhalt.

Aaron lernte Carol nie kennen, denn Jerry wollte alles vermeiden, was sie aufregen könnte. Allison und Carol lernten sich bei einem Besuch kennen und befreundeten sich sofort miteinander. Sie riefen sich täglich an, und Allison besuchte sie mindestens zwei-, dreimal die Woche, ging mit ihr einkaufen oder zum Kosmetiksalon. Allison meinte, Carol sehe nur ein bißchen krank aus, aber Allison hatte sie vor Ausbruch der Krankheit ja nicht gekannt. Ich fand, daß Carol fürchterlich aussah. Ihr Gesicht war schrecklich teigig geworden, von Wasser aufgedunsen, besonders um die Augen. Das rührte eher von den Medikamenten als von der Krankheit her, meinte Jerry.

Einmal wollten wir zusammen essen gehen, aber der Unternehmung war kein Erfolg beschieden, denn Carol war total erschöpft. Ihre wöchentliche Bluttransfusion – und Energie – war vor fünf Tagen verabreicht worden. Die Krankheit hatte sie bereits aufgezehrt, und sie besaß keine Kraftreserven mehr. «Ich komme mir wie Draculas Tochter vor», sagte Carol, aber die scherzhafte Bemerkung fiel bleischwer. Sie war die einzige, die ein wenig darüber kichern konnte.

Allison hatte gekündigt, mußte aber noch zwei Wochen jeden Morgen zur Arbeit. Deswegen trafen Aaron, Jerry und ich uns in ihrer Wohnung. Aaron war gewöhnlich sowieso dort, besonders tagsüber.

Das möblierte Zimmer, obwohl es viel netter war als die meisten seiner Art, war immer noch unerträglich beengend und trübsinnig. Aaron hatte sich gute Papiere besorgt, die ihn als Zahnarzt auswiesen. Er war normalerweise vor Mitternacht in seinem Zimmer, aber ansonsten spazierte er ganz frei umher, benutzte meinen Wagen, als ob es seiner wäre, besonders an den Abenden, an denen Allison Zeit für mich hatte. Er tauchte dann für gewöhnlich in einer rein schwarzen Gegend unter. Er traf sich mit seiner Familie an abgelegenen Orten. Er wußte, daß sich die Polizei darauf konzentrierte, die Familie und die Bekannten eines gesuchten Flüchtlings zu beobachten. Er war einer ehemaligen Freundin wiederbegegnet – obwohl die Zeit jede einst bestehende Romanze zwischen ihnen hatte verkümmern lassen. Sie befriedigte hauptsächlich seinen sexuellen Appetit. Er erwähnte sie einmal, gab mir ihre Telefonnummer, falls ich ihn suchte, aber er vermied jede Begegnung und war auch gegen Allisons Vorschlag eines gemeinsamen Treffens. Die Weigerung, so fühlte ich, hatte etwas mit dem Rassenproblem zu tun; vielleicht von seiten der Frau. Egal wie ehrlich unsere Freundschaft war, irgend etwas würde immer wieder das Problem der verschiedenen Hautfarben aufbringen. Es war eine unauslöschliche Gegebenheit.

Und während all das geschah, suchten wir nach einer Bank, die wir ausrauben konnten. Es scheint ja zunächst nicht weiter schwierig zu sein, eine Bank ausfindig zu machen, wenn man bedenkt, daß in Süd-Kalifornien mehrere hundert herumstehen. Wir waren nur an Filialen der Bank of America interessiert, denn im Gefängnis hatten wir Informationen über deren Sicherheitssystem erhalten. Die Information war nicht überprüft worden, aber zumindest konnte man damit beginnen. Die erste Angabe hatte sich als richtig erwiesen: es gab keine bewaffneten Sicherheitskräfte. Nicht, daß ein Sicherheitsbeamter per se einen Unterschied macht. Es ist normalerweise ein alter Mann; und selbst wenn er Wyatt Earp wäre, was kann er mit seinem Revolver im Holster schon machen, wenn eine automatische Waffe auf seine Brust zeigt?

Die Hauptsicherheitsvorkehrung der Bank of America waren die Videokameras. Dies wirkte sich bei unmaskierten Bankräubern verheerend aus. Man konnte dann in lebhaften Farben abends auf dem Fernsehbildschirm sehen, wie die Kassierer Banknoten aushändigten.

Kameras waren aber für Männer mit Maske und Handschuhen nicht gefährlich. Nach unseren Informationen sollten die Angestellten den Alarm erst auslösen, wenn es für sie absolut sicher war. Die Bank schreckte vor einem Schußwechsel zurück. Egal ob wahr oder nicht, wir gingen von der Annahme aus, daß der Alarm zu Beginn des Überfalls ausgelöst werden würde. Geschwindigkeit war unser Gegenmittel – rein und raus innerhalb weniger Minuten. Wir würden keine Zeit haben, zum Tresorraum zu gehen. Es blieben die Schalter übrig. Schlecht war, daß bei einem normalen Bankschalter nicht mehr als ein paar tausend Dollar lagen. Das war kaum interessant, besonders da einige Scheine präpariert waren, Scheine mit bekannten Nummern, die man bei einem Überfall dem Bankräuber unterschob.

Einige Filialen jedoch besaßen einen besonderen Schalter für Geschäftskonten. Dieser Schalter lag normalerweise in einem etwas abgeschirmten Bereich, hatte aber keinen anderen Schutz als die anderen – und diese Geschäftsschalter hatten fünfzehn- bis zwanzigtausend Minimum vorrätig, eine solide Basis für einen Überfall. Danach suchten wir also, nur waren die meisten Banken mit solchen Schaltern nicht für einen Überfall geeignet, da sie im Zentrum lagen – zu voll für eine rasche Flucht.

Ich suchte jeden Tag nach einer geeigneten Bank, aber nicht richtig eifrig. Ich glich eher einem Touristen, der Süd-Kalifornien abklapperte – und sich dabei Banken ansah, genauso beiläufig, wie er in schlecht beleuchteten Cocktail Lounges hockte, mit Ex-Sträflingen und Huren rumalberte oder durch die Parks entlegener Ortschaften wanderte. Manchmal fuhr Aaron mit. Jerry machte dasselbe im Norden und Westen der Megalopolis.

Aaron und ich fuhren auf unserem Weg nach Pomona bei Willy Darin vorbei. Aaron wollte für zehn Dollar Heroin, und ich wollte ein Pfund Marihuana. Willy war zu Hause und paßte gerade auf die Kinder auf, als wir ankamen. Selma arbeitete in einer Spielzeugfabrik. Willy hatte man gefeuert, und er hatte sein Auto an einem Telefonmast zu Schrott gefahren, nachdem die Bremsen versagt hatten. Man hatte ihn auch wegen Fahrens ohne Führerschein angezeigt. Wenn es zu einer Verhandlung kam, würde herauskommen, daß sein Führerschein eingezogen worden war.

Willy blieb angesichts dieser Aussichten gelassen. Er benutzte seine geliebte Wunderdroge, um jede Sorge auszulöschen. Ich gab ihm hundert Dollar, um ein neues Wrack zu kaufen, damit er ein Transportmittel hatte. Nun hatte ich nur noch knapp hundert Dollar, und ich schaute mich eifriger nach einer Bank um, die man überfallen konnte.

Wir entschieden uns schließlich für eine Bank, die Teil eines riesigen Shopping Center in Anaheim war. Es gab zwei Kaufhäuser, einen riesigen Drugstore, einen Supermarkt von der Größe eines Kaufhauses und viele große Einzelhandelsgeschäfte. Das Shopping Center bedeckte zusammen mit all seinen Parkplätzen eine Quadratmeile. Es war so neu, daß die Bauarbeiter hier und da noch Asphalt walzten, und einige Geschäfte hatten noch nicht eröffnet.

Das Bankgebäude lag an einem Ende, es war flach und ultramodern. Die Fassade war so gestaltet, daß sie ein Maximum an Licht durchließ und dabei ein Minimum an Privatsphäre garantierte. Die Bank hatte einen Geschäftsschalter, der etwas abseits der anderen Schalter lag. Ich stellte mich an, um etwas zu erfragen, und fand bestätigt, daß ein Haufen Geldscheine in einer Schublade lag, die geradezu überquoll.

Es gab zwei Eingänge, einen auf jeder Seite, die auf einen großen Parkplatz führten. Die Seitentür war schmal und in eine Nische eingelassen. Jemand würde diese Tür decken müssen, die man nicht von der Eingangstür beobachten konnte. Das bedeutete, daß wir alle drei hineingehen mußten und somit niemand am Steuer saß. Einer würde durch den Eingang stürmen, beiseite treten und flott die M16 hervorholen. Wir würden alle Masken tragen. Der zweite Mann würde über die Absperrung springen und den Geschäftsschalter ausräumen. Wenn die Aktion schnell genug lief, könnte er auch noch die anderen Schalter ausräumen. Der dritte würde nahe am Seiteneingang warten. Wir meinten, daß zwei Minuten in der Bank reichen müßten. Ein einzelner Mann konnte in zwei Minuten eine ganze Menge Geld zusammenraffen.

Der Mann an der Seitentür würde als erster wieder gehen und im Auto warten, während die beiden anderen aus der Bank traten. Wir würden zur Deckung eine Rauchbombe werfen. Mit einem gestohlenen Wagen würden wir dann eine Meile weit auf einer Landstraße flüchten und dann über einen privaten Feldweg durch eine

Orangenplantage zu dem Ort fahren, an dem wir den Wagen wechselten. Wir würden von diesem Privatweg (den man auf den Straßenkarten nicht finden konnte) auf einen großen Boulevard fünfhundert Yards von einer Auffahrt zum Freeway entfernt herauskommen. Die Polizei würde uns, ausgehend von der Richtung, in der wir verschwunden waren, dort niemals vermuten.

Als wir erst einmal die richtige Bank gefunden hatten, ging es mit dem Überfall schnell. Wir besuchten an drei aufeinanderfolgenden Tagen die Bank und zogen dann Strohhalme. Ich bekam die M16, und Jerry würde das Geld einsacken. Aaron würde die zweite Tür beobachten und den Wagen fahren. Am nächsten Nachmittag, um ein Uhr fünfundfünfzig, zogen wir die Sache durch und benutzten Kopfkissenbezüge mit Schlitzen als Maske. Die Hälfte der Angestellten war zum Lunch gegangen, und die Hälfte derer, die anwesend waren, merkte erst, daß ein Überfall stattfand, als der bereits vorüber war – als Jerry mit einem Sack Geld über die Absperrung sprang und jemand ihn anschrie. Jerry zielte mit seiner Pistole auf den Mann, und der Schrei hörte auf. Wir hatten uns zwei Minuten und einundvierzig Sekunden in der Bank befunden.

Um zwei Uhr fünfundvierzig hockten wir uns auf den Boden von Allisons Wohnung, zählten rasch die Beute und teilten sie auf, bevor Allison nach Hause kam. Stapel von Geld und weggeworfenes Wikkelpapier bedeckten den Boden. Insgesamt hatten wir zweiunddreißigtausend Dollar erbeutet, zehntausend mehr, als ich erwartet hatte. Wir waren erleichtert und jubilierten.

«Wir hätten mehr kriegen können, wenn wir die Alarmanlage ausgeschaltet hätten», sagte Jerry, wollte sich damit aber nicht beschweren.

«Machen wir beim nächsten Mal», antwortete ich und verstaute meinen Anteil in einem Schuhkarton – dieser Platz war so gut wie jeder andere.

«Das reicht mir vielleicht schon», sagte Aaron.

«Scheißkerl», sagte Jerry und nahm Aaron freundschaftlich in den Schwitzkasten, «du kannst jetzt nicht einfach aufhören. Ein paar Scheinchen einsacken und dann verduften, was? Das ist die einfachste Sache der Welt – Gratiskohle.»

«Darüber reden wir morgen», sagte ich. «Wir haben keine Eile.

Wir können uns mit der Entscheidung Zeit lassen. Denkt daran, es sind markierte Scheine dabei, also gebt keine großen Beträge auf einmal aus. Wechselt es erst.»

«Mann, das weiß ich doch», erwiderte Jerry.

«Ich mach mir Sorgen um dich, Dummkopf.»

«Und ich liebe dich, du bekloppter Scheißkerl.»

Wir waren wirklich alle sehr glücklich.

Kapitel dreizehn

In den Wochen nach dem Bankraub passierte sehr, sehr viel; einiges gut, einiges schlecht, einiges erregend, anderes depressiv oder wütend stimmend. Aber wenn ich jetzt diese Wochen noch einmal Revue passieren lasse, dann merke ich, daß sie eigentlich fast die glücklichste Zeit meines Lebens darstellten. Sie wurden einzig durch das Wissen getrübt, wie zerbrechlich mein Glück war. Der Kern dieses Glücksgefühls war Allison. Mein Leben war erfüllter, weil wir Freuden teilten, und die unangenehmen, die häßlichen Dinge wurden durch ihre Anwesenheit gemildert. Das Wort Liebe wurde nie erwähnt. Wir empfanden keine wilde Leidenschaft füreinander. Unsere Zuneigung war sanfterer Natur. Wir fühlten uns miteinander wohl. Es beendete unsere Einsamkeit.

Allison wußte nichts von dem Banküberfall, obwohl der plötzliche finanzielle Aufschwung schwer zu verbergen war, besonders da ich über das Fehlen von Geld gemurrt und mich beschwert hatte. Ich erwähnte Geldangelegenheiten einfach nicht mehr und versuchte so, es ein paar Tage zu verbergen. Und das war lange genug, um den Ursprung der Geldquelle zu verbergen. Über den Banküberfall wurde nur einen Tag berichtet – im Lokalteil der Los Angeles Times und dreißig Sekunden in den Fernsehnachrichten. Falls Allison die Meldung gesehen hatte, dann ging die Information zum einen Ohr ein und zum anderen wieder aus. Sie merkte am Samstag, dem Morgen, der ihrem letzten Arbeitstag folgte, daß ich Geld hatte. Ich zog los, um mir Kleider zu kaufen, und sie kam mit, um mich zu beraten, denn sie kannte sich darin besser aus als ich. Als sie merkte, was ich ausgab, zog sie die Augenbrauen hoch und meinte trocken, ich hätte wohl eine mexikanische Goldmine besucht. Sie dachte, ich sei in Drogengeschäfte verwickelt, beschränkte ihre Neugier aber auf diese eine indirekte Bemerkung. Sie hatte so schnell und gründlich gelernt, keine Fragen zu stellen, daß ich ihr möglicherweise vertraut hätte – wenn ich allein gewesen wäre. Ich hatte kein Recht, Jerrys und Aarons Leben in ihre Hände zu legen, was passiert wäre, hätte ich mich ihr anvertraut.

Danach verfielen wir in einen Lebensrhythmus, der dem eines langen Urlaubs ähnelte.

Der Sommer ging zu Ende, und wir verbrachten viele Nachmittage am Strand. Allison war tiefbraun – goldfarben mit einzelnen Sommersprossen, besonders auf den Schultern. Sie lag mit Radio und Buch da und glänzte vor Sonnenöl. Ich kaufte ihr *Siddharta*, und Hermann Hesse faszinierte sie, obwohl einiges, was er schrieb, sie traurig stimmte. Ich begriff nie, wie sie lesen konnte, wenn aus dem Transistor neben ihr Acid Rock dröhnte. Ich bekam einen Sonnenbrand, meine Haut schälte sich, und schließlich hatte ich für südkalifornische Verhältnisse eine anständige Tönung. Auf Allisons Rat hin – und weil ich mich umgeschaut hatte – ließ ich mein Haar länger wachsen als jemals seit meiner Teenagerzeit und trug farbenfrohere Kleidung. Sie redete mir auch aus, mir einen Bart wachsen zu lassen.

Wir gaben uns Tag und Nacht der Muße hin. Wir stöberten in staubigen Buchläden und stillen Museen, oder saßen in Parks, rauchten Gras und sahen den Kindern zu, wie sie auf dem warmen Rasen spielten. Mein Ärger auf die Gesellschaft und das Leben verließ mich niemals, aber er wurde schwächer. Wenn ich daran dachte, wie zerbrechlich dieses Zwischenspiel war, wie sehr zum Untergang verurteilt (ich war immer noch ein gesuchter Verbrecher und wollte weitere Straftaten begehen), schmerzte dies. Der Schmerz kam unerwartet und rasch, überwältigte mich etwa, als mein Pferd beim Rennen in Santa Anita den fünfzigfachen Betrag gewann und ich hätte jubeln müssen. Er kam, während wir uns in Disneyland amüsierten und während wir in einer Diskothek waren, wo uns ein ohrenbetäubender Lärm umtoste.

Trotz der gelegentlichen Vorahnungen war das Leben gut. Ein Wochenende in Las Vegas wurde zu sechs entspannten Tagen verlängert, weil wir soviel Spaß hatten und nichts unsere Rückkehr erforderte.

Ich gewann in der ersten Nacht achthundert Dollar beim Würfeln; es war die einzige Nacht, in der wir spielten. Meine Lebensart hatte genügend mit Glück und Zufall zu tun, um mein Spielbedürfnis abzudecken. Die Stadt war voller Entertainer und Shows, die wir unbedingt sehen wollten. Tagsüber ritten wir in die Wüste oder fuhren mit dem Boot über den Lake Mead. Jerry und Carol kamen die letzten zwei Tage. Carol hatte an Gewicht verloren, und Jerry flüsterte mir, als er betrunken war, vertraulich zu, daß die Ärzte überlegten, ihre Brüste zu amputieren. Ich rief Aaron an und lud ihn ein, zu uns zu fliegen. Er lehnte ab, ohne einen Grund zu nennen; aber das blütenweiße Las Vegas war nicht unbedingt der sicherste Ort für einen flüchtigen Schwarzen.

Als wir nach Los Angeles zurückgekehrt waren, sandte ich ein halbes Dutzend bunte Postkarten von Casinos an Freunde im Gefängnis, und ich wußte, diese Zeichen der Erinnerung würden sie schätzen.

Manchmal, wenn ich allein im Wagen fuhr, war es mir unangenehm, glücklich zu sein. Ich bereute es, Dinge gefunden zu haben, die mir etwas bedeuteten. Ich freute mich zu sehr des Lebens. Die Dinge wurden zu wertvoll, besonders, da alles einmal enden mußte. Hätte sich dieser Zustand rechtmäßig erreichen lassen – etwa mit einem schönen Auto (aber nicht neu), anständiger Kleidung (doch kein Schrank voller Seidenanzüge und Schuhe aus Krokodilleder), einer komfortablen Wohnung (jedoch kein Penthaus) und einer Frau, die ich mochte, dann würde mich nichts in der Welt verlocken können, das alles durch eine weitere Straftat zu verlieren. Ich hätte mir die Hände wund geschuftet. Aber ich mußte mir die Wahrheit eingestehen – ich konnte nichts außer stehlen, um Geld zu verdienen.

Ich wollte nicht darüber nachdenken, denn ich konnte mein Flüchtlingsdasein einzig dadurch ändern, daß ich wieder ins Gefängnis zurückkehrte – eine hirnrissige Alternative, falls es überhaupt eine war. Wie jeder andere konnte ich mich innerhalb der Begrenzungen, die mein Schicksal für mich – und auch durch mich – ausgewiesen hatte, winden und schinden, aber ich konnte niemals über diese Grenze hinausgelangen.

«Ich muß wieder was abziehen», sagte Jerry. «Egal ob es diese Juwelengeschichte ist oder 'ne andere Bank... mit euch zusammen oder allein. Man muß Millionär sein, um diese Bluttransfusionen bezahlen zu können.»

Aaron schüttelte langsam den Kopf. Er war nicht bereit, sich Jerrys verzweifelten Unterton anzuhören. Aaron beruhigte Jerry, ohne herablassend zu wirken: «Cool bleiben, Bruder. Ich leih dir lieber ein paar hundert, als daß ich dich wild in dein Unglück rennen lasse.»

Jerry schaute beschämt nach unten. Er schüttelte den Kopf. «Ich brauche es nicht sofort. Aber wenn wir in den nächsten Wochen nichts anpacken, dann wird's eng. Ich werde Carol enttäuschen, egal wie.»

«Die werden nicht einfach aufhören, ihr Blut zu verabreichen, und sie sterben lassen. Laß es anschreiben.»

«Sie wollen Kreditreferenzen, den ganzen Scheiß. Das Blut kriegen wir im Krankenhaus, und wenn ich denen kein Geld zeigen kann oder ihnen beweisen kann, woher es kommen wird, dann schicken die uns weg.»

«Tja, du kannst ihnen bestimmt nicht verraten, wo du es her hast. Aber wir finden was, keine Sorge. Mein Polster wird auch ein bißchen dünn.»

Es stimmte. Gerade mal vor zwei Monaten waren wir mit einem Sack voller Geld aus der Bank gerannt. Jetzt hatte ich noch zwölfhundert Dollar. Aaron besaß wahrscheinlich noch die Hälfte seines Geldes, denn als Flüchtling mußte er ein unauffälliges Leben führen. Wahrscheinlich hatte Jerry noch mehr, aber seine Ausgaben waren unvermeidlich und regelmäßig, während ich mich von dem aufwendigen Lebensstil verabschieden konnte und nicht gezwungen war, sofort wieder ein Ding zu drehen. Denn Verbrechen, die aus Verzweiflung begangen werden, sind immer schlecht; Verzweiflung beeinträchtigt das Urteilsvermögen. Ich meinte, wie Jerry, es sei am besten, schon bald die nächste Sache durchzuziehen. Aaron und Jerry wußten von Gregory's, und die Woche über hatten wir jeder für sich den Laden angeschaut. Ich war mit Allison hingegangen, angeblich, um Verlobungsringe auszusuchen, aber eigentlich, um das Geschäft zu begutachten. Ich hatte den Manager ebenfalls überprüft. Er hieß Jules Niessen. Er war verheiratet, wohnte in Topanga Canyon und hatte eine achtjährige Tochter.

Jetzt hielten wir in einem vornehmen und dunklen Steakhaus an der Küstenstraße unsere Besprechung ab. Die Decke war getäfelt, und die Wände waren mit dunklem Paneel verkleidet. Ich hatte einen Tisch neben einem riesigen Fenster reservieren lassen, so daß wir die Brandung beobachten konnten, die über die Felsen strömte. Vor meiner Haft war ich gern hergekommen. Es hatte sich kaum verändert. Wir aßen Filet und Hummer. Obwohl sich die Unterredung manchmal den Meisterschaftsspielen im Football und den anstehenden Wahlen zuwandte, galt unser wirkliches Interesse doch einem weiteren Raubüberfall. Nach dem Kaffee und dem Dessert wurde es ernst.

«Bist du dir sicher, daß du die Alarmanlage ausschalten kannst?» fragte Jerry Aaron.

«Ich weiß es nicht hundertprozentig, bis ich es probiere, aber es wird funktionieren, wenn ich die richtige Ausrüstung habe. Stumme Alarmanlagen geben den Alarm über Telefon weiter, auf diesem Weg wird das Signal übertragen. Irgendwo in der Gegend an einem Telefonmast oder, in diesem Fall in einem Telefonschacht, gibt es einen Kasten, in dem eine ganze Reihe Leitungen zusammenkommen. Ich schneide sie eine nach der anderen durch, bis ich die richtige finde, dann schließe ich sie kurz, so daß das Signal nach dem Auslösen der Alarmanlage nicht durchkommt – als ob man den Klöppel einer Glocke festhält. Ich brauche ein Meßgerät... Ach was, ich glaube, ich schaffe es.»

Jerry grummelte und wandte sich mir zu. «Du sagst, daß wir fast eine halbe Million an Klunkern finden. Können wir die loswerden? Wenn der Hehler aussteigt, können wir den Kram bestimmt nicht ins Pfandhaus tragen.»

«Der Hehler sagt, er kann's machen. Es gibt keinen Grund, das zu bezweifeln.»

«Wenn man ihm trauen kann.»

«Ich hab ihn mir genau angesehen. Wenn er uns reinlegen will, dann muß er alles aufgeben; Frau, Kinder, das Geschäft. Es ist ein Haufen Kohle, und vielleicht will er gerade den. Vielleicht schuldet er jemandem hunderttausend, oder er hat 'ne scharfe Geliebte und sucht nach einem Abgang. Wir können das nicht über L & L Red abwickeln. Aber ich glaube nicht, daß er sein ganzes Leben ändern will. Er wird vielleicht ein bißchen penibel zählen, uns was abziehen – und er fällt vielleicht wie nasses Klopapier auseinander, wenn ihn die Bullen erwischen. Aber warum sollten sie ihn erwischen? Keiner weiß etwas außer uns. Glaubt mir, sechzig Prozent vom Verkaufspreis ist 'ne echte Anmache.»

«Wir kriegen jeder zwanzig Prozent dafür, daß wir unseren Arsch riskieren», maulte Jerry. «Er kriegt vierzig Prozent. Ich wünschte, ich hätte so 'n Geschäft.»

«Du hattest aber nicht seine Voraussicht, dich in diese Position zu manövrieren», erwiderte Aaron. «Er hat zwanzig Jahre gebraucht, um dahin zu kommen.»

«Die einzige Voraussicht, die ich hatte, waren die Knastwände in Canyon City. Okay, er bekommt vierzig Prozent. Was hält ihn davon ab, nach New York zu fliegen und dort die Bullen anonym anzurufen? Er könnte uns hochgehen lassen und alles behalten.»

«Das wäre dann echt macchiavellistisch», meinte Aaron. «Aber selbst ohne ihn zu kennen, zweifle ich daran, daß er so etwas durchhalten würde. Der Mann müßte sehr verzweifelt sein, um so was zu machen. Er kann ja nicht sicher sein, daß wir wirklich erwischt werden. Außerdem kennt er niemand außer Max – und er weiß noch nicht mal, wo Max wohnt. Er muß sich doch klarmachen, daß wir Rache nehmen, wenn einer von uns entwischt, und jeder Idiot sieht doch, daß wir auch kein Problem damit haben, ihn umzulegen, wenn wir mutig genug sind, mit einer Knarre in ein Juweliergeschäft in Beverly Hills reinzudüsen.»

«Ich vertraue dem Urteil von Max», sagte Jerry. «Ich wollte euch nur mal auf den Zahn fühlen.»

«Wenn ich zu entscheiden hätte...», fing ich an.

«Was mich betrifft, kannst du entscheiden», erwiderte Aaron. Jerry nickte zustimmend.

«Ich traue ihm», sagte ich. «Es ist viel einfacher eine viertel oder eine halbe Million in Diamanten zu stehlen als in bar. Wenn sie erst mal aus der Fassung raus sind, dann kann man sie praktisch nicht mehr identifizieren. Geld von der Bank – einiges zumindest – kann immer aufgespürt werden. Sagen wir mal, wir legen den Alarm lahm. Wir können dann fünfzehn bis zwanzig Minuten ausräumen. Wenn du die Alarmanlage schaffst, dann ist alles weitere ein Kinderspiel.»

«Das würde ich nicht sagen», meinte Aaron und grinste schief. «Es sieht gut aus, wirklich gut, wenn ich die Alarmanlage ausschalte, aber wenn es irgendwelche kinderleichten Überfälle mit 'ner viertel Million Dollar Beute gäbe, dann könnten wir uns vor der Konkurrenz nicht mehr retten. Mir scheint der Gewinn das Risiko wert zu sein.»

«Ich gehe mit euch beiden Arschlöchern überall hin, bis in die Gaskammer», sagte Jerry, «wenn wir soweit gehen müssen. Aber ich schaue mich nach einer anderen Gelegenheit um, falls wir diese nicht hinkriegen sollten.»

«Einverstanden», erwiderte Aaron; dann sagte er zu mir: «Ich muß irgendwo meine Ausrüstung zusammenbauen können.»

«Wie wär's mit einer Garage?» Ich dachte an die von Willy Darin.

«Wenn es da Werkzeug gibt, ist das in Ordnung. Ich brauche eine halbe Stunde oder so – hauptsächlich um die Einzelteile anzupassen.»

«Ich habe Werkzeug in meinem Arbeitszimmer», sagte Jerry. «Aber da kannst du es nicht machen. Carol. Ich gebe dir, was du brauchst. Wann willst du es haben?»

«Je schneller wir damit fertig sind, desto schneller kann ich prüfen, ob es funktioniert.»

«Ich bring dir morgen, was du brauchst», sagte ich. «Ich hole dich ab.»

«Das ist gut. Ich muß einen Oszillator kaufen und ein tragbares Telefon, wie es die Telefonmechaniker haben, damit sie sich in die Leitungen einschalten können.»

«Das finden wir schon irgendwo», sagte ich. «Wir kümmern uns sofort morgen früh darum.»

«Hast du denn schon einen Plan gemacht?» fragte Jerry.

«Einfachheit ist der Schlüssel zum Erfolg, sobald Aaron seinen Teil erledigt.»

«Ich hab mir schon was überlegt», sagte Aaron. «Es werden nicht so viele Menschen im Geschäft sein. Einer von uns kann mit der M16 Deckung geben, der andere sackt die Klunker ein. Problematisch ist die Flucht. Ich meine, einer sollte draußen bleiben. Wir können billig ein Funksprechgerät kaufen und einen kleinen Empfänger anschließen, der ins Ohr paßt. Wir können auch ein Radio besorgen, mit dem man den Polizeifunk empfängt. Derjenige, der den Fluchtwagen fährt, steht Schmiere. Man ist praktisch blind, sobald man drinnen ist... man weiß nicht, was draußen auf dem Boulevard passiert.»

Es stimmte, was Aaron sagte. Der Plan war einfach und geradlinig.

Aber es war problematisch, einen Wagen am Bordstein direkt draußen oder auf dem Parkplatz stehen zu lassen. Beide Standorte zwangen dazu, sich nach Osten oder Süden zu wenden oder einen Block weit zu fahren und dann gegen den Verkehrsfluß nach links abzubiegen. Nach Osten würden wir in den dichten Verkehr auf Wilshire's Miracle Mile geraten – Kaufhäuser, Wolkenkratzer. Nach Süden könnten wir zwei Blocks weit durch eine Wohngegend fahren, würden aber dann auf dem Olympic Boulevard steckenbleiben. Die Polizei würde wohl vermuten, daß wir nach Süden fuhren. Wenn wir den Fluchtwagen auf der gegenüberliegenden Straßenseite parkten, würde es schwerer, hinzugelangen (jedoch samstags nicht, wenn der Verkehr nicht so dicht war), aber nachdem wir den Wagen erreicht hätten, könnten wir rechts abbiegen und nach Norden meilenweit durch weite, baumbestandene Wohngegenden fahren. Innerhalb von Minuten könnten wir in den Bergen sein oder den Wagen wechseln. Wir könnten theoretisch ein Dutzend verschiedene Straßen benutzen. Aaron redete wieder, und ich behielt meine Ideen für mich, denn ich wollte mir die Gegend noch genauer ansehen.

«Ich werde einen Overall mit dem Aufdruck «Pacific Telephone» auf dem Rücken nehmen», sagte Aaron. «Ich stecke mein Werkzeug in einen Werkzeuggürtel und benutze ein normales Auto oder einen Lieferwagen... vielleicht den Lieferwagen, denn wir müssen eine von diesen Holzbarrieren stehlen, auf denen ‹Achtung Baustelle› steht. Ich will doch nicht, daß so ein armer Kerl mit seinem Auto in meinen Telefonschacht fährt, während ich an dem Ding rumfummele.»

Wir unterhielten uns nun über andere Themen. Wir hatten das Dessert gegessen, und der Kellner, der das bemerkt hatte, trat an unseren Tisch und fragte, ob wir noch etwas benötigten. Aaron bestellte einen Brandy und holte eine lange, frische Zigarre hervor. «Ganz wie ein Weißer», sagte er, und der Kellner wurde rot.

Ich bestellte Scotch und Wasser und nahm eine von Aarons Zigarren. Jerry schaute auf seine Uhr und zog die Brauen hoch. Er dachte an Carol. Sie brauchte mehr und mehr seine intensive Fürsorge. Von der Todesnähe erschreckt, schwankte ihre Stimmung jetzt – einmal war sie melancholisch oder dachte an Selbstmord, öfter aber bockig und brach schnell in Tränen aus. Morgen mußte sie für eine Knochenmarkbiopsie wieder ins Krankenhaus. Obwohl es eine ungefährliche Routineoperation war, hatte sie schreckliche Angst. Jerry hatte sie über unser heutiges Treffen belogen und hatte versprochen, früh nach Hause zu kommen.

Aaron sprach meine Gedanken aus. «Geh schon, Jerry. Wir wissen doch, was los ist.»

«Wie kommst du denn in die Stadt?»

«Es gibt auch Taxis.»

«Ich bringe ihn nach Hause», sagte ich. «Ich komme ungefähr um neun wegen dem Werkzeug vorbei.»

Jerry stand auf und schüttelte den Kopf. «Ich würde mit jedem von euch durch die Hölle gehen. Das wißt ihr doch?»

«Mann, werd nicht sentimental», erwiderte Aaron. Nachdem Jerry gegangen war, fügte er hinzu: «Armer Jerry. Er bemüht sich mit ganzem Herzen um etwas, das er verlieren wird.»

«Das macht jeder ... früher oder später.»

«Hör auf damit.»

«Womit?»

«Mit dem ganzen schwermütigen Philosophiescheiß. Ich spreche über das Hier und Jetzt und über die alltäglichen Probleme, mit denen die Menschen zu kämpfen haben. Wenn du alles mit allem in Verbindung bringst – dann ist nichts mehr wichtig.»

Wir schwiegen. Ich erinnerte mich an unsere Gespräche im Gefängnis und vermißte sie. In der Hektik der letzten Tage hatten wir wenig Zeit für müßige Gespräche gehabt.

Der Kellner brachte die Rechnung, und Aaron nahm sie entgegen. Wir gingen zwischen den gut besetzten Tischen hindurch, das Gemurmel der Stimmen wurde ab und zu vom Geräusch des Bestecks unterbrochen oder von Gelächter. Es war noch warm, und unsere Schuhe knirschten auf Sand, der vom Strand auf den Parkplatz geweht worden war. Das Meer lag vollkommen glatt hinter der Brandungslinie. Der Mond schien auf das Wasser, und es sah aus, als würde man über seinen Lichtstrahl zu dieser weißen Scheibe wandern können, die niedrig am Horizont hing.

«Du mußt mich nicht fahren», sagte Aaron. «Laß mich in Santa Monica raus. Meine Hütte ist für dich ein Umweg von zwanzig Meilen – und ich weiß, daß deine Frau auf dich wartet.»

«Sie hat sich an meine Art gewöhnt. Es ist in Ordnung, wann immer ich komme. Seit wir im Gefängnis waren, hatten wir keine Gelegenheit mehr, uns zu unterhalten – keine ernste Unterhaltung jedenfalls.»

«Die brauchen wir auch nicht mehr. Unsere einzigen Freuden dort stammten aus zweiter Hand, aus Büchern oder aus Unterhaltungen. Aber jetzt haben wir die Realität, warum also darüber reden? Oder davon lesen, wozu?»

«Ich habe fünf Bücher pro Woche im Knast gelesen. Jetzt schaue ich mir mal ab und zu die Sonntagszeitung an. Die ersten paar Tage draußen habe ich ein paar gebrauchte Taschenbücher gekauft, geiles Zeug, das ich echt lesen wollte. Ich hab sie noch immer, habe nicht eines zu Ende gelesen. Ich hab etwas Gras im Auto. Laß uns am Strand entlangwandern und ein paar Joints rauchen – es sei denn, du mußt irgendwo hin.»

«Meine Frau weiß auch, wie der Hase läuft.»

Ich nahm die Joints aus dem Handschuhfach. Ein Pfad führte vom Parkplatz aus zum Strand hinunter. Es war Ebbe, und ein Streifen feuchter Sand, der hart genug war, daß man darauf gehen konnte, ohne einzusinken, erstreckte sich vor uns. Ein großes Feuer loderte eine halbe Meile entfernt in den Himmel; wir sahen die Silhouetten von Menschen im Schein der Flammen. Wir zündeten jeder einen Joint an und gingen in Richtung Strandparty, denn diese Richtung war so gut wie jede andere.

Die Wirkung des Marihuanas setzte schnell ein. Sie war jetzt weniger stark als beim erstenmal nachdem ich aus dem Gefängnis gekommen war, denn ich war wieder daran gewöhnt, regelmäßig zu rauchen. Es war aber immer noch gut und schärfte meine Wahrnehmungsfähigkeit.

«Also, wo wird alles enden, Bruder?» fragte ich, ohne an etwas Besonderes zu denken.

«Verdammt, du bist heute abend so melancholisch. So bist du doch sonst nicht. Was ist los?»

«Wer weiß? Meine Frage war rein rhetorisch – aber jeder fragt sie, fragt sich, laut. Wir sterben alle. Das ist das Ende. Aber sagen wir mal, wir kriegen jeder fünfzigtausend bei dieser Sache. Was mache ich dann als nächstes? Ich kann mich nicht zwingen weiterzumachen, wenn ich die Kohle nicht brauche. Mit fünfzigtausend bin ich ein erfolgreicher Krimineller, außer daß ich die Bewährung geschmissen habe. Es wäre vernünftig, nach Osten zu ziehen und eine Bar zu kaufen, jemanden zu bestechen, damit man nicht ausgeliefert wird. Das wäre einfach. Eine Flucht aus der Bewährung ist nichts. Es wäre auch vernünftig. Aber irgendwie schmeckt mir das nicht.»

«Verpulver dein Geld, und rechtfertige so den nächsten Überfall.»

«Das mache ich vielleicht – aber ich kann es nicht planen. Ich würde mich absichtlich zum Dummkopf machen.»

«Hast du mal daran gedacht, außer Landes zu gehen und Allison mitzunehmen? Nach Mexiko? Südamerika?»

«Ich denke darüber nach, aber dann merke ich, daß ich mir was einrede. Allison ist richtig, um meine Einsamkeit zu lindern, und wir kommen gut miteinander aus, rein ins Bett und wieder raus – aber sie bringt mich nicht in Wallung, wie es die Liebe tun sollte.»

«So sieht die Liebe für sehr junge Menschen aus. Das kann keine mehr für dich tun. Es ist eher ein Wahn als Liebe. Was du mit der Braut hast, kann was Dauerhaftes sein.»

«Du bist mir vielleicht ein Romantiker.»

«Überhaupt nicht. Du bist der Romantiker, denn du akzeptierst die Realität nicht, weil sie nicht mit deinem romantischen Liebesideal übereinstimmt.»

«Jedenfalls reden wir wirres Zeug. Das ist ein absolut akademisches Problem – für uns beide. Die Liebe steht nicht oben auf meiner Liste. Da kommen eine ganze Menge anderer Sachen vorher.»

«Stimmt. In unserer Lage ist sie irrelevant. Sie kann sogar ein Handicap sein. Sieh dir Jerry an. Ich denke zuerst daran, wie ich vermeiden kann, geschnappt zu werden und den Rest meines Lebens in einer Zelle zu verbringen. Ich werde direkt nach dieser Sache aus den Staaten abhauen. Ich hätte es schon nach dem Bankraub tun sollen, aber ich hatte noch nichts geplant.»

«Und jetzt?»

«Ich habe ein gefälschtes Zahnarztdiplom, ein mexikanisches Touristenvisum, und ich habe einen Kontakt in einer Stadt in Yucatan. Ich spreche Spanisch, und dort werde ich mir ein neues Leben aufbauen. Ich könnte drüben damit durchkommen, als Zahnarzt, denn da unten reiten die Leute noch auf Maultieren, und sie sind daran interessiert, ihre Zahnschmerzen loszuwerden, und nicht an Papierkram.»

«Yucatan ist mitten im Dschungel. Es ist primitiv. Mehr willst du nicht vom Leben?»

«Was ich will, ist nicht die Frage. Was ich brauche zählt. Ich habe in einer Gefängniszelle – und die ist sehr primitiv – herausgefunden, daß ich sehr wenig brauche.»

«Was ist mit Rache? Empfindest du keinen Haß – auf das System, die Gesellschaft?»

«Ein paar Jahre lang habe ich vor Haß gebrannt – und dann war es vorbei. Es ist vielleicht süß, Rache zu nehmen, aber es wäre das Risiko nicht wert. Mir liegt noch etwas an mir... bei dir ist das anders.»

«Was soll das heißen?»

«Deine Lebensphilosophie lautet ‹Scheiß drauf›. Dir ist alles egal. Sieh dich doch an.»

«Ich sehe mich die ganze Zeit an. Ich liebe das Risiko, aber mir bedeuten bestimmte Dinge etwas.»

«Nicht genug, denke ich, nicht genug.»

Wir gingen schweigend weiter und hörten dem hypnotisierenden Brandungsgeräusch zu. Vom Feuer her tauchten schemenhaft Figuren auf, wurden langsam deutlicher. Es waren Teenager, die ihren Spaß hatten. Bierflaschen glitzerten im Feuerschein. Wir blieben ein Stück entfernt stehen und beobachteten ein wenig fasziniert die Flammen und die Menschen. Aus einem Radio plärrte Rock 'n' Roll.

Eine Böschung stieg fünfzehn Fuß vom Strand hoch. Über ihrem Rand wurde ein Scheinwerferpaar sichtbar. Sie leuchteten über den Scheitelpunkt und drangen dann grell durch die Nacht in die Brandung. Der schmalere Strahl eines Suchscheinwerfers zerschnitt das Dunkel und bewegte sich über den Strand. Ein rotes Licht auf dem Wagen begann sich wild zu drehen. Strandfeuer sowie biertrinkende Teenager waren illegal. Das Gesetz sollte durchgesetzt werden. Ein paar dunkle Figuren mit weißen Helmen schlidderten die Böschung hinab. Die Teenager retteten sich vom Feuer weg ins Dunkel.

«Mann, laß uns verduften», sagte Aaron und zog mich am Arm. Die Bemerkung wäre nicht nötig gewesen. Wir verschwanden. Der Strandspaziergang war gefährlich geworden.

Als ich Willy Darin am Vormittag anrief, zögerte er, uns seine Garage zu überlassen. Selma bereitete ihm Schwierigkeiten, sie hatte herausgefunden, daß er wieder fixte. Sie war nicht zur Arbeit gegangen, und er fürchtete, meine Anwesenheit würde sie nur noch mehr reizen. Seine Befürchtungen verschwanden, als ich ihm versicherte, daß wir nicht ins Haus kommen würden – und daß er ein paar Scheine für die Miete bekommen würde.

Willy hörte den Wagen, sobald wir in die Auffahrt einbogen. Kaum hatten wir angehalten, trat er aus dem Haus. Er trug schmierige Hosen und Badeschlappen. Sein kräftiger Oberkörper war kränklich weiß. Sein Gesicht, seine Arme und Gelenke waren sonnengebräunt – die typische Bräune eines Arbeiters. Wie gewöhnlich mußte er sich dringend rasieren. Seine Söhne, ebenfalls ohne Hemd und barfuß, kamen auf die Veranda und sahen aus einiger Entfernung zu. Mit großen Augen starrten sie Aaron an. Ein Schwarzer war offensichtlich etwas Neues in ihrer Welt. Ich beachtete den unkrautüberwucherten Garten nicht wirklich, oder die abblätternde Farbe der Fassade, oder Willys Autowrack, das hier parkte, und war doch zutiefst von der Schlampigkeit dieser Armut betroffen – und von Aarons und meinem guten Aussehen im Vergleich dazu. Willys Leben war grausam und beengt und lächerlich. Die Reichen würden sagen, es sei falsch, wenn er ihnen etwas fortnahm – obwohl sie alles besaßen und er nichts. Das war zu albern.

Der innere Monolog ging mir in den wenigen Sekunden durch den Kopf, die Willy brauchte, um zum Wagen zu kommen. Ich dachte, er würde meine Kleidung bemerken und vor Neid und Anerkennung überfließen. Aber er bemerkte nicht einmal, daß meine Hose aus Kaschmirwolle und mein Hemd aus Seide war. Diese Sachen bedeuteten ihm nichts. Er träumte davon, schnell an Geld zu kommen, aber irgendeine Vorstellung von Geld oder was man damit machen konnte (außer sich ernähren und Heroin kaufen), besaß er nicht. Seine Pläne scheiterten immer an seiner persönlichen Beschränktheit; er war zu faul, um zu arbeiten, und zu ängstlich, um zu stehlen.

Er tat wichtig, war besorgt.

«Sie ist echt wütend», sagte er und wies mit dem Kopf in Richtung Haus.

«Selma? Wegen uns?»

«Wegen allem und jedem. Kommt hier rüber.» Er blickte Aaron kurz an, der auf der anderen Seite des Wagens stand, und führte mich ein paar Schritte weg. «Mann, ich hatte nicht gewußt, daß du ihn mitbringst. Ich meine, es wäre okay, wenn ich alleine hier bin, aber mit Selma... sie hat's auf dich abgesehen – und sie spuckt Gift und Galle. Das wird eine Scheiß-Aufregung verursachen, wenn du ihn mit in die Bude bringst.»

«Scheiß aufs Haus. Ich hab dir gesagt, wir bleiben draußen. Scheiß auf sie.»

«Mann, laß mich aus dem Spiel. Es ist nur wegen ihr. Ich kann nicht sagen, daß ich die Schwarzen liebe, aber der Typ ist cool... und ich werfe nicht alle in einen Topf.»

«Wenn sie die Nase rausstreckt, dann schiebst du sie wieder rein. Wir machen so schnell wir können und sind bald wieder weg.»

«Prima. Was habt ihr vor?»

«Was zusammenbasteln, um eine Alarmanlage lahmzulegen. Es wird in Beverly Hills wenig Freude geben, wenn wir fertig sind.»

«Mann, du baust wieder Mist und landest wieder im Knast.»

«Beschwör's nicht.»

«Ich sag nur, was ich denke. Wie lange braucht ihr?»

«Eine halbe Stunde.»

«Wenn du mir jetzt die Knete gibst, warum leihst du mir den Wagen nicht für ein paar Minuten. Ich bin zurück, bevor ihr fertig seid.»

Ich zögerte, denn ich wußte, er würde Stoff kaufen. Widerwillig händigte ich ihm die Schlüssel aus. «Laß mich nicht hängen, Scheißkerl! Komm sofort zurück, damit wir abhauen können.»

«Zwanzig Minuten. Ich habe meine Connection angerufen, gleich nachdem ich mit dir telefoniert hatte. Er wartet in einer Bar etwa zwanzig Blocks von hier auf mich.» Willy schniefte. Seine Nase lief. Ich sah, daß seine Pupillen vergrößert waren und auf seiner Oberlippe der Schweiß perlte. Er litt unter Entzugserscheinungen, und ich fühlte mit ihm. Nichts kann man mit dieser Kombination von geistigem und physischem Verlangen und Schmerz vergleichen.

Willy half uns, den Werkzeugkasten, den Elektronikkram, den Draht und die Meßgeräte zur Garage zu tragen. Dann stieg er in meinen Wagen und fuhr rückwärts heraus. Ich sah, daß die Vorderreifen seines Wagens beide platt waren – und es nach den Blättern zu urteilen, die sich unter ihnen angesammelt hatten, schon seit einigen Tagen sein mußten.

Während Aaron die Ausrüstung testete und veränderte, erklärte er (so wie ich es verstand), daß er die Stärke des speziellen elektrischen Impulses messen würde, der durch die betreffende Alarmleitung floß, diese dann durchschneiden wollte und die gleichen Impulse der Überwachungsgesellschaft mit seinem Gerät übermitteln wollte. Der Alarm würde, wenn er dann ausgelöst wurde, in eine Sackgasse laufen. Die normalen Impulse, die von einer anderen Quelle stammten (er hatte ein Gerät, das eine andere Leitung benutzte), würden verhindern, daß das Signal auf der Überwachungstafel im Büro der Gesellschaft aufleuchtete. Er erklärte, daß beim Durchschneiden ein kurzes Flackern zu sehen wäre, aber das würde niemanden weiter kümmern, denn es wäre sofort wieder verschwunden. Katzen, Mäuse, Ratten – das Flackern konnte viele Ursachen haben.

Aaron war nach zwanzig Minuten fertig. Er schlüpfte in einen grauen Overall mit roter Aufschrift ‹Pacific Telephone› auf dem Rükken. Mit seinem Werkzeuggürtel sah er jetzt aus, als wäre er bei der Firma angestellt.

«Ich paß auf», sagte ich.

«Wir öffnen einfach den Schacht, und du schließt den Deckel wieder hinter mir. Dafür brauchen wir keine Absperrung. Ungefähr um fünf Uhr morgens sollte die beste Zeit für so was sein.»

Wir hatten unseren Kram bereits wieder zusammengeräumt, und Aaron hatte wieder seine Straßenkleidung an, aber Willy war noch immer nicht erschienen. Wir warteten in der Garagentür auf ihn. Nach fünfzehn Minuten erfolglosen Wartens war ich wütend. Aaron fragte, wohin Willy gefahren war.

«Stoff kaufen, auf das Arschloch kann man sich nicht verlassen... Ich wußte, er wird Scheiße bauen.»

«Er ist vielleicht verhaftet worden. Ich muß um zwei Uhr in der Stadt sein.»

«Wir rufen ein Taxi. Man weiß ja nicht, wann das Arschloch hier endlich wieder aufkreuzt.»

Ohne mich weiter um Selmas Reaktion zu kümmern, führte ich Aaron durch die Küchentür ins Haus. Das Zimmer roch nach gekochtem Kohl, und in der Spüle stapelte sich das dreckige Geschirr.

Bei unserem Eintreten standen die beiden Jungen im Türdurchgang, einer über die Schulter des anderen linsend. Einen Augenblick später erschien Selma hinter ihnen, schob sie beiseite und starrte mich wütend an. Ihr Ärger ließ ihre Ausgezehrtheit deutlich sichtbar werden. Sie war so ausgewrungen wie die Frau eines Pächters während der großen Depression. Sie weigerte sich, Aaron anzuschauen. Er hätte genausogut unsichtbar sein können. Es schien ihn zu amüsieren. Bevor sie etwas sagen konnte, legte ich los.

«Willy hat meinen Wagen, und ich muß telefonieren, um für meinen Freund ein Taxi zu rufen.»

Ihr Mund schloß sich abrupt. Sie wollte sich weigern – aber sie wünschte noch sehnlicher, daß wir uns bald verziehen würden. Sie deutete auf das Telefon.

Zwanzig Minuten später war Aaron verschwunden – und Willy war noch nicht zurückgekommen. Ich war außer mir. Ich dachte daran, ihm die Fresse zu polieren, aber ich wußte, daß er mich bei einer Schlägerei durchaus zusammenschlagen konnte. Wenn er mich besiegte, wäre ich gezwungen, ihn zu töten. Es war mein Fehler gewesen, ihm die Schlüssel zu geben. Ich würde ihn beschimpfen und es dann durchgehen lassen.

Willy kam fast drei Stunden später zurück, grinste, als er den Motor abstellte, und stieg aus. «Mann, ich wurde aufgehalten. Wo ist dein Partner?»

«Er ist schon weg. Und wo zum Teufel warst du? In Tijuana?»

«Tut mir leid, Mann, aber meine Connection hatte nichts dabei und wollte nach East L. A., um seine Connection zu treffen... und dort wurde er eine Stunde aufgehalten. Du weißt ja, wie so was geht.»

Willy war nicht high. Es ging ihm noch schlechter als vorhin. Das schwächte meinen Ärger und machte mich neugierig, denn ein Junkie würde sogar vor den Bullen fixen, die seine Tür eintreten, besonders wenn er auf Entzug ist.

«Ich muß warten, hab den Test heute. Aber ich bin sofort dabei, wenn er gelaufen ist.»

Er zeigte mir ein Kondom voller gelblichbraunem Pulver, das offene Ende war zugeknotet. «Eine Unze.»

«Du hast mit den vierzig Pesos das Teil doch nicht gekriegt.»

«Er hat mir für die Fahrt was bezahlt. Er weiß, ich werde zahlen... und ich hab die Miete auch noch mitgenommen.» Willy war glücklich, denn er fühlte, daß was lief. «He, warum bringst du mich nicht zum Testzentrum? Meine Karre ist Schrott, und ich will nicht schon wieder Marys Auto leihen.»

«Ich laß dich da raus, aber ich fahr dich nicht wieder zurück. Du mußt selbst sehen, wie du weiterkommst.»

«Na ja, kannst du nicht warten, bis ich fertig bin, und mich im Zentrum am Busbahnhof rauslassen?»

«Wie lange wird es dauern?»

«Zwanzig Minuten.»

«Ja, genau wie die zwanzig Minuten mit dem Wagen.»

«Mann...»

«Scheiß auf all dein Gelaber. Stell die Kiste in den Kofferraum und steig ein.»

Willy wuchtete die schwere Kiste zum Wagen und stellte sie rein. «Wofür brauchst du das Telefon?» fragte er.

«Ich hab dir gesagt, wir werden eine Alarmanlage kurzschließen und einen Laden in Beverly Hills ausräumen.»

«Viel Glück.» Er schlug den Kofferraumdeckel zu. «Warte 'ne Minute. Ich muß das Zeug wegtun und Selma sagen, wo ich hinfahre.»

Aus der Minute wurden fünfzehn Minuten. Ich hupte. Willy kam herausgerannt und knöpfte noch sein Hemd zu.

«Die Braut hat mir 'ne Szene gemacht. Sie kann dich nicht ausstehen.»

«Ich sie auch nicht.»

Nach zwanzig Minuten standen wir vor dem unansehnlichen Gebäude an der tristen Straße, zu dem Rosenthal mich gebracht hatte. Willy stieg einen halben Block vorher aus. Ich sagte ihm, er solle an derselben Ecke warten, wenn er fertig wäre, ich würde in einer halben Stunde wiederkommen. Ich wollte mich dem ekelhaften Gebäude nicht weiter nähern. Ich fuhr mehrere Blocks und aß in einem schmierigen Café zwischen Schrottplätzen und Industriebetrieben ein Chili mit Salzcrackern.

Bevor ich Willy holte, rief ich Allison an. Sie war allein zum Strand gegangen, was sie immer machte, wenn ich zu tun hatte. Sie hatte mich jetzt zu Hause erwartet – aber meine Verspätung störte sie nicht. Sie klang erfreut, als wäre mein Anruf eine angenehme Überraschung, als hätte sie mich nicht erst vor sechs Stunden gesehen und mich erst in Tagen zurückerwartet. Sie plante eine Überraschung, ein supertolles Abendessen, und sie wollte, daß ich mich beeilte, denn sie hatte schon mit dem Kochen angefangen. «Aber frag mich nicht, was es ist.»

«Noch eine Stunde.»

«Oh. Das bringt meinen ganzen Plan durcheinander.»

«Ich werde mich mit Pralinen und Blumen entschuldigen.»

Ich wollte mich verabschieden.

«Warte... warte. Bring ein paar Avocados mit. Nur ein paar.»

«Okay, Baby.»

Willy stand nicht an der Ecke, als ich vorbeifuhr. Ich fuhr ein paarmal im Kreis und kam dann wieder vorbei. Niemand stand da. Zwei Mexikaner kamen den Bürgersteig entlang; einer kam mir bekannt vor. Ich stellte mich an den Bordstein, denn ich vermutete, sie kämen gerade vom Test, und sprach sie an. Sie kannten Willy nicht mit Namen, aber als ich ihn beschrieb, sagten sie, er würde festgehalten, eingeschlossen im Käfig am Ende des Korridors. Ich rief im Testcenter an und gab mich als Anwalt aus. Der Beamte, der ans Telefon ging, war abweisend; er war es nicht gewohnt, Fragen zu beantworten; und er war es nicht gewohnt, daß Anwälte Fragen stellten. Er verband mich schließlich mit seinem Vorgesetzten. Widerwillig und leicht herausfordernd gab mir der Vorgesetzte zu verstehen, daß Willy sich wegen Übertreten der Bewährungsbestimmungen in Haft befand – aber er weigerte sich, zu sagen warum. Es war auch nicht wirklich nötig. Ich wußte, daß Willys Pupillen größer statt kleiner geworden waren. Er hatte das Spießrutenlaufen nicht überstanden.

Bevor ich nach Hause fuhr, rief ich Selma an, berichtete ihr die Neuigkeiten in ein paar kurzen Sätzen und hängte auf, bevor sie in Bezichtigungen und Selbstmitleid ausbrechen konnte. Morgen würde ich Allison zum Gefängnis fahren, damit sie Willy saubere Sachen brachte und etwas Geld für Zigaretten. Als gesuchter Straftäter würde ich nicht näher ans Gefängnis herangehen als bis zum Parkplatz. Nach dem Besuch würde ich Selma etwas Geld geben, damit sie über die Runden kam, bis die Schecks von der Sozialhilfe eintrudelten. Genau das war nach dem Gesetz der Diebe zu tun.

Wenn Willy Glück hatte und das Gefängnis bis obenhin voll war, um das Budget vor der Legislative zu rechtfertigen, dann würde irgendein Bürokrat oder ein Amt anordnen, daß er dreißig bis sechzig

Tage im Gefängnis «austrocknen» sollte. Wenn er Pech hatte, dann würde er wieder ins Rehabilitationszentrum zurückgeschickt werden, um ein weiteres Jahr mit Gruppentherapie zu verbringen. Ich empfand kaum Mitgefühl. Es war dumm gewesen, überhaupt zum Test anzutreten, denn er hatte gewußt, daß er ihn wahrscheinlich nicht bestehen würde.

«Wie die Scheißfliege aufs Fliegenpapier», murmelte ich.

Am Nachmittag fuhren Allison und ich auf den Parkplatz vor dem Gefängnis. Wir hatten verschlafen, denn nachdem wir ein Autokino besucht hatten, waren wir durch die Hügel gefahren, vom Anfang des Mullholland Drive in Hollywood an den teuren Villen entlang bis jenseits von Beverly Hills, wo es bis auf ein paar palastartige Häuser fast menschenleer war. Irgendwo ging uns das Benzin aus, wir dachten aber, es wäre die Benzinpumpe, denn der Tankanzeiger zeigte noch ein Viertel der Füllmenge an. Wir brauchten zwei Stunden, um ein Haus zu finden, einen Abschleppdienst zu erreichen und uns zwanzig Meilen zu einer nachts geöffneten Werkstatt im San Fernando Valley schleppen zu lassen. Erst nachdem eine neue Benzinpumpe installiert worden war und der Motor immer noch nicht lief, wurde ein Stock in den Tank gesteckt. Der Schwimmer war hängengeblieben, und so zeigte die Tankanzeige falsch an. Als der Tank dann voll war, zeigte der Tankanzeiger immer noch einen viertelvollen Tank an.

Bis wir nach oben zur Wohnung trotteten – Allison hing an meinem Arm und kicherte darüber, wie unsere romantische Nacht verpufft war, war es fast schon wieder hell geworden, und die kleinen Spatzen in den Bäumen schrien nach Futter.

Also schliefen wir bis Mittag und rasten dann ohne Frühstück los, um unterwegs noch Socken und Unterwäsche zu kaufen. Ich sagte Allison, sie solle Willy informieren, daß beim nächsten Besuch die Ecke von drei Dollarnoten mit einer Heroinlösung gesättigt waren.

«Wie machst du das?» fragte Allison.

«Man kocht es wie für eine Spritze auf und nimmt dann eine Pipette. Das Papier saugt es auf wie nichts. Man vergeudet zwar zwei Drittel, aber Willy wird die Ecken abreißen, sie in einem Löffel mit etwas Wasser aufkochen, und, wumms, ist er auf 'nem Trip.»

«Und was ist mit der... Nadel und der Spritze? Wo kriegt er die her?»

«Glaub mir, da gibt es ganz bestimmt was, das er kriegen kann.»

Ich parkte in der am weitesten entfernten Ecke unter einem winzigen Baum. Die anderen Autos waren nahe am Gebäude abgestellt worden, damit die Fahrer nicht so weit gehen mußten. Kein Wagen stand näher als dreißig Yards. Niemand konnte sich anschleichen. Wenn etwas passieren würde, was nicht ausgeschlossen war, konnte ich durch ein Blumenbeet und über die Bordsteinkante auf die Straße fahren. Außerdem lag die Browning auf der Bodenmatte zwischen meinen Füßen. Ich fühlte hier in der Nähe von über hundert Polizisten an dem Ort, zu dem jede Polizeistation ihre Gefangenen brachte, eine Spannung, die der nicht unähnlich war, die ich empfand, wenn ich auf Beute ausging. Sobald wir ankamen, sah ich mich genau um.

Allison kam nach zehn Minuten zurück. Sie hielt die Tragetasche mit den Socken und der Unterwäsche noch in der Hand. Ihre schnelle Rückkehr und die Tragetasche verrieten, daß sie nicht reingekommen war, aber sie ging zu entspannt, als daß wirklich etwas schiefgegangen wäre. Ich fuhr ihr mit dem Wagen entgegen. Der Besuch Willys war ihr verweigert worden, da nur ein Besucher pro Tag erlaubt war und ihn bereits jemand besucht hatte. Es war offensichtlich Selma gewesen, und ich hätte voraussehen können, daß sie so schnell wie möglich zum Gefängnis eilen würde, um Willy für sein Versagen zu beschimpfen.

Ich fühlte mich verpflichtet, zu ihr zu fahren und ihr Geld zu geben, so unangenehm die Aufgabe auch sein mochte. Es gab keinen Grund, Allison Selmas bitterem Ärger auszusetzen, deswegen fuhr ich sie zum Union Train Depot. Dort konnte sie ein Taxi nehmen. Ich versprach, in zwei Stunden zu Hause zu sein oder sie anzurufen, falls etwas dazwischenkommen würde.

Als ich bei Willys Haus eintraf, war Selma fort. Willys Wagen stand immer noch mit platten Reifen in der Einfahrt.

Ich fuhr zu Mary, um das Geld für Selma bei ihr abzugeben. Ich fragte mich, ob sie etwas Neues wußte. Willys Söhne waren bei ihr. Sie waren irgendwo in der Nachbarschaft mit Joey zusammen. Selma hatte sie hiergelassen und Marys Wagen geliehen. Sie mußte jeden Augenblick zurückkommen. Ich gab Mary hundert Dollar für Selma und war froh, sie nicht angetroffen zu haben. Ich fuhr schnell fort –

nicht nur um Selma aus dem Weg zu gehen, sondern auch, weil Lisa in der Küche war. Das Mädchen sagte nichts und schaute mich nur selten und ganz heimlich an. Die Schwingungen waren nicht gut.

Zwei Tage später fuhr ich Allison wieder zum Gefängnis. Wieder wurde sie abgewiesen, diesmal, weil Willy nicht mehr da war; man hatte ihn am selben Morgen entlassen. Es war eine angenehme Überraschung. Ich hatte mit seiner Entlassung in die Bewährung nicht so schnell gerechnet. Ich rief ihn an, um herauszufinden, was das Wunder bewirkt hatte. Niemand ging ans Telefon. Ich rief später noch einmal an, aber der Juwelenraub rückte immer näher, und ich mußte mich darum kümmern, also vergaß ich Willy. In dieser Nacht probten Jerry, Aaron und ich den gesamten Ablauf außer der Sache im Laden selbst. Aaron würde fahren, uns aussteigen lassen, die Alarmanlage kurzschließen und wenden, um dann zu warten und den Fluchtwagen zu fahren. Die Alarmanlage bei Gregory's mußte erst kurz vor dem Überfall ausgeschaltet werden, denn wenn es erst einmal passiert war, dann war auch die Telefonleitung tot. Aaron würde mit dem Walkie-talkie gegenüber von Gregory's warten und sein Radio auf den Polizeifunk einstellen und – und der Motor würde laufen, wenn wir rauskämen. Bei einem riesigen Supermarkt sechs Blocks weiter war ein großer Parkplatz, eine ideale Stelle, um den Wagen zu wechseln. Zwischen dem Juwelier und dem Supermarkt gab es keine Ampeln. Nachdem wir den Wagen gewechselt hatten, mußten wir noch zwei Minuten langsam fahren, bis wir den dichten Verkehr auf dem Sunset Boulevard erreichen würden. Dort könnten wir uns zwischen den unzähligen anderen Fahrzeugen verborgen bis nach Hollywood treiben lassen oder uns in die Hügel absetzen. Niemand bei Gregory's würde einen Schwarzen beim Überfall sehen. Deswegen saß Aaron hinter dem Steuer, während Jerry und ich uns flach auf den Boden legen würden. Zu dem Zeitpunkt, da die Polizei die Beschreibung des Fluchtwagens erhielt – Lieferwagen oder einfacher PKW –, waren wir bereits mindestens acht Meilen vom Tatort entfernt in einem ganz anderen (und anders zu beschreibenden) Wagen.

Unsere Unterredung wurde enthusiastischer. Jerry war nicht länger zögerlich, als er mich nach Hause fuhr, und wir begutachteten dabei eine Straße durch die Hügel. Wir entschieden, es hätte keinen

Zweck, länger zu warten. Wir hatten jeder viele Stunden damit verbracht, um alles genau zu planen.

Am Samstag morgen würden wir zuschlagen – an dem Tag, an dem der Verkehr auf dem Wilshire Boulevard am spärlichsten war. Gregory's öffnete um halb zehn. Wir hofften darauf, die Öffnungszeit von Gregory's drastisch zu kürzen.

Während Jerry vor seinem Appartement parkte, lud ich meine Partner für Freitag abend zu einem Essen zu mir nach Hause ein. Ich hatte Allison zwar nicht gefragt, aber ich wußte, sie mochte beide. Die Idee gefiel ihnen.

Als ich unsere Wohnung betrat, lag Allison mit übereinandergeschlagenen Beinen auf dem Boden, zeichnete etwas mit Kohle und sah sich die Wahlergebnisse im Fernseher an. Die Wahllokale in Kalifornien waren gerade erst geschlossen worden, aber die CBS-Nachrichten erklärten Lyndon Baines Johnson zum überragenden Gewinner. Allison winkte mir zur Begrüßung zu, sagte aber nichts, bis ich mit einer Tasse Kaffee aus der Küche kam und mich hinter sie setzte.

«Du kommst früh.»

«Der Kerl hat mich versetzt. Ich werde ihn Samstag morgen besuchen. Wenn es ein schöner Tag ist, kannst du zum Strand gehen. Deine Bräune läßt nach, und du weißt, wie gern ich an deiner sonnenbraunen Haut rumlutsche.» Ich wollte, daß sie fort war, während wir die Beute in ihrer Wohnung aufteilten.

«‹An der Haut rumlutschen›. Du schämst dich gar nicht, bist noch nicht einmal zartfühlend.»

«Dir gefällt das doch. Das ist dein Ding. Willst du ausgehen?»

«Laß uns zur Abwechslung mal hierbleiben. Wir tragen den Fernseher ins Schlafzimmer und sehen uns einen Film an.»

«Ich habe Jerry und Aaron für Freitag abend zum Essen eingeladen. In Ordnung?»

«Es muß doch in Ordnung sein, oder nicht? Ich kann nicht nein sagen. Es macht aber Spaß. Kommt Carol auch?»

«Nein. Es ist eine Art Geschäftsessen.»

Allison lächelte und schüttelte den Kopf. «Macht mir keine Dummheiten.»

Ich trug den Fernseher ins Schlafzimmer, und wir sahen uns einen Film an und schliefen während des Films miteinander.

TEIL DREI

Sei nicht sanftmütig, wenn jene Nacht anbricht.
Wüte, wüte gegen das Erstreben des Lichts.

Dylan Thomas

Kapitel eins

Der Samstagmorgen war klar. Ein sanfter Regen hatte während der Nacht den Smog und das Novembergrau fortgewaschen. Die Sonne schien fast warm, und am Himmel trieben langsam fette Kumuluswolken dahin.

Jerry fuhr als erster in seinem Kombi. Wir nahmen die Straße durch die Hügel, die das San Fernando Valley von Beverly Hills trennten. Aaron, der seinen grauen Overall trug, fuhr mit einem gestohlenen Lieferwagen hundert Yards hinter ihm. Ich saß auf dem Boden hinten im Lieferwagen und hielt die gelb-schwarze Absperrung (ebenfalls gestohlen) fest. Auf dieser vielbefahrenen Straße versteckten sich Motorradpolizisten regelmäßig hinter den Kurven im Gebüsch. Den Anblick eines Schwarzen und eines Weißen, die zusammen fuhren, hätten sie sicher registriert, um sich ein paar Minuten später daran zu erinnern, wenn der Raubüberfall über Funk gemeldet würde.

Wir fuhren an Häusern vorbei, die über die Abhänge hinaus in den Himmel ragten. Auf dem Scheitelpunkt der Hügel sah ich einen Augenblick lang das Meer in der Ferne glitzern. Allison war da, lag am Strand und genoß den letzten warmen Sommertag. Heute nacht würde ihr Körper noch voll dieser Wärme sein.

Aaron summte, während er fuhr, einen Ellbogen hatte er lässig durch das offene Fenster gestreckt. Er zeigte keine Anzeichen von Angst. Das Vertrauen zu meinem Partner entspannte mich. Trotz der riesigen Beute war ich weniger aufgeregt als sonst, fast entrückt in meinem Vertrauen. Noch einmal ging ich alles durch, was wir zu tun hatten – jeden Schritt einzeln –, und wieder einmal schien der Zufall auf ein absolutes Minimum beschränkt. Die Einfachheit des Plans ließ kaum zu, daß etwas schiefgehen konnte.

Der Lieferwagen fuhr nun durch die Ebene. Über Aarons Schulter konnte ich das hintere Ende des Kombis sehen. Dessen Bremslichter leuchteten auf, als Jerry vor einer Ampel abbremste, um in den Sunset Boulevard einzubiegen. Wir wurden langsamer, die Ampel sprang auf Grün, und Jerry fuhr über die Kreuzung und weiter geradeaus. Aaron bog links ab und fädelte sich in den Autostrom ein. An der ersten Kreuzung bog Aaron rechts ab und fuhr nun parallel zu Jerry, aber einen Block von ihm entfernt. Wir fuhren noch drei Blocks weiter und bogen in einen langgezogenen Parkplatz, der sich über den ganzen Geschäftsbezirk erstreckte. Aaron fuhr nun sehr langsam weiter und hielt am anderen Ende. Dort wartete Jerry bereits. Er setzte sich sofort auf den Vordersitz. Ich gab ihm die lange Blumenschachtel mit der M16. Niemand, der hier am Samstag morgen einkaufte, beachtete den unauffälligen Lieferwagen.

«Meine Kiste steht genau da, wo wir wollten», sagte Jerry, «letzte Reihe, direkt an der Straße. Der Schlüssel liegt unter der Fußmatte.»

Wir befanden uns einen Block vom Wilshire Boulevard entfernt. Ich schlüpfte in meine Anzugjacke, richtete die Krawatte, schob ein Magazin in die Browning – dreizehn Schuß Remington-Hohlpunkt-Geschosse – und steckte sie hinten in meinen Hosenbund. Den kleinen Empfänger (ein Ohrhörer) steckte ich an seinen Platz und setzte den Hut mit der Maske darunter auf den Kopf.

Vom Vordersitz hörte ich ein scharfes stählernes Klicken. Jerry überprüfte die Waffe. Zwischen den Einzelsitzen hindurch sah ich, wie er sie wieder in die Blumenschachtel steckte und sich auf die Taschen klopfte, um sicherzugehen, daß Handschuhe und Maske auch an ihrem Platz waren.

Aarons Pistole lag unter einer Zeitung verborgen auf dem Boden. Sein Werkzeuggürtel lag obenauf.

Wir parkten zwanzig Fuß von der Kreuzung entfernt. Gregory's lag auf der anderen Straßenseite, betörend weiß glänzend, dezent auf die Reichtümer im Innern hinweisend. Ein Mercedes fuhr aus dem Parkplatz, und eine alte Frau watschelte in Richtung Seiteneingang.

Der Verkehr auf dem Wilshire Boulevard war schwächer, als wir erwartet hatten.

«Riecht ihr irgendwas?» fragte Aaron.

«Geld», antwortete Jerry.

Das Halten, das Umschauen und die Unterhaltung hatten nur Sekunden gedauert. Jerry öffnete die Tür und stieg aus. Ich schob sofort den Sitz nach vorn und folgte ihm, vorsichtig darauf bedacht, nichts mit den bloßen Fingerspitzen zu berühren.

«Bis in fünfzehn Minuten», sagte ich zu Aaron.

«Oder auf dem Handballfeld von Folsom.»

«Oder im Leichenschauhaus.»

«Bleiben wir lieber bei den fünfzehn Minuten.»

«Auf geht's.»

Der Lieferwagen überquerte den Boulevard und bewegte sich keck an Geschäften und Cafés entlang.

«Ich bin weg», sagte Jerry und ging nach links. Er würde gemächlich weitergehen, an der nächsten Ampel die Straßenseite wechseln und dann zum Vordereingang von Gregory's zurückkehren. Er ging ganz entspannt. Die Blumenschachtel unter seinem Arm wirkte natürlich.

Von meinem Standort aus konnte ich sowohl Jerry als auch den Wagen sehen. Aaron fuhr eineinhalb Blocks weit und parkte dann am Bordstein. Die abgestellten Autos behinderten nun meine Sicht. Ich hörte Aarons Stimme im Ohrhörer: «Auf geht's, Bruder.»

Aaron erschien auf der Straße, trug die Absperrung in der einen Hand und in der anderen eine Lampe. Er stellte die Absperrung auf, um den Verkehr umzuleiten, kniete sich neben einen Schachtdeckel und zog ihn mit dem entsprechenden Werkzeug beiseite. Wer würde schon einen Schwarzen beachten, der einen Overall und einen Werkzeuggürtel trug?

Die Minuten verstrichen. Aaron brauchte länger als erwartet. Jerry lungerte an der nächsten Kreuzung herum. Ich wurde langsam unruhig und rauchte eine Zigarre, die nach nichts schmeckte, weil mein Mund ganz trocken war.

Aaron stemmte sich aus dem Schacht, schob den Deckel wieder zurück, nahm die Absperrung fort und verschwand. Ich ging bereits in der Erwartung seines Signals über die Straße. Das kam Sekunden später. «Alles klar. Ihr seid dran. Ich fahre zu meinem Platz.»

Jerry hatte gesehen, daß ich über die Straße ging, und begab sich zum Vordereingang. Ich betrat den Parkplatz, und mein Magen krampfte sich zusammen. Ich wollte pinkeln. Beim Gedanken daran mußte ich lächeln. Meine Bewegungen kamen mir unbeholfen vor.

Als ich zur Tür kam, trat eine alte Frau heraus. Ich blieb stehen, wandte meinen Kopf und beugte mich herunter, als ob ich etwas an meinen Schuhen nachschauen wollte – dabei wollte ich eigentlich eine spätere Identifizierung verhindern.

Die automatischen Türen öffneten sich, als ich auf die Gummimatte trat. In der kühlen Luft der Klimaanlage spürte ich den Schweiß auf meinem Gesicht. Der flauschige Teppich dämpfte meine Schritte.

Ein junges Paar, das von einem älteren Mann begleitet wurde, begutachtete ein Tablett voller Ringe, die ein Verkäufer vor ihnen ausgebreitet hatte. Es waren keine weiteren Kunden zu sehen. Der zweite Verkäufer redete mit der Sekretärin; sie hielt einen Stapel Papiere in der Hand.

Die Situation war ideal; niemand blickte zu mir herüber.

Jerry war nun in der Vordertür zu sehen. Die Tür schwang nach innen. Ich drehte mich um, hob den Hut an und zog die Maske nach unten, richtete sie mit einer Hand, während ich mit der anderen die Browning zog und mit dem Daumen die Sicherungswelle umlegte. Ihr Gewicht und der rauhe Griff waren angenehm und verliehen mir ein Gefühl von Macht. Ich drehte mich wieder um.

Jerry sah in seiner Frankensteinmaske furchterregend aus. Noch schrecklicher war die ehrfurchtgebietende Waffe, die er in den Händen hielt. Man hatte ihn nicht gesehen.

«Das ist ein Überfall!» schrie er. «Keine Bewegung!» Er bewegte die automatische Waffe in einem Bogen über die Anwesenden hinweg und bedrohte jeden mit dem sofortigen Tod. Er stellte sich neben die Tür. Nun konnte ihn niemand vom Bürgersteig aus sehen.

Während er schrie und während in den von Staunen erfüllten Gesichtern der Anwesenden sich langsam Erkennen ausbreitete, rannte ich mit vorgehaltener Pistole hinter die Verkaufstheke. «Umdrehen», befahl ich dem Verkäufer, der sich mit der jungen Sekretärin unterhalten hatte, und war schon bei ihm, während ich noch redete. Ich drehte ihn um. Die Frau war fortgegangen, befand sich bei der Bürotür. Sie fror mit ausgestreckter Hand ein. Sie wollte sich durch die Tür ducken, sie hinter sich zuwerfen und den Alarm einschalten. Man konnte es genau an ihrem Gesicht ablesen.

Ich trat hinter sie, als sie gerade die Klinke herunterdrücken wollte. Sie hörte mich – sie hatte bis dahin nur Jerry gesehen – und drehte den

Kopf um, als ich sie am Arm packte. Die Maske erschreckte sie, aber es war noch keine echte Furcht. Meine Finger quetschten ihren Arm zusammen und fügten ihr Schmerzen zu. Diejenigen, die Gewalt nicht kennen, fürchten sich auch nicht richtig vor einer Bedrohung – aber sie brechen vollkommen in sich zusammen, wenn sie direkt mit ihr konfrontiert werden. «Sei ein braves Kind, und niemand wird dir weh tun», sagte ich.

Jerry trieb die anderen in einer Ecke zusammen und befahl ihnen, die Hände hinter den Kopf zu legen und sich hinzusetzen. Es lief alles glatt.

Ich schubste die Frau durch die Tür. Jules Neissen saß an seinem Schreibtisch; er wollte aufspringen, als die Frau über den Teppich gestolpert kam. Er hielt inne und wurde bleich, denn ich richtete aus einer Entfernung von acht Fuß die Pistole auf seine Brust. Eine Bewegung – und er würde durch die Wand gepustet – und er wußte es.

«Bleib genau da stehen, Süße», sagte ich. «Halte deine Hände so, daß ich sie sehen kann.»

«Geben Sie ihm nichts», sagte die Frau. Bevor die Worte vollständig ausgesprochen waren, schlug ich ihr mit aller Kraft quer über das Gesicht und stieß sie auf ihre Knie. Das Gesicht des Managers rötete sich wieder. Er nahm seinen Mut zusammen und schüttelte den Kopf wie ein trotziges Kind. «Hau ab», sagte er.

Es war grotesk, und er wirkte kindisch.

«Du öffnest den Tresor, Arschloch! Du willst doch kein toter Held sein. Die Versicherung zahlt, nicht du. Die scheißen auf einen toten Dummkopf wie dich.»

«Sie werden nicht drankommen, wenn Sie mich erschießen – und ich werde den Tresor nicht öffnen.» Innerhalb von fünf Minuten hätte er sicherlich seine Meinung geändert – und eine Kugel durch seine Kniescheibe würde das garantiert bewirken. Aber es gab einen besseren Weg. Ich drückte die Pistole der Frau ans Ohr. «Ich werde nicht dich umbringen – nicht zuerst. Aber ihr Gehirn wird gleich auf die Tapete spritzen.» Die Drohung war ein Bluff. Ich würde die Frau nicht umbringen – aber wenn das nicht wirkte, würde ich ihn töten oder zumindest zum Krüppel machen.

Die Frau sackte mit starrem Blick schlaff in sich zusammen. Die reale Bedrohlichkeit der Situation war schließlich angekommen. Sie glaubte, sie müßte jetzt sterben, wenn der Manager nicht mitmachen würde. Sie begann zu winseln. Ich fragte mich, ob ihr Höschen naß war.

Neissen wollte sprechen, aber er brachte keine Worte heraus. Er nickte. Sein Widerstand hatte zwanzig Sekunden gedauert. «Mach schon», sagte ich und winkte ihn zur Tür, hielt die Frau noch immer fest und zielte mit der Pistole auf Neissens Rücken.

Jerry hatte allen befohlen, sich an der Wand aufzustellen. Ein weiteres Paar hatte den Laden betreten und wurde gefangengenommen. Ich schubste die Frau zu den anderen. «Behalt die hier gut im Auge», rief ich Jerry zu.

Neissen bewegte sich widerwillig. Ich rammte den Lauf der Pistole gegen sein Rückgrat; er krümmte sich vor Schmerz zusammen. «Mach schneller, du Arschloch.» Ich schob ihn zum Tresor rüber. Während er ihn öffnete, sagte ich ihm, ich wolle die ungefaßten Diamanten zuerst; dann die Diamantenkolliers (weil sie mehrere Steine hatten) und zuletzt die Diamantenringe.

Die schwere Stahltür öffnete sich. Ein Stahlgitter wurde mit einem Schlüssel geöffnet. «Sie haben sechzig Sekunden, um die zu füllen», sagte ich und überreichte ihm eine Einkaufstasche. «Eins... zwei... drei...»

Es brauchte wertvolle Sekunden, bis die volle Bedeutung der Drohung bei ihm ankam; dann plapperte er schreckerfüllt vor sich hin und kippte wie besessen Diamanten von den Tabletts, kratzte sie runter, als ob sie Abfall auf Tellern wären. Als eine Brosche hängenblieb, verzweifelte er fast. Jede seiner Handbewegungen brachte uns mehrere tausend Dollar. «Zwanzig... einundzwanzig... zweiundzwanzig...»

Im Ohrhörer war zwischen Knacken Aarons Stimme zu vernehmen. «Die Bullen sind hier. Ein Streifenwagen wendet gerade.»

Ich rannte sofort los und riß die Tasche aus Neissens Händen. Aaron sprach ruhig weiter: «Sie sind vorbeigefahren und haben wieder gedreht – wollten vielleicht wissen, was ein Farbiger in Beverly Hills macht.»

Aaron blieb ruhig – ruhiger als ich. Ich stolperte über einen Stuhl hinter den Auslagekästen, fiel fast hin und ging dann weiter. «Behalte die Tür im Auge», rief ich Jerry zu. «Aaron sagt, die Bullen sind da.»

Jerry stellte die M16 auf automatisches Feuer und kniete sich seitlich der Tür hin.

Aaron war wieder zu vernehmen: «Auf dem Polizeifunk wurde gerade unter dieser Adresse ein Raubüberfall gemeldet, Kode drei.»

Die M16 beruhigte mich. Ich hatte keinen Augenblick Furcht empfunden, nur einen Moment lang Verwirrung. Ich befand mich jenseits der Furcht; meine Taten schlossen die Möglichkeit des Todes ein, und nachdem man das akzeptiert hatte, mußte man sich eigentlich vor nichts mehr fürchten.

Die Geiseln schauten sich unruhig um, flüsterten furchterfüllt und rückten wie Küken eng aneinander. Sie ängstigten sich tausendmal mehr als ich. «Legt euch auf den Bauch», schrie ich und wollte zur Bekräftigung meiner Worte gern über ihre Köpfe schießen – aber das hätte die Überraschung auf der Straße vermasselt.

Ich kauerte mich neben Jerry. «Sie wissen, daß hier was läuft, aber es sind nur zwei. Mach dich fertig. Wir gehen raus.»

«Verdammte Scheiße!» flüsterte Jerry.

«Sie haben keine Chance gegen das Teil», erwiderte ich.

Ich hatte bereits überlegt, die Gefangenen als Geiseln zu nehmen, und die Idee wieder verworfen. Die Polizei würde uns umzingeln und warten. Die M16 konnte einen Streifenwagen durchsieben. Wir hatten genug Feuerkraft, um uns den Weg freizuschießen – oder bei dem Versuch ein Blutbad anzurichten.

Ich hatte meine Schulter gegen die Tür gestemmt. «Wenn ich sie aufstoße, renn nach links und dann über die Straße. Ich gebe dir rechts Deckung.»

Von draußen hörte man zwei Schüsse, das Geräusch war durch eine Tür gedämpft, aber nichts desto trotz deutlich. «Es kommen noch zwei Wagen», sagte Aaron. «Ich werde abhauen und sie von euch ablenken.»

«Warte, verdammt», rief ich – aber es gab keinen Sender, um meine Worte zu übermitteln. Ich zog Jerry von der Tür zurück. «Hier raus», sagte ich und packte ihn am Arm.

Draußen war der Schuß einer Schrotflinte zu hören. Eine Sirene ging los. Ein weiterer Schuß aus einem Schrotgewehr. Pistolenschüsse.

Wir sprinteten zum Seiteneingang. Als Jerry durch die Tür brach, hörten wir eine Salve vom Boulevard; dann Sirenengeheul und das Krachen von Metall. Ich wußte, daß Aaron nicht wegkam.

Ich rannte gebeugt über den sonnigen Parkplatz und benutzte die wenigen Autos als Deckung. Ich hatte die Pistole in der einen Hand und die Tasche mit den Diamanten in der anderen. Jerry war mir dicht auf den Fersen. Vor einem Augenblick noch standen unsere Chancen gut, jetzt standen sie hundert zu eins gegen uns.

Ich kniete mich hinter einem Wagen auf die Erde. Jerry neben mir. Die Schießerei auf dem Boulevard hielt die Polizei davon ab, irgendwo anders hinzuschauen. Bis jetzt hatte man uns noch nicht gesehen. Aber vor uns lag eine drei Fuß hohe, dichte Hecke. Dahinter der Bürgersteig einer Seitenstraße. Autos fuhren vorbei, und die Insassen merkten nicht, daß sie ein Schlachtfeld durchquerten. Gegenüber lag ein Krankenhaus. Wir konnten nicht rüber; man würde uns bestimmt sehen. Unsere einzige Möglichkeit war, die Straße runterzurennen und uns durch die erste Lücke zu verdrücken. Man würde uns vom Wilshire Boulevard aus sehen können, aber wir hatten keine andere Wahl.

Ich schaute hinter dem Rad hervor und sah einen Streifenwagen mit wild funkelnden Lichtern über die Kreuzung fahren und auf dem Parkplatz hinter uns halten. Ein weiterer kam an und stellte sich hinter den ersten. Vier Polizisten in schwarzen Uniformen und weißen Helmen stiegen aus und hockten sich mit gezückter Pistole hinter ihre Autos. Sie hatten den Seiteneingang von Gregory's im Visier, denn sie glaubten, wir befänden uns noch im Gebäude. Ihre Rücken waren uns zugewandt.

Jerry entledigte sich seiner Maske und warf sie unter den geparkten Wagen. «Wo kann ich die hintun?» fragte er und deutete auf die Waffe.

«Behalt das Scheißding. Wir brauchen sie vielleicht noch.» Ich rollte die Tasche zusammen und klemmte sie mir wie einen Football unter den Arm. «Komm mit.»

Ich hielt den Atem an, übersprang die Hecke und rannte weiter. Der leere Bürgersteig lag vor mir. Jerry rannte sofort nach mir los, aber ich war schneller. Niemand schrie, niemand schoß hinter uns her. Wir befanden uns fast in der Mitte des Blocks.

Ich erreichte die Einfahrt im selben Augenblick, als ein schwarzweißer Streifenwagen vor uns um die Ecke bog. Ich sprang hinein und schlidderte auf dem losen Rollsplitt voran. Ich fiel auf Hüfte und Ellbogen, ohne etwas fallen zu lassen, kam wieder auf die Füße, ohne meinen Schwung zu verlieren. Das Aufheulen der Sirene trieb mich vorwärts.

Die Einfahrt führte zu einem dichtbewachsenen Garten. Hinter mir quietschten Bremsen, und der Streifenwagen bog in die Einfahrt. Ich sprang nach links. Kisten und Kartons standen an einer Wand aufgestapelt. Ich suchte nach einer Regenrinne, um auf das Dach zu klettern. Keine Zeit. Ich sprang in eine Türnische und hockte mich hinter eine Stahltonne, die mit Asche gefüllt war. Als ich mit erhobener Pistole nach vorn schaute, sah ich Jerry. Er rannte blindlings gerade auf einen von Efeu überwucherten Zaun zwanzig Fuß vor ihm zu.

Der Streifenwagen bremste, schlidderte, wirbelte Staub auf, aber nur der Kühlergrill ragte über das Gebäude hinaus.

Jerry hatte die M16 über den Zaun geworfen, war hochgesprungen, hatte ein Bein über den Zaun gelegt, seine Finger umklammerten den Draht.

«Stehenbleiben!» rief jemand – die Person war hinter dem Gebäude versteckt.

Jerry blieb so hängen – er war gefangen. Sekunden vergingen.

Beim Schuß des Polizisten sprang ich auf. Jerry fiel zuckend herab, sein Rückgrat war zertrümmert. Er lag winselnd wie ein Hund mit gebrochenem Rückgrat im Dreck. Mir wurde schlecht, und ich wartete ebenfalls auf das Kommando zur Aufgabe und spannte mich an, um schießend hervorzubrechen. «Endabrechnung», murmelte ich.

Das Unglaubliche geschah. Der Polizist schlenderte aus der Gasse heraus, die Pistole baumelte an seiner Hüfte, ein gemeines Lächeln erschien auf den Lippen. Er ging zu dem sich windenden Körper herüber. Er hatte nur Jerry gesehen. Er wußte nicht, daß zwei Personen hier waren.

Auf der schwarzen Uniform prangten weiß die Streifen eines Sergeant. Sein kurzgeschnittenes blondes Haar glitzerte in der Sonne. Er war fünfzehn Fuß entfernt. Reine Notwendigkeit diktierte meine Handlung, aber ich empfand auch Freude – und befriedigenden Haß.

Er fiel hin, ich hatte die Beine unter ihm weggeschossen. Blut rann über seine Hüfte und den Schenkel. Ich sprang vorwärts und suchte seine Dienstpistole. Sie lag fünf Fuß entfernt im Dreck. Seine korrekte Uniform war beim Aufprall auf der Erde dreckig geworden. Schmerz und Schock zeichneten sich auf seinem jungenhaften Gesicht ab. Er würde bitten, um Gnade betteln, Frau und Kinder erwähnen. Polizisten geben niemals zu, daß sie um Gnade bitten, aber sie tun es noch öfter als Kriminelle. Das Betteln würde nichts bewirken. Selbst wenn er Jerry nicht angeschossen hätte, würde er sterben müssen.

Er bettelte nicht. Er starrte mich haßerfüllt an. «Du hast nicht den Mut dazu», sagte er. «Sie schnappen dich, und du weißt es.»

Ich war erstaunt, einem Mann zu begegnen, der angesichts seines Todes glaubte, Vergeltung sei Gottes Wille und daß ihn die Rechtschaffenheit schützen würde. «Das macht für dich überhaupt keinen Unterschied», erwiderte ich. Ich stellte meinen Fuß auf seinen Hals, drückte ihn nieder und schoß zwei Kugeln durch sein Herz. Die Hohlpunkt-Munition pustete sein Leben zum Rücken hinaus. Im letzten Moment, bereits tot, zeigten seine Augen, daß er begriffen hatte, was passierte.

Jerry zuckte noch, wie ein Fisch, der auf einem Schiffsdeck verendet. Sein Blick war glasig und leer. Undifferenzierte Laute und Blut quollen aus seinem Mund. Dunkles Blut aus den Arterien vermischte sich mit dem Staub und wurde zu einem Brei. Ich überlegte, Jerry zum Streifenwagen zu zerren und ihn als Fluchtauto zu benutzen. Ich dachte daran, seinem Leiden ein Ende zu bereiten.

Ich konnte weder das eine noch das andere tun.

Sirenen heulten auf. Streifenwagen rasten in der Nähe wie wild hin und her. Ich warf die Tasche mit den Diamanten über den Zaun und sprang hinterher. Innerhalb von drei Sekunden hatte ich die Tasche in einer Hand und die M16 in der anderen.

Ich rannte durch einen Garten mit Blumenbeeten und Bäumen und einem schmiedeeisernen Vogelbad. Ich mußte unbedingt aus dem Block verschwinden, bevor er umstellt war, mußte innerhalb der nächsten Sekunden eine Straße überqueren. Meine Existenz war einzig darauf reduziert, ein Tier zu sein, das blind vor den kläffenden Hunden flüchtete. Meine Zukunft reichte nur Sekundenbruchteile weit.

Während ich rannte, suchte ich die Häuser ab, hielt Ausschau nach einem Vorhang, der sich bewegte, oder nach einer anderen Bewegung, die anzeigte, daß jemand von den Schüssen aufgeschreckt worden war und nun herausschaute. Alles blieb ruhig, während ich durch ein Blumenbeet trampelte, um eine Garage trabte, im Zickzack eine Einfahrt heruntersauste, mit vollem Schwung auf die Straße rauschte, auf die andere Seite rannte und in eine weitere Einfahrt hinein. Ich legte in vollem Lauf die Holztür eines Zaunes um, ein Gatter, das ich unter anderen Umständen mühsam überklettert hätte – und vielleicht auch beladen mit Waffe und Tasche nicht geschafft hätte. Ich befand mich in einem weiteren Garten. Ein kleiner Hund hoppelte auf mich zu und kläffte meine Füße an, bis ich über den nächsten Zaun sprang.

Ich stand nun in einer schmalen Gasse einer riesigen Betonmauer gegenüber: die Rückwand eines Kinos. Die Wand zwang mich zu einem Umweg nach rechts, weg vom Wilshire Boulevard. Am Ende der Mauer befand sich ein enger Durchgang. Ich zwängte mich hinein, ging langsamer, denn meine Lungen brannten. Plötzlich hielt ich, denn ich bemerkte, daß sich die Maske noch auf meinem Gesicht befand und das Sturmgewehr noch in meiner Hand war. Jeder, der mich sah, würde wissen, was los war. Zum erstenmal paralysierte mich etwas wie Furcht. Meine Hose war zerrissen und dreckig, und mein Gesicht war unter der Maske schweißüberströmt. Es war ein Wunder, daß ich überhaupt so weit gekommen war, ohne gesehen zu werden. Dennoch konnte ich nicht allzu lange hier bleiben. Jeden Moment konnte ein Polizeiauto die Straße hinter oder vor mir entlangfahren, und der Kampf würde wieder beginnen.

Ich ging weiter. Der Zaun hatte eine Tür, und diese Tür war nicht verschlossen. Ich schlupfte durch die Tur in die Müllsammelstelle eines großen, teuren Hauses. Der Bereich, in dem ich mich befand, war von den Rosen und den Bäumen und dem Rasen durch einen Lattenzaun abgetrennt. Vor mir befand sich die Wand der Garage. An ihr waren Kisten voller Dosen und Flaschen aufgestapelt. Ich schloß die Tür und hockte mich außer Sichtweite des Hauses hin.

Das Geräusch eines Wagens, der die Straße herunterfuhr, wurde lauter und dann wieder leiser. War es ein Streifenwagen?

Ich konnte nicht länger als ein paar Sekunden hierbleiben. Ich dachte daran, mich zu verstecken, mich wie ein Fuchs an die Erde zu pressen. Das war in anderen Fällen durchaus erfolgreich gewesen – aber sicher nicht in diesem Fall. Die Polizei wußte, daß ich mich zu Fuß fortbewegte. Innerhalb weniger Minuten würden sich fünfzig Streifenwagen hier in dieser Gegend befinden. Hunderte von Polizisten würden die Suche aufnehmen.

Meine einzige Chance bestand darin, zu flüchten, während sie sich noch organisierten – wenn sie es nicht schon getan hatten. Sie hatten bestimmt eine Demarkationslinie auf dem Wilshire Boulevard gezogen, denn sie wußten, daß ich mich südlich davon befand. Wenn ich ihn überqueren konnte, dann würde ich zwischen den Samstagseinkäufern untertauchen können.

Ich zerrte eine Kiste voller Abfall hervor und kippte sie um. Ich legte die Waffe hinein und legte die Diamanten obenauf. Ich zog mein dreckiges Jackett aus und die Krawatte, stopfte sie ebenfalls hinein. Die Browning war zu groß, um sie in meinen Klamotten zu verstekken. Ich legte sie auf die anderen Sachen und füllte die Kiste wieder mit Abfall.

Ich verdrängte Gedanken an die Gefahr und trat zur Tür hinaus, ging die Gasse hinunter und bog auf den Bürgersteig in Richtung Wilshire. Der Boulevard lag vierzig Yards entfernt. Ich begann zu rennen und hörte ein Motorgeräusch hinter mir. Ich erwartete einen Kugelhagel. Der Wagen fuhr vorbei.

Am Ende des Gebäudes wurde ich langsamer und versuchte, die Ampelfolge abzuschätzen, damit sie Grün zeigte, wenn ich ankam. Ich würde den Boulevard überqueren müssen – und dreißig Sekunden lang würde man mich vom Bürgersteig vor Gregory's aus sehen können.

Die Ampel zeigte Grün. Ich trat auf den Bordstein. Zu meiner Linken bemerkte ich etwas Wunderbares: ein Bus hielt zehn Fuß entfernt, die Bustür ging auf – ein Fluchtweg. Ich ging hin und hatte kurz die Gelegenheit, zu Gregory's herüberzuschauen, vor dem sich ein halbes Dutzend Personen versammelt hatte. Der Bus blockierte den Blick zur anderen Seite, auf der sich der kaputte Lieferwagen befinden mußte. Ich wartete, bis eine grauhaarige Schwarze, grunzend und sich am Geländer festhaltend, ausgestiegen war.

Von der obersten Stufe konnte ich durch die Frontscheibe sehen, während ich neben dem Fahrer stand und auf das Wechselgeld wartete. Ein Streifenwagen fuhr um den Bus herum und bog in die Straße, die ich gerade verlassen hatte. Wenn ich nicht in den Bus gestiegen wäre, dann wären wir uns mitten auf dem Wilshire Boulevard begegnet.

Der Bus fuhr an. Mehrere Streifenwagen fuhren in die andere Richtung, drei hatten die Sirenen angeschaltet.

Als ich mich setzte, war ich wie betäubt. Meine Gedanken drehten sich zu schnell in meinem Kopf, als daß ich klar hätte nachdenken können. Ich zitterte. Ich wußte, daß ich gerade erst dem Anfang der Gefahr glücklich entronnen war. Die Hunde schnüffelten noch an der Fährte. Wenn sie sie aufgenommen hatten, dann würde die Jagd beginnen.

Ich mußte ins Appartement fahren, mir die .32er holen – die einzige übriggebliebene Pistole. Ich mußte meinen Wagen holen, meine Sachen und verschwinden. Ich hatte zumindest noch einige Stunden, vielleicht Tage, bevor die Polizei dort erscheinen würde. Ich brauchte nur zwanzig Minuten. Ich schwitzte heftig, zitterte noch immer, und nur der Schock hielt mich davon ab, unter der Ungeheuerlichkeit meiner Lage zusammenzubrechen.

Kapitel zwei

Die kurvenreiche Straße zum Appartement war leer und ruhig, nur ein paar Insekten summten im Gebüsch, und die Vögel zwitscherten. Als ich die Treppe hochging (das Taxi hatte ich eine viertel Meile vorher verlassen), fragte ich mich, ob mein Feind bereits im Hinterhalt lauerte oder im Appartement versteckt war. Das war unwahrscheinlich, und mir war es auch egal. Manchmal ist man so müde, daß einem selbst das Leben nicht besonders wertvoll vorkommt.

Im Appartement war es still, dunkel, kühl; es war eine Zufluchtsstätte. Ich machte das Licht nicht an. Der Anblick war vertraut: Allisons unvollendete Gemälde, ihre Blumengestecke, die Schallplatten, die auf dem Sofa herumlagen. Die Mauer um meine Gefühle zerbrach, als ich diese Dinge sah. Der erste kurze Anfall von Traurigkeit erreichte mich. Mein Leben war öde und leer gewesen, aber bis heute hätte ich noch umkehren können, büßen können, und mir wäre vergeben worden.

Ich unterdrückte die Gefühle. Das Spiel mußte gespielt werden. Meine Rolle war die des gehetzten Polizistenmörders, gemein und ohne Reue.

Ich zog mich um und warf die Sachen fort, die ich getragen hatte. Die kleine Pistole befand sich in der Gesäßtasche. Ich knüllte meine Sachen in ein Bettlaken und knotete es zu einem Bündel zusammen. Ich nahm mir ein halbes Pfund Gras und eine halbe Schachtel Bennies; während man mich jagte, konnte ich genausogut high sein.

Ich mußte die Autokennzeichen meines Wagens wechseln. Es hier zu machen war unmöglich – ein Nachbar könnte ohne weiteres durchs Fenster sehen und es bemerken. L & L Reds Hütte schien mir der geeignete Ort zu sein – auch für eine Pause, während ich mich ausruhte und überlegte, was zu tun wäre. Dort würde es am sichersten sein. Wenigstens ein paar Stunden würde mich niemand belästigen.

Ein Wagen kam den Hügel heraufgefahren. Der Motor wurde lauter und dann wieder leiser, als er hinter einer Kurve verschwand. Plötzlich war das Geräusch ganz in der Nähe, und ich erkannte es. Allison! Sie war drei Stunden zu früh.

Ihre Schritte kamen rasch die Treppe hoch. Was konnte ich ihr sagen? «Süße, ich hab gerade 'nen Bullen ausgeknipst und muß abhauen.»

Der Schlüssel wurde ins Schloß gesteckt, und die Tür krachte gegen die Kette. Sie rüttelte an der Tür. «Max! Max! Laß mich rein.»

Ich linste mit der Pistole in der Hand durch ein Fenster. Ich machte die Kette los, und sie rannte herein und legte die Kette wieder vor. Sie war sichtlich aufgeregt. Sie wußte etwas. Das war erschreckend.

«Sie suchen dich», sagte sie.

«Wo hast du das gehört?»

«Im Radio.»

«Im Radio! Hast du meinen Namen gehört?»

«Eine Sondersendung.»

Panik kam auf. Es war ein Uhr. Nur wenn Aaron geredet hatte, bestand die Möglichkeit, daß die Polizei meinen Namen so bald erfahren hatte. Selbst wenn sie Fingerabdrücke genommen hatten, würde es noch Stunden brauchen, sie nach Washington zu senden. Wo auch immer die Auskunft hergekommen war, sie bedeutete, daß sie mir dichter auf den Fersen waren, als ich es angenommen hatte. Das Appartement war jetzt kein sicherer Aufenthaltsort mehr. Ich saß in der Falle.

«Ich habe meinen Ohren kaum getraut», sagte sie. «Ich fuhr sofort nach Hause, und da kam die Meldung noch auf einem anderen Sender.»

«Wann war das?»

«Vor zwanzig Minuten. Ich bin so schnell zurückgefahren, daß ich sogar mein Handtuch und meine Brille liegengelassen habe. Hast du einen Polizisten erschossen? Sie haben zwei Männer, und einer soll vielleicht durchkommen.»

«Ich weiß.»

«Aaron und Jerry.»

Ich stand am Fenster und schaute nach draußen. Nichts rührte sich.

«Waren es Aaron und Jerry?» fragte sie noch einmal.

«Ja. Jerry ist tot. Erschossen.»

«Arme Carol.»

«Scheiße! Armer Jerry.» Ich redete nicht wirklich mit ihr. Ich mußte nachdenken, Entscheidungen treffen. Zuallererst mußte ich von hier verschwinden, danach konnte ich weitersehen. Ich fragte mich, ob das denn so wichtig war. Es würde zum Schluß doch alles gleich sein. Es würde genauso enden, wenn ich etwas Gras rauchte, mich betrank und ins Bett legte. Die Welt drehte sich immer noch um die Sonne. Verzweiflung machte sich in mir breit. Wo waren all die schönen Tage hin? Scheiß auf die Vergangenheit.

«Beweg deinen Arsch hier raus. In zwanzig Minuten kannst du zurückkommen. Ich werde verschwunden sein. Wenn man dich abholt, verlang einen Anwalt, verlang stur nach einem Anwalt, selbst wenn man dich nur nach deinem Namen fragt. Sag kein Wort, nur daß du einen Anwalt willst.»

«Ich gehe nicht weg. Ich bin hergekommen, um dir zu helfen.»

«Mir helfen! Du blöde Kuh! Du hast doch nicht mehr alle Tassen im Schrank, Fotze. Das ist kein Spiel mehr, auch kein schlechter Film. Bestenfalls wirst du mit mir im Kittchen landen, aber es kann dir auch dein Kopf weggepustet werden. Wenn die Polizei mich stellt, dann wird auf der Straße abgerechnet. Ist mir scheißegal, selbst wenn ich dann in 'nem Kindergarten sein sollte. Ich werde nicht kapitulieren.»

«Ich riskiere es eben.»

«Nein! Nein! Hau ab! Dumme Fotze!»

Sie weinte heftig, aber sie blieb unverzagt. Sie konnte nicht mehr sprechen und schüttelte nur den Kopf. «Ich liebe dich.»

«O Gott! Das ist genau das, was ich brauche. Liebe! Ich bin ein Polizistenmörder.»

«Du brauchst jemanden, der dir hilft. Wie willst du dir was zu essen besorgen oder ein Versteck mieten? Bitte...»

Sie sagte die Wahrheit. Sie würde nützlich sein – zumindest ein paar Tage lang, wenn ich so lange durchhielt. Ich hatte sie dermaßen heftig weggestoßen, weil ich so sehr nach ihr verlangte. Ich wollte nicht allein sterben. Ich legte einen Zeigefinger auf ihre Lippen, um ihre Bitten zum Schweigen zu bringen. «Okay, okay. Du hast dich selbst da reingeritten. Du hast zehn Minuten, um alles zusammenzulegen, was du mitnehmen willst. Schmeiß einfach alles in ein Laken und knote die Enden zusammen. Ich bin gleich zurück und helfe dir.»

Ich rannte nach unten und warf das Laken mit meinen Sachen in den Wagen und rannte dann zu Allison zurück.

Das Auto roch muffig, weil es draußen gestanden hatte, und ich öffnete die Fenster, um zu lüften. Auf dem Weg hügelabwärts verschwand meine Panik langsam. Während wir in dem Appartement waren, hatte ich nur einen Gedanken gehabt: los, beweg dich, hau ab aus der Falle. Jetzt war es sogar ein wenig aufregend, fast erfreulich, wie die Vorfreude einer Reise. Ich hatte immer schon im Land rumfahren wollen, mir Sachen ansehen, und jetzt gab mir das Schicksal die Chance, vielleicht die letzte Chance, aber im Augenblick war das nicht wichtig.

Im Rückspiegel sah ich Allison, die in ihrem Wagen folgte. Ich dachte nach. Zwei Wagen waren ein Handicap. Einer mußte verkauft werden, und zwar Allisons. Er war unter ihrem richtigen Namen angemeldet, und wenn wir ihn behielten und dann stehenlassen mußten, dann würde die Polizei ihre Identität erfahren. Meiner stünde sicher bald auf der Liste, aber mit gefälschten Nummernschildern würde er für die nächsten paar Tage noch genügen.

Der Griffith Park lag in der Nähe – in einer Linie mit L&L Reds Hütte – und ich mußte Allison sagen, was sie tun sollte. Ich bog in den Park ein, folgte der Straße zum Zoo und parkte neben dem Golfplatz. Allison hielt hinter mir.

Ich sagte ihr, sie solle den Wagen gegen Bargeld verkaufen. Da ich wußte, daß sie niemals Reds Hütte finden würde – die keine Adresse hatte –, gab ich ihr Mary Gambesis Adresse und sagte, wir würden uns dort treffen. Und sie solle auf mich warten, wenn ich noch nicht da sein sollte. Allison hörte sich meine Anweisungen an. Sie war aufgeregt. Sie nickte zustimmend. Das neue Spiel erregte sie. Sie würde tun, was ich sagte, aber etwas an ihrem Benehmen verriet, daß sie nur eine Rolle spielte. Vielleicht war es unbewußt, aber sie hatte die Ernsthaftigkeit der Lage noch nicht begriffen.

«Wenn du zu dieser Adresse gehst, sag der Frau einfach, ich hätte gesagt, daß ich dich da treffe. Sonst sagst du ihr nichts. Sie weiß vielleicht, was passiert ist. Wenn ich nicht da bin, rühr dich nicht von der Stelle.»

«Du wirst mich doch nicht verlassen?»

«Sei nicht naiv. Es steht neun zu zehn, daß ich zuerst da bin.»

Während ich zu Reds Hütte fuhr und einen Umweg machte, um soviel wie möglich auf verkehrsreichen Straßen zu bleiben und nicht durch die Slums zu fahren (im Slum begegnete man eher einem Streifenwagen), dämmerte mir langsam, wie vollständig meine ganze Welt in Trümmer gegangen war. Wenn ich es schaffte, mir die Diamanten wiederzubeschaffen, dann wäre es jetzt unmöglich, sie durch Eric Warren oder einen anderen Hehler zu verkaufen. Wenn ich mit ihnen aus dem Land fliehen konnte, dann könnte ich sie woanders in kleinen Beträgen vermarkten – aber nicht in den USA.

Zudem ging mir auf, wie einsam ich war. Die Schüsse in dem drekkigen Hof hatten jede Beziehung zerstört. Ich mußte jetzt jeden Menschen als potentiellen Informanten behandeln. Was Allison anbelangte, zwangen mich die Umstände, ihr zu vertrauen. Es konnte mit ihr noch keine Polizeiabsprachen geben. Ich kannte die menschlichen Schwächen und wußte um die Motive, wenn jemand zum Hörer griff:

die Belohnung, eine stillschweigende Erlaubnis, mit Drogen zu handeln, Niederschlagung einer Anklage, reine Boshaftigkeit oder die Furcht, in etwas zu Ernstes verwickelt zu werden. Ich konnte auch den anderen Kriminellen nicht mehr vertrauen. Sie waren möglicherweise vertrauenswürdig, aber ich konnte es nicht darauf ankommen lassen.

Ich weigerte mich, meine Lage genau zu betrachten. Die Wahrheit hätte mich vielleicht verzweifeln lassen. Ich wußte jedoch, daß es im Computerzeitalter eigentlich unmöglich war, völlig zu verschwinden. Vielleicht in Indien oder im Herzen Afrikas, aber niemals in den USA. Alles wurde in die Computer eingespeichert – Autokäufe, Stellen, Vermietungen. Meine Fingerabdrücke konnte man innerhalb von dreißig Minuten in Washington überprüfen lassen, egal wo man sich in den USA befand. Ich konnte noch nicht mal Steuern bezahlen, denn auch das wurde registriert.

Die Hoffnung bestand nur darin, außer Landes zu gehen, vom nordamerikanischen Kontinent zu verschwinden, aus der gesamten westlichen Hemisphäre. Ich brauchte einen Paß – und hatte keine Ahnung, woher ich einen bekommen konnte.

Ich verdrängte diese Gedanken. Eins nach dem anderen. Fahr zu Red, hol die Schrotflinte, hol die Diamanten. Noch hatte ich keine Zukunft, die ich groß hätte planen können, doch schon etwas mehr als zu dem Zeitpunkt, als ich noch durch die Hinterhöfe gerannt war.

Red stieg gerade aus dem Auto, als ich ankam. Er sah mich und wartete. Sein Gesichtsausdruck zeigte deutlich, daß er von dem Mord wußte. Seine ersten Worte bestätigten es. «Mann, du kannst hier nicht bleiben!»

Seine panikerfüllten Worte kamen durchaus nicht unerwartet (nachdem ich erst einmal darüber nachgedacht hatte). Aber mir wurde übel, und ich wurde gleichzeitig wütend. Red war ein Feigling. Das hatte ich immer schon gewußt. Dennoch war ich gut zu ihm gewesen, war sein Freund, und aufgrund unserer Freundschaft sollte er sich ruhig ein bißchen zusammenreißen. Ich spürte zuerst meine Verzweiflung – und dann sah ich nur noch rot vor Wut. Ich öffnete die Tür, sprang heraus und zog die Pistole: «Du Arschloch!»

«Mann! Max!» japste er und trat zurück und hob abwehrend seine Hände, als könnte er damit die Kugel aufhalten.

«Ich will nicht hierbleiben, du Scheißkerl!»

Red rutschte auf einem größeren Stein aus und setzte sich in den Dreck. Seine Hände blieben oben, in meine Richtung ausgestreckt. «So hab ich es nicht gemeint», sagte er, «ich wollte sagen, daß sie dich bestimmt hier suchen.»

Ich senkte die Pistole. «Erzähl keinen Mist, Red. Ich will nur die Schrotflinte holen.»

«Ich werde sie holen.» Er kam auf die Füße und ging in Richtung Schuppen. Ich folgte ihm. «Johnny Taormina hat mich angerufen», sagte Red. «Ich war in der Billardhalle. So hab ich's erfahren. Zu viele Leute wissen, daß wir Partner sind. Jemand wird die Bullen herschikken – kannste Gift drauf nehmen!»

«Ja, okay.» Was er sagte, stimmte, aber es würde noch einige Zeit dauern, bevor sie ihm auf die Spur kommen würden.

Red schob ein kaputtes Sofa zur Seite, stemmte ein Bodenbrett hoch und holte die Schrotflinte hervor, die in ein Handtuch gewickelt war. Er griff noch einmal hinunter und holte die Munition heraus.

«Verdammt, Max. Tut mir leid, wenn du den falschen Eindruck bekommen hast. Ich liebe dich wie einen Bruder. Wenn ich nicht sicher wüßte, daß sie herkommen...»

«Vergiß es.»

«Was ist passiert? Was ging schief?» Er folgte mir nach draußen.

«Die Scheiße hat halt nicht funktioniert.»

«Scheiße, ist das ein Mist... gerade wo's anfing zu laufen.»

«Ja!» Ich saß bereits im Auto.

«Mann, wenn du mich brauchst, ruf in der Billardhalle an. Ich würde ohne Vorwarnung hier nicht mehr raufkommen.»

«Werd ich machen.»

Ich fuhr zurück, und L&L Red war sofort hinter mir mit einer Harke zugange und verwischte meine Reifenspuren. Ich mußte lächeln. Red war tatsächlich ein Überlebenskünstler.

Ich hatte die Nummernschilder nicht gewechselt. Man konnte nicht sicher sein, daß Red sein Wissen nicht weitergeben würde. Aber ich hatte das Schrotgewehr, es lag unter meinem Pullover neben mir auf dem Sitz.

Minuten später war ich auf dem Freeway und fuhr zu Mary und fragte mich, wie sie mich empfangen würde. Wenn nötig, würde ich sie und ihre Kinder als Geiseln nehmen, bis Allison aufkreuzte. Wenn sie sich wie Red benehmen würde, hatte ich keine andere Wahl.

Auf halbem Weg nach El Monte sah ich zwei Motorradpolizisten hinter mir. Sie kamen schnell näher und schlängelten sich durch den dichten Verkehr. Sie benutzten ihre Sirenen nicht. Ich widerstand dem Impuls, einfach auf das Gas zu drücken. Ich würde ihnen in diesem Verkehr niemals entkommen, und sie schienen nicht hinter mir her zu sein. Dennoch griff ich sicherheitshalber zur Schrotflinte und schob die Pistole an ihren Platz direkt hinter meinem Gesäß. Sie trennten sich und fuhren jeder auf einer Seite an mir vorbei. Wenn sie irgendwas vorhatten, dann würde ich einen von ihnen rammen, ihn gegen die Leitplanke drücken – und dann den anderen erschießen.

Sie sausten an mir vorbei, ohne mich eines Blickes zu würdigen, die Rücklichter ihrer Maschinen leuchteten frech. Ich rieb meine schweißnassen Hände nacheinander am Sitz trocken, und dann wurde mir bewußt, daß für den Rest meines Lebens jeder Polizist, den ich sah, die gleiche Furcht und Panik auslösen würde.

Fünfzehn Minuten später fuhr ich die Einfahrt zu Marys Haus hoch und parkte hinter dem Haus. Dort lag zwischen den Bungalows nur noch ein paar Yards vertrockneter Rasen mit Wäscheleinen. Mary hängte gerade die Wäsche ab. Sie war barfuß, trug verblichene Jeans und ein ungebügeltes weißes Herrenhemd, das sie unten zusammengeknotet hatte. Eine zweite Frau mit verblichenem Kleid war ebenfalls im Garten und wartete mit einem großen Korb voller Wäsche und zwei Kleinkindern.

Marys freundliches Lächeln zeigte deutlich, daß sie noch nichts gehört hatte. «Hallo, Fremder. Wo warst du?»

«Hatte zu tun.» Ich nickte der anderen Frau zu und lächelte. Sie lächelte zurück, eine Geste ohne Bedeutung. «Wo sind Joey und Lisa?»

«Das weiß nur der Himmel. Geh rein. Auf dem Herd steht Kaffee. Ich komme gleich nach.»

Als ich um den Bungalow herumging, konnte ich über die Zäune in andere Gärten sehen. Nichts rührte sich. Ich blieb in der Tür stehen und horchte in die Stille. Über mir schwebten Wolken vorbei. Ihre Ränder lösten sich wie Rauch auf. Ich stellte mir die unzähligen Menschen in der Stadt vor. Jeder ging seinen Geschäften nach. Höchstens ein paar würde der Mord und die Jagd überhaupt betreffen. Meine Freunde im Gefängnis würden eine Weile über meine Zwangslage reden, aber es wäre keine große Sache, Gesprächsstoff für ein paar Minuten, und weil es November war, würden sie sich eher für den Tabellenstand der Footballiga interessieren. Einige Polizisten würden sich aufregen, aber wenn man es richtig betrachtete, dann bedeuteten meine Verbrechen und mein Schicksal fast niemandem etwas, außer meinem kleinen Ego – ein Ego, das sich weigerte zu glauben, das Zentrum des Universums läge nicht in ihm – ein sehr menschlicher Glaube.

Ich saß bei einer Tasse Kaffee, als Mary reinkam. Sie schleppte den großen Wäschekorb und lächelte mich noch einmal zur Begrüßung an.

«Du brauchst einen Wäschetrockner», sagte ich.

«Die kosten Geld... und wenn ich Geld hätte, gäbe es andere Sachen, die wichtiger sind als ein Wäschetrockner.» Mary stellte die trockene Wäsche ab und goß sich eine Tasse Kaffee ein. Sie setzte sich, um sich mit mir zu unterhalten, redete fröhlich drauflos, fragte mich nichts, war froh, mich zu sehen, statt wie üblich ihre Kinder und die der Darins. Sie erwähnte, sie hätte einen Brief von Jo bekommen. Er ließ mich grüßen, und sie erzählte, daß Lisa allmählich auf Jungen stand.

Als sie den Kaffee ausgetrunken hatte, entschuldigte sie sich und sagte, sie müsse nun mit dem Kochen beginnen. Während sie alles zurechtstellte, Sachen aus dem Kühlschrank nahm und Bohnen schnibbelte, saß ich wie betäubt am Tisch. Eine Welle der Erschöpfung überrollte mich. Ich befand mich bereits in einem Zustand jenseits physischer Müdigkeit. Mein Verstand verlangte diese Flucht aus der Realität. Das war keine neue Erfahrung. Immer wenn ich verhaftet worden war und wußte, sie hatten das Diebesgut, hatte ich dieses überwältigende Bedürfnis nach Schlaf gespürt. In dem Moment, in dem ich in die Zelle gesperrt wurde, schlief ich ein und verdrängte meine Situation.

Ich schlief fast am Tisch ein. Mary beobachtete mich scharf, und ihre Augen glitzerten. «Du bist vollkommen fertig», meinte sie. «Was ist passiert? Hat deine Freundin dich rausgeschmissen?»

«Nein. Sie besorgt gerade was für mich. Sie wird mich hier treffen.»

«Warum legst du dich nicht hin? Nimm Joeys Bett.»

Ich umarmte sie rasch und dankbar und ging ins Schlafzimmer. Die kleine Pistole steckte ich in einen Schuh neben dem Bett. Wenn die Polizei sich anschlich, während ich schlief, und er sich unter dem Kissen befand, würde ich keine Chance haben, an ihn ranzukommen. An den Schuh kam ich genauso schnell ran, und wenn sie das Zimmer betraten, dann konnte ich vielleicht nach meinem Schuh greifen, ohne direkt über den Haufen geschossen zu werden.

Ich schlief sofort ein und träumte nichts.

Allison rüttelte an meiner Schulter, und ein paar Minuten lang weigerte sich mein Verstand, aufzuwachen. Zuerst roch ich sie, dann erinnerte ich, wo ich mich befand. Dann explodierte das volle Bewußtsein der letzten Ereignisse in meinem Gehirn. Ihr Gesicht tauchte weich aus dem Halbdunkel auf, denn die Vorhänge waren zugezogen, und es war dunkel draußen, und das Licht schien durch die Tür herein.

«Es ist sieben Uhr», sagte sie.

«Wie lange bist du schon hier?»

«Zwei Stunden, ich habe mich mit Mary unterhalten. Ich habe dich schlafen lassen.»

«Weiß sie schon etwas?»

«Nein. Die Kinder schauen sich eine Rock-Show im Fernsehen an. Ich hätte sie gebeten, etwas anderes zu suchen, wenn sie die Nachrichten angestellt hätten.»

«Du bist ja eine ganz clevere Braut.»

«Ich habe achtzehnhundert Dollar für den Wagen bekommen», sagte sie und langte in ihre Handtasche, um mir das Geld zu geben. «Wo soll ich es hintun?»

«Behalte es erst mal.» Ich rutschte zur Seite, damit sie sich setzen konnte. Ich legte eine Hand um ihre Hüfte und schob sie unter dem Gummizug ihrer Hose durch und spürte das weiche Höschen und ihre nackte Haut. «Du hast dir den Badeanzug ausgezogen.»

«In einer Tankstelle.» Sie packte meine Hand und zog sie fort. «Max, jetzt ist keine Zeit für so was. Du machst mich nervös.»

«Ich bin nur zärtlich.»

«Es ist nicht die Zeit dafür. Ich habe Carol angerufen. Jerry ist tot. Die Polizei war da, und sie sagte, ich soll später anrufen.»

«Du hättest nicht anrufen sollen. Mach das nie wieder.»

«Sie ist meine Freundin. Stell dir doch vor, wie sie sich fühlt.»

«Das Telefon wird möglicherweise abgehört. Ich werde ihr in ein paar Tagen Geld schicken. Und überhaupt, melde dich bei niemandem, den wir kennen.»

«Und was machen wir jetzt? Wir haben das Geld.»

«Fahren wir mit Mary und den Kindern ins Kino.»

«Das meinst du nicht ernst.»

«Doch.»

Allison schwieg. Sie war verstört und konnte mich nicht verstehen.

Jemand stand in der Tür. Es war Joey. «Ich brauche meine Jacke, Max. Ich will einen Freund besuchen.»

«Warum gehen wir nicht statt dessen ins Kino?»

«Ich weiß nicht, ob Mom mich läßt.»

«Wir fahren alle zusammen. Wo ist Lisa?»

«Sie spült gerade.»

Ich schwang mich aus dem Bett, wollte nach meinen Schuhen greifen und erinnerte mich an die Pistole. Es war besser, wenn Joey sie nicht sehen würde. «Geh und sag deiner Mutter, sie soll kurz herkommen.»

Während der Junge weg war, steckte ich die Waffe in die Hosentasche und zog meine Schuhe an. Ich kämmte mich gerade, als Mary eintrat. «Was soll das Gerede vom Kino?»

«Ich zahle. Morgen ist Sonntag, und du kannst ausschlafen. Ich lade euch zu Hamburgern und Limo ein. Die Kinder können auch mal 'nen Tapetenwechsel vertragen. Und du auch.»

«Ich brauche eine Weile, um uns fertig zu machen.»

«Beeil dich, ja?»

Niemand fragte mich, warum wir quer durch die Stadt ins Kino fuhren, und niemand fragte, was für einen Film wir uns ansehen würden. Und das war auch gut so, denn ich hätte keine Antwort gehabt. Ich erinnerte mich an die ungefähre Lage eines Autokinos, drei Meilen außerhalb von Beverly Hills. Ich überlegte, von dort aus ein Taxi zu nehmen, verwarf dann aber die Idee. Gerade bei den letzten drei Meilen brauchte ich eine Tarnung. Zwei Frauen und zwei Kinder in einem Auto würden das Mißtrauen der Polizei zerstreuen, falls die Gegend noch beobachtet wurde.

Allison redete die ganze Fahrt über mit Mary. Joey hatte seine Nase wie ein junger Hund aus dem Rückfenster gesteckt. Lisa saß schweigend neben ihm. Ihre abweisende, fast beleidigte Haltung machte deutlich, daß sie nicht hatte mitkommen wollen. Sie hatte unsere erste Begegnung nicht vergessen. Sie tat mir leid – nicht weil sie ihre Mutter und mich gesehen hatte, sondern aufgrund ihres jetzigen Lebens und ihrer Zukunft. Sie war hübsch, ja sie besaß mehr als nur die natürliche Schönheit junger Mädchen. Eine Rosenknospe, doch dazu verurteilt, bald für immer zu verwelken. Ihre Chancen waren so gering, daß es einen depressiv machte, darüber nachzudenken. Ohne es besser zu wissen und in der Hoffnung, der stumpfsinnigen Plackerei zu entkommen, würde sie viel zu früh einen Kerl aus der Nachbarschaft heiraten – nur weil er da war und er zu haben war. Ihre Schönheit und Jugend würden verschwinden, denn sie würde niemals die Tricks lernen, sie zu konservieren. Ihr schlanker Körper würde wegen der vielen Kinder seine Proportionen verlieren; denn in dieser Gesellschaftsschicht, in der die Pille wirklich gebraucht wurde, da wurde sie aus falscher Scham und Unwissenheit nicht benutzt. Ich fragte mich, ob sie Träume hatte, und dachte mir, wenn, dann nur von kleinen Annehmlichkeiten. Ihr fehlte die Fähigkeit, große Träume zu entwikkeln.

Meine etwas kuriose Sorge war mehr als reiner Altruismus; sie war mit der Entdeckung ihrer frischen, attraktiven Schönheit gekoppelt. Trotz den sexuellen Implikationen war ich ungehalten über die Ungerechtigkeit des Lebens – eine Ungerechtigkeit, die dadurch noch schärfer zu Tage trat, daß sie gerade erst fünfzehn Jahre alt war und schon zur Tarnung in dem Wagen eines Mörders mitfahren mußte.

Ich war inzwischen auf einen anderen Freeway gewechselt, denn ich benutzte den Santa Monica Freeway lieber als den Hollywood. Dieser Umweg führte uns südlich an dem Gebiet vorbei, in dem die Suche nach mir am intensivsten sein würde. Das Kino lag zehn Blocks von der Abfahrt entfernt, in die ich einbog.

Vor uns stand nur ein Wagen am Schalter. Die Reklametafel pries

The Great Escape und *Dillinger Days* an. Mary stupste mich an und schüttelte ungehalten den Kopf, denn sie meinte, ich hätte bewußt die Gangsterfilme ausgesucht. Doch nahm ich in Wirklichkeit nicht wahr, was auf der Leinwand lief. Es dauerte eine Ewigkeit, bis der Film zu Ende war.

Ich lenkte den Wagen auf den Wilshire Boulevard, statt auf den Freeway zu fahren.

«Wo fahren wir hin?» fragte Allison.

«Ich muß noch was besorgen. Wird nur ein paar Minuten dauern.»

Sie sagte nichts weiter, aber ich erkannte an ihrem plötzlichen Schweigen, daß sie zumindest teilweise verstanden hatte, daß es einen Grund für den Kinobesuch gegeben hatte. Niemand sagte etwas. Sie waren glücklich, einen Abend rausgekommen zu sein.

Die Läden und Büros auf dem Boulevard waren geschlossen, doch die Schaufenster waren hell erleuchtet, und es gab alles – vom Nerz bis zum Rolls-Royce. Ein Streifenwagen fuhr an uns vorbei. Der Fahrer blickte nur einmal kurz herüber.

«Warum machst du nicht das Radio an?» fragte Lisa.

«Es hat 'nen Kurzen oder so was. Nach ein paar Minuten fängt es an zu qualmen. Ich werde es morgen reparieren lassen.»

Ich sah das Kino mit der Gasse dahinter. Die Eingangsbeleuchtung war ausgeschaltet. Mein Magen fühlte sich leer an. Der Garten könnte eine tödliche Falle sein. Wenn ich allein gewesen wäre, wäre ich aus der anderen Richtung gekommen, wäre einen Block entfernt losgegangen und hätte mich Zentimeter um Zentimeter näher herangeschlichen. Wenn die Polizei mich erwartete, dann hatten sie sich auf die Gasse und das Gartentor konzentriert. Wenn ich hinter ihnen auftauchen würde, dann könnte ich durch Warten herausfinden, ob sie da waren. Aber wegen des vollbesetzten Autos hatte ich dafür keine Zeit.

Ich bog in die Straße neben dem Kino ein. «Wenn ich gleich anhalte», sagte ich zu Allison, «setzt du dich hinter das Steuer und fährst zehn Minuten herum. Dann kommst du zurück.»

Jeder im Auto wußte jetzt, daß ich etwas Bestimmtes vorhatte. Das machte weiter nichts. Ich hatte die Situation unter Kontrolle.

«Was hast du vor, Max?» fragte Mary.

Der Wagen blieb stehen. Ich gab ihr keine Antwort. Ich stieg aus, ging hinten um den Wagen herum und sprang in die Gasse. Dann hielt ich gerade lange genug, um zu sehen, wie der Wagen wieder losfuhr. Ich schlich auf Zehenspitzen durchs Dunkel. Verschwommene, dunkle Schemen zeigten die Gegenstände an. Das leise Knirschen meiner Schritte tönte überlaut. Ich hatte die Pistole gezogen und den Abzug gespannt. Ich mußte dringend pinkeln – aber jeder meiner Sinne war auf meine Umgebung gerichtet. Wenn die Polizei einen Hinterhalt gelegt hatte, dann befanden sich die Beamten oben auf der Garage. Und um mir den Fluchtweg abzuschneiden, würden sie bestimmt hinter den Notausgangstüren des Kinos warten.

«Scheiß drauf», sagte ich. «Wenn ihr schon da seid, dann wollen wir den Mist auch durchziehen.» Ich ging weiter, trat durch das Tor und blieb stehen – nicht um zu sehen, ob jemand da war, sondern um meine Augen an die Dunkelheit zu gewöhnen. Ich war erleichtert und freute mich. Die Diamanten und die M16 waren immer noch da. Wenn die Polizei den Kram gefunden hätte, dann hätten sie gewußt, daß ich zurückkommen würde. Ich pinkelte gegen den Zaun, sicherte die Pistole und steckte sie in die Tasche.

Ungeachtet des Lärms und des Durcheinanders drehte ich die Kiste um. In einem Nachbargarten kläffte ein Hund. Ich schnappte mir die Tasche, öffnete sie, steckte mein Jackett rein und die Browning. Ich konnte die M16 nirgendwo verstecken. «Scheiß doch drauf», dachte ich und beschloß, sie nahe bei der Tasche zu tragen, so daß man nicht genau erkennen konnte, was es war. Wenn ich schnell genug ins Auto steigen würde und sie auf den Boden legte, dann würden die Kinder sie vielleicht nicht sehen. Eines war aber sicher: ich würde sie nicht zurücklassen. Ich würde eher die Hälfte der Diamanten zurücklassen.

Ich wartete am Tor, bis ich den Wagen halten sah, und rannte dann los. Als ich um den Wagen zur Fahrerseite ging, hielt ich Tasche und Waffe niedrig und legte sie auf den Boden, während ich mich hinters Steuer setzte. Allison und Mary sahen, was ich machte, aber die Kinder wußten nicht, was sie gesehen hatten.

«Das hat nicht lange gedauert, oder?»

Niemand antwortete mir.

«An der Ecke Crenshaw und Wilshire ist ein gutes Drive-in-Restaurant. Will jemand einen Hamburger?»

«Nein», antwortete Mary. «Fahr uns nach Hause.»

«Mom! Ich habe Hunger», sagte Joey.

«Ich mach dir was zu essen.»

«Das ist nicht dasselbe.»

«Sei still.»

«Aber Mom...»

«Streite nicht mit Mutter», sagte Lisa.

Joey ließ sich beleidigt mit vor der Brust verschränkten Armen zurückfallen.

Ich fuhr auf dem Santa Monica Freeway nach Süden.

Kapitel drei

Niemand sprach auf der Rückfahrt nach El Monte ein Wort. Mary und Allison kochten vor sich hin, und Joey schmollte mit seiner Mutter. Zwischen meinen Füßen lag die Tasche und verrutschte je nach den Bewegungen des Autos, und aus ihr erklang etwas wie ein Rascheln – Gold und Diamanten, die einander streichelten. Der Freeway führte durch das Civic Centre in Downtown. Unter den großen Gebäuden befand sich auch das Gericht, in dessen oberen Stockwerken sich das alte County Jail befand. Die Lichter dort oben leuchteten schwach, da sie durch stählerne Stangen und Drahtgitter gedämpft wurden. Ich erinnerte mich daran, daß Los Angeles von dort oben wie ein verqualmter und düsterer Haufen glühender Kohlen wirkte.

Als die Scheinwerfer Einfahrt und Bungalow beleuchteten, sagte ich Lisa und Joey, sie sollten aussteigen und reingehen, ich wollte kurz allein mit ihrer Mutter sprechen. Sie trotteten fort, und das Licht im Haus ging an.

«Was hast du getan, Max?» fragte Mary. Sie hielt ihren Ärger zurück.

«Ich habe etwas abgeholt, das ich dort gelagert hatte.»

«Warum hast du uns mitgenommen? Du hattest alles so geplant.»

«Ich dachte, daß die Bullen sich vielleicht in der Gegend rumtreiben und mich suchen. Sie glauben, ich hätte heute nachmittag einen Bullen kaltgemacht. Es kommt in den Nachrichten.»

«O Gott!» Mary schnappte nach Luft; dann sagte sie lange

nichts mehr. «Was soll ich den Kindern sagen? Sie werden morgen davon hören. Vielleicht kommt die Polizei vorbei.»

«Ich weiß nicht, was du ihnen sagen sollst. Das liegt ganz bei dir.»

«Das ist nicht dein Problem, stimmt's.»

«Ich habe schwerwiegendere Probleme. Ich kann an niemanden außer an mich selbst denken.»

«Was hättest du gemacht, wenn die Polizei dagewesen wäre?»

«Sie waren nicht da.»

«Was, wenn...?»

«Du weißt, was passiert wäre.»

«Du bist ein Scheißkerl, Max.» Wieder schwieg sie und dachte nach. «Ich weiß nicht, was ich tun soll. Ich will die Polizei nicht anrufen, aber was werden sie machen, wenn sie Joey und Lisa verhören und die Wahrheit herausfinden?»

«Mach, was immer du für das Beste hältst. Wenn ich du wäre, würde ich bis morgen um zehn, elf Uhr warten und sie dann anrufen. Sag ihnen, du hast gerade erst gehört, daß ich gesucht werde, und erzähl, was passiert ist. Das wird es für mich nicht noch schlimmer machen.» Ich nahm das Bündel Geldscheine aus Allisons Handtasche, öffnete die Wagentür, um etwas sehen zu können, und zählte fünfhundert Dollar ab. «Nimm es, und vergiß, wo du es herhast.»

«Ich nehme es, weil wir es brauchen, aber das rechtfertigt nicht, was du getan hast.»

«Es beruhigt mein Gewissen.»

«Gewissen!»

«Wir müssen los, Mary. Ich werde dich vielleicht nie wieder sehen – aber ich möchte dir sagen, daß es mir leid tut, was auch immer es dir bedeutet.»

Mary stieg aus, schloß die Tür und lehnte sich durchs Fenster. «Ich mag dich immer noch», sagte sie. «Ich weiß nicht, was ich sonst sagen soll.» Dann sagte sie zu Allison: «Paß auf ihn auf.»

Zehn Minuten später, als wir wieder auf dem Freeway waren, redete Allison zum erstenmal seit einer halben Stunde. «Du bist das mieseste Schwein, das ich je gesehen habe. Diese Kinder zu benutzen...»

«Harte Zeiten machen harte Menschen. Ich habe dir das schon mal gesagt.»

Die Nachricht des Tages hier bei uns im Süden... Die Polizei setzt ihre Suche nach Maxwell Dembo fort, einem ehemaligen Häftling, der als Tatverdächtiger eines Polizistenmordes in Beverly Hills gesucht wird. Der Mord geschah während eines Raubüberfalls auf einen Juwelier am hellichten Tage. Während des Überfalls wurde einer der Täter, Gerald Francis Shue, ebenfalls getötet. Am Tatort wurde Aaron Billings gefangengenommen. Die Beute beträgt schätzungsweise fünfhunderttausend Dollar in Diamanten. Sie wurde bisher nicht aufgefunden....

«Nichts Neues», sagte ich. Wir fuhren über den Long Beach Freeway auf Santa Ana zu. Solange wir keine Verkehrsdelikte begingen, waren die Freeways sicher. Außerdem waren die sieben Millionen Einwohner von Los Angeles und Umgebung zahlreich genug, um zeitweise in der Menge untertauchen zu können, zumindest bis ich mein Aussehen geändert und ein anderes Auto besorgt hatte. Diese fünfzig Meilen lange Megalopolis war für jemanden, der untertauchen wollte, äußerst nützlich. Die Jagd würde sich auf Hollywood konzentrieren, auf Downtwon Los Angeles und die nordwestlichen Vororte. Solange ich mich von diesen Gegenden fernhielt, war es fast so, als hätte ich den Staat verlassen. Morgen nach dem Verhör von Mary und den Kindern würde die Polizei eine Beschreibung meines Wagens und von Allison besitzen, aber sie würden weder ihren Namen haben noch ihr Foto. Jeder, der nur irgendwie in meiner Akte erwähnt war, würde befragt und beobachtet werden.

Orange County war fast ein Teil von Los Angeles; nur ein Ortsschild trennte sie voneinander. Wenn man das Schild übersah, dann bemerkte man nicht, daß man von einer Stadt in die nächste gefahren war. Die Polizei dort würde die Fahndungsmeldung auch empfangen, würde die Fotos sofort erhalten, aber sie würden mich nicht wirklich erwarten. Um Disneyland herum gab es hunderte Motels. Ich erinnerte mich an eines, dessen Bungalows Garagen hatten und separate Eingänge. Also würde niemand sehen können, wie ich hineinging. Ich würde mich auf dem Boden des Autos verstecken, während Allison das Zimmer mietete.

Bevor sie im Bungalow das Licht anmachte, schlüpfte ich durch die Tür. Ich untersuchte rasch jedes Zimmer, schaute aus den Fenstern und plante im voraus bereits einen Fluchtweg. Ich öffnete zwei Fenster eine Handbreit und versicherte mich, daß sie leicht weiter zu öffnen waren. Hinter dem Motel lag ein Trailer Park mit kiesgestreuten Wegen, Bäumen und gepflegten Sträuchern. Aus einem anderen Fenster konnte ich die Einfahrt des Motels beobachten sowie das Büro. Niemand konnte sich von dort anschleichen, solange ich Wache hielt.

Allison hatte die Sachen aus dem Auto geholt, während ich die Zimmer geprüft hatte. «Du wirkst wie ein alter, herumstreunender Kater», sagte sie.

«Ich fühle mich wie eine Katze, der man Petroleum in den Arsch gegossen hat.»

«Wir sind hier in Sicherheit.»

«Ich bin nirgends in Sicherheit.»

«Weißt du was, ich habe Hunger.»

Ich hatte die ganze Zeit einen dumpfen Kopfschmerz ignoriert. Als sie das sagte, war mir klar, daß er vom Hunger stammte. «Ja. Auch ein Killer muß mal essen.»

«Benutz das Wort nicht, es ist so deprimierend.»

«Ich versuche mich an die deprimierende Realität zu gewöhnen. Du solltest dasselbe tun.» Ich sah auf meine Uhr. «Wir sind vor einer Meile an einem Supermarkt vorbeigefahren, der noch geöffnet war. Hol was zu essen – aber komm schnell wieder zurück.»

«Vertraust du mir nicht?»

«Wenn ich dir nicht vertrauen würde, dann wärst du nicht hier. Aber sobald du länger als fünfzehn oder zwanzig Minuten fortbleibst, werde ich vermuten, daß dir etwas zugestoßen ist.»

Auf meine Anweisung hin machte Allison das Licht aus, als sie aus der Tür trat, und tat so, als wäre der Bungalow nun leer. Ich sah aus dem Fenster zu, wie sie fortfuhr. Die Bremslichter leuchteten am Ende der Ausfahrt kurz auf. Als sie fort war, sah ich noch weitere zehn Minuten nach draußen und dachte darüber nach, was zu tun sei: die Browning säubern und wieder laden, die M16 überprüfen, die Diamanten aus den Fassungen brechen, unsere Sachen sortieren und sie dann neu packen, die wir hastig im Appartement in das Laken geworfen hatten.

Plötzlich erinnerte ich mich an die stündlichen Nachrichten auf KTTV. Es war gerade ein paar Minuten nach ein Uhr.

Über den Bildschirm flackerten Bilder aus Vietnam. Jugendlich und dynamisch wirkende amerikanische Offiziere führten südvietnamesische Patrouillen durch Reisfelder mit knietiefem, schlammigem Wasser. Der Sprecher las die Kriegsopfer der Woche vor – ihre und unsere – und die Anzahl der Bombenangriffe. Er las die Zahlen vor, als würde er die Footballergebnisse verlesen.

Dann kam eine Werbesendung für Veranden von Terazzo, gefolgt von einer Werbung für Waschmittel, eine Autoversicherung und die amerikanische Krebsgesellschaft. Ein anderer Sprecher erschien für die Lokalnachrichten. Der Mord an dem Polizisten und der tote Gangster und die fehlenden fünfhunderttausend Dollar in Diamanten waren der große Aufmacher. Man zeigte Fotos der Fassade, dann das Innere von Gregory's, und ein paar Sekunden langer Film zeigte, wie der Lieferwagen abgeschleppt wurde, dann zeigte ein längerer Film einen lakenbedeckten Körper, der in einen Krankenwagen geladen wurde. Der Bericht über die Ereignisse bei Gregory's wurde von kurzen Interviews der Sekretärin und Neissens ergänzt. Ein Foto des getöteten Polizisten wurde gesendet: jung, blond, lächelnd. Er hinterließ Frau und eine sechs Jahre alte Tochter. Ein grauhaariger Polizeichef nannte mich als den Hauptverdächtigen – ein ehemaliger Sträfling, der verdächtigt wurde, in den letzten Monaten noch weitere Überfälle begangen zu haben. Er gab an, er hätte gewußt, daß ich in dieser Gegend etwas vorhatte, und hätte die Augen offengehalten und hätte «Billings» draußen gesehen. Während er redete, erinnerte ich mich an Aarons Worte, an die ganze Abfolge. Die Polizisten hatten ihn gesehen und sofort einen Alarm wegen Überfalls ausgelöst – ohne ihn sich genau anzusehen.

Der Sprecher gab meine Personenbeschreibung durch, zeigte ein zehn Jahre altes Foto aus der Verbrecherkartei. Ich hörte kaum hin. In meinem Kopf überschlugen sich die Gedanken. Sie hatten es schon vorher gewußt; das konnte nur eines bedeuten. Jemand hatte uns verpfiffen, jemand mit besonderen Informationen. Nur ein Mensch wußte etwas: Willy Darin.

Er hatte einen Hinweis auf Beverly Hills erhalten, als wir in seiner Garage gewesen waren. Er wußte, daß ein Schwarzer beteiligt war. Man hatte ihn beim Drogentest verhaftet. Er hatte sein Wissen gegen seine Freiheit eingetauscht – und hatte vielleicht durch Einzelheiten des Überfalls auf den Supermarkt bewiesen, daß er keinen Mist erzählte. Jetzt war klar, warum er nach drei Tagen entlassen worden war.

Es war mein Fehler gewesen. Bis jetzt hatte er Jerry das Leben gekostet; und würde auch Aaron das Leben kosten – und wahrscheinlich auch meines. (In diesem Moment dachte ich nicht an das Leben des Polizisten.) Ich hatte doch gewußt, daß Willy schwach war; ich hatte es mehrmals mitbekommen, besonders da er mich einmal vor langer Zeit im Stich gelassen hatte.

Ich erinnerte mich an die Geschenke, die ich ihm gemacht hatte, an sein Versagen, das ich vergeben hatte, an unsere Freundschaft. Die Erinnerungen machten mich nur noch wütender. Er mußte sterben. Ich würde mit ihm irgendwo in die Wildnis fahren, ihn ermorden und die Leiche vergraben. Die Polizei würde wissen, was passiert war, aber sie würden es niemals beweisen können. Das machte auch nichts aus. Die alte Binsenweisheit über Mörder stimmte: ich konnte schließlich nur für einen Mord bezahlen. Nachdem ich den Polizisten getötet hatte, waren alle weiteren Morde frei.

An einer Wand bemerkte ich das Licht von Scheinwerfern. Ich schaltete den Fernseher aus und rannte zum Fenster. Allison fuhr in die Garage. Ich öffnete die Tür und wartete.

Sie kam schnell herein, trug Kaffeetassen aus Styropor und eine weiße Tüte voll Fettflecken.

«Alles in Ordnung?» fragte ich.

«Der Supermarkt war geschlossen», sagte sie. «Ich habe ein Café gefunden. Es war ein Polizist da. Er hat mich prüfend angeschaut. Ich weiß nicht, ob er mich anmachen wollte oder ob er mich verdächtigte.»

«Hat er irgendwas gesagt?»

«Nein, nur mich angestarrt.»

«Auf dem Rückweg, bist du da durch irgendwelche dunklen Straßen gefahren, um zu sehen, ob man dir folgt?»

Sie schwieg; das reichte als Antwort. Ich nahm die Browning und ging zur Seitentür.

«Wo gehst du hin?» fragte Allison.

«Mich umsehen.»

«Dein Sandwich wird kalt.»

Darauf gab es keine Antwort. Ich schlüpfte nach draußen und blieb im Dunklen, während ich um den Bungalow herumging und durch ein Loch in der Hecke zum Trailer Park schlüpfte. Zwischen den säuberlich aufgereihten Mobile Homes verliefen hübsche Wege. Ich ging gemütlich in Richtung Eingang. Eine dichte Strauchreihe schirmte den Trailer Park von der Straße ab. Ich duckte mich hinein, hielt einen Arm über mein Gesicht und fand eine Lücke, in der ich mich hinlegen und herausschauen konnte. Die Straße konnte ich eine Meile weit in beide Richtungen überblicken. Ein paar Autos fuhren vorbei – auch ein Streifenwagen. Ich hielt nach kleinen Lieferwagen, auch Autos der Telefongesellschaft, nach anderen unauffälligen Fahrzeugen Ausschau. Denn damit schlich sich die Polizei an, um eine Falle zu stellen. Ich sah aber nichts dergleichen.

Ich fragte mich, wie lange ich diese Paranoia, die der Schlüssel zum Überleben war, aufrecht erhalten konnte. Ich hatte drei Männer gekannt, die bei einem Raubüberfall Polizisten getötet hatten. Zwei von ihnen waren von Natur aus Killer; im Gegensatz zu Mördern, die normalerweise Feiglinge sind. Diese Killer waren außer sich, bitter, gemein. Sie erwarteten ihren Untergang mit der Wut verwundeter Tiger und zogen den Tod der Gefangenschaft vor. Man hatte sie ohne Widerstand überwältigt. Einer der drei wurde exekutiert; die anderen beiden warteten noch auf die Exekution. Sie hingen wegen eines Gnadengesuchs zwischen Leben und Tod. Ich fragte mich, warum sie sich lebend hatten fangen lassen. In meinem Fall sah ich die Gefahr, daß mich meine lebhafte Phantasie in Verzweiflung und Gleichgültigkeit führen würde. Sie hatten jedoch nicht soviel Phantasie besessen.

Als ich dalag und auf die Straße starrte, wurde mir klar, was geschehen war. Man kann nicht jeden Moment darauf vorbereitet sein zu sterben. Man kann sich hineinsteigern – wie vor einem Kampf oder einem Überfall –, aber die innere Bereitschaft, sein Leben fortzuwerfen, verschwindet, wenn man erschöpft oder entspannt ist. Ich mußte mental bereit bleiben, damit man mich nicht überraschte, wenn ich nicht auf den Tod gefaßt war.

Ein paar Sekunden lang stellte ich mir vor, ich würde mir eine Polizeiwache suchen, sie mit der M16 in der Hand betreten und einfach losballern. Ich merkte schon bei dem ersten Gedanken, daß es sich um eine verzweifelte Phantasie handelte. Es war Selbstmord, und ich wollte leben.

Eine halbe Stunde später ging ich zum Bungalow zurück. Allison hatte Hose und Pullover ausgezogen. Sie trug einen kurzen Halbunterrock, den sie als Hemdchen über ihren Busen gezogen hatte. Ihr Spitzenhöschen lugte darunter hervor, eine provozierende Kombination. Sie sortierte unsere Sachen auf dem Bett und faltete die Kleider ordentlich zusammen.

«Wo warst du?» fragte sie.

«Wollte sichergehen, daß dir niemand gefolgt ist.»

«Du hast mich zu Tode erschreckt. Bitte sag mir, wenn du etwas vorhast... was du vorhast. Ich bin bei allem auf deiner Seite, aber ich fürchte mich zu Tode. Die Sandwiches werden kalt – sie sind kalt – und der Kaffee auch.»

«Okay, ich werde von jetzt ab versuchen, dich nicht zu erschrekken.»

Das Essen lag auf dem Nachttisch, hübsch mit Servietten unterlegt. Sie hatte auch das Bett vorbereitet und mein Rasierzeug herausgelegt.

«Ich wüßte nicht, was ich ohne dich machen sollte», sagte ich. Ich stellte mich hinter sie, umarmte sie und vergrub mein Gesicht in ihrem Haar. Sie schmiegte sich an mich. Die Pistole in meinem Hosenbund prallte gegen ihre Hüfte. «Autsch», sagte sie und lachte. «Das wird immer zwischen uns sein, nicht wahr?»

Während ich das Sandwich wegmampfte, war sie mit dem Zusammenlegen der Kleider fertig geworden. «Wir müssen uns Taschen oder Koffer besorgen», sagte sie.

«Morgen... Morgen machen wir vieles. Was kommt im Fernsehen?»

«Ein schrecklicher Film.»

«Mach es an, es sei denn, du bist müde.»

«Bist du denn nicht ein wenig zu... gelangweilt oder häuslich... unter diesen Umständen?»

«Was soll ich machen? Meine Kleider zerreißen und mit dem Kopf auf den Boden schlagen?»

«Nein... aber... ich dachte nur, wir würden uns anders verhalten.»

«Sieh dich um. Da steht ein Gewehr neben dem Fenster, und eine halbe Million in Diamanten liegt auf dem Sessel – und das beachten wir noch nicht mal. Und ich habe die ganze Zeit eine Pistole bei mir.

Du ißt und scheißt und atmest, auch wenn du einen Bullen umgelegt hast. Vielleicht nicht mehr lange, aber zumindest einige Zeit.»

«Hast du keine Chance zu entkommen?»

«Niemand entkommt. Wir erhalten alle nur einen Aufschub.»

«Das ist nicht die Antwort, die ich wollte.»

«Ich erwarte, daß sie mich finden und mich töten. Wenn ich neunzig Tage überlebe, dann ist das ein kleineres Wunder.»

Allison schlug die Augen nieder. «Was immer passieren wird, wir tun das Beste, was wir können. Ein Dutzend mal heute habe ich mich gefragt, wie ich da reingeraten bin. Nicht aus Zweifel... nicht um dich zu beschuldigen, Schatz» – sie schürzte ihre Lippen und warf mir einen Kuß zu, um ihre Gefühle deutlich zu machen –, «aber um etwas Falsches in mir zu finden, eine Schwachstelle, etwas Böses. Ich fühle aber nicht, daß ich etwas falsch gemacht habe. Ich weiß, was die Gesellschaft sagt, was sie mit mir machen werden, weil ich bei dir bin. Ich fühle mich in meiner Loyalität zu dir rechtschaffener als jemals zuvor. Meine Gefühle sind eindeutig, aber ich bin verwirrt, warum ich so fühlen kann.» Sie lächelte verschmitzt. «Scheiß drauf, was?»

Ich mußte über sie lachen.

Wir sahen uns den Film an – ein japanischer Fantasyfilm mit riesigen Seemonstern, Mutanten aus einer atomaren Katastrophe, die eine Stadt zerstören wollten. Eins führte zum anderen, und schließlich liebten wir uns. Es war diesmal besonders zärtlich und erfüllend, als würde die Unsicherheit uns die gegenseitige Zuneigung deutlicher spüren lassen.

Allison schlief ein, aber ich blieb wach. Obwohl mein Körper erschöpft war, weigerte sich mein Kopf, ruhiger zu werden. Ich genoß mehr als alles andere, lebendig zu sein, zu leben, die kühle Luft aus der Klimaanlage zu spüren, die über meinen nackten Körper strömte, der Geschmack und der Geruch meiner Zigarre, mein Pulsschlag, das Schmerzen der müden Muskeln und das endlose Arbeiten meines Magens. Einmal streichelte ich Allisons nackte Schulter, denn ich wollte ein anderes Lebewesen fühlen. Das Leben war so kostbar. Einzig das Leben zählte. Und dennoch bedeutete es nichts, wenn man nicht so lebte, wie man wollte.

Ich hatte viele Nächte im Gefängnis über den Tod nachgegrübelt, versucht, ihn mir vorzustellen, sein Geheimnis zu entdecken, und für einen einsamen Moment hatte ich mir das Nichts vorgestellt. Es war ein fürchterlicher Augenblick, ein plötzlicher Schrekken, den man nicht länger aushalten kann, als einen Blick direkt in die Sonne.

Jetzt hatte ich ein anderes menschliches Lebewesen getötet. Der Polizist war ein Symbol für die gewesen, die ich haßte – obwohl ich immer wieder anständige Polizeibeamte und Gefängniswärter kennengelernt hatte, die ich respektierte und schätzte. Sie waren allerdings selten, und es waren Individuen, die ich nicht mit denen in einen Topf schmiß, die mich jahrelang gequält hatten. Ich fühlte nichts, sicher keine Reue, daß ich ihn getötet hatte – aber ich dachte auch nicht an seine Frau und sein Kind. Er hatte Jerry viel kaltblütiger ermordet, als ich ihn erschossen hatte.

Eigentlich war es nicht überraschend für mich, daß ich getötet hatte. Ich hatte mich oft in meinem Leben für das Töten entschieden, hatte meine Gedanken darauf konzentriert und mich geweigert, an die Konsequenzen oder die Bedeutung zu denken. Ein- oder zweimal hatte ich es in einem Wutanfall probiert, aber entweder war keine Waffe zur Hand gewesen, oder die Person konnte entkommen. Ich hatte niemals Skrupel deswegen gespürt. Mein Wertesystem stammte aus dem Dschungel der Erziehungsanstalten und der Gefängnisse. Ich hatte niemals das Töten aus moralischen Gründen verurteilen hören. Gewalt wurde manchmal als «nicht cool» oder «dumm» abgelehnt, aber niemals als böse oder falsch.

Und morgen nacht würde ich Willy Darin töten, meinen Busenfreund; Willy, die Ratte. Ich überlegte, wie ich es anfangen wollte, und schlief darüber ein.

Kapitel vier

Es klopfte, und wir wachten auf. Doch als ich nackt und mit der Pistole in der Hand vom Bett aufsprang, fiel mir ein, daß die Polizei die Tür aufgebrochen hätte, ohne zu klopfen, oder das Motel umstellt und sich über Lautsprecher bemerkbar gemacht hätte. Mein Reflex bewies, daß ein Gejagter wie ein Tier zu schlafen lernt. Er ist darauf eingerichtet, sofort aufzuwachen.

Draußen stand der Manager. Er sagte Allison durch die Tür, es sei fast Mittag. Nachdem ich mit ihr geflüstert hatte, antwortete sie, sie würde noch eine Nacht bleiben.

In den Mittagsnachrichten wurde ich nur noch kurz erwähnt; die Jagd nach dem vermutlichen Polizistenmörder würde in Südkalifornien fortgesetzt.

Den regnerischen Nachmittag über brachen wir mit einer Zange aus dem Motelbüro die Diamanten aus ihren Fassungen. Es war wie Erbsen pulen, und sie wuchsen zu einem glitzernden Haufen auf dem Bettlaken heran. Das Gold warfen wir auf eine Zeitung, es sollte vergraben werden, weil es nutzlos war. Ich zählte sie, als ob es Murmeln wären – vierhundert Diamanten und zwei Dutzend Rubine, Smaragde und Perlen. Die meisten wanderten in Allisons Handtasche. Ich gab vierzig kleinere Diamanten in einen Umschlag und steckte ihn mir in die Tasche. Wenn wir getrennt werden sollten, falls irgendwas schiefgehen sollte, hätte ich genügend Mittel zur Flucht – und wenn man mich stellte, würden sie nicht alles zurückbekommen.

Wir schauten uns die Anzeigen in der Zeitung von Santa Ana an und suchten nach fünf bis sechs Jahre alten Autos, die privat verkauft wurden. Allison telefonierte. Als sie fertig war und los wollte, sagte ich ihr, daß sie hierher zurückkommen sollte, nachdem sie ein Auto gekauft hatte. Dann sollte sie unsere Sachen einpacken und nach San Diego fahren und dort im *El Cortez Hotel* absteigen; dort würde ich sie am Morgen treffen.

«Wo fährst du hin?» fragte sie.

«Ich muß noch etwas erledigen.»

Als sie fort war (es war nun Abend geworden), rasierte ich meinen Schädel vorn und oben und ließ nur die Seitenhaare stehen. Ich gab graue Tönung in die Haare und rieb Bräunungscreme auf die Haut. Jetzt sah ich aus, als hätte ich eine Glatze. Ich setzte eine Brille auf. Diese Änderungen machten mich zwanzig Jahre älter.

Ich nahm sowohl die Browning als auch die .38er Pistole mit. Die kleinere Waffe würde weniger Lärm verursachen. Um zweiundzwanzig Uhr dreißig fuhr ich an Willys Haus vorbei, um zu prüfen, ob es beobachtet würde. Beim zweitenmal fuhr ich langsamer und schaute mir das Haus genau an. Das Licht brannte. Willys Wagen stand wie gewöhnlich in der Einfahrt.

Ich fuhr um den Block und parkte in der Straße hinter Willys Haus. Ich ging über ein unbebautes Grundstück zu Willys Haus hinüber. Das knöcheltiefe Gras war vom Regen feucht. Es hatte zwar aufgehört zu regnen, es konnte jedoch jeden Moment wieder losgehen. Ich stolperte über einen hüfthohen, durchgebogenen Drahtzaun und blieb unter einem Baum stehen. Willys Haus lag zwanzig Fuß entfernt. Es war kalt und dunkel. Die Wolken verdeckten den Mond. Ab und zu drang das Geräusch eines vorüberfahrenden Autos zu mir.

Ich wartete mehrere Minuten bewegungslos, gewöhnte meine Sinne an die Umgebung, zitterte in der Kälte. Ich begann zu zweifeln. Es scheint vielleicht unwahrscheinlich, daß bloß eine kalte Nacht einen geplanten Mord verhindern kann, aber ich fühlte mich nicht wohl, und nichts außer meiner Entscheidung zwang mich dazu. Wer würde wissen, daß ich meine Absicht geändert hatte? Wer würde mich anklagen? Ich beseitigte die Zweifel, indem ich mich an das Blut auf Jerrys Hemd erinnerte und an Aaron in der Zelle. Willy war der Grund dafür.

Ich wartete darauf, daß er aus dem Haus zur Garage ging, um sein Fixbesteck zu holen. Alle Süchtigen setzen sich noch einen Schuß, bevor sie ins Bett gehen. Wenn er nicht herauskommen sollte, würde ich durch die Hintertür eindringen, das Licht im Schlafzimmer einschalten und ihn erschießen, während er im Bett lag. Es würde eine ekelhafte Schweinerei sein, Selma würde schreien, aber wenn es der einzige Weg war . . .

In der Kälte zu warten war dumm. Ich ging am Zaun entlang und blieb gebückt, damit man mich nicht sehen konnte, und trat in die dunkle Garage. Die Sachen lagen noch am selben Platz. Ich wartete neben einem Fenster und beobachtete die Hintertür.

Es war bereits nach Mitternacht, als Willy herauskam, das Krachen der Tür drang laut und hohl durch die feuchte Stille. Er ging nicht in Richtung Garage, sondern um das Haus zu seinem Auto.

Ich ging rasch hinter ihm her. Erst als ich um die Ecke bog und voll sichtbar in der Einfahrt stand, kam mir wieder der Gedanke, daß das Haus ja vielleicht beobachtet würde. Es war zu spät, um umzukehren.

Willy hörte meine Schritte und drehte sich schreckerfüllt um. In der Dunkelheit konnte man unmöglich sein Gesicht sehen. Ich hatte die Browning in der Hand, hielt sie aber so, daß er sie nicht sehen konnte.

«Wer ist da?» fragte er angespannt, zwischen Flucht und Kampf hin- und hergerissen.

«Pst», sagte ich. Ich ging rasch zu ihm hin, denn ich wollte möglichst schnell dicht bei ihm sein.

«Max!» Seine Stimme klang bestürzt.

«Ruhig!» fuhr ich ihn an. «Ganz ruhig. Ich brauche Hilfe.»

Er war überrascht. Ich konnte die Verwirrung deutlich sehen. Er dachte, ich wüßte vielleicht nicht, was er getan hatte. Es war meine Absicht, daß er das dachte.

«Mann, du stehst auf der Liste für den elektrischen Stuhl. Du solltest nicht hier sein.»

«Wo sonst soll ich hingehen, wenn ich Hilfe brauche?»

«Jesus! Heute nachmittag waren die Bullen stundenlang bei Mary.»

«Hat man dich schon verhört?»

«Nein, aber ich erwarte sie jeden verdammten Augenblick.»

«Ich dachte mir, sie wissen vielleicht nicht, daß wir Freunde sind. Komm. Laß uns von hier verschwinden. Ich will nicht, daß deine Kinder gefährdet werden, wenn sie auftauchen und es 'ne Schießerei gibt.»

«Mann, ich will da nicht mit reingezogen werden. Ich bin kein Gangster. Ich komm mit so 'ner Sache nicht zurecht.»

«Ja», sagte ich und tat so, als ob ich entrüstet sei, und verbarg meinen wirklichen Ärger, «du bist nur mein Freund, wenn ich 'ne Party gebe. Du bist ein gottverdammter Scheißkerl.»

«Um Himmels willen. Ich hab 'ne Alte und 'n paar Hosenscheißer am Hals. Ich bin nur ein ausgelutschter Süchtiger.»

«Also, Arschloch, ich will nur, daß du mit mir zum Salton See fährst und dann meinen Wagen irgendwo anders abstellst. Ich hab da 'nen Freund, bei dem ich mich verstecken kann.»

«Mann, ich mach mir in die Hose vor Angst.»

«Ich gebe dir fünf Riesen.»

«Ich habe immer noch Angst. Du bist dauernd in den Nachrichten.»

«Scheißkerl, du kommst mit, und du wirst mit meinem Wagen hierher fahren und ihn verschrotten.» Ich hob die Pistole.

«Max! Mann, mach keinen Scheiß. Ich komme mit.»

«Dann komm jetzt.»

Wir gingen zum Haus zurück. «Ich muß noch schnell meinen Stoff holen. Ich brauch 'nen Schuß, bevor ich wieder zurück bin.»

«Mach schon.»

Ich wartete in der Tür, während er den Stoff holte, und blieb hinter ihm, als wir über den Zaun stiegen. Wir gingen durch das feuchte Gras zu meinem Wagen zurück.

«Du fährst», sagte ich.

«Ja, aber steck die verdammte Pistole weg, du verrückter Scheiß-»

Nachdem wir im Auto saßen, reagierte er nicht mehr so panisch. Er hatte zwar noch Angst, aber er vermittelte einen anderen Eindruck. Zuerst hatte er nackte, panische Angst empfunden. Nun war er verängstigt, aber er glaubte, ich wüßte nichts von seiner Gemeinheit. Im Augenblick hatte er nur Angst, daß ihn meine Verzweiflung in Schwierigkeiten bringen würde.

«Ich lass' sie draußen, falls ich sie brauchen sollte.» Ich legte die Waffe in meinen Schoß und lehnte mich lässig gegen die Tür – damit ich ihn beobachten konnte.

Die ersten Meilen blieben wir auf Nebenstraßen. Das war langsamer, aber sicherer. Nahe der Auffahrt zum Freeway mußten wir auf einen Boulevard fahren und eine große Kreuzung mit Ampelanlage überqueren. Es war unwahrscheinlich, daß Willy wußte, daß er zu seiner Hinrichtung fuhr; aber wenn es so war, dann würde er hier versuchen, sein Leben zu retten. Bei den vielen Autos und den vielen Menschen um uns herum könnte er in der Menge untertauchen. Das wäre seine letzte reelle Chance. Danach mußte er zu schnell fahren. Das würde ich zumindest an seiner Stelle getan haben. Ich entschied, ich würde schießen, wenn er die Tür öffnen wollte, obwohl ich ihn nicht jagen würde, wenn er entkommen konnte. Die Rache war es nicht wert, getötet oder gefangen zu werden.

Wir kamen auf die Kreuzung, und ich begann zu reden, wollte seine Furcht besänftigen.

«Ich hatte die große Sache am Haken», sagte ich, «hatte aber einfach kein Glück.»

«Ich hoffe nur, daß die Scheiße nicht schon heute abend hochkocht.»

«Heute abend wird nichts passieren», erwiderte ich.

«Das war 'ne irre Sache – 'ne halbe Million.»

«Wenn ich sie je ausgeben kann.»

«Mann, zu schade, daß du den Bullen umlegen mußtest. Und dein Partner... ich bin froh, daß sie dich nicht erwischt haben.»

«Kann alles noch kommen.»

«Was ist schiefgegangen?»

«Die Bullen sind uns einfach über den Weg gelaufen. Pech gehabt, wie du sagtest.»

Willy war ruhig, fuhr langsamer zur Ampel hin. Kurz bevor wir halten mußten, sprang die Ampel auf Grün, und er gab Gas. Ich entspannte mich. Er blinkte und bog in die Auffahrt zum Freeway ein, und der Wagen beschleunigte.

«Weiß der Kerl, daß du kommst?»

«Ja, ich habe ihn heute nachmittag angerufen.»

«Ich habe meine Alte gestern nacht verprügelt. Sie wußte vor mir, was passiert war. Ich hab's erfahren, als ich letzte Nacht nach Hause kam. Sie freute sich hämisch. Ich war so scheißwütend – aber sie ist 'ne gemeine Fotze. Ich hab sie ganz schön angeschrien.» Willys Betroffenheit war echt. Er sorgte sich wirklich um mich und hatte mich doch verraten. Aus Boshaftigkeit war er nicht zum Informanten geworden. Es war einfach Schwäche. Er war jemand, der durchaus Reue empfand, wenn er hörte, was aufgrund seiner Tat geschehen war – eine Reue, die nun vergessen war, da er glaubte, ich wäre mir seiner Niedertracht nicht bewußt.

Wir fuhren immer weiter. Der Verkehr ließ nach, und die Häuser hinter den Zäunen waren nun weiter voneinander entfernt. Ich tat so, als hörte ich dem Radio zu, den Songs, die das Leben auf Einfachstes reduzierten. Ich fühlte kurz Mitleid mit Willy. Er war ein wertloser Schuft (aber das war ich nach den gesellschaftlichen Maßstäben auch), und indem ich ihn tötete, würde ich andere verletzen – Mary, seine Kinder, Selma, obwohl ich für sie wirklich nichts empfand. Sie würden die Gesetze meiner Welt niemals verstehen, und ich konnte nur noch nach ihnen leben.

Das aufkeimende Mitgefühl wurde von dem Wunsch getragen,

seine Schuld anzuzweifeln. Ich besaß keine wirklichen Beweise – nur meine Schlußfolgerungen. Doch blieb die Tatsache, die man anders nicht erklären konnte: er war der einzige Mensch außer Jerry und Aaron und mir selbst gewesen, der von dem Plan gewußt hatte. Allison hatte nichts gewußt. Und wenn Jerry es Carol erzählt hätte, dann hatte sie sicher keinen Grund, sich zu wünschen, daß so etwas passierte. Die Polizei hatte nur das gewußt, was Willy gewußt hatte, und sonst nichts.

Ich würde ihn töten. Die Entscheidung stand fest – aber zuerst mußte ich sein Geständnis haben, jeden letzten Zweifel vertreiben.

Die Wüste begann südöstlich von Riverside; trotzdem ging der Freeway noch weiter. Ich erinnerte mich nicht daran, daß der Freeway so weit reichte. Ich hatte mit einem engen Highway gerechnet, von dem eine bestimmte Seitenstraße in die San Jacinto Mountains führte. Von dieser zweigte ein vollkommen menschenleerer Feldweg ab; im Umkreis von Meilen gab es nichts.

Im Licht der Scheinwerfer sah ich ein Schild: Palm Springs, fünfundzwanzig Meilen. Ich hatte keine Ahnung, wo wir uns jetzt befanden, und es war absurd, ihn herumfahren zu lassen und nach einem Hinrichtungsort zu suchen. Er konnte ruhig in Richtung Salton-See weiterfahren, denn irgendwo in diesem Nichts würde sich der richtige Ort schon finden.

Der Freeway endete hinter Palm Springs. Wir folgten weiter dem weißen Mittelstreifen. Ein einzelner Wagen, dessen Licht uns blendete, kam uns entgegen. Einmal überholten wir einen Lastwagen. Sonst war alles leer. Wir fuhren zu schnell, als daß wir im Scheinwerferlicht Tiere oder anderes hätten erkennen können, aber es gab hier auch nichts. Der runde Vollmond schien silbern auf die bizarre Schönheit der Wüste und beleuchtete merkwürdige Gestalten aus Kakteen und Salbeigestrüpp.

Jetzt mußte ich an ein weiteres Problem denken. Keine Schaufel. Und der Boden war hart. Wenn die Leiche nun gefunden wurde? Es war besser, wenn sie nicht gefunden würde, aber wesentlich besser nun auch nicht, daß es einen Unterschied gemacht hätte. Wenn ich ihn ein paar hundert Yards von der Straße fortschleifen würde, dann würde es Wochen oder Monate dauern – genug Zeit, um in Sicherheit zu sein oder wieder im Gefängnis zu sitzen.

Ich hatte still vor mich hin sinniert. Jetzt richtete ich meine Gedanken nur noch auf mein Ziel. Ich öffnete das Handschuhfach. Die Glühbirne strahlte hell in der uns umgebenden Dunkelheit.

«Halte hier», sagte ich. «Ich will etwas nachsehen.»

«Und wenn ein Streifenwagen vorbeikommt?»

«Wir haben seit vierzig Minuten kein Auto mehr gesehen. Und man kann zehn Meilen weit sehen. Halt die Kiste an. Ich will diese Pistole in Ordnung bringen.»

«Mann, das kannst du machen, wenn wir da sind.»

«Halt an, verdammt.» Ich zog das Magazin aus der Browning. Das sollte ihn etwas beruhigen. Er hielt und fuhr den Wagen auf den Seitenstreifen.

«Was stimmt denn nicht?» fragte Willy.

Ich machte das Radio aus. «Die Feder im Magazin klemmt dauernd.»

«Das kannst du doch später reparieren.»

«Ich kann nie wissen, wann ich sie brauchen werde. Ich muß ja vielleicht jemanden umlegen, einen echten Scheißkerl.» Ich ließ die Worte stehen, ließ sie einsinken, und nahm zur gleichen Zeit die Patronen aus dem Magazin, eine nach der anderen. Ich beobachtete Willy aus den Augenwinkeln. Die Lage war bedrohlich. Er würde mich vielleicht jetzt anspringen, da er die ungeladene Waffe sah. Das würde seine Schuld verraten. Es würde zudem ein Massaker werden. Ich hatte den Ellbogen gegen die Tür gestemmt. Wenn er sich bewegte, würde ich herausgleiten und die .32er aus meiner Gesäßtasche ziehen. Ich konnte seine Angst fast riechen.

«Scheiß drauf», sagte ich, warf die ungeladene Browning ins Handschuhfach und klappte es heftig zu. Meine rechte Hand lag für Willy unsichtbar an der Pistole. «Warum hast du uns verraten?» fragte ich.

Willy zuckte hoch, drückte sich an die andere Tür, war bereit herauszuspringen. «Mann, was sagst du da?»

«Ich weiß warum, Arschloch. Um deinen Arsch zu retten.»

«Mann, du bist verrückt!»

Gedanken und Empfindungen überfluteten mich, jedoch nicht lange genug, daß mir etwas Bestimmtes bewußt wurde. Es war mir wichtig, daß unsere letzte Begegnung eine Moral besaß, eine Bedeutung. Es sollte Gerechtigkeit walten, und ich mußte es dementsprechend einrichten. Und doch gab es nichts zu sagen. Ich zückte die Pistole, rammte den Lauf gegen seine Kniescheibe und zog ab. Der Hammer sprang gegen meine Hand zurück, und das Geräusch donnerte in dem geschlossenen Raum an mein Trommelfell. Die Kugel drang durch den Knochen und die Knorpel und sauste irgendwie durchs Fenster – schlug dabei ein Loch mit kleinen Rissen und flog in die Nacht hinaus.

Willy schrie, packte sein Knie mit beiden Händen und krümmte sich, sein Gesicht prallte gegen das Lenkrad.

«Ratte!» sagte ich. Mir wurde leicht übel, doch ich zwang alles andere außer der Wut aus meinem Kopf. Es ist einfacher, wuterfüllt als kaltblütig zu töten.

«Bitte, Max, bitte!» schrie er, und seine Augen glänzten weiß im Dunkel.

Ich sprang aus dem Wagen heraus, rannte um das Heck und öffnete die Fahrertür und zog ihn an seinem Jackett heraus. Er versuchte zu stehen, aber seine zertrümmerte Kniescheibe knickte weg, und er fiel auf die Straße. Er flennte: «O Jesus ... o Jesus», wieder und wieder, als könnte ihn jemand im All vernehmen.

Die windstille Nacht war eiskalt. Die Stille und die Leere waren absolut. Die Scheinwerfer leuchteten in die Unendlichkeit. Wir hätten genausogut die beiden einzigen Lebewesen sein können, die jemals existiert hatten. Ich wollte ihn sofort umbringen, dann erinnerte ich mich an das Geständnis. Wenn die Polizei ihn zum Reden bringen konnte, dann konnte ich es auch. Ihr Lockmittel war die Freiheit; meines war das Leben selber.

Ich lehnte mich ins Auto und machte die Scheinwerfer aus. Im Mondlicht konnte man durchaus Umrisse erkennen, nur die Farben waren auf schwarz und silbern reduziert.

Willy hatte sich aufgesetzt, während ich mich umgewandt hatte, und sein zertrümmertes Bein stand in einem unnatürlichen Winkel ab. Er stabilisierte seine Haltung, indem er eine Hand auf den Asphalt spreizte, um sich abzustützen. Er winselte um Gnade und beteuerte seine Unschuld.

«Ich weiß, daß du es getan hast», sagte ich. «Und du wirst sterben, außer du sagst mir, warum ... oder du nennst mir einen Grund, dich nicht zu töten.»

«Max! Max! Ich war's nicht... ich liebe dich wie meinen Bruder. Ich bin schwach... aber ich bin keine Ratte.»

Die Lügen machten mich so wütend, daß mir ganz schwindelig wurde. Mein Blick traf die gespreizte Hand, die er als Stütze benutzte. Er hatte sie breit und flach auf die Straße gestemmt. Ich zielte auf sie – ein Blitz, das Schußloch, und dann die Schreie, als er langgestreckt hinfiel und herumrollte. Ich dachte, seine Bewegungen würden nur vom Schmerz herrühren, aber plötzlich kroch er unter den Wagen und versuchte, sich zu verstecken. Es war lächerlich – und grauenhaft.

Ich begann, wie irre zu lachen. Selbst ein Mord kann komische Seiten haben. Ich transzendierte das Leben, indem ich es zerstörte. Ich war Gott, Richter und Henker. «Kuckuck, ich seh dich», sagte ich zu dem formlosen Schatten.

«Liebe Maria Mutter Gottes, hilf mir. Ich war's nicht, Max... ich war's nicht.»

«Doch, du warst es, kleiner Willy. Sag die Wahrheit.»

«Ich schwöre bei meiner Mutter, ich war es nicht.»

«Behandle Mammi nicht so schlimm. Sag's mir, damit ich es verstehe. Ich will verstehen, damit ich dir vergeben kann. Es war wegen deiner Jungen und wegen Selma, nicht wahr? Du wolltest mir nicht weh tun, aber du bist für sie verantwortlich.»

«Nein, Max... bitte nicht!»

Ich zog den Abzug durch, und seine Worte gingen im Krachen unter. Ich schoß vor ihm in den Boden. «Sag die Wahrheit.»

Willys Antwort waren Schluchzer; keine Tränen, sondern das langgezogene Seufzen eines Tieres, das Schmerzen hat.

«Tut es dir leid?»

«Es tut mir leid, Max! Es tut mir leid.»

«Du hast ihnen gesagt, was ich dir in der Garage gesagt hatte, ja?»

«Ja... ja.»

Ich schoß dreimal, jedesmal schrie er. Bei dieser Dunkelheit konnte ich nicht sagen, wo die Kugeln trafen. Er lag regungslos da.

Ich sprang in den Wagen und fuhr vorsichtig ein Stück weiter. Als ich zurückschaute, lag der Körper nicht dort. Einen schrecklichen Moment lang dachte ich, er wäre verschwunden oder er hätte es geschafft, sich von der Straße herunter in die Wüste zu winden. Dann merkte ich, daß er immer noch unter dem Auto lag und sich irgendwo anklammerte. Ich fuhr vorwärts, legte den Rückwärtsgang ein, schoß zurück und machte die Scheinwerfer an. Er lag vor dem Wagen und versuchte zu kriechen. In der kleinen Pistole war eine Patrone übrig. Ich stieg aus, drückte den Lauf an seinen Kopf und pustete seinen Schädel auseinander. Er starb ohne einen Laut, zitterte ein paar Sekunden, und dann war es vorbei.

Ich zog ihn an den Füßen (sein Oberkörper war zu blutbesudelt) einige hundert Yards von der Straße fort. Der Wüstenboden war leicht gewellt, und auf der harten Erde lagen ein paar Steine, und einige Büsche standen herum. Der Körper hinterließ keine Spur. Das nächste Haus war dreißig Meilen entfernt. In ein paar Monaten oder Jahren würde jemand über das Skelett stolpern. Aber bis dahin hatte sich mein eigenes Schicksal erfüllt, und ich war vielleicht genauso tot wie Willy.

Zum Abschied pißte ich auf seine Leiche. Das war genau das Sterbesakrament, das ein Informant verdiente.

Kapitel fünf

Morgengrauen in San Diego. Nieselregen tropfte aus einem grauen Himmel, und alles sah deprimierend aus. Ich ließ den Wagen am Flughafen stehen. Wenn die Polizei ihn fand, würde man glauben, ich sei mit dem Flugzeug geflohen – das hoffte ich zumindest.

Einen Block vom Hotel entfernt stieg ich aus dem Taxi und rief Allison an. Ich weckte sie auf. Sie war seit ihrer Ankunft nicht aus dem Zimmer gegangen, aber sie meinte, es sei sicher: der Page hatte spät am Abend versucht, mit ihr zu flirten, als sie ein Sandwich bestellt hatte. «Ich glaube nicht, daß er so entspannt gewesen wäre, wenn sie auf dich warten würden», sagte sie. «Und er müßte es wissen.»

«Du wirst ganz schön aufmerksam, Schatz.»

Minuten später, nachdem sie mich hereingelassen hatte, umarmte sie mich und weinte. «Ich habe mir solche Sorgen gemacht.»

Ihre Gefühle erreichten mich nicht. Die schrecklichen Eindrücke des letzten Mordes, der Anblick des Schädels, der auseinanderflog, waren in meinem Gedächtnis zu lebhaft, als daß etwas anderes mich hätte berühren können.

Allison merkte meine Kälte und trat einen Schritt zurück. «Was ist los? Habe ich etwas falsch gemacht?»

Diese einfache und ehrliche Frage berührte etwas in mir, was die Umarmung und die Tränen nicht erreicht hatten. Mit einem Kloß in der Kehle schüttelte ich den Kopf. «Nein, du bist wunderschön. Es ist nur... mir geht so vieles durch den Kopf, und ich habe keine Zeit dafür. Geh wieder ins Bett.»

«Du versuchst besser auch etwas zu schlafen.»

«Ich bin zu aufgedreht.»

Unfähig, Ruhe zu finden, verbrachte ich den Tag damit, im Zimmer auf und ab zu gehen und den Eindruck zu verdrängen, es sei ein Friedhof. Ich hatte einfach nur eine kurze Ruhepause, und in dem Moment, in dem sich die Lage klärte, würde ich augenblicklich loslegen. Jetzt weiterzufahren wäre nutzlos gewesen, denn ich hatte keinen Plan. Ich verbrachte Stunden damit, aus dem Fenster zu starren, Menschen und Autos zu beobachten, die sich neun Stockwerke unter mir deprimiert durch den Regen bewegten. Weder die Zeitungen noch die Fernsehnachrichten erwähnten Allison, als sie über die Jagd auf mich berichteten, aber ich war mir sicher, man wußte, daß ich mich in Begleitung einer Frau befand. Das FBI hatte sich eingeschaltet, und ein Haftbefehl wegen Mordes, der im ganzen Land galt, war ausgestellt worden. Nichts Unerwartetes.

Sobald ich nicht darüber nachdachte, was ich anfangen sollte, oder wenn ich über nichts Bestimmtes nachdachte, füllten eigenartige Erinnerungen an das Gemetzel sofort diese Leere. Ich begriff, warum Männer im Alkohol Vergessen suchen. Ich sah Jerry in seiner eigenen Blutlache zucken, die Augen des Polizisten, Willys Kopf durch die Wüste hoppeln, seine leeren Augen das Mondlicht reflektieren. Die Erinnerungsbilder waren deutlicher als zu dem Zeitpunkt, an dem alles geschehen war, denn meine Sinne waren damals von Furcht und Wut getrübt gewesen. Ich empfand keine Reue. Ich versuchte sie zu fühlen und konnte es nicht. Aber ich empfand diese Art Ekel, den man fühlt, wenn man sieht, wie der Metzger die Kehle eines Bullen durchschneidet.

Als es dunkel wurde, fluchte ich innerlich, denn ich war noch immer nicht in der Lage, mich von den Erinnerungen zu trennen, und konnte mich nicht entscheiden, was ich als nächstes tun sollte. Allison verletzte ich durch meine Zurückgezogenheit. Sie litt nun ebenfalls unter der Jagd; und nichts in ihrem bisherigen Leben hatte sie auf diese Situation vorbereitet. Ihre romantischen Phantasien zerbröselten langsam.

Wir gingen früh zu Bett, denn nun hatte ich keine Energie mehr. Ich brauchte ihre Berührung und ihre Wärme, und ich wandte mich ihr zu. Sie wimmerte leise, und wir schliefen miteinander. Hinterher ruhte ihr Kopf auf meinem Bauch, hielten ihre Beine meine umschlungen, spielten ihre Finger mit dem Haar auf meinem Bauch.

«Was würde geschehen, wenn du dich stellst?» fragte sie.

«Wenn ich lebend im Gefängnis ankomme, würde man mir den Prozeß machen, und nach ein paar Jahren Mastkur würde man mich vergasen.»

«Wie kann man beweisen, daß du es warst? Du hast eine Maske getragen.»

«Oh, sie werden Zeugen finden. Aaron wird mich möglicherweise verraten, wenn sie ihm sein Leben dafür bieten. Vielleicht will Carol sich rächen. Vielleicht sogar Mary. Was ist mit ihren Kindern? Sie können die Fahrt bezeugen. Sogar du könntest im Zeugenstand auftauchen. Wenn sie es so nicht schaffen, dann vielleicht mit Meineid. Das wird auch gemacht.»

«Meinst du wirklich, ich würde dich verraten?» Sie war ärgerlich.

«Du würdest es nicht wollen ... aber du hast bisher keine einzige Nacht im Gefängnis verbracht, deswegen kann man nicht sagen, was du nach drei Monaten machen würdest, besonders dann, wenn man dir einerseits Straffreiheit bieten würde und auf der anderen Seite fünf Jahre Haft.»

«Würdest du aufgeben, wenn man dir zusichern würde, dich nicht zum Tod zu verurteilen?»

«Ich hätte das tun können, bevor ich anfing zu schießen.» Ich kraulte sie unter dem Kinn. «Ich würde eine weitere Bewährungsstrafe akzeptieren, sonst nichts.» Ich dachte kurz an Selbstmord – aber niemals würde ich mich stellen und aufgeben.

«Aber sie werden dich fangen, nicht wahr?»

«Ja, wahrscheinlich ... aber sie werden dich nicht kriegen. Ich glaube nicht, daß man weiß, wer du bist. In ein paar Tagen schicke ich dich nach Kentucky in deine Heimat zurück. Du wirst vergessen, daß du jemals L. A. gesehen hast. Wenn die Bullen dich finden sollten, sag kein Sterbenswort, nicht eines. Mach, was ich dir früher schon gesagt habe, verlange einen Anwalt. Versuch nie zu lügen. Du mußt nichts beweisen. Sie müssen beweisen, daß du mir geholfen hast und daß du wußtest, was passiert war.»

«Warum kann ich nicht mitkommen?»

«Weil ich gefaßt werde. Und überhaupt, ich weiß noch nicht mal, wohin ich gehe.»

«Wenn du entkommst, wirst du mich dann nachholen?»

«Sicher, Schatz.» Ich versüßte die Lüge, indem ich ihre Brust mit meiner Hand umfaßte und ihren Nippel küßte.

«Werden wir nach Mexiko gehen?»

«Über Tijuana! Die benutzten dort mein Fahndungsfoto als Tapete.»

«Ich versuche ja nur zu helfen. Ich will dir helfen.»

«Psst. Schlaf jetzt.»

«Ich will dir wirklich ...»

«Pst.»

Sie war ruhig und schloß ihre Augen. Vielleicht schlief sie. Ich wußte, daß meine einzige Chance darin bestand, den Kontinent zu verlassen, eine Gegend zu erreichen, in der es noch keine Computer gab. Mein Ziel mußte Tausende Meilen weiter entfernt liegen als Mexiko. Wie ich dorthin kommen würde, wohin auch immer ich wollte, war eine andere Frage. Und die nagte an mir. Noch immer ohne Plan, fiel ich in einen traumlosen Schlaf.

Allison weckte mich mit weit geöffneten Augen, bleichen Wangen und vor Erregung bebenden Lippen. «Sie haben den Mann in der Wüste gefunden», sagte sie. Die Abscheu in ihrer Stimme war körperlich fühlbar. Mein Magen krampfte sich zusammen. Ich wollte sie fragen «welchen Mann?», um mich zu sammeln.

Statt dessen fragte ich: «Woher weißt du es?»

«Aus dem Fernsehen. Die Sendung ist jetzt vorbei.»

«Wann war das?»

«Man hat ihn gestern gefunden – aber sie wußten nicht sofort, wer es war.»

Es war unglaublich. Niemals hätte jemand am Highway gehalten und wäre zu dieser gottverlassenen Stelle gegangen, jedenfalls nicht nach so kurzer Zeit. Sechs Monate waren viel wahrscheinlicher gewesen als sechs Stunden.

Allison erriet meine Gedanken, oder sie wollte den Schrecken nur noch verstärken: «Die Bussarde...»

Das Bild wurde sofort lebendig – die üblichen Aasfresser kamen aus vielen Meilen Umkreis herangeflogen und kreisten über dem Opfer. Wenn etwas Großes gestorben war, dann versammelten sie sich äußerst zahlreich; etwa bei einer Kuh oder einem Pferd. Das hatte die Neugier eines Autofahrers geweckt.

Allison hatte sich von mir weggesetzt. Trotz meiner Verwirrung über diese Enthüllung fühlte ich ihren Abscheu vor mir. «Was wurde sonst noch gesagt?»

«Daß du ihn getötet hast, um dich an seiner Frau zu rächen.»

«Seiner Frau!» Eine weitere Enthüllung. Die plötzliche Eingebung, daß nicht Willy uns an die Polizei verraten hatte, sondern Selma. Ich sah es jetzt genau. Willy war ins Haus zurückgegangen, war ein paar Minuten fortgewesen und hatte alles seiner Frau erzählt, vielleicht auf ihr ständiges, wütendes Nachbohren hin. Als man ihn zum Test brachte, war Selma hingegangen und hatte verhandelt. «Aber er hat doch gestanden», murmelte ich. Das beruhigte mein Gewissen nicht. Ich hatte das Geständnis erzwungen, ein falsches Geständnis.

«Was bist du», flüsterte Allison heiser. «Mein Gott!»

«Halt's Maul, und laß mich in Ruhe», entgegnete ich. «Ich muß nachdenken.»

«Du kannst töten, ohne überhaupt etwas zu fühlen, wie ein Tier. Du hattest es gerade getan, als wir zusammen...»

«Halt die Fresse, Fotze... Und hau verdammt noch mal hier ab.» Ihre Anschuldigungen waren nichtig und bedeutungslos. Weil sie noch etwas sagen wollte, stieß ich einen Fluch aus, stand auf und erhob drohend eine Hand. Sie duckte sich und war ruhig, dann verschwand sie aus dem Zimmer.

Draußen stürmte es nicht mehr, und die Stadt lag wieder in der Sonne, obwohl der Wind noch mit den restlichen Wolken spielte und Pfützen auf den flachen Dächern glitzerten. Die Schönheit verstärkte nur meine Verzweiflung und Wut. Meine Freunde waren alle tot, einer von meiner eigenen Hand gestorben. Allison konnte ich nicht länger trauen. Hinter mir lag eine Wüste; vor mir lag das Vergessen.

Ich hatte wilde Phantasien, daß die Jäger mich schließlich umzingelten, daß sie hinter Autos lauerten, sich durch den Flur an dieses Zimmer anschlichen. Die Vorstellung lähmte mich, und falls ich mich der Furcht zu lange hingeben würde, war ich nicht mehr handlungsfähig. Ich fühlte mich hilflos und einsam.

Ich ging nervös auf und ab, schüttelte die Todesgedanken ab, dachte wieder über Praktisches nach, über das, was ich tun mußte, und wie meine Lage aussah und wie ich meine Überlebenschance ein wenig vergrößern konnte.

Die Leiche würde verraten, daß ich in der Wüste gewesen war, und nun war San Diego der logische Ort, um nach mir zu suchen. Bald würde man den Wagen finden, und obwohl sie vermuten würden, daß ich weitergeflogen war, würde man dennoch die Motels und Hotels prüfen. Sie könnten bereits jetzt in der Lobby sein.

Mexiko kam nicht in Frage. An jedem Grenzübergang würde ein Beamter stehen, der nichts anderes zu tun hatte, als nach mir Ausschau zu halten. Die Highways nach Osten führten durch die Wüste, Highways, die so wenig befahren waren, daß ein einzelner Wagen wie eine Wanze in einer Badewanne auffiel. Westlich lag der Pazifik. Der einzige Weg war der in Richtung Norden entlang der Küste nach Los Angeles, so daß ich an den Ausgangspunkt meiner Flucht zurückkehrte – ich rannte im Kreis herum. Mir gefiel das gar nicht, aber ich hatte keine andere Wahl. Am Küstenhighway lagen alle paar Meilen Ortschaften und dazwischen Strandhäuser. Er war sehr verkehrsreich. In dem allabendlichen dichten Verkehr würde ich losfahren.

Und was war mit Allison? Sie war im Bad. Ich hörte die Dusche. Ihre Reaktion war verständlich. Ein Schleier war ihr von den Augen fortgerissen worden. Sie hatte sich ein Bild von mir geschaffen, anstatt die Wahrheit zu sehen. Es war nicht mein Fehler. Ich hatte ihr nichts anvertraut, ich hatte sie aber auch nicht belogen oder sie in die Irre geführt. Die Geier, die an Willy nagten, hatten ihr brutal eine neue Sicht der Dinge vermittelt. Jetzt war ich in ihren Augen ein Monster.

Meine Einstellung zu ihr änderte sich in dem Augenblick, in dem sich ihre zu mir änderte. Stellte sie eine Bedrohung dar? Dachte sie daran, das ‹Richtige› zu tun? Als würde ein Messer durch mein Gehirn schneiden, bemerkte ich plötzlich, daß ich in Gedanken bereits einen weiteren Mord plante. Ich ekelte mich vor mir selbst. Sie zu töten, wenn sie sich wirklich gegen mich stellte, war eine Frage des Überlebens; aber sie zu töten, weil sie sich vielleicht gegen mich wenden könnte, das waren die Gedanken eines Verrückten. Wenn ich das täte, würde ich jeden Respekt vor mir verlieren. Sie war von den Morden nicht gerade begeistert, aber ich konnte nicht erwarten, daß sie meinen Standpunkt einnahm. Von dort aus war das Töten einfach.

Gefährlich oder nicht, Verbündete oder Gefangene, sie stellte eine Behinderung dar – doch sie mußte mit mir kommen. Ich konnte sie nicht zurücklassen. Wie lange konnte ich jemanden, dem ich nicht voll vertraute, bei mir behalten?

Ich bereitete alles vor, um das Hotel zu verlassen.

Leuchtend orange ging die Sonne unter, und ich fuhr im dichten Verkehr die Küstenstraße entlang. Mir ging der Gedanke durch den Kopf, daß ich mein ganzes Leben entweder in einer winzigen Zelle eingesperrt gewesen war oder mit voller Kraft ins Nichts rauschte.

Allison weigerte sich zu reden. Sie gab nur knappe Antworten, deswegen schwiegen wir die ganze Fahrt über. Das war mir ganz recht, denn ich wußte nichts zu sagen, was sie vielleicht verstehen konnte – oder akzeptieren. Was mich bei Kräften hielt, konnte nur ein anderer Krimineller verstehen. Sie bemerkte, daß ich sie im Blick behielt, als wir nach draußen zum Wagen gingen. Sie wußte, daß sie sowohl eine Gefangene als auch Komplizin war.

Um einundzwanzig Uhr fuhren wir durch Santa Ana. Downtown Los Angeles lag fünfzehn Minuten entfernt. Das stündliche Bulletin über die Jagd auf mich änderte sich. Die Suche konzentrierte sich nun auf San Diego und Tijuana, und die mexikanischen Behörden halfen. Der Wagen auf dem Flughafen wurde nicht erwähnt, aber das war nicht nötig. Ich wußte, man hatte ihn gefunden. Ich grinste und wußte, daß ich richtig und im richtigen Augenblick gehandelt hatte und daß ich meine Verfolger ausgetrickst hatte. Allison verstand mein Lächeln.

«Sie können sich tausend Fehler leisten», sagte sie. «Du dir keinen einzigen.»

«Ich dachte, du hast dir gewünscht, daß ich entkomme.»

Sie zog apathisch die Schultern hoch, setzte sich im Schneidersitz hin, lehnte ihren Kopf an den Türrahmen und schloß die Augen.

Vierzig Benzedrin putschten mich auf, und ich blieb aufmerksam und wach. Wir fuhren nun auf die Interstate U. S. 66 in Richtung Osten. Im Morgengrauen würden wir uns, wenn nichts schiefging, außerhalb Kaliforniens befinden. Solange ich meine Gedanken nur auf das Fahren und die Empfindung von Geschwindigkeit und Kraft richtete, fühlte ich mich gut, voller von den Drogen bedingter Begeisterung. Ich dachte nicht über mein Ziel nach. Geschwindigkeit und Entfernung waren alles, was jetzt zählte. Erst wenn ich tausend Meilen von Kalifornien entfernt war, konnte ich auf das Schachbrett blikken und eine Entscheidung treffen.

Der Sonnenaufgang, Flagstaff, Arizona und der leere Tank kamen gleichzeitig. Der Himmel war bedeckt. Die extravaganten Farben der Wüste waren grau gedämpft. Es war kalt wie im Kühlschrank. Die eisige Luft drang durch jede Ritze und kämpfte gegen die Autoheizung an.

Allison schwieg noch immer, hatte die Arme über der Brust gekreuzt und die Hände unter die Achseln gesteckt. Ihr Gesicht war aufgedunsen, da sie zu wenig geschlafen hatte. Quer über eine Backe erstreckte sich ein roter Streifen; sie hatte sich dort angelehnt gehabt. Ihre Kleidung – Stretchhose und grobgestrickter Pullover – sah noch einigermaßen präsentabel aus. Ich wollte, daß sie Make-up auftrug. Ihr jetziges Aussehen konnte ein paar neugierige Blicke auf uns lenken.

«Ich halte hier, um zu tanken. Geh auf die Toilette, und mach dich zurecht.»

«Ja, Herr.»

«Du kannst einen Tritt in den Arsch kriegen, wenn du unbedingt willst – denn mit deinem Sarkasmus bittest du geradezu darum. Du hast dich selber hier reingedrängt. Ich habe versucht, dich rauszuhalten. Und jetzt halt den Mund... oder mach mich zumindest nicht an.»

«Früher hast du nicht so geredet.»

«Die Zeiten ändern sich... Die Menschen ändern sich.»

Sie wurde rot und war still.

Eine Tankstelle tauchte auf, und ich hielt mit quietschenden Reifen an der Zapfsäule. Die Tankstelle war alt und früher einmal gelb und orange gestrichen gewesen. In den Asphaltbelag um die Zapfsäulen hatte sich eine tiefe Furche eingegraben. Ein großer Stapel gebrauchter Reifen lag vor einem Zaun. Eine Werkstatt mit einer Grube statt einer hydraulischen Hebebühne gab es auch. Ich war einfach so reingefahren. Ich entsicherte die Browning, steckte sie in den Hosenbund und machte den Reißverschluß meiner Windjacke über dem Griff zu.

Der Mann, der aus dem Büro kam, schloß sorgfältig die Tür, um die Wärme im Innern zu halten. Er war die Karikatur eines Cowboys, trug verblichene Jeans, eine alte Schafspelzjacke und ausgelatschte Cowboystiefel. Auf dem hageren, fast zwei Meter großen Mann thronte ein von Schweißflecken übersäter Stetson. Er war Mitte Vierzig.

Als ich ausstieg, traf mich die Kälte mit voller Wucht. Mein Atem gefror sofort.

«Voll?» fragte der Mann.

«Ja ... und sehen Sie bitte alles nach. Wir haben 'ne lange Fahrt vor uns.»

«Da Sie aus Kalifornien kommen, werden Sie Frostschutzmittel brauchen.»

«Tun Sie das Zeug rein. Wo sind die Waschräume? Meine Frau will sich frisch machen.»

«Hinten rum. Das Männerklo ist 'n bißchen dreckig. Wenn Sie sich auch mal erleichtern müssen, dann warten Sie besser und nehmen das Frauenklo.»

Während der Cowboy den Wagen volltankte, holte ich Allison aus dem Auto. «Geh und mach dich frisch.»

Sie schnappte sich ihren Kosmetikkoffer. «Willst du nicht mitkommen und mich bewachen? Um sicher zu sein, daß ich nicht abhaue?»

«Du müßtest über eine offene Fläche rennen. Das sind hundert Yards; da kann ich ein Loch in deinen Arsch schießen.»

«Du würdest es glatt tun, nicht wahr?»

Ich schüttelte angeekelt meinen Kopf und winkte sie fort. Als sie hinter dem Gebäude verschwand, schaute der Cowboy, der sich über den Motor gebeugt hatte, ihr nach und starrte auf ihren wackelnden Arsch in den engen Hosen. Es sah gut aus – aber ich dachte eher daran, sie in den Arsch zu treten. Sie entwickelte sich zu einer meckrigen Ziege.

«Trocken wie 'n Knochen», sagte der Cowboy und winkte mit dem Metallstab der Ölstandsanzeige.

«Mist! Erst gestern habe ich das Öl prüfen lassen.»

«Ist jetzt aber richtig trocken.» Er kniete sich hin und schaute unter den Wagen; dann krümmte er einen Finger. Ich hockte mich zu ihm und schaute ebenfalls. Das Öl tropfte langsam, aber beständig auf den Boden. Der Rahmen war ganz ölverschmiert.

«Sieht nach 'ner kaputten Dichtung aus.»

«Ich kann nicht warten, bis das repariert ist.»

«Sieht aus, als würden Sie ungefähr einen Liter alle hundert Meilen verlieren. Warum nehmen Sie nicht einfach 'nen Kasten billiges Öl mit und gießen das Zeug immer wieder nach. Da kommen Sie dann schon hin, wo Sie hinwollen.»

«Gute Idee. Stellen Sie's auf den Rücksitz.»

Er goß das Frostschutzmittel ein und holte das Öl. Allison kaufte eine Zitrone. Ich beobachtete das Gebäude, nur leicht besorgt, daß sie versuchen würde davonzulaufen. Wenn sie es tat – und zur Polizei ging –, würde ich in der offenen Wüste in der Falle sitzen.

«Mann, haben Sie ein Glück», sagte der Cowboy und rückte seinen Stetson nachdrücklich zurecht. Er hatte sich neben das linke Hinterrad gehockt und zeigte mit dem Finger auf eine Beule von der Größe einer Faust. «Schlechte Arbeit», sagte er. «Kann jede Minute platzen. Haben Sie 'nen Reservereifen?»

Der Reservereifen lag im Kofferraum und daneben lag die M16. «Ich hab einen, aber ich hätte lieber einen neuen Reifen. Wie lang brauchen Sie für so was?»

«Fünfzehn, zwanzig Minuten, wenn keine Kunden kommen. Ich glaub aber nich, daß heut morgen welche kommen.»

«Okay.»

«Runderneuert oder neu?»

«Runderneuert. Ich werd die Kiste nicht lange behalten.»

Der Cowboy holte einen Wagenheber und fing an. Allison kam zurück, während er noch arbeitete. Sie stand zitternd da.

Er schraubte das Rad am Wagen fest und fragte: «Sind Sie hier aus der Gegend? Scheint, ich hab Sie schon mal gesehen.»

«Ich hab früher mal 'nen Laster auf dieser Strecke gefahren, hab hier getankt und was gegessen.»

«Nee, hab gerade erst mit der Arbeit hier angefangen. Bei der Armee gewesen?»

«Nein.» Ich entschied, in die Offensive zu gehen. «Wann waren Sie dabei?»

«Korea.»

«Wo waren Sie in den Staaten stationiert?»

«Fort Benning... Fort Ord.»

«Als Sie in Ord waren, sind Sie da nach Frisco gefahren?»

«Himmel ja! Kann man ja sonst nirgends hin.»

«Welche Kneipen haben Sie da besucht?»

«Meistens den *Buccaneer*.»

«Genau, das ist es. Ich hab da mal als Barmann gearbeitet. Ich erinnere mich jetzt an Sie. Kamen jeden Zahltag rein. So groß wie Sie sind, wie konnte ich Sie da vergessen?»

«Verdammt kleine Welt.» Er grinste, als hätte er einen Kumpel getroffen.

Zehn Minuten später waren wir wieder auf dem Highway. Meilen verschwanden, und die Stunden vergingen. Der bedrohliche Sturm blieb zurück, und die Sonne wurde zur feurigen Scheibe am weißen Himmel. Allison blieb schweigsam. Trotz des Make-ups waren in ihrem Gesicht die Spuren der letzten Tage zu sehen – eingefallene Backen, Falten, wo Grübchen sein sollten. Ihre Hand zitterte, als sie nach dem Zigarettenanzünder griff. Ärger und Abscheu waren verschwunden, und sie schwieg vor lauter Erschöpfung.

Als es Abend wurde, waren wir bereits in New Mexiko. Reklametafeln, die Albuquerques zahllose Motels anpriesen, standen an der Straße. Die Stadt war eine Stunde entfernt.

Die Dämmerung überzog das ausgewaschene Land mit unglaublichen Farben: die Ebene wurde tiefviolett, die Mesas am Fuß der Berge schwarz-grünlich, und ihre Gipfel leuchteten rosa, zinnoberrot und golden. Dann ein ehrfurchtgebietender, urplötzlicher Wechsel zur Dunkelheit. Und mit der Dunkelheit kam der kühle Wind auf. Das Benzedrin ließ nach, und meine Erschöpfung wuchs. Ich hatte vierundzwanzig Stunden hinter dem Steuer gesessen.

Wir aßen Hühnchen und Pommes im Auto, während wir nach einem Motel suchten. Ich wählte ein älteres, wenig besuchtes. Als die Tür hinter uns verschlossen war, sank Allison, ohne sich auszuziehen aufs Bett, die Beine angewinkelt und die Hände zwischen die Beine gesteckt. Sie war wie eine Gefangene, die ihren Widerstandswillen verloren hatte und sich der Verzweiflung hingab. Sie wartete darauf, daß ich ihr Anweisungen gab. Ich sagte ihr, sie solle ins Bett gehen. Sie tat, was ich ihr sagte, und ließ ihre Kleider einfach neben sich auf den Boden fallen.

Ich rasierte Kopf und Kinn und erneuerte meine Glatze mit Lotion und sah mir die Zehn-Uhr-Nachrichten an. Die Morde wurden in New Mexiko nicht erwähnt. Während ich mich fürs Bett fertig machte, betrachtete ich die schlafende Allison und wußte, wie ich sie, ohne sie zu töten, loswerden konnte. Das mußte bis morgen nacht warten. Das hier war nicht der richtige Ort.

Kapitel sechs

Gegen Mittag beendeten wir unser Frühstück und begaben uns wieder auf den endlosen Highway. Allison war still und unterwürfig, doch nicht aus Furcht. Niemand kann lange wütend oder ängstlich bleiben. Allison fehlte einfach die Energie, die sie für diese Empfindungen brauchte, und als ich die Restauranttür für sie öffnete, lächelte sie mich matt an – meinte es aber ehrlich. Das bedeutete jedoch nicht, daß der Bruch in unserer Beziehung nun geflickt war. Wir wußten beide, ohne weiter darüber zu sprechen, daß das, was einst gewesen war, nicht mehr länger existierte und nie mehr würde sein können. Wir waren Fremde füreinander geworden; aber Fremde, die sich nicht mehr feindlich gesinnt waren.

Der Wagen brauste mit uns durch die Ebenen von Texas und ließ eine Ölspur hinter sich. Ich hielt jede halbe Stunde an und goß einen weiteren Liter nach. Die Einöde dieses absolut flachen Landesteils wurde ab und zu von Salbeibüschen unterbrochen oder gelegentlich von einer Tankstelle mit angeschlossenem Café, die sich mit hell leuchtender Neonreklame im Nichts bemerkbar machte.

Mit jeder Meile, die wir uns vom Schauplatz der Verbrechen entfernten, wurde die tiefsitzende Furcht geringer, die mich durchdrungen hatte. Man sagt, daß die Zeit alle Wunden heilt, aber die Entfernung kann ebenfalls einiges bewirken. Ich hatte nicht bemerkt, wie allumfassend meine Furcht gewesen war, denn sie war meistens gerade unterhalb der Bewußtseinsschwelle geblieben und nur manchmal explodiert.

In dieser Nacht stiegen wir in Tula, Oklahoma, wieder in einem Motel ab. Ich wartete, bis Allison schlief, und brachte dann ihre Sachen aus dem Auto herein, ohne sie aufzuwecken. Ich ließ ihr achthundert Dollar da und ein Dutzend Diamanten und einen kurzen Brief.

Alles muß einmal enden. Nun ist die Zeit gekommen, Süße, da unsere Wege sich trennen. Ich hoffe, daß du eines Tages wieder besser von mir denken wirst, als du es gerade tust – denn eigentlich will ja jeder, daß man ihn mag. Was auch immer ich sein mag, ich habe versucht, ehrlich zu dir zu sein. Denk daran.

Mach, was du für richtig hältst.

Max

Minuten später befand ich mich wieder auf dem Highway. Bereits nach einer Stunde tauchten Schneeflocken, die von einem ekelhaften Wind getrieben wurden, im Scheinwerferlicht auf. Ich merkte, wie der Wind am Wagen zerrte, und die Straße wand sich gerade durch die Ozark Mountains. Ich hatte geplant, durch Chicago zu fahren, aber die Verkehrsnachrichten warnten, daß der Sturm dort sehr heftig war, und so hielt ich in Joplin, Missouri, und stieg in einem zweitklassigen Hotel ab, das sich über einer Bowlinghalle befand. Das Zimmer ähnelte meiner ersten Residenz nach dem Gefängnis, einschließlich der abgesplitterten Farbe auf der Kommode und dem Fenster, durch das man auf eine Ziegelsteinmauer blickte. Der Heizkörper gurgelte und klapperte, aber er erfüllte seinen Zweck, während draußen der Sturm tobte.

Aus der kleinen Bowlinghalle, in der gerade nur ein Spiel stattfand, rief ich das Motel an, in dem ich Allison zurückgelassen hatte. Sie war vor einer Stunde mit einem Taxi fortgefahren.

Ich ging wieder in mein Zimmer, um den Sturm abzuwarten, und überlegte, wenn sie ein Taxi genommen hatte, dann war es unwahrscheinlich, daß sie zur Polizei gegangen war. Hätte sie angerufen, wäre sie normalerweise abgeholt worden. Eigentlich war es wahrscheinlicher, daß sie von zu Hause aus die Polizei benachrichtigen würde. Sie vertraute sich vielleicht ihrer Familie an – und nichts und niemand würde die davon abhalten, die Polizei zu verständigen.

Ich konnte nur in dem Zimmer bleiben und warten. Ich hatte keine Schneeketten für den Wagen und besaß noch nicht einmal Kleidungsstücke, die für diese Temperaturen geeignet waren. Ich nahm zwanzig große Diamanten, teilte sie in vier Portionen auf, steckte sie in kleine Luftballons und knotete sie zu. Diese steckte ich mir in den Anus – wertvolle Zäpfchen. Wenn irgendwas passieren sollte, dann trug ich sie, egal was es auch war, bei mir.

Am nächsten Tag flaute der Sturm etwas ab, aber noch nicht genug, um weiterzufahren. Neben dem Motel lag ein altes Café. Hinter seinen von Dunst beschlagenen Fenstern bewegten sich menschliche Wesen in einer Aura von Wärme. Ich ging nicht nur dorthin, um meinen Hunger zu stillen, sondern auch wegen dieser Ausstrahlung. Ich wollte Menschen um mich haben, und doch, als ich mich hinsetzte, zuschaute und zuhörte (es waren nur wenige Kunden anwesend, und die kannten sich), wurde mir meine Einsamkeit noch deutlicher bewußt. Ihre Wärme vermochte es nicht, mich zu wärmen. Ich vermißte Allison sehr. Ich wünschte, ich hätte sie bei mir behalten – sogar gehaßt zu werden ist noch besser, als allein zu sein.

Aber ich schüttelte das Verlangen ab, und als ich in den eisigkalten Nachmittag hinaustrat, hatte die stoische Ruhe akzeptierter Hoffnungslosigkeit die Oberhand gewonnen, und ich bildete mir durchaus etwas darauf ein. Meine Backen glühten vom Wind, und ich steckte meine Hände tief in den Mantel; eine umklammerte die Pistole, meinen magischen Zauberstab. Die Lust auf Chaos, auf mein Leben, so wie es war, wuchs und verschluckte die Einsamkeitsgefühle; ich war ein Leopard unter lauter domestizierten Hauskatzen. Ich empfand Mitgefühl für diese gebeugten, beladenen Kreaturen, die alle so grau und farblos waren und so verzweifelt nach Wärme und Geborgenheit suchten.

Zwei Tage später hatten die Schneepflüge die Straßen geräumt, und ich begab mich wieder auf den Highway. Ich hatte neue Nummernschilder für das Auto gestohlen. Die Landschaft war weiß von Schnee, nur manchmal bemerkte ich einen kahlen Baum.

Die Erinnerung an Chicago ist eher ein impressionistisches Aquarell aus verschwommenen Formen und Farben als eine scharfe Fotografie. Das städtische Gewirr aus grünen und roten und silbrigen Neonlichtern auf nassen Straßen war so grell, daß man fast nichts mehr sah. Tagsüber gleißte das winterliche Licht, und der rußige Schneematsch zitterte im Wind. Chicago war kalt und schmutzig.

Das Zimmer, das ich gemietet hatte, lag in einer Gegend, in der es viele Sex-Kinos, Pfandleihhäuser und billige Bars gab, eine Gegend mit hohem Risikofaktor für Gangster auf der Flucht, aber gerade dort tauchte die Unterwelt der Stadt auf – Huren, Zuhälter, Betrüger, Junkies. Dieses Milieu mit dem niedrigsten Status innerhalb der Verbrecherwelt besaß Verbindungen zu all den anderen. Ich gab vor, in San Francisco aus der Bewährung abgehauen zu sein, und versuchte, einen Paß zu bekommen. Das Geld, mit dem ich herumwarf (und meine Gangstersprache) zerstreuten zwar die Zweifel – aber nach drei Tagen war klar, daß es hier auf dem Markt keine Pässe gab. Es bestand einfach kein Bedarf. Mit der Zeit, da gab es keinen Zweifel, würde man etwas arrangieren können. Ich konnte aber nicht warten. Ein schwarzer Zuhälter sagte mir, ich hätte vielleicht in New York mehr Glück. Das hatte ich mir auch schon gedacht. Wenn ich auch dort nichts bekommen sollte, so war doch New York wenigstens näher an dem Ozean, den ich zu überqueren gedachte. Ich würde eventuell den Kapitän eines ausländischen Schiffes finden können, der mich ohne Paß mitnehmen würde – wenn die Bezahlung stimmte. Und in New York konnte ich vielleicht auch ein paar Diamanten verkaufen.

In den Außenbezirken von Chicago nahm ich einen Tramper mit, einen jungen Mann in ausgefransten Wildlederhosen, festen Wanderschuhen und olivgrünem Parka. Er trug einen Schlafsack bei sich, hatte langes Haar, einen dichten Bart und einen lustigen runden Hut mit Feder. Eigentlich hatte ich ihn zuerst für einen alten Mann gehalten und erkannte erst, als er neben mir im Auto saß, daß er um die zwanzig Jahre alt war.

Zuerst war er schweigsam, nervös und übermäßig respektvoll, sagte ‹Sir› und so weiter, wenn er mich ansprach. Aber er benutzte auch Worte und Begriffe, die aus der Drogenszene stammten. Obwohl es unklug war, zog ich, einer plötzlichen Eingebung folgend, einen Joint heraus und knipste das eine Ende mit meinem Daumennagel ab. Die Augen des jungen Mannes weiteten sich vor Verwunderung. Er blinzelte tatsächlich und schüttelte den Kopf, um seinen Blick zu schärfen. Ich mußte lachen.

«Hier... zünd mal an», sagte ich und überreichte ihm den Joint.

Er konnte es immer noch nicht glauben, bis er die Zigarette angezündet hatte und den Rauch inhalierte. «Wow, Mann, du bist ja ein irrer alter Typ», meinte er und inhalierte noch einmal kräftig.

Alt! Ich wollte... Da erinnerte ich mich an meine Glatze und an die Brille – und mußte wieder lachen.

Als wir South Bend in Indiana erreicht hatten, waren wir beide high von Pillen und Gras. Die Zurückhaltung des jungen Kerls war verschwunden. Er hatte Probleme, und es ist leicht, einem Fremden, der etwas Mitgefühl zeigt, seine Probleme zu erzählen, jemandem, den man nie wiedersehen würde. Er hatte sich der Einberufung entzogen, aber nicht, weil er sich vor dem Kämpfen fürchtete, sondern weil er glaubte, daß dieser Krieg sinnlos sei, falsch, und sicher nicht wert, sein Leben darin zu riskieren. Er war unterwegs nach Kanada, wo sich Organisationen für Kriegsdienstverweigerer etablierten. Er würde niemals in die Staaten zurückkehren, und wenn sich die Lage auch in Kanada ungünstig entwickeln würde, konnte er sich einen kanadischen Paß besorgen und woanders hingehen. Ich fragte ihn, wie man an einen Paß kam. In Montreal, so sagte er, sei es die leichteste Sache der Welt, einen Paß zu bekommen. Die kanadischen Bestimmungen machten es so einfach wie das Einkaufen im Supermarkt – sogar unter falschem Namen. Als ich ihn ausführlich nach den Einzelheiten befragte (und den wahren Grund verschleierte), konnte er mir nicht mehr viel mitteilen, aber er war sich sicher, daß es so einfach war, wie er es mir gesagt hatte. Ein Freund, der sich einen kanadischen Paß besorgt hatte, hatte das erzählt.

Der Tramper stieg in Toledo aus, um bei einer unverheirateten Tante zu wohnen, bis er seine Freunde in Kanada benachrichtigt hatte.

Ich blieb auf dem Highway in Richtung New York, fuhr aber nicht nach New York City. Die Informationen des jungen Mannes waren vage, aber immerhin etwas. Auf meinem Straßenatlas hatte ich die Straße zu den Niagarafällen markiert, denn ich dachte mir, es wäre am sichersten, die Grenze zusammen mit vielen Touristen zu überqueren. Ohne Zweifel gab es sicherere Stellen, aber ich kam aus Kalifornien und kannte sie nicht. Zudem konnte ich niemanden fragen: «He, Kumpel, die Polizei sucht mich, kannst du mir zufällig den sichersten Weg sagen, um das Land zu verlassen?»

Ich würde den Wagen einen Monat lang wegschließen – lange genug, daß er unentdeckt blieb und ich entweder über das Meer verschwunden war oder in einer Sackgasse steckte.

Montreal liegt auf einer Insel im Sankt-Lorenz-Strom, eine Tatsache, die mich bei meiner Ankunft überraschte. Montreal im späten November ist unglaublich kalt. Im Vergleich dazu ist Chicago im Winter ein tropisches Paradies.

In Chicago hatten die Umstände Unverfrorenheit verlangt. Die Hoffnung, einen Paß zu erlangen, hatte sich auf die Unterwelt konzentriert und hatten mich zum Kontakt mit der Unterwelt gezwungen. In Montreal war das anders, und ich bewegte mich extrem vorsichtig, vermied jede zweifelhafte Gegend, ging niemals nach Anbruch der Dunkelheit aus, trug die Pistole jede Minute bei mir. Jedoch sollte sie eher die Polizei zwingen, mich zu töten (wenn sie denn kamen), als daß ich jemanden umbringen wollte.

Zwei Tage lang wohnte ich in einem guten Hotel – weitläufig und nagelneu – am Place Bonaventura; dann mietete ich ein Zimmer im französischen Teil im Osten der Insel. Das Ehepaar sprach mit einem klangvollen französischen Akzent, obwohl sie in Kanada geboren und dort aufgewachsen waren, und beide sprachen Englisch und Französisch. Die Frau war gerade fort, als ich mit der Zeitung in der Hand anklopfte, und der Mann war offensichtlich krank: seine Kleider hingen auf seinem ausgemergelten Körper, das Haar war an der Seite ausgefallen – es rührte von der Kobaldbehandlung der Hodgkinsonschen Krankheit her, wie ich später erfuhr. Das Zimmer, das sie vermieten wollten, war einst für ihren nun verheirateten Sohn an das Haus angebaut worden. Die Frau ging seit Ausbruch der Krankheit arbeiten, und sie brauchten Geld. Ich schaute mir das Zimmer an – groß und ansprechend möbliert – und nahm es sofort, denn ich fühlte, daß diese Familie weder neugierig sein noch hinter mir herspionieren würde. Ich behielt recht. Die Frau kam an diesem Abend, um mich zu begrüßen – sie erzählte mir von der Krankheit –, aber danach sahen wir uns kaum. Das Zimmer hatte einen separaten Eingang, und das kalte Wetter machte jede Unterhaltung draußen unmöglich. Wir begegneten uns manchmal auf dem Bürgersteig, nickten uns höflich zu und fuhren einmal im Bus zusammen. Manchmal hörte ich ihren Fernseher durch die Wand. Ich war mehr als zufrieden, ignoriert zu werden. Ich mietete mir einen tragbaren Fernseher (sah mir nur die Footballspiele an) und kaufte mir viele Bücher, um die Abende zu verbringen – der perfekte Mieter, ruhig, verläßlich und keine Besucher.

Jeden Morgen fuhr ich mit dem Bus ins Zentrum, als würde ich arbeiten gehen. Ich verbrachte zwei Stunden in der Bücherei und studierte die kanadischen Gesetze. Mein Tramper hatte recht; Kanada hatte so liberale Paßgesetze, daß die USA im Vergleich dazu wie Auschwitz wirkten.

Ich benötigte eine Identität, die ich borgen konnte – die eines kanadischen Bürgers, der nie einen Paß brauchen würde. Aus dem Personenregister der Stadt schrieb ich mehrere Dutzend Namen heraus, deren Geburtstage nahe an meinem eigenen waren, und überprüfte diese im Telefonbuch, denn die meisten Menschen verbringen ihr Leben in der Nähe ihres Geburtsortes, auch in unserem mobilen Zeitalter. Ich begann sie anzurufen und gab mich als Mitarbeiter eines Meinungsforschungsinstituts aus. Fast jeder antwortete bereitwillig auf Fragen zum Vietnamproblem, zu den Handelsbeziehungen mit dem kommunistischen China, den Vereinten Nationen – und gab Informationen zur Person.

Um in Kanada einen Paß zu bekommen, mußte man noch nicht einmal die Geburtsurkunde vorzeigen. Ich brauchte lediglich jemanden, der beschwören konnte, daß er mich kannte. Gegen Ende der ersten Dezemberwoche fand ich einen Penner, stärkte ihn mit Bourbon und Benzedrin (das ich nach und nach in seinen Kaffee gegeben hatte) und ging mit ihm zum Notar. Er beschwor, daß ich Ronald Lynn St. Clair sei, geboren am 12. April 1934 in Montreal. Ich beschwor das gleiche. Das war alles, was ich für den Paß brauchte. Als ich die Formulare ausgefüllt hatte und die Fotos übergab, versicherte mir die Beamtin lächelnd, daß er mir bis Weihnachten zugeschickt werden würde.

Während ich mich auf den Paß konzentriert hatte, als würde ich mich auf einen Überfall vorbereiten, hatte ich meine anderen Sorgen beiseite geschoben. Manchmal traten sie mir als Schreckensvision ins Bewußtsein – obwohl ich niemals Reue empfand –, aber sie vergingen, wenn ich mich intensiv mit dem Hier und Jetzt auseinandersetzte.

Als das Warten begann, wirbelte besonders in der nächtlichen Einsamkeit ein Universum von unschönen Erinnerungen durch mein Gehirn – Jerry auf dem Boden, die Pistole, die in meiner Hand zuckte, als der Polizist umfiel, Carols bittere Warnung, Mary mit den Jungen, Willy mit seinen Söhnen. Er war nichts Besonderes gewesen, aber sie bewunderten ihn. Ich konnte mir Aaron in der Gefängniszelle vorstellen, wie er angekettet vor Gericht erschien mit dem Würgehalsband um den Hals. Ich sah durchgängig meine Verantwortung für all diese Ereignisse – und immer noch fühlte ich keine Reue.

Die Zeitungen von Los Angeles erwähnten die Morde und die Suche nicht mehr. Aarons Erscheinen vor Gericht wurde in einem kurzen Absatz auf der Lokalseite abgehandelt. Es würde immer noch Monate dauern, bevor die eigentliche Verhandlung begann.

Jeden Morgen fuhr ich mit dem Bus ins Zentrum und tat weiterhin so, als würde ich zur Arbeit gehen. Ich ging ins Kino und wanderte manchmal an tristen Tagen auf den Docks umher, betrachtete die eingefrorenen Schiffe, die hier vor Anker lagen, denn im Winter war der Hafen geschlossen. Ab und zu setzte ich mich in die Bibliothek und vertiefte mich in ein Buch.

Langsam wurde die Weihnachtszeit eingeläutet. Plötzlich war die Stadt voller Girlanden, Glitzerschmuck und farbigen Lichtern auf silbernen Bäumen in Schaufenstern und Häuserfenstern. Die Straßen waren voller Menschen, und sie benahmen sich immer weihnachtlicher. Wenn sie einander anrempelten, dann lächelten sie und entschuldigten sich, anstatt sich ärgerlich anzustarren.

Am Heiligabend klopfte die Vermieterin an meine Tür und lud mich zum Weihnachtsessen bei sich ein; ihr Sohn und seine Frau und die Enkel würden da sein. Sie hätte bemerkt, ich sollte das entschuldigen, daß mich niemand besuchte und ich auch keine Post erhielt. Ich lehnte ab und log sie an, daß ich bei einer Freundin eingeladen war. Ich wollte niemandem nahe sein, trotz meiner Einsamkeit – und ich wollte den Tod in den Augen ihres Mannes nicht sehen müssen, denn das würde mich an meine Zwangslage erinnern.

Also begab ich mich am Weihnachtsmorgen gezwungenermaßen in die Innenstadt. Heiligabend waren die Straßen voller Menschen gewesen. Nun waren sie leer. Die Menschheit hatte sich zu Familien versammelt. Aus einer Mission der Heilsarmee drangen die Stimmen der Obdachlosen. Sie sangen. Sie hatten sich ebenfalls versammelt. Ich wollte hineingehen, nur um unter Menschen zu sein, aber meine Kleider waren zu ordentlich und machten mich zum Außenseiter.

Wohl wissend, daß ich ein dummes Risiko einging, betrat ich ein Hotel, fand ein Telefon und rief Allison an. Ihre Mutter holte sie ans Telefon und fragte nicht, wer am anderen Ende der Leitung war. Ich hörte Allison näher kommen. «Wer ist dran, Mutter?»

«Keine Ahnung.»

Sie nahm den Hörer auf. «Hallo.» Die bekannte Stimme tat mir weh.

«Hallo, Baby!»

«Max!» Atemholen, Pause. «Wo bist du?»

«Weit weit weg. Ist jemand dagewesen?» Ich fragte nach, obwohl ich aus dem Verhalten ihrer Mutter schließen konnte, daß niemand dagewesen war.

«Noch nicht. Ich erwarte sie jeden Tag. Jedesmal wenn ein Auto bei uns hält. Du hättest dich nicht von mir fortschleichen müssen.»

«Ich dachte, es müßte sein... damals jedenfalls. Wie ist es dir ergangen?»

«Prima... ich fühle mich... also, ich habe diesen Ort immer verachtet. Jetzt schätze ich seine Friedlichkeit. Ich vermisse die Großstadt überhaupt nicht. Und durch dich habe ich genug Aufregung für mein ganzes Leben gehabt.»

«Ich vermisse dich.»

Wieder eine Pause. «Wirklich? Es ist schwer, sich vorzustellen, daß du tatsächlich jemanden vermißt.»

«Ich verlasse in ein paar Tagen das Land. Wenn ich einen sicheren Ort finde und nach dir schicke, wirst du dann kommen?»

«Ich... ich glaube nicht. Nicht jetzt. Was ich da gemacht habe, das war nicht wirklich ich.»

«Okay... aber entscheide nicht jetzt... denk darüber nach.» Ich verabscheute den bittenden Tonfall, der sich in meine Stimme geschlichen hatte, und hörte auf zu sprechen.

«Max, ich fühle mich, als wäre ich aus einem Traum aufgewacht. Ich bin mir nicht sicher, ob er wunderschön war oder ob es ein Alptraum war. Ich muß mein Leben in Ordnung bringen. Ich wollte überall mit dir hingehen, ‹für eine kurze Stunde aus Verrücktheit und Freude›. Ich habe diese Zeile kürzlich bei Whitman gelesen, er sagt, das sollte genügen. Mehr wollte ich auch nicht. Und jetzt...» Sie machte eine kleine Pause, dachte kurz nach. «Ich verurteile dich nicht, und ich verdamme dich nicht – aber ich kann dich auch nicht verstehen.» Wieder schwieg sie und konnte ihre Gedanken nicht artikulieren. Trotz der Hunderte von Meilen Telefonkabel zwischen uns wußten wir beide, daß es mit uns aus war. Ich hatte es bereits gewußt, aber die Einsamkeit in einer fremden Stadt an Weihnachten hatte meine Sehnsucht geweckt.

«Wie geht es deinem Jungen?» fragte ich.

«Wunderbar. Ich fühle mich schuldig, daß ich ihn allein gelassen habe.»

«Brauchst du Geld?»

«Nein, ich mußte noch nicht mal die Diamanten verkaufen. Sie sind unter dem Haus vergraben. Ich arbeite bei einem Anwalt in der Stadt.»

«Okay. Also, ich ruf dich vielleicht in sechs Monaten noch mal an, oder in einem Jahr. Wenn...»

«Oh, Max! Wir hätten glücklich sein können. Ich hätte dich glücklich machen können. Wenn nur...»

«Wenn nichts... das läuft darauf hinaus, daß ich ein anderer Mensch hätte sein müssen.»

Sie wußte darauf keine Antwort.

«Vergiß mich nicht», sagte ich.

«Sei nicht albern.» Sie lachte – aber sie mußte fast weinen.

«Frohe Weihnachten.»

«Frohe Weihnachten.»

«Auf Wiedersehen, Baby.»

«Auf Wiedersehen, Max.»

Der Paß kam am Neujahrstag mit der Post. Bis zu diesem Zeitpunkt hatte ich eigentlich die Polizei erwartet. Meine Finger zitterten, als ich den Paß ansah und ihn vorsichtig wieder in den Umschlag zurücklegte. Meine Eintrittskarte in die Freiheit.

Ich benutzte das Auto der Vermieter und fuhr von der Insel herunter und fand einen einsamen Wald hinter den Vororten. Die M16 war dick mit Fett beschmiert, dann in viele Lagen Gummi und Plastik gepackt und lag in einer Stahlkiste. Die Chancen, daß ich sie mir wieder holen würde, waren gleich null, aber ich wollte sie auch nicht zerstören oder wegwerfen. Ich hatte bereits ein paar Diamanten verkauft, genug, um Aarons Mutter ein paar tausend Dollar zu schicken und Carol auch. Später würde ich beiden noch mal mehrere tausend schicken, aber ich wäre ein Risiko eingegangen, wenn ich noch mehr Diamanten innerhalb Nordamerikas verkauft hätte.

Das Reisebüro buchte für mich sofort einen Flug nach Lissabon via London. Am Neujahrstag betrat ich ein silberglänzendes Flugzeug und wurde von dem warmherzigen Lächeln einer Stewardeß begrüßt. Es war eigentlich ganz einfach.

Epilog

Vier Jahre sind vergangen, seitdem die Aasvögel, die Willys Leiche gefressen haben, eine wilde Jagd auf mich auslösten. Die Zeitungen haben schon lange nichts mehr über diese Geschichte berichtet, obwohl sie für ein paar Tage wieder aufgenommen wurde, als der Gouverneur von Kalifornien Aarons Todesurteil in eine lebenslange Haftstrafe ohne Bewährung umwandelte.

Ich bin immer noch frei. Man mag intellektuell vielleicht die Vorstellung akzeptieren, daß ein Mörder der Justiz entkommen kann, aber tief im Innern (dort unten, wo der Glaube sitzt) ist es schwierig. Selbst der Mörder findet es schwer, obwohl es im Laufe der Geschichte eine Menge unbestrafte Mörder gibt.

Bis das Flugzeug sich hoch über dem Atlantik befand, glaubte ich immer noch daran, daß mich der Arm des Gesetzes erreichen würde, daß ich im Kugelhagel der Polizei sterben würde oder durch Zyanidgas im Gefängnis. Das rührte von einem tiefsitzenden Glauben her und nicht von einer realistischen Einschätzung meiner geringen Chancen – so beeindruckend sie inzwischen auch waren. Als würde ich ganz tief im Innern daran glauben, daß etwas Größeres als der Mensch meine Gefangennahme sicherstellen würde. Meine größte Hoffnung war, das Spiel zu beenden, ohne im letzten Augenblick zu kneifen.

Aber die letzten vier Jahre haben mir deutlich gemacht, daß keine größere Macht außerhalb des Menschen existiert, die ihm helfen würde. Und es existiert keine Rache außer der menschlichen.

Ein Jahr lang zog ich durch Westeuropa und den Mittleren Osten und sah mir Altertümer an. Inzwischen habe ich ein Haus auf einem Vorsprung über einer Meeresbucht gemietet. Nach amerikanischem Standard ist das Haus klein und unkomfortabel, obwohl von exquisiter Lage. Vier Zimmer ohne Toilette, das bedeutet Nachttopf oder Außenklo, je nach Uhrzeit, Temperatur und Dringlichkeit. Das ist nicht unbequem, die meisten Gefängniszellen besitzen nur ein Loch im Boden. Ich habe elektrischen Strom und heißes Wasser, zumindest meistens – die von einem deutschen Armeegenerator erzeugt werden, der vor zweieinhalb Jahrzehnten hiergeblieben ist. Ich habe einen Weltempfänger, aber kein Fernsehgerät, die nächste Fernsehstation ist zweihundert Meilen entfernt. Der Boden besteht aus Ton, der hart wie Beton ist. Dicke, weißgetünchte Wände leuchten in der Sonne, halten die Hitze des Sommers und die Kälte des Winters draußen, obwohl die Jahreszeiten hier mild sind. Zwölf Stufen, die in den Fels gehauen sind, führen zum geschützten Strand der Bucht, der mit großen Kieseln bedeckt ist, die vom Wasser rundgeschliffen wurden.

Fenster mit Jalousien blicken auf die Bucht hinaus und über das Meer hinweg. Die Aussicht ist überwältigend. Ich beobachte regelmäßig die Stimmungen des Meeres. Seine tiefen Stellen sind meistens transparent wie ein Aquarium, und sie liegen in einer bewegungslosen Ruhe da, als würde das Meer selber in der Sonne schlafen. Manchmal wird das Meer von einer warmen Brise aufgeweckt, und große Wellen rollen übereinander und rauschen gegen den Strand an, dabei bricht sich weißer Schaum, wenn sie eine kurze Pause machen, bevor sie wieder zurückfließen. Manchmal wird die See von den eisigen Winterwinden geärgert und fletscht dann ihre weißen Zähne, krümmt sich, wird schwarz im Gesicht und drischt wild auf die Küste ein.

Wenn die gelegentlichen Stürme vorbei sind, gehe ich am Strand entlang, denn merkwürdige Dinge werden angeschwemmt. Ein seltsam geformtes Stück Treibholz für den Kaminsims, amethystfarbene Muscheln, die vom Grund losgerissen wurden; Seetang, der sich zu schwarzgrünen Arabesken verknotet hat, eine verletzte Möwe, die heiser zu den anderen über ihr hinaufschreit, die sich zu sehr vor dem Geschrei fürchten und endlos, ohne zu landen, über ihr kreisen.

Das Land ist außer in der zerklüfteten Küstengegend nur dünn besiedelt. Trinkwasser ist knapp. Das Land ist gebirgig und kaum bewachsen, nur von verkrüppelten Pinien. Das Meer gibt dem Land das Leben.

Ich lebe keineswegs wie ein Einsiedler. Oft besuchen Boote meine Bucht, und Kinder kommen, um im seichten Wasser mit Steinen zu werfen. Hinter den Hügeln zieht sich eine asphaltierte Straße an der Küste entlang und verbindet Dörfer und Städte, die alle paar Meilen folgen. In der nächsten Stadt, die ich ein paarmal in der Woche aufsuche, sprechen mehrere Menschen etwas Englisch, und ich beherrsche die Landessprache einigermaßen, so daß man mich versteht – meistens mit einem Lächeln.

Ich bin so sicher, wie ich es in dieser Welt nur sein kann. Als ich mit dem Geld und falschen Papieren herkam, war es das Ende des Regenbogens, dieser ferne Platz in der Sonne, der der Traum fast jedes Menschen ist. Es war alles, was ich für den Rest meines Lebens wollte – Einfachheit, eine Bucht am Meer, Frieden.

Der Friede wurde langweilig und einsam. Also begann ich diese Memoiren zu schreiben, was sich zu einer quälenden Schufterei auswuchs, besonders wenn sie nicht ganz an die absolute Wahrheit heranreichten. Dieser Mangel ist kein Betrug, denn mit der Wahrheit ist es schwierig. Dummköpfe meinen, die Wahrheit sei eine einfache Angelegenheit, aber ich habe erfahren, daß sie sehr schwer ist. Die Tatsachen, die ich beschreibe, sind wirklich; aber die Tatsachen und die Wahrheit sind Cousins, keine Brüder. Ich habe eher die Wahrscheinlichkeit beschrieben als Wahrheit enthüllt. Ich habe sehr lange nachgedacht, als ich allein war, sehr viel gelesen und diese Memoiren geschrieben, und ich glaube, daß das beständige, grundlegende Sinnen aller denkenden Menschen dem Rätsel des eigenen Todes gilt, egal worüber diese an der Oberfläche auch nachdenken. Wenn man an das Leben denkt, dann denkt man auch an den Tod, denn diese beiden gehören zusammen.

Und Denken ist ein Fluch.

Ich verlasse diesen idyllischen Ort. Nachdem ich die Diamanten verkauft hatte und zehntausend Dollar an Aarons Mutter und Carol geschickt hatte, waren mir noch einhundertsiebzigtausend Dollar geblieben – und ein Zehntel ist davon noch übrig. Ich habe den Frieden so satt, aber meine knappen Mittel dienen mir jetzt als Entschuldigung. Ich bin ganz gespannt vor Erwartung, endlich wieder das Spiel zu spielen. Ich werde nach Mexiko City fliegen, und in El Paso über die Grenze gehen. Vielleicht schnappt man mich ja diesmal.

Scheiß drauf!

Nachwort von William Styron

Edward Bunker ist einer der ganz wenigen amerikanischen Autoren, die aus ihrer persönlichen Erfahrung als Krimineller und Häftling authentische Literatur geschaffen haben. Bunker, der mittlerweile fünfundfünfzig Jahre alt ist, wurde 1975 aus dem Gefängnis entlassen; doch vor diesem Zeitpunkt hat er fast sein ganzes Leben, außer seiner frühen Kindheit, hinter Gittern verbracht. Das bedeutet, daß Bunker bis zu seinem vierzigsten Lebensjahr das Leben im Kerker vertrauter war als das in Freiheit. Es ist höchst ungewöhnlich, daß dieser Lebensweg, der fast keinen der üblichen Anstöße zu Selbst-Bewußtsein und Selbst-Erfahrung enthielt, überhaupt ein schriftstellerisches Talent zeitigte. Bis jetzt schrieb Edward Bunker nicht nur *Wilder als ein Tier*, sondern auch noch zwei weitere Romane von eigener literarischer Qualität. Dies ist höchst erstaunlich und reiht ihn unter die kleine Gruppe amerikanischer Gefängnis-Autoren ein, deren Werk genügend Integrität, handwerkliches Können und moralische Leidenschaft besitzt, um unsere ernsthafte Aufmerksamkeit zu wecken. Um Bunkers außerordentliche Leistung vollständig zu begreifen, ist es nötig, an einige Details seines Lebensweges zu erinnern. Sein Leben war von Entbehrung und Gewalt geprägt. Es stellte eine Existenzform dar, die der nihilistischen Seinsweise tatsächlich sehr nahestand – zumindest nach Ansicht des bourgeoisen Lesers. Jede Kreativität sowie das Aufblühen einer literarischen Begabung erscheint unter diesen Umständen fast unmöglich.

Bunker wurde ausgerechnet in Hollywood, Kalifornien, geboren, und er wuchs auch dort auf. Im Gegensatz zur Mehrheit der amerikanischen Kriminellen ist er ein Weißer. Sein Vater arbeitete als Bühnenarbeiter in der Umgebung von Los Angeles und wurde gelegentlich in den Filmstudios beschäftigt – einmal wurde er sogar während des Drehs der berühmten *Our-Gang*-Komödien in den Studios von Hal Roach beschäftigt. Seine Mutter war Tänzerin und trat in den Bubsy-Berkeley-Filmen im Chor auf. Bunkers Vater wurde aufgrund seines Alkoholismus in eine Anstalt eingeliefert. Die Ehe wurde geschieden, als Eddie vier Jahre alt war. Die harten Zeiten der Depression bedeuteten eine weitere Verschlimmerung der Lebensumstände des Jungen, und sein Lebensweg folgte nun dem vorgezeichneten Muster vieler anderer, die ebenfalls das Produkt von Alkoholismus und zerrütteten Familienverhältnissen sind. Immer neue Pflegeheime und Militärschulen sollten sein Zuhause werden; doch er lief ständig fort, angetrieben von großer Willenskraft, die von einem hartnäckigen antiautoritären Charakterzug nur verstärkt wurde, der bereits in diesen jungen Jahren gut ausgebildet war. Mit elf Jahren wurde er kurz zur Beobachtung in das Camarillo State Hospital überwiesen, und ein Jahr später in die Besserungsanstalt für Jugendliche in Whittier. Er setzte sich ab, und als man ihn wieder einfing, wurde er auf eine wesentlich härtere Schule geschickt. Sie war für schwererziehbare Jungen gedacht, die vier bis fünf Jahre älter waren als Eddie. Hier verbrachte er knapp ein Jahr, und mit vierzehn Jahren wurde er entlassen. Nach neunundzwanzig Tagen in Freiheit erwischte man ihn bei dem Versuch, ein Spirituosengeschäft zu überfallen. Er wurde von dem Eigentümer angeschossen, allerdings nicht ernsthaft verletzt. Obwohl Bunker wesentlich jünger war, als das gesetzlich vorgeschriebene Alter von achtzehn bis fünfundzwanzig Jahren, wurde er für diese Straftat in das Jugendgefängnis nach Lancaster geschickt. Dort war er ständig mit älteren Kriminellen zusammen. Nachdem er in Lancaster eine Wache mit einem Messer angestochen hatte, wurde er in das Los Angeles County Jail überstellt, wo er – gerade erst fünfzehn Jahre alt – in den Trakt für notorische Verbrecher gesteckt wurde. Unter anderem waren dort mit ihm mehrere Mörder, die auf die Todesstrafe warteten, untergebracht. Aufgrund seines Alters und weil ein Rechtsanwalt – der berühmte Al Matthews, der seinen Fall unentgeltlich übernahm – beweisen konnte, daß die Wachen Bunker bei früheren Gelegenheiten mißbraucht hatten, gelangte der Richter zur Überzeugung, daß Bunker für San Quentin zu jung sei, und verurteilte ihn zu einer Bewährungsstrafe im County Jail. Das Verfahren wurde ausgesetzt. Er wurde freigelassen.

In der kurzen Periode seiner Freiheit freundete sich Eddie mit der Frau des bekannten Filmproduzenten Hal Wallis an (*Casablanca*, *Becket* und viele andere), die früher als Schauspielerin in Mack Sennett's *Keystone Comedies* aufgetreten war. Louise Fazenda Wallis versuchte Eddie zu Redlichkeit und Ehrenhaftigkeit zu bewegen, doch ihre Fürsorge fruchtete nichts. Seine Freunde – außer Louise Wallis – waren Abgänger von Besserungsanstalten oder ausgewiesene Berufsverbrecher. Bunker, der mittlerweile sechzehn Jahre alt war, begann Marihuana zu verkaufen und widmete sich mit Begeisterung dem *boosting* (professioneller Ladendiebstahl) und trainierte Geschicklichkeits- und Betrugsspiele wie *The Match* und *The Strap* und *Laying The Note*. Er lieferte gerade etwas Marihuana ab, als ihn zwei Polizeibeamte anhalten wollten. Eine wilde Verfolgungsjagd durch die Straßen von Los Angeles begann; der Wagen, den Bunker fuhr, schrammte an drei Autos entlang und prallte schließlich frontal auf einen Postlaster auf, bevor man ihn stellte. Der Richter fand es immer noch nicht richtig, daß ein Sechzehnjähriger nach San Quentin geschickt wurde, und verurteilte ihn zu einer einjährigen Strafe im County Jail mit anschließender Bewährung. Er ergriff die Flucht, ohne einen Augenblick zu warten.

Doch dann hatte Bunker kein Glück mehr. Oder besser gesagt, er war mittlerweile siebzehn Jahre alt geworden – zwar noch keine achtzehn, aber inzwischen alt genug. Für die Flucht und den Angriff auf die Wache in Lancaster wurde er einmal zu sechs Monaten und des weiteren zu zehn Jahren verurteilt, und man schickte ihn nach San Quentin.

Während seines viereinhalbjährigen Aufenthaltes in San Quentin entdeckte Bunker die Welt der Bücher für sich und begann selber zu schreiben. Louise Wallis schickte ihm eine Reiseschreibmaschine und ein Abonnement der Sonntagsausgabe der *New York Times* und des *Book Review*. Auf seiner erregenden Tour durch die Welt der Literatur verschlang er die Werke geradezu und las vier bis fünf Bücher pro Woche: von einer zweibändigen Ausgabe der *Military History of the Western World* über Kurzgeschichten-Anthologien aus *The New Yorker* bis hin zu den Romanen von Thomas Wolfe, Faulkner, Dreiser, Hemingway und Dostojewski – und anderen ebenso oder weniger bekannten Größen. Er verfaßte selbst einen Roman, der ihm später äußerst mißlungen schien, und eine Menge Kurzgeschichten, alle unveröffentlicht.

Bunker wurde auf Bewährung entlassen und kehrte mit der ernsthaften Absicht in die Welt zurück, sich nichts mehr zuschulden kommen zu lassen. Wieder nahm ihn Louise Wallis unter ihre Fittiche. Sie besorgte für ihren Schützling einen Job in einem nahegelegenen Heim für Jungen, dessen größte Geldgeberin sie war. Dort wurde er als eine Mischung aus Chauffeur, Bademeister, Hausaufgabenaufsicht und Ratgeber angestellt. Unglücklicherweise litt seine Beschützerin zunehmend an schweren Depressionen und wurde handlungsunfähig. Bunker verlor seinen einzigen Halt in einer schwankenden Welt. Im Alter von dreiundzwanzig Jahren versuchte er nun, eine ordentliche Stelle wie Dramaturg oder Lektor bei diversen Filmstudios zu ergattern; doch hatte er aufgrund seines Vorstrafenregisters kein Glück. Er merkte, daß er nicht nur eingesperrt gewesen war, sondern daß man ihn auch aus der Gesellschaft ausgeschlossen hatte, wie er es einmal formulierte, und folgerte daraus, «daß ich mich auf meinen eigenen Grips verlassen muß». Das bedeutete hauptsächlich, er würde als Tarnung gebrauchte Sportwagen verkaufen, um in aller Ruhe neue Verbrechen planen zu können. Er überlegte sich Pläne für Überfälle, die dann von anderen ausgeführt wurden. Er erinnert sich: «Diese Jungs überfielen ohne jede Vorbereitung die Spirituosengeschäfte. Ich plante die Sache durch, damit sie Geld verdienen konnten.» Er beabsichtigte auch, die Callgirls von Hollywood zu organisieren, indem er die Zuhälter und Bordellchefinnen erpreßte, ihm Schutzgelder zu zahlen. So lebte er vier Jahre. Mittlerweile hatte sich seine Beziehung zu Louise Wallis in Wohlgefallen aufgelöst. Schließlich schnappte man ihn wegen einer Scheckfälschungs- und Scheckbetrugsgeschichte. Er wurde für eine unbestimmte Zeitspanne von sechs Monaten bis zu vierzehn Jahren wiederum nach San Quentin geschickt. Dies war Bunkers längste Gefängnisstrafe, und sie wurde erst nach sieben Jahren zur Bewährung ausgesetzt. Während dieser Zeit las er sich durch alle möglichen Gebiete und schrieb leidenschaftlich und mit erstaunlicher Produktivität. Er produzierte vier unveröffentlichte Romane und eine ganze Reihe Kurzgeschichten. Da er kein Geld für das Porto hatte, spendete er häufig Blut, um den fehlenden Betrag aufbringen zu können und die Geschichten an Zeitschriften zu schicken. Er erinnert sich, daß er während dieser Periode fast verrückt geworden wäre – denn das Strafmaß war extrem hoch, wenn man seine Straftat bedenkt. Scheckfälschung wurde normalerweise als minderes Delikt betrachtet. Am schlimmsten war, daß die Strafe alljährlich verlängert wurde, so daß er nie wußte, ob er in sechs Monaten vielleicht auf Bewährung entlassen würde oder erst in sechs Jahren, oder irgendwann dazwischen.

Wilder als ein Tier behandelt hauptsächlich die Wut und die Frustration, die der Protagonist des Buches (ebenso wie Bunker) empfindet, als er, gerade aus dem Gefängnis entlassen, sich bestenfalls mit Gleichgültigkeit und schlimmstenfalls mit Haß und mit der Feindseligkeit der Welt außerhalb der Gefängnismauern konfrontiert sieht. Eine der präzisesten Erinnerungen Bunkers an diese Zeit ist jene, wie ihm nach jahrelangem Tragen des ausgelatschten Gefängnisschuhwerks seine neuen Halbschuhe schwere Blasen eintrugen. Er schrieb über zweihundert Briefe, um sich auf reguläre Stellen zu bewerben – aber er erhielt nicht eine einzige Antwort – sein Vorstrafenregister funktionierte äußerst effektiv als Fluch. Das entspricht dem Schicksal der meisten ehemaligen Sträflinge in Amerika, denn in den Augen der Gesellschaft wird die sündige Tat durch die Einkerkerung nicht ausreichend gesühnt. Bunker verfiel wiederum dem Verbrechen, denn er war nun ein richtiger Außenseiter. Eines Nachts wurde er nach einer Autoverfolgungsjagd verhaftet, nachdem er einen Safe in einer Bar ausgeraubt hatte.

Bei seiner Verhaftung spielte er verrückt, behauptete, 1884 geboren zu sein und Roosevelt vor dem japanischen Angriff auf Pearl Harbor gewarnt zu haben. Während der Anklageerhebung erzählte er dem Richter, die katholische Kirche würde versuchen, ein Radio in sein Gehirn einzupflanzen. Die Verhandlung wurde ausgesetzt, um ein psychiatrisches Gutachten einzuholen. Die Psychiater, die Bunker untersuchten, befanden, er sei ein «akuter, chronisch schizophrener Paranoiker mit akustischen Halluzinationen und Verfolgungswahn». Sein Täuschungsmanöver gelang so erfolgreich, daß man ihn in das Spezialgefängnis von Vacaville schickte. Dort galt Bunker als Sicherheitsrisiko, und er nutzte den Aufenthalt, frohgemut mit den Wänden zu plappern.

Schließlich wurde er nach Los Angeles zurückgebracht, und die Gerichtsverhandlung wurde fortgesetzt. Er hinterlegte die geforderte Kaution und befand sich ein ganzes Jahr lang auf freiem Fuß. Er pendelte in dieser Zeit zwischen Los Angeles und San Francisco hin und her und managte, was er heute als ein «kleines Drogenimperium» bezeichnet. Um sein Einkommen weiter zu verbessern, entschloß er sich, eine bestens gefüllte, kleine Bank in Beverly Hills auszurauben. Die Folge von Zufällen, die sich anschließend ergaben, würde möglicherweise komisch wirken, wäre der Ausgang nicht so schrecklich gewesen. Bunker hatte nicht bemerkt, daß sein Wagen zu dem Zeitpunkt, als er die Bank ausrauben wollte, bereits von Beamten der Drogenfahndung insgeheim mit einem Funksender versehen worden war. Diese gingen davon aus, daß der Peilsender es ihnen erlauben würde, den Ahnungslosen bei einer Drogenübergabe zu überraschen. Bunker war jedoch bewaffnet, und er war unterwegs, eine Bank zu überfallen. Sein Wagen wurde inzwischen nicht nur von motorisierten Polizisten verfolgt, sondern auch von einem Hubschrauber. Bunker führte die Beamten direkt zur Bank. Dort brach die Hölle los, als der übertölpelte Gangster plötzlich erkannt und verfolgt wurde und nach einer langen Verfolgungsjagd gestellt und bei vorgehaltener Pistole schwer verprügelt wurde. Diesmal waren seine Aussichten wirklich schlecht. Er versuchte sich umzubringen. Drei Delikte hatte er nun am Hals, und Bunker wurde zu fünf Jahren wegen versuchten Banküberfalls und zu sechs Jahren wegen Drogenhandels verurteilt. Die Haftstrafen sollten gleichzeitig vollstreckt werden.

Hier hätte unsere Geschichte eigentlich enden können – die eines weiteren, erbärmlichen Außenseiters, lebendig begraben in den Gemäuern der institutionalisierten Vergeltung – wenn da nicht die rettende Gnade der Kunst gewesen wäre. Man muß sich daran erinnern, daß Bunker sich sogar während seiner kriminellen Phase bemüht hatte, schriftstellerisch tätig zu sein. Sein erster Roman, *Wilder als ein Tier*, wurde zur Veröffentlichung angenommen, während er seine Verhandlung erwartete.

Er war also wegen eines Banküberfalls und wegen Drogenhandels in die Mühlen der Justiz geraten, und man schickte ihn in das Staatsgefängnis McNeil Island im Puget Sound im Staate Washington. Während er dort war, zeigte sich wieder einmal seine antiautoritäre Furor: er weigerte sich, in einer Zehn-Mann-Zelle untergebracht zu werden. Aufgrund dieser Revolte überstellte man ihn in das gefürchtetste Gefängnis von ganz Amerika: die gigantische Anlage von Marion in Illinois. Sie hatte Alcatraz als die Festung ersetzt, in die die

Nation ihre ärgsten Feinde unterbringt – dort beaufsichtigen sechshundert Wachen dreihundert Insassen. Auch dort schrieb Bunker unbeirrt weiter. Er beendet dort seinen zweiten Roman, *The Animal Factory*. (Ein dritter Roman, *Little Boy Blue*, erschien 1982.) Inzwischen wurde *Wilder als ein Tier* im Jahr 1973 veröffentlicht. Diese Tatsache war für seine Karriere als Schriftsteller und für sein weiteres Schicksal ungeheuer wichtig. Der Roman erhielt exzellente Kritiken, und man widmete ihm beachtliche Aufmerksamkeit. Man sollte jedoch darauf hinweisen, daß Bunker damals bereits eine Gefängnis-Legende war und sich sein Ruhm ebenfalls in der Welt jenseits der Mauern herumgesprochen hatte. Er hatte in der Zeitschrift *The Nation* wütende Artikel veröffentlicht. Ein scharfer Essay, zum Thema Rassenhaß in amerikanischen Gefängnissen, war als Titelstory in *Harper's Magazine* veröffentlicht worden. Dessen These – daß die unversöhnliche Feindschaft zwischen Schwarzen und Weißen im Gefängnis sicherlich zu einer Katastrophe führen würde – war eine Warnung, die große Betroffenheit auslöste. Dieser Artikel und die Publikation von *Wilder als ein Tier* verhalfen ihm 1975 zu seiner Entlassung auf Bewährung. Seit diesem Jahr lebt er ruhig und gelassen außerhalb der Mauern.

Bunker wohnt heute mit seiner Frau in Los Angeles. Er schreibt weiterhin Romane und hat sich einen bemerkenswerten Erfolg als Drehbuchautor erschrieben. 1978 wurde *Wilder als ein Tier* unter dem Titel *Stunde der Bewährung* mit Dustin Hoffman verfilmt. Der Film wurde kommerziell kein Erfolg und wurde auch von der Kritik überhaupt nicht beachtet. Das war unverständlich, denn der Film ist eine spannend und überaus gut gemachte Arbeit, die die Phänomene von Schuld und Sühne mit großem Einfühlungsvermögen untersucht. 1985 war Bunker der Co-Autor des Drehbuchs von *The Runaway Train*, einem packenden Drama über Sträflinge, die aus einem Gefängnis in Alaska fliehen. Dieser Film war ein Erfolg bei der Kritik und wurde auch zu einem kommerziellen Erfolg. Die Hauptdarsteller Jon Voight und Eric Roberts wurden für den Oscar nominiert. Bunker hat sich nach langen Jahren, dominiert von Gewalt und Verzweiflung, an das Zivilleben gut angepaßt. Seine Art vermittelt den Eindruck, daß dieser Mann nach einem Leben voll existentieller Furcht, die sich der durchschnittliche, gesetzestreue Bürger kaum vorstellen kann, in

Frieden mit sich lebt. Edward Bunker ist mittelgroß, kompakt und muskulös. Er wirkt kantig und lebenserfahren. Sein Gesicht zeigt, daß er Grausamkeit und Leid erfahren hat; aber seine Augen funkeln. Seine ursprüngliche Wildheit wird nun von Weisheit und Güte gemildert. Er diskutiert ausgesprochen artikuliert, obwohl man ihn als reserviert, ja fast scheu erlebt. Sein Wissen und sein Scharfsinn sind um so eindrucksvoller, da sie das Ergebnis eigener Erziehung sind. Seine Briefe sind ausgezeichnete Beispiele der Briefkunst – gewitzt, intelligent, humorvoll, wunderschön formuliert und oft tiefsinnig. Er schreibt Dutzende, eine Gewohnheit, die sich in der Einsamkeit der Gefängniszelle ausgebildet hat. Die Karten waren bei Bunkers Geburt schlecht für ihn gemischt. Und in der Folgezeit fand er sich meistens als Opfer in den brutalisierenden Institutionen der Gesellschaft wieder. Daß er aus diesen Kerkern nicht als brutaler Verbrecher, sondern als Künstler mit einer individuellen und eindrucksvollen Stimme erstanden ist, hat er seinem eigenen unbezwingbaren Willen zu verdanken. Zudem ist sein Lebensweg ein freudiger Sieg des Künstlers über die Gesellschaft und ihre Verachtung für den Außenseiter. In *Wilder als ein Tier* wird der Leser unbequeme Wahrheiten über Verbrechen und Sühne entdecken – und ebenso über den ursprünglichen Drang des Menschen nach Freiheit –, die von einem kraftvollen und ernstzunehmenden Autor niedergeschrieben wurden.

Serientäter

Robert Brack
Die siebte Hölle
(thriller 2941)
Oldtimer bringen's besser als Bücher, meint der bankrotte Buchhändler Jercy Pacula, und überführt zwei Limousinen nach Lissabon...
Schwere Kaliber
(thriller 2967)
Psychofieber
(thriller 3058)

Frank Göhre
Schnelles Geld
(thriller 3048)
Der erste, seit Jahren vergriffene Kriminalroman von Frank Göhre, der mit mehreren Literaturpreisen ausgezeichnet wurde und als Kinofilm Beachtung fand. Neu bearbeitet und wesentlich erweitert.
Der Tod des Samurai
(thriller 2832)
Ein Thriller über organisiertes Verbrechen in Hamburg.
Der Tanz des Skorpions
(thriller 3025)
Letzte Station vor Einbruch der Dunkelheit
(thriller 2795)
Der Schrei des Schmetterlings
(thriller 2759)

Daniel Pennac
Wenn nette alte Damen schießen...
In Belleville, dem Kreuzberg von Paris, schneidet ein erbarmungsloser Killer armseligen Rentnern die Kehlen durch. Angst macht sich breit, gefolgt von einer kräftigen Paranoia. Ausgezeichnet mit dem «Prix Mystère de la critique».
(thriller 2921)
Königin Zabos Sündenbock
(thriller 3003)

rororo thriller

30 Jahre thriller Jubiläums-Lesebuch
(thriller 3030)
Dieser Jubiläumsband präsentiert einen opulenten Querschnitt durch die Geschichte der rororo thriller- Reihe und bietet literarischen Nervenkitzel pur. Die Palette internationaler Autoren gleicht einem Who is Who der Kriminalliteratur.

Pacio Ignacio Taibo II
Der melancholische Detektiv *Drei Fälle für Héctor Belascoarán Shayne*
(thriller 3039)
Der Boxer Angel, Freund von Detektiv Héctor Belascoarán, wird beim Training im Ring von einem Unbekannten erschossen. Mögliches Motiv: eine alte Rivalität um eine Frau... Taibo liefert nicht nur ungewöhnliche Stories, sondern ein dichtes Bild von Mexiko, seiner Atmosphäre, seinen Problemen und seiner Faszination.
Das bizarre Leben
(thriller 2940)
Comeback für einen Toten
(thriller 3019)